EUSTACE MULLINS

L'ORDRE MONDIAL

NOS DIRIGEANTS SECRETS

Une étude sur l'hégémonie du parasitisme

OMNIA VERITAS

EUSTACE CLARENCE MULLINS
(1923-2010)

L'ORDRE MONDIAL
NOS DIRIGEANTS SECRETS
Une étude sur l'hégémonie du parasitisme

THE WORLD ORDER
OUR SECRET RULER
a study in the hegemony of parasitism
1985 & 1992

Traduit de l'américain par Omnia Veritas Ltd

© Omnia Veritas Ltd

Publié par
OMNIA VERITAS LTD

*⊘*MNIA VERITAS®

www.omnia-veritas.com

EUSTACE MULLINS

Dédié aux patriotes américains
et à leur passion pour la liberté

EUSTACE MULLINS

REMERCIEMENTS

Je tiens à remercier le personnel des institutions suivantes pour leur courtoisie, leur coopération et leur assistance sans faille dans la préparation de ce travail :

LA BIBLIOTHÈQUE DU CONGRÈS, WASHINGTON, D.C.

BIBLIOTHÈQUE DE NEWBERRY, CHICAGO, ILL.

BIBLIOTHÈQUE PUBLIQUE DE LA VILLE DE NEW YORK,

BIBLIOTHÈQUE DE L'ÉCHEVINAT DE NEW YORK,

BIBLIOTHÈQUE MCCORMICK DE L'UNIVERSITÉ DE VIRGINIE,

LES UNIVERSITÉS DE WASHINGTON ET DE LEE

AVANT-PROPOS

L orsqu'il s'est vu offrir la coupe de ciguë par ses concitoyens, les derniers mots de Socrate furent :

"Criton, je dois un coq à Asclépios ; te souviendras-tu de payer la dette ?"

Un gentleman est responsable de ses obligations, et ce livre est le remboursement des efforts de trois grands hommes qui m'ont choisi comme leur protégé : Ezra Pound, la figure littéraire dominante de notre époque, George Stimpson, le journaliste le plus respecté de Washington (le titre est vacant depuis sa mort) et H. L. Hunt, dont le succès commercial spectaculaire a occulté ses brillants travaux philosophiques aux yeux du public. H. L. Hunt est à l'origine du terme "The Mistaken"[1] pour les membres auto-corrompus de la nouvelle classe qui contrôle maintenant notre monde - il aurait pu ajouter qu'ils pouvaient aussi être décrits comme "The Misshapen"[2], en raison de leur sens des valeurs déformé et perverti.

Le présent ouvrage est également l'expression d'une autre attitude grecque : la gratitude pour la vie. Michael Lekakis m'a fait découvrir cette particularité grecque étonnante il y a une trentaine d'années. Je la qualifie d'"étonnante", car personne ne pense aujourd'hui à être reconnaissant envers la vie. Qui peut concevoir une forme de "gratitude envers la vie" immergé dans une existence d'esclavage éternel et mondial imposée à l'humanité par les serviteurs de l'Ordre Mondial ?

Dans *The Greek Way*,[3] Edith Hamilton dit :

"La tragédie était une création grecque parce qu'en Grèce, la pensée était libre."

---

[1] Littéralement "Les fautifs", Ndt.

[2] Littéralement "Les déformateurs", Ndt.

[3] *À la manière grecque.* Ndt.

De nos jours, à cause du contrôle de la pensée imposé par l'Ordre Mondial, nous ne produisons plus de tragédie. À la place, nous subissons la "novlangue" et la "double pensée" calquées sur le modèle décrit dans *1984*[4].

J'ai eu le privilège d'assister à un certain nombre d'échanges entre Edith Hamilton et Ezra Pound, où la conversation d'une grande portée se déroulait sans entrave et la liberté de parole s'exerçait au sein d'une institution fédérale où l'un des interlocuteurs était pourtant détenu comme prisonnier politique ! Pound décrit ces conversations dans *The Cantos* :

> "Et ils veulent savoir de quoi nous avons parlé ? de litteris et de armis, praestanti busque ingeniis."[5]

Nietzsche a également parlé du "plaisir tragique", qui n'existe plus, car l'Ordre Mondial, dans son souci de maintenir le contrôle de tous les aspects de notre vie, a interdit la passion. En tant que pauvre substitut, il nous permet l'accès à la drogue et à la dégénérescence.

Ce livre présente de nombreux faits que le lecteur moyen refusera de croire. Je ne vous demande de croire en rien, mais de faire vos propres investigations. Vous découvrirez peut-être des faits réels encore plus étonnants que ceux que j'ai réussi à glaner en trente-cinq ans de recherches intensives et approfondies.

Enfin, Edith Hamilton cite l'admonition la plus remarquable de Socrate :

> "Accorde-toi avec moi si je te semble dire la vérité ; ou, sinon, résiste-moi, et fais en sorte que je ne te trompe pas aussi bien que moi dans mon désir, et, comme l'abeille, laisse mon aiguillon en toi avant que je ne meure. Et maintenant, continuons."

Eustace Mullins,
1er novembre 1984

---

[4] Voir George Orwell, *Les deux chefs-d'œuvre, la ferme des animaux, 1984*, Classipublica, Omnia Publica International LLC. www.omniapublica.com.

[5] De littérature, de forces armées et d'autres moyens ingénieux. Ndt.

PRÉFACE DE LA DEUXIÈME ÉDITION

Ma recherche des noms et des adresses des dirigeants secrets du monde est devenue une quête médiévale pour trouver le Saint Graal qui ouvrirait les portes de la liberté aux peuples opprimés et trahis du monde, en particulier ceux de mon propre pays. Ces sous-fifres de l'Ordre Mondial craignent plus d'être exposés que de devoir recourir à la force armée ou à un système juridique qui les punirait pour leurs crimes contre l'humanité. J'ai découvert que les manipulateurs cachés de l'Ordre Mondial avaient maintenu leur pouvoir par une technique très simple que je compare à celle d'un bal masqué. Le masque porté lors du bal permet aux Gnostiques, les Connaisseurs, d'identifier leurs amis et leurs ennemis car eux seuls savent qui porte quel costume. C'est une mascarade qui dépend entièrement du déguisement, c'est-à-dire de choses qui ne sont pas ce qu'elles semblent être. H. T. Martineau a écrit en 1833, dans *Three Ages*, 1.1 :

> "Une troupe de gentilshommes, dont le pays ne pouvait être deviné à partir de leur visage, puisque chacun portait un masque."

Des personnes dont le pays ne peut être déduit à partir de leur visage - les bandits - portaient un masque pour empêcher leurs victimes de les identifier. Les bandits de l'Ordre Mondial ont réussi à voler le monde entier grâce à la technique du bal masqué, le déguisement qui leur permet de poursuivre leur travail satanique sans être identifiés et poursuivis pour leurs méfaits.

Le bal masqué est le procédé idéal pour ce programme, car l'Ordre Mondial a acquis son pouvoir actuel dans l'Europe du XIXe siècle. La vieille aristocratie européenne disait que "les bals sont donnés pour ceux qui ne sont pas invités". Les invités y assistent par devoir ou pour des raisons professionnelles, pour passer une soirée en compagnie de personnes ennuyeuses alors qu'ils préféreraient être ailleurs. La récompense d'être invité à un bal masqué est d'être l'un des *Connaisseurs*, ceux qui savent quel masque cache le visage du Roi, quel costume est celui du Grand Vizir. Les autres invités ne savent jamais s'ils parlent à un simple courtisan ou à un puissant personnage. Les masses, le visage appuyé contre les fenêtres de la salle de bal, ne connaissent aucun des célébrants, et ne les connaitront jamais. Telle est la technique de l'Ordre Mondial, se draper dans le mystère, appartenir à sa hiérarchie protégée par l'anonymat du masque, afin que ceux qui se révoltent frappent les mauvaises cibles, des fonctionnaires insignifiants et facilement remplaçables.

L'histoire de l'Ordre Mondial est un catalogue d'horreur peuplé des fantômes des milliards de personnes massacrées qui crient vengeance. Sa véritable nature est décrite par le maître du macabre, Edgar Allan Poe, dans *Le Masque de la mort rouge* :

> "Alors que la peste sévit le plus furieusement à l'étranger, le prince Prospero divertit ses mille amis lors d'un bal masqué d'une magnificence peu commune. La présence de la Peste Rouge était désormais reconnue. Elle était venue comme un voleur dans la nuit. Et un par un, les fêtards se sont laissés tomber dans les salles ensanglantées de leur fête, et sont morts chacun dans la posture désespérée de sa chute. Les ténèbres, la pourriture et la mort rouge dominaient sans limite."

Ce que Poe dépeint est ce qui arrive réellement au monde actuel sous les ministères et les conspirations de l'Ordre Mondial : une pollution croissante, des maladies et des famines qui se terminent par la désolation mondiale et la disparition de notre espèce. Quelle est l'alternative ? Nous pouvons survivre en arrachant le masque du visage de la Mort Rouge, et en le renvoyant dans cet enfer d'où il est venu. Dieu a créé la terre pour les vivants, et nous sommes en retard dans notre attaque contre la Fraternité de la mort. Nous ne devons pas nous laisser entraîner dans des "guerres" artificielles au profit de l'Ordre Mondial, et nous ne pouvons plus nous permettre de continuer à être induits en erreur par leur contrôle sur les médias, le processus éducatif et nos institutions gouvernementales.

CHAPITRE PREMIER

LE "NOUVEL" ORDRE MONDIAL

En 1985, dans la foulée de l'histoire du système de la Réserve Fédérale,[6] j'ai publié *L'Ordre Mondial,* un recueil d'informations complémentaires sur le même sujet. Il ne m'est jamais venu à l'esprit de l'appeler "Le Nouvel Ordre Mondial" car mes recherches avaient retracé ses déprédations sur une période historique de près de cinq mille ans. En réponse aux exposés de ce volume, le porte-parole de la Fraternité de la mort a peut-être rendu publiques ses revendications pour un "Nouvel Ordre Mondial", qui était essentiellement le *meilleur des mondes* décrit par Aldous Huxley dans son roman révolutionnaire. Derrière toutes les revendications de ce nouvel ordre se trouvaient les mêmes impératifs, tels qu'énumérés par le professeur Stanley Hoffman, dans *Primacy or World Order* :

> "Ce qui devra avoir lieu, c'est une adaptation progressive du système social, économique et politique des États-Unis aux impératifs de l'Ordre Mondial."

Comme le souligne le professeur Hoffmann, les États-Unis sont la première cible des missiles du Nouvel Ordre Mondial parce qu'ils conservent cependant, bien que pervertis et déformés, les rouages essentiels d'une république qui assure la liberté de ses citoyens. Les objectifs actuels de l'Ordre ont été définis par Lord Castlereagh lors du Congrès de Vienne en 1815, lorsqu'il a cédé l'Europe à la puissance monétaire victorieuse, comme l'illustre la présence de la Maison de Rothschild. Il

---

[6] *Le secret de la Réserve Fédérale*, Le Retour aux Sources, www.leretourauxsources.com.

s'agissait de "l'équilibre des pouvoirs", qui n'a jamais été un équilibre des pouvoirs du tout, mais plutôt un système de contrôle mondial entre les mains des manipulateurs/conspirateurs. Henry Kissinger s'est employé à relancer ce programme de contrôle, comme il l'a écrit dans un article de *Newsweek*, le 28 janvier 1991 :

> "Nous sommes maintenant confrontés à un "nouvel équilibre des pouvoirs". Il se traduit aujourd'hui par la notion d'un "nouvel Ordre Mondial", qui naîtrait d'un ensemble de dispositions juridiques devant être garanties par la sécurité collective."

Lorsque des serviteurs de l'Ordre Mondial tels que Henry Kissinger appellent à la "sécurité collective", ce qu'ils recherchent réellement, c'est un ordre de protection derrière lequel ils peuvent en toute sécurité perpétrer leurs déprédations contre l'humanité entière. C'est ce qu'a identifié à contrecœur le président George Bush, après avoir esquivé pendant des mois les questions sur le "nouvel Ordre Mondial" qu'il avait publiquement appelé de ses vœux, lorsqu'il a finalement déclaré qu'il s'agissait en réalité d'une "force de maintien de la paix des Nations Unies". Cela nous a ramené à la Seconde Guerre mondiale ayant donné naissance aux Nations Unies. Walter Millis, dans *Road to War, America 1914-17,* a encore repoussé l'origine de ce programme à l'orée de la Première Guerre mondiale, lorsqu'il a écrit :

> "L'unique justification du colonel (Edward Mandel House) pour préparer un tel bain de sang pour ses compatriotes était son espoir d'établir ainsi un nouvel Ordre Mondial de paix et de sécurité."

Notez l'appel à la "sécurité" ; une fois de plus, il s'agit du cri des criminels internationaux en appelant à la protection alors qu'ils accomplissent leur travail universel de sabotage et de destruction. House avait d'abord exposé le programme de cet "Ordre Mondial" dans son livre, *Philip Dru Administrator*, dans lequel Dru, (House lui-même) devenu la force directrice derrière le gouvernement, l'oriente vers les objectifs de l'Ordre Mondial. Ces mêmes forces ont mis en place une seconde guerre mondiale, d'où les Nations Unies ont émergées comme le nouveau garant de la "sécurité collective". Le *Random House Dictionary* nous apprend que les Nations Unies ont été créées à Washington le 2 janvier 1942, lorsque vingt-six nations se sont alliées contre l'Axe, ou puissances dites "fascistes". Dans *The American Language*, H. L. Mencken dit que le président Roosevelt a inventé le terme "Nations Unies" lors d'une conférence avec le premier ministre Winston Churchill à la Maison Blanche en décembre 1941, à la veille de l'attaque de Pearl Harbor qui nous a entrainé dans la Seconde Guerre mondiale. Les Nations Unies sont devenues une entité active lors de la conférence de Dumbarton Oaks en 1944, lorsque la Grande-Bretagne, les États-Unis et la Russie les ont mise en place en tant que dictateur financier sur le reste du monde.

Si les Nations Unies ont été créées pour combattre le "fascisme", leur mission s'est terminée en 1945, lorsque le fascisme a été vaincu par la force militaire. Le fascisme tire son nom du faisceau de bâtons que les anciens fonctionnaires romains portaient au tribunal pour punir les délinquants. Ainsi, le fascisme signifie historiquement l'ordre public, la primauté du droit et l'intention de punir les criminels. C'est, bien sûr, ce que les conspirateurs de l'Ordre Mondial veulent éviter à tout prix. Le dictionnaire anglais Oxford définit le fascisme comme "l'un des groupes de nationalistes italiens qui se sont organisés en 1919 pour s'opposer au communisme en Italie". "D'autres définitions indiquent simplement que les fascistes ont été organisés "pour combattre le bolchevisme". Ainsi, les Nations Unies ont été essentiellement créées pour lutter contre les "anticommunistes", comme l'illustrent son acharnement contre l'Allemagne, l'Italie et le Japon. Lorsque cet objectif a été atteint en 1945, les Nations Unies n'avaient plus de mission historique. Néanmoins, elles ont continué à fonctionner, et les Rockefeller ont fait don de la parcelle de terrain la plus chère de Manhattan pour y bâtir son siège mondial. C'est dans ce contexte que le gouverneur de New York, Nelson Aldrich Rockefeller, s'est adressé à une réunion au Sheraton Park Hotel le 26 juillet 1968, dans laquelle il a appelé à la création d'un "nouvel Ordre Mondial".

Rockefeller a ignoré le fait que c'était Adolf Hitler qui avait préempté ce titre de "Mon nouvel ordre" pour l'Europe. Cette phrase était séduisante pour nos hommes politiques, comme l'a révélé le président Bush lorsqu'il s'est adressé au Congrès le 11 septembre 1990 dans un discours diffusé à la télévision nationale, dans lequel il a appelé à "un nouveau monde ... Un monde très différent de celui que nous avons connu... un nouvel Ordre Mondial". "Il a continué à réitérer cette demande, déclarant le 29 janvier 1991 dans son discours annuel sur l'état de l'Union,

> "C'est une grande idée - un nouvel Ordre Mondial, où diverses nations sont rassemblées en commun pour réaliser les aspirations universelles de l'humanité, la paix et la sécurité, la liberté et l'État de droit."

Il a répété ce vœux pieux toxique le 1er février 1991 dans trois discours distincts prononcés le même jour, dans lesquels il a insisté sur la création d'un nouvel Ordre Mondial. Il s'est modestement abstenu de souligner que cette phraséologie n'était pas nouvelle et qu'elle avait été adoptée par le Congrès en 1782 pour l'inauguration du Grand Sceau des États-Unis, la pyramide incomplète avec son œil occulte, et la phrase "Novus Ordo Seclorum" en dessous, identifiant cette nation comme étant engagée dans le processus de création d'"un nouvel Ordre Mondial" ou un nouvel ordre pour les âges qui dépendaient apparemment de la puissance des pyramides pour son accomplissement. Ce symbole date de 1776, lorsque Adam Weishaupt, fondateur de la secte des Illuminati, a formulé un programme remarquablement similaire à celui des conspirateurs de l'Ordre Mondial d'aujourd'hui. Weishaupt appelait à :

> 1. L'abolition de toutes les monarchies et de tous les gouvernements ordonnés.
>
> 2. La suppression de la propriété privée et des héritages.
>
> 3. L'abolition du patriotisme et du nationalisme.
>
> 4. L'abolition de la vie familiale et de l'institution du mariage, et la mise en place d'une éducation géré par l'état pour les enfants.
>
> 5. L'abolition de toute religion.

Ce n'est pas par hasard que les Rothschild, lorsqu'ils ont engagé Karl Marx et la Ligue des hommes justes pour formuler ce programme, ont conçu le Manifeste communiste de 1848, qui contenait la formule ci-dessus. Les militants de Weishaupt avaient pris le contrôle du mouvement franc-maçon en 1782, qui devint alors l'un des véhicules de la mise en œuvre de ce programme. Sa véritable origine remonte à l'ancien despotisme oriental révélé par un éditorial du *Washington Post* du 5 janvier 1992, lorsque le philosophe Nathan Gardels indiquait que "la zone idéale pour le nouvel Ordre Mondial serait la Chine, et non les États-Unis." Gardels soulignait le fait que le marxisme est un produit de la philosophie occidentale, c'est-à-dire de Hegel, mais qu'un Ordre Mondial produirait une forme de despotisme oriental. Il étaye sa thèse par des citations du Premier ministre japonais, se plaignant du fait que les "notions abstraites des droits de l'homme" ne doivent pas interférer avec la politique étrangère. Les dirigeants chinois quant à eux, dénoncent les revendications de liberté indépendante comme étant des idées "nauséabondes".

Le président Bush a modestement désigné l'un de ses collaborateurs, le général Brent Scowcroft, comme l'auteur de la phrase magique "nouvel Ordre Mondial". Le *People magazine* du 25 novembre 1991 a déclaré :

> "L'influence de Scowcroft est devenue évidente pour la première fois l'année dernière, plusieurs semaines après l'invasion du Koweït par l'Irak. Une fois encore, alors qu'il pêchait, lui et Bush ont eu l'idée d'un "nouvel Ordre Mondial", une phrase ambitieuse destinée à suggérer la conduite d'une nouvelle politique étrangère par les États-Unis dans le contexte d'une ère succédant à la guerre froide."

Qui est Scowcroft ? À Washington, il est connu depuis des années comme l'un des laquais omniprésents d'Henry Kissinger, qui s'est fait connaître lorsqu'il a servi Kissinger au Conseil national de sécurité. Il a ensuite rejoint le cabinet Kissinger Associates, dont il est devenu président. Kissinger fait son éloge dans le *People magazine*, en disant :

> "Il est très discret, mais il est rudement tenace pour défendre son point de vue. Ce n'est pas un béni-oui-oui."

C'était une affirmation étonnante de la part de Kissinger, qui n'avait jamais entendu un "non" de la part de Scowcroft pendant toutes les années où il l'a servi. Le *People magazine* a également mentionné le manque d'attention de Scowcroft pour les affaires en cours :

> "Souvent moqué pour s'être assoupi lors de longues réunions sans incident, Scowcroft balaie ces chicaneries."

Les médias ont été horrifiés d'apprendre que le président Reagan s'est parfois assoupi lors de longues et ennuyeuses représentations officielles, mais ils trouvent excusable que M. Scowcroft, qui, en tant qu'actuel chef du Conseil de sécurité nationale, est censé maintenir un minimum d'attention, soit coupable du même délit. L'attitude excessivement amicale des médias envers Scowcroft se reflète également dans le magazine *Parade* qui s'est enthousiasmé dans le numéro du 15 décembre 1991 :

> "Brent Scowcroft, 66 ans, est un stratège militaire très estimé dont la réputation n'a jamais été altérée par le moindre scandale."

Oui, les béni oui-oui s'aventurent rarement dans des situations scandaleuses.

CHAPITRE DEUX

LES ROTHSCHILD

"Laissez-moi seulement émettre et contrôler la monnaie d'une nation, et je ne me soucie pas de qui écrit ses lois."

Mayer Amschel Bauer (Rothschild)

Dans son numéro du 19 décembre 1983, le magazine *Forbes* indique que :

"La moitié des dix premières banques allemandes sont basées à Francfort."

L e système financier mondial moderne, une mise à jour du système monétaire babylonien de taxes et de création de monnaie sous forme de dettes, a été mis au point à Francfort-sur-le-Main, dans la province de Hesse. Mayer Amschel Bauer (plus tard Rothschild) a découvert que si les prêts aux agriculteurs et aux petites entreprises pouvaient être rentables, les vrais profits résidaient dans l'octroi de prêts aux gouvernements. Né à Francfort en 1743, Mayer Amschel a épousé Gutta Schnapper. Il a fait un apprentissage de trois ans à Hanovre, à la Banque d'Oppenheim. Pendant cette période, il a eu l'occasion de rendre service au lieutenant général Baron von Estorff. Von Estorff était le principal conseiller du Landgrave Frédéric II de Hesse, alors l'homme le plus riche d'Europe. Frédéric valait de 70 à 100 millions de florins, dont une grande partie héritée de son père, Guillaume VIII, frère du roi de Suède. Le baron von Estorff informa le Landgrave que Mayer Amschel faisait preuve d'une étonnante capacité à accroître l'argent grâce à ses investissements. Le Landgrave l'envoya immédiatement chercher.

À cette époque, le roi George III tentait de mettre fin à la rébellion américaine. Ses troupes étaient combattues par des Américains robustes, habitués aux batailles dans les régions sauvages. Mayer Amschel s'arrangea pour que le roi George engage 16 800 soldats hessois jeunes et vaillants aux ordres du Landgrave. Cette transaction accrue considérablement la fortune de Hesse. Cette relation mutuellement avantageuse prit fin avec la mort soudaine du Landgrave en 1785, alors que ce dernier n'avait que vingt-cinq ans. Mayer Amschel acquit cependant une influence absolue sur son successeur, le prince électeur Wilhelm Ier, qui, comme Mayer Amschel, était né en 1743. On disait qu'ils étaient comme deux chaussures, tellement ils allaient bien ensemble. C'était un changement agréable par rapport à la relation de Mayer Amschel avec l'ancien Landgrave, qui avait été une personne très difficile et exigeante. En fait, la mort soudaine du Landgrave avait heureusement placé Mayer Amschel à la tête de la plus grande fortune d'Europe.

Comme il prospérait, Mayer Amschel plaça un grand bouclier rouge sur la porte de sa maison dans la Judengasse, qu'il partageait avec la famille Schiff. Il se forgea un nouveau nom "Rothschild" à partir de son enseigne. En 1812, à sa mort, il laissa un milliard de francs-or à ses cinq fils. L'aîné, Anselm, se chargea d'établir une banque à Francfort. Il n'eut pas d'enfants et la banque fut fermée par la suite. Le deuxième fils, Salomon, fut envoyé à Vienne, où il reprit bientôt le monopole bancaire autrefois partagé entre cinq familles juives, les Arnstein, les Eskeles, les Geymuller, les Stein et les Sina. Le troisième fils, Nathan, fonda la succursale de Londres, après avoir profité de certaines transactions à Manchester dans le domaine des textiles et des colorants, ce qui lui valut d'être craint et détesté. Karl, le quatrième fils, se rendit à Naples, où il devint le chef du groupe occulte, l'Alta Vendita. Le fils cadet, James, fonda la branche française de la maison Rothschild à Paris.

Ainsi stratégiquement situés, les cinq fils commencèrent leurs opérations lucratives au sein des finances publiques.

Aujourd'hui, leurs avoirs sont concentrés dans le Five Arrows Fund de Curaçao, et la Five Arrows Corp. à Toronto, au Canada. Le nom est tiré de l'écusson des Rothschild sur lequel figure un aigle avec cinq flèches dans ses serres, signifiant les cinq fils de la dynastie.

Le premier précepte de réussite dans l'octroi de prêts gouvernementaux consiste à "créer une demande", c'est-à-dire à participer à la création de paniques financières, de dépressions, de famines, de guerres et de révolutions. L'immense succès des Rothschild réside dans leur volonté de faire ce qui devait être fait. Comme l'écrit Frederic Morton dans la préface des *Rothschild* :

> "Depuis cent cinquante ans, l'histoire de la Maison Rothschild révèle à un degré étonnant les coulisses de l'Europe occidentale. Grâce à leur succès en matière de prêts non pas à des individus mais à des nations, ils ont récolté d'énormes profits. Quelqu'un a dit un jour que la richesse des Rothschild repose sur la faillite des nations."

Dans *The Empire of the City*, B.C. Knuth explique :

> "Le fait que la Maison Rothschild ait gagné son argent au cours des grands krachs et des grandes guerres de l'histoire, durant les périodes où d'autres perdaient leur argent, ne fait aucun doute."

Le 8 juillet 1937, le *New York Times* citait le professeur Wilhelm, un historien allemand :

> "Les Rothschild ont introduit le règne de l'argent au sein de la politique européenne. Les Rothschild étaient les serviteurs de l'argent et ils ont entrepris de refaçonner le monde en fonction de l'argent et de ses impératifs. L'argent et l'emploi des richesses sont devenus la loi de la vie européenne ; nous n'avons plus de nations, mais des provinces économiques."

Le 4 juin 1879, le *New York Times* déclarait :

> "Le baron Lionel N. de Rothschild, chef de la célèbre maison bancaire de MM. Rothschild & Cie, est décédé à l'âge de 71 ans. Il était le fils de feu le baron N. M. Rothschild, qui a fondé la maison à Londres en 1808 et est mort en 1836. Son père en arriva à la conclusion que pour perpétuer la renommée et le pouvoir des Rothschild, qui étaient déjà

devenus mondiaux, il était nécessaire que la famille reste unie et dévouée à la cause commune. Pour ce faire, il proposa qu'ils se marient entre eux et ne forment aucune union conjugale en dehors de la famille. Un conseil des chefs de la maison fut convoqué à Francfort en 1826, et les vues du baron Nathan furent approuvées."

John Reeves, dans sa biographie autorisée, *The Rothschilds, the Financial Rulers of Nations*[7], note que lorsque la famille se réunit à Londres en 1857 pour le mariage de la fille de Lionel, Leonora, avec son cousin Alphonse, fils de James Rothschild de Paris, Disraeli (Premier ministre d'Angleterre) déclara :

> "Sous ce toit se trouvent les chefs de la famille Rothschild - un nom célèbre dans toutes les capitales d'Europe et dans toutes les divisions du globe. Si vous le souhaitez, nous diviserons les États-Unis en deux parties, une pour vous, James, et une pour vous, Lionel. Napoléon fera exactement tout ce que je lui conseillerai."

Telle fut l'origine politique de la guerre civile américaine. Les Rothschild craignaient la République américaine libre, qui se développait rapidement et devenait de plus en plus prospère, et ils décidèrent en privé que sa séparation en deux nations plus petites et plus faibles représenterait un moindre danger pour leurs intérêts mondiaux.

Dans *The Rothschilds: the Financial Rulers of Nations*, John Reeves écrit :

> "La première fois que Nathan a aidé le gouvernement anglais, c'était en 1819, lorsqu'il a accordé un prêt de 60 millions de dollars ; de 1818 à 1832, Nathan a accordé huit autres prêts pour un montant total de 105 400 000 dollars ; il a ensuite accordé dix-huit prêts au gouvernement pour un montant total de 700 millions de dollars. Pour les Rothschild, rien n'aurait pu se produire de façon plus propice que le déclenchement de la révolte américaine et de la Révolution française, car ces deux événements leur ont permis de jeter les bases de l'immense richesse qu'ils ont acquise depuis lors. La Maison

---

[7] *Les Rothschild, les dirigeants financier des nations*, Ndt.

de Rothschild était (et est toujours) la puissance dominante en Europe, car toutes les puissances politiques étaient prêtes à reconnaître l'emprise du grand despote financier, et, comme des vassaux obéissants, à lui payer leur tribut sans murmure... Son influence était si puissante qu'on disait qu'aucune guerre ne pouvait être entreprise sans l'aide des Rothschild. Ils se sont élevés à une telle position de pouvoir dans le monde politique et commercial qu'ils sont devenus les dictateurs absolu de toute l'Europe. Pour le grand public, les archives de la famille, qui pourraient jeter tant de lumière sur l'histoire, sont un profond secret, un livre scellé bien caché."

Le 27 juillet 1844, Mazzini déclarait :

"Rothschild pourrait être roi de France s'il le souhaitait."

L'*encyclopédie juive* notait (édition de 1909) :

"En 1848, la valeur de la maison de Paris (de Rothschild) est estimée à 600 millions de francs contre 352 millions de francs pour tous les autres banquiers parisiens."

Le professeur Werner Sombart a écrit :

"Les principaux prêteurs au monde, les Rothschild, ont été plus tard les premiers rois du chemin de fer. La période à partir de 1820 est devenue l'"Ère des Rothschild", si bien qu'au milieu du siècle, le dicton suivant était devenu une vérité commune : "Il n'y a plus qu'une seule puissance en Europe, c'est Rothschild." (*Les Juifs et le capitalisme moderne*).

Ce commentaire du *Chicago Evening American*, appartenant au magnat Hearst, le 3 décembre 1923, illustre parfaitement cette position hégémonique :

"Les Rothschild peuvent déclencher ou empêcher des guerres. Leur parole peut faire ou défaire des empires."

Reeves note que "la chute de Napoléon a été le début de l'ascension de Rothschild." Napoléon a ensuite été lentement empoisonné à mort à l'arsenic par un agent de Rothschild. Ils n'avaient pas besoin d'un autre "retour d'exil".

Le *New York Evening Post* notait le 22 juillet 1924 :

"Le Kaiser a dû consulter Rothschild pour savoir s'il pouvait déclarer la guerre. Un autre Rothschild s'est chargé de financer le conflit qui a renversé Napoléon."

Le bras droit du Kaiser, Bethmann-Hollweg, qui a en fait précipité le déclenchement de la Première Guerre mondiale, était un membre de la famille bancaire de Francfort, car Bethmann était un cousin des Rothschild.

Après la chute de Napoléon, Salomon persuada le souverain d'Autriche de délivrer des quartiers de noblesse aux cinq frères. Le Congrès de Vienne fut l'émergence du papillon de nuit de son cocon. Le diktat de ce Congrès était simple : les aristocraties d'Europe doivent se soumettre à notre volonté, sinon elles sont condamnées. La condamnation à mort des lignés de la noblesse historique de l'Europe a été prononcée par ceux qui avaient la volonté d'exécuter leur édit. Il a fallu un autre siècle pour parfaire l'ouvrage, non pas parce que les tueurs étaient faibles, mais parce qu'ils voulaient procéder avec prudence, sans révéler toute leur force. Car au combat, l'arme décisive est celle que votre adversaire ne connaît pas.

Il n'était pas nécessaire de prononcer une condamnation à mort sur les familles dirigeantes de l'Amérique, car il n'y en avait pas. Au cours du XIXe siècle, quelques descendants d'entrepreneurs coloniaux avaient amassé des richesses conséquentes et pouvaient se permettre de mener une vie de loisirs et de voyages. Ils sont restés dépendants des arbitres continentaux dans toutes les affaires qui nécessitaient un goût et un jugement personnels. Parce qu'ils n'avaient aucune philosophie directrice, et aucun programme, cette "classe supérieure" américaine n'a jamais atteint le sommet de la gestion des affaires mondiales. Ils restèrent "au bas des marches" en tant que serviteurs des princes londoniens de l'Ordre Mondial. Leur avilissement se manifestait non seulement par un taux de suicide exceptionnellement élevé, mais aussi par des formes plus lentes d'autodestruction, d'alcoolisme, de toxicomanie et d'homosexualité.

L'homosexualité n'est pas tant un type de pulsion sexuelle que l'expression de besoins plus profonds, le désir de se dégrader ou la recherche d'un partenaire que l'on peut humilier et dégrader. Il n'est guère surprenant qu'une telle "classe dirigeante" salue avec enthousiasme la croisade du XXe siècle visant à introniser le communisme comme véhicule de l'Ordre Mondial.

Dans leur quête de richesse, les Rothschild ne négligèrent ni le petit agriculteur, ni le stockage et la vente en gros des céréales. Ils développèrent un système de "prêts agricoles" qui fut la malédiction des agriculteurs pendant plus d'un siècle. R. F. Pettigrew l'a noté dans le *British Guardian* :

> "Ce système bancaire (qui provoque la ruine ultime de tous ceux qui cultivent le sol) est l'invention de Lord Overstone, avec l'aide des Rothschild, les plus importants banquiers de l'Europe."

L'un de leurs plus grands triomphes a été l'aboutissement de la guerre prolongée des Rothschild contre la famille impériale russe. Le nom de famille des Romanov est dérivé de Roma Nova, la Nouvelle Rome. Il incarnait l'ancienne prophétie selon laquelle Moscou devait devenir "la Nouvelle Rome". "La famille est issue du prince Prus, frère de l'empereur Auguste de Rome, qui a fondé la Prusse. En 1614, Michel est devenu le premier tsar de la lignée des Romanov.

Après la chute de Napoléon, les Rothschild ont tourné toute leur haine contre les Romanov. En 1825, ils ont empoisonné Alexandre Ier ; en 1855, ils ont à nouveau empoisonné Nicolas Ier. D'autres assassinats ont suivi, culminant dans la nuit du 6 novembre 1917, lorsqu'une douzaine de gardes rouges conduisirent un camion jusqu'au bâtiment de la Banque Impériale de Moscou. Ils y chargèrent la collection de bijoux impériale et 700 millions de dollars en or, soit un butin de plus d'un milliard de dollars. Le nouveau régime confisqua également les 150 millions d'hectares de terres appartenant personnellement au tsar de Russie.

Les énormes réserves de liquidités que le tsar avait placées à l'étranger dans des banques européennes et américaines étaient tout aussi importantes. Le *New York Times* a déclaré que le tsar disposait de 5 millions de dollars dans le Guaranty Trust et d'un million de dollars dans la National City Bank ; d'autres autorités ont déclaré qu'il disposait de 5 millions de dollars dans chaque banque. Entre 1905 et 1910, le tsar avait envoyé plus de 400 millions de dollars à déposer dans six grandes banques new-yorkaises, la Chase, la National City, le Guaranty Trust, la J.P. Morgan, la Hanovre et Manufacturers Trust. Il s'agissait des principales banques contrôlées par la Maison Rothschild grâce à l'intermédiaire de leurs agents américains, J.P. Morgan, et Kuhn, Loeb & Co. Ce sont également les six banques new-yorkaises qui ont acheté les actions de contrôle de la Federal Reserve Bank of New York en 1914. Elles en détiennent le contrôle depuis lors.

Le tsar disposait également de 115 millions de dollars dans quatre banques anglaises. Il avait 35 millions de dollars dans la Banque d'Angleterre, 25 millions de dollars dans la Barings, 25 millions de dollars dans la Barclays et 30 millions de dollars dans la Lloyd's Bank. À Paris, le tsar disposait de 100 millions de dollars dans la Banque de France et de 80 millions de dollars dans la Banque Rothschild de Paris. À Berlin, il avait 132 millions de dollars dans la banque Mendelsohn, qui avait longtemps été un banquier de la Russie. Aucune de ces sommes n'a jamais été remboursée ; à intérêts composés depuis 1916, elles s'élèvent à plus de 50 milliards de dollars. Deux demandeurs sont apparus plus tard, un fils, Alexis, et une fille, Anastasia. Malgré de nombreuses preuves à l'appui de leurs revendications, Peter Kurth note dans *Anastasia* que :

> "Lord Mountbatten a versé l'argent pour les batailles judiciaires engagées contre Anastasia. Bien qu'il soit le neveu de l'impératrice Alexandra, il était la force directrice de l'opposition à Anastasia."

Les Battenberg, ou Mountbatten, étaient également apparentés à la famille Rothschild. Ils ne souhaitaient pas que la fortune du tsar soit récupérée et retirée des banques Rothschild.

Kurth note également :

> "Dans une série de 1959 sur l'histoire des grandes banques britanniques, par exemple, l'*Observer of London* a fait remarquer à propos de Baring Brothers : "Les Romanov comptaient parmi leurs clients les plus distingués. Il est affirmé que la Barings détient toujours un dépôt de plus de

quarante millions de livres sterling qui leur a été légué par les Romanov. Anthony Sampson, rédacteur en chef, a déclaré qu'aucune protestation n'avait été formulée. Cette histoire est généralement considérée comme vraie."

Au début du XIXe siècle, les Rothschild ont commencé à consolider leurs bénéfices provenant des prêts gouvernementaux dans diverses entreprises commerciales, qui ont très bien réussi. La négociation fortuite à la Bourse de Londres après Waterloo a donné à Nathaniel Mayer Rothschild une part importante des Consols qui constituaient la majeure partie des titres de propriété de la Banque d'Angleterre. Les articles de Joseph Wechsberg dans *The Merchant Bankers,* expliquent :

> "Il y a la compagnie d'assurance-vie Sun Alliance, la plus aristocratique de toutes les compagnies d'assurance, fondée par Nathan Rothschild en 1824 ; Brinco, la British New foundland corp. fondée par les Rothschild britanniques et français en 1952 ; la Anglo-American corp. ; Bowater, Rio Tinto et bien d'autres."

Non seulement le *Bank Rate*[8] de la Banque d'Angleterre affecte les taux d'intérêt des autres nations, mais le prix de l'or joue également un rôle crucial dans les affaires monétaires des nations, même si elles ne sont plus indexées sur l'étalon-or. Le rôle dominant joué par la maison Rothschild au sein de la Banque d'Angleterre est renforcé par une autre tâche particulière de l'entreprise, la fixation quotidienne du prix mondial de l'or. Le *News Chronicle* du 12 décembre 1938 décrit ce rituel :

> "L'histoire de la fixation du cours de l'or a souvent été racontée. Chaque jour de la semaine à 11 heures, les représentants de cinq sociétés de courtiers en lingots et d'une société d'affinage se réunissent dans le bureau de M. Rothschild (sauf le samedi[9]) et y fixent le prix de l'or en livre sterling. Toutefois, son dernier acte, à savoir la centralisation de la demande et de l'offre d'or dans un seul bureau et la fixation du prix de l'or sur cette base, est le fruit d'une activité

---

[8] Taux interbancaire, Ndt.

[9] Jour du sabbat, chez les juifs, Ndt.

intense. Un prix de l'or est d'abord suggéré, probablement par le représentant de MM. Rothschild, qui agit également pour la Banque d'Angleterre et le compte de péréquation des changes."

Les établissements bancaires qui ont le privilège de rencontrer les Rothschild pour fixer le prix mondial de l'or sont connus sous le nom de "Club des cinq". En 1958, ils étaient : N.M. Rothschild, Samuel Montagu, Mocatta et Goldsmid, Sharps Pixley et Johnson Matthey.

En 1961, les London Accepting Houses fonctionnent avec l'approbation du gouverneur de la Banque d'Angleterre : Barings : Brown, Shipley ; Arbuthnot Latham ; Wm. Brandt's & Sons ; Erlangers ; Antony Gibbs & Co ; Guinness Mahon Hawkins ; S. Japhet ; Kleinwort & Sons ; Lazard Bros. ; Samuel Montagu ; Morgan Grenfell ; N.M. Rothschild ; M. Samuel, J. Henry Schroder ; et S.G. Warburg ; Ces sociétés choisies dirigent l'établissement financier de la "City" de Londres.

En 1961, les principaux groupes commerciaux d'Angleterre ont été répertoriés par Wm. M. Clarke comme :

1. Morgan Grenfell Ltd. (Lord Bicester) la société Peabody J.P. Morgan ;

2. Jardine Mathieson ;

3. Rothschild-Samuel-Oppenheimer, comprenant Rio Tinto, British South Africa Co. Shell Petroleum, Brinco (British Newfoundland Corp.) ;

4. Lazard Brothers - Shell, English Electric, Canadian Eagle Oil ;

5. La banque Lloyd's ;

6. La banque Barclay's ;

7. Lignes péninsulaires et orientales ;

8. Cunard ;

9. Groupe Midland Eagle Star-Higginson (Cavendish-Bentinck) ;

10. Prudentiel ;

11. Imperial Chemical Industries ;

12. Bowater ;

13. Courtauld's ;

14. Unilever.

Bien que cette liste montre que le groupe Rothschild n'est qu'un des quatorze groupes, en fait, ils occupent des positions ou exercent une influence importantes dans les autres groupes de cette liste.

En 1982, les Rothschild de Londres occupent les principaux postes de direction : Lord Rothschild - N.M. Rothschild & Sons, Arcan N.V. Curaçao, président Rothschilds Continuation, et Rothschild Inc. USA. Edmund Leopold de Rothschild - N.M. Rothschild & Sons, Alfred Dunhill Ltd. Rothschild Continuation, Rothschild Trust, Rothman's International, président de Tokyo Pacific Holdings NV ; Baron Eric Rothschild - N.M. Rothschild & Sons ; Evelyn de Rothschild - président N.M. Rothschild & Sons, DeBeers Consolidated Mines Ltd. Afrique du Sud, Eagle Star Insurance Co, président The Economist Newspaper Ltd., IBM UK Ltd. La Banque Privée S.A., Manufacturers Hanover Ltd., Rothschild Continuation Ltd. président United Race Courses Ltd ; Leopold de Rothschild - N.M. Rothschild& Sons, Alliance Assurance Co., Bank of England, The London Assurance, Rothschild Continuation Ltd ; Rothschild Continuation Holdings AG Suisse, Sun Alliance and London Assurance Co., Sun Insurance Office Ltd.

Les entreprises britanniques qui constituent la base principale de la fortune des Rothschild sont : Sun Alliance Assurance, Eagle Star, DeBeers et Rio Tinto. Parmi les directeurs d'Eagle Star figurent Duncan Mackinnon, du Hambro Investment Trust ; Earl Cadogan, dont la mère était une Hambro ; Sir Robert Clark, de la Hill Samuel Co. ; le marquis Linlithgow (Charles Hope) dont la mère était une Milner - il a épousé Judith Baring ; Evelyn de Rothschild ; et Sir Ian Stewart de la Brown Shipley Co. qui est secrétaire privé du Chancelier de l'Échiquier depuis 1979.

Parmi les directeurs de DeBeers figurent Harry F. Oppenheimer, Sir Philip Oppenheimer, A.E. Oppenheimer, N.F.

Oppenheimer, le baron Evelyn de Rothschild et Sidney Spiro. Spiro est également administrateur de Rio Tinto, de la Hambros Bank, de la Barclays Bank et de la Banque Canadienne Impériale de Commerce. DeBeers est en relation avec l'Anglo-American Corp. of South Africa, dont Harry F. Oppenheimer est président, et l'Anglo-American Gold Investment Co. dont Julian Ogilvie Thompson est président et Harry F. Oppenheimer directeur.

DeBeers est en relation avec la Hambros Bank, dont le président est Jocelyn Hambro ; les directeurs sont R.N. Hambro, C.E. Hambro, Hon. H.W. Astor, Sir Ian Morrow, président UKO Int. et The Laird Group, International Harvester, Rolls Royce, et the Brush Group ; J.M. Clay, directeur de la Bank of England ; Mark Weinberg, et Sidney Spiro.

Le président de Rio Tinto est Sir Anthony Tuke ; il est également président de Barclay's Bank, et membre de la Commission trilatérale. Les directeurs sont Lord Shackleton, Lord Privy Seal, président RTZ Dev. Lord Charter de Amisfield, petit-fils du comte de Wemys, marié à la fille du vicomte Margesson, secrétaire privé de la reine Elizabeth, directeur de l'hôtel Claridge's et de l'hôtel Connaught ; Sir David Orr, président Unilever ; et Sidney Spiro, de la Hambros Bank. L'entreprise exerce aujourd'hui ses activités sous le nom de RTZ Corp.

> "une holding Rothschild sur les marchés miniers qui, en juillet 1989, a acheté les droits miniers mondiaux de British Petroleum pour 3,7 milliards de dollars, le plus gros marché privé jamais conclu entre deux sociétés britanniques."

Le principal organe de direction des Rothschild est la Sun Alliance Assurance, que Nathan Mayer Rothschild a fondée en 1824, avec Sir Alex Baring, Samuel Gurney et Sir Moses Montefiore, avec un capital initial de cinq millions de livres. Le Président de Sun Alliance est Lord Aldington (Toby Low) qui est également président de Westland Aircraft, directeur de la Citibank, Citicorp, et de Ge Ltd ; Lord Aberconway, vice-président ; H. VA. Lambert, président de Barclay's Bank ; Earl of Crawford (Robert A. Lindsay, dont la mère était une Cavendish - il est également président de la National Westminster Bank, ancien secrétaire particulier du secrétaire au

Trésor. Ministre d'État à la défense, ministre d'État aux affaires étrangères et commerciales ; Lord Astor, dont la mère était la fille du comte de Minto - il est l'ancien président du *Times* ; Sir Charles Ball, de Kleinwort Benson, également directeur de Chubb & Sons. Il est également président de la Barclay's Bank, Cadbury Schweppe ; Sir Alan Dalton, directeur de la Natl Westminster Bank ; le Duc de Devonshire (sa mère était une Cecil, l'une des trois familles dirigeantes de l'Angleterre depuis le Moyen-Âge) ; Sir Derek Holden-Brown, président d'Allied Breweries, directeur de Hiram Walker ; J.N.C. James, administrateur de Grosvenor Estates, qui possède de grandes parties de Londres ; Henry Keswick, président de Matheson & Co. Lord Kindersley, directeur exécutif, directeur de Lazard Bros, directeur de Marconi, English Electric, British Match, Swedish Match ; Sir Peter Matthews, président de Vickers ; J.M. Ricchie, président de British Enkalon, directeur de Vickers, Bowater Ltd ; Evelyn de Rothschild, président de N.M. Rothschild & Sons.

Les Rothschild occupent une place importante à Vickers depuis de nombreuses années. Le président est Sir Peter Matthews, également directeur de la Lloyd's Bank et de Sun Alliance ; les directeurs sont T. Neville ; le baron Braybrooke ; le comte de Warwick (les Salisbury, une des trois familles dirigeantes d'Angleterre) ; Sir Alastair Frame, chef exécutif de Rio Tinto Zinc, directeur de Plessey & Co. UK, et de l'Autorité de l'énergie atomique. Le président de Vickers en 1956 était Edward Knollys, fils du secrétaire particulier du roi Edward VII pendant quarante ans, puis de George V pendant cinq ans.

Depuis plus d'un siècle, une croyance très répandue aux États-Unis est délibérément entretenue selon laquelle les Rothschild n'ont que peu d'importance sur la scène financière américaine. Grâce à cette croyance erronée, ils ont pu secrètement manipuler à leur avantage les développements politiques et financiers de ce pays. En 1837, les Rothschild laissèrent leur représentant américain, W.L. & M.S. Joseph, faire faillite lors du Crash, tandis qu'ils mettaient à disposition leurs réserves de liquidités à un nouveau venu, August Belmont, et à leur représentant secret, George Peabody de Londres. Bermingham note dans *Our Crowd* :

> "Au cours de la panique de 1837, Belmont a pu, grâce à l'immensité du réservoir de capitaux Rothschild, accomplir un service qu'il répétera dans les paniques ultérieures, pour se lancer en Amérique en exploitant son propre système de Réserve Fédérale."

Après 1837, August Belmont (de son vrai nom Schonberg) est annoncé publiquement dans la presse financière comme le représentant américain des Rothschild. Lorsque Belmont participait à une opération financière, tout le monde savait que les Rothschild étaient impliqués. Lorsque Belmont ne participait pas, et que la transaction était gérée par J.P. Morgan & Co. ou par Kuhn, Loeb Co., tout le monde "savait" que les Rothschild n'étaient pas impliqués.

George Peabody avait établi son entreprise en Angleterre grâce à ses liens avec Brown Bros, (aujourd'hui Brown Bros Harriman) et Brown, Shipley. Il était devenu un agent non identifié de Lord Rothschild dès 1835. Bien qu'il n'y ait pas de statue de George Peabody dans le quartier de Wall Street, il y en a une à Londres, juste en face de la Banque d'Angleterre. George Peabody est devenu "l'Américain préféré" de la reine Victoria. Son ancienne boîte à lunch occupe encore aujourd'hui une place de choix dans le bureau londonien de Morgan Stanley. En 1861, George Peabody était devenu le plus grand négociant de titres américains au monde. Pour faire pression sur le gouvernement Lincoln, il commença à s'en défaire pour faire baisser les prix. Au même moment, J.P. Morgan, allié de Morris Ketchum, épuisait les réserves d'or américain en les expédiant en Angleterre. Il fit passer le prix de 126 à 171 dollars l'once, engrangeant un bon bénéfice et exerçant une pression financière accrue sur le gouvernement Lincoln. Ce fut l'une des nombreuses opérations financières dirigées par les Rothschild pour leurs propres objectifs politiques et financiers. Comme George Peabody n'avait pas de fils pour reprendre son cabinet, il engagea Junius Morgan comme associé ; le fils de Junius, John Pierpont Morgan, est devenu connu comme "le banquier le plus puissant du monde", bien que son rôle principal ait été d'exécuter secrètement des commissions pour la maison Rothschild. Morgan était un descendant direct d'Alexander Hamilton, qui avait affrété notre première banque centrale, la Bank of the United States, cette dernière étant entièrement à la solde des intérêts de Rothschild.

Le *New York Times* du 26 octobre 1907, a noté à propos des actions de J.P. Morgan pendant la panique de 1907 :

> "Dans une conversation avec le correspondant du *New York Times*, Lord Rothschild a rendu un hommage appuyé à J.P. Morgan pour ses efforts dans la conjoncture financière actuelle à New York. Il est digne de sa réputation de grand financier et d'homme de merveilles. Sa dernière action suscite l'admiration et le respect."

C'est le seul cas enregistré où un Rothschild a fait l'éloge d'un banquier en dehors de sa propre famille.

Le 28 mars 1932, le *New York Times* déclarait :

> "Londres : N.M. Victor Rothschild, vingt-et-un ans, neveu du Baron Rothschild, se rendra bientôt aux États-Unis pour prendre un poste chez J.P. Morgan & Co. a-t-on appris ce soir. Il est habituel pour les banquiers britanniques progressistes d'envoyer temporairement leurs jeunes hommes dans les États de l'Ouest, l'un des partisans les plus notables de cette pratique étant la maison bancaire anglo-américaine de J. Henry Schroder & Co."

La connexion Morgan-Rothschild explique le mystère autrement incompréhensible de la raison pour laquelle J.P. Morgan, connu comme "le banquier le plus puissant du monde", a laissé une fortune si modeste à sa mort en 1913, à peine 11 millions de dollars après que ses dettes aient été soldées. Bien que les membres actuels de la famille Morgan semblent financièrement stables, aucun d'entre eux ne compte parmi les "grands riches".

Dans *Brandeis, A Free Man's Life*, Arpheus T. Mason note :

> "Le jeune Adolph Brandeis (le père du juge Brandeis) est arrivé à New York, a voyagé pendant un certain temps dans l'Est, puis s'est rendu dans le Midwest. Le plaisir et la facilité

de voyage du jeune Brandeis ont été grandement renforcés par la compagnie d'un jeune ami des Wehles alors en voyage d'affaires aux États-Unis pour obtenir des informations sur les investissements américains pour la Maison Rothschild. Grâce aux contacts et aux lettres de présentation de son compagnon, Adolph a pu voir des endroits et rencontrer des gens inaccessibles à la plupart des étrangers."

Notes de Bermingham dans *Our Crowd :*

"À l'automne 1874, le baron Rothschild a convoqué Isaac Seligman à son bureau - quelque 55 millions de dollars d'obligations américaines devaient être offerts par trois maisons, la maison Seligman, la maison Morgan et la maison Rothschild."

C'était la première fois que les Seligman étaient invités à participer à une émission avec les Rothschild. Ils étaient plus que reconnaissants, et c'est ainsi qu'un autre allié des Rothschild commença ses opérations en Amérique.

Un avantage notable du travail de J.P. Morgan pour la maison Rothschild est la croyance soigneusement cultivée que Morgan, sinon ouvertement "antisémite", évitait de participer à des opérations avec des sociétés bancaires juives, et que sa société n'engagerait personne d'origine juive. C'est la même tromperie que celle que Nathan Mayer Rothschild avait faite en engageant le prédécesseur de Morgan, George Peabody, pour qu'il se produise à Londres. Selon une croyance traditionnelle de Wall Street, si l'on voulait traiter avec une société "réservée aux gentils", on s'adressait à J.P. Morgan ; si l'on voulait une société juive, il y avait plusieurs maisons disponibles, mais la plus influente, de loin, était Kuhn, Loeb & Co. Dans les deux cas, le client n'était jamais informé qu'il traitait avec un représentant américain de la Maison Rothschild.

Jacob Schiff, qui a amené la firme Kuhn, Loeb à son rôle prééminent dans la finance américaine, est né dans la maison Rothschild au 148 Judengasse, à Francfort, que les Rothschild partageaient avec la famille Schiff. En 1867, Abraham Kuhn et Solomon Loeb, deux épiciers de Cincinnati, fondèrent la maison bancaire de Kuhn, Loeb. En 1875, Jacob Schiff arrivait de Francfort pour rejoindre la firme. Il épousa Thérèse, la fille de

Salomon. Il apporta également à l'entreprise un important capital de Rothschild, qui lui permit de décupler sa croissance. En 1885, Loeb se retire ; Jacob Schiff dirige le cabinet de 1885 à 1920, date à laquelle il meurt.

À aucun moment la Maison Rothschild n'avait indiqué publiquement qu'elle avait des intérêts dans la société de Kuhn, Loeb & Co. George R. Conroy déclarait dans le *TRUTH magazine* de Boston, le 16 décembre 1912 :

> "M. Schiff est à la tête de la grande banque privée de Kuhn, Loeb & Co. qui représente les intérêts des Rothschild de ce côté-ci de l'Atlantique. Il est considéré comme un stratège financier et a été pendant des années le directeur financier du grand conglomérat connu sous le nom de Standard Oil. Il était aux côtés des Harriman, des Gould et des Rockefeller dans toutes leurs entreprises ferroviaires et est devenu la puissance dominante dans le monde ferroviaire et financier américain."

C'est une révélation de plus du pouvoir caché des intérêts de Rothschild en Amérique. Non seulement il a dirigé les entreprises Rockefeller depuis que la National City Bank de Cleveland, une banque Rothschild, a financé l'expansion précoce de Rockefeller, South Improvement Co. qui lui a permis d'écraser ses concurrents grâce à des rabais illégaux sur les chemins de fer, mais il a également été le pouvoir en coulisses de la fortune des Harriman (aujourd'hui Brown Brothers Harriman). Cela explique les fréquentes nominations (jamais les élections) de W. Averell Harriman, à la tête du Parti démocrate, alors que le fils de son partenaire, George Bush, est le président des républicain. Cela explique la rédaction secrète du Federal Reserve Act par Paul Warburg de Kuhn, Loeb & Co. et les accords encore plus secrets qui ont permis au Congrès d'adopter cette loi. Cela explique également comment les États-Unis ont pu s'engager dans la Première Guerre mondiale avec Paul Warburg en charge de son système bancaire grâce à la vice-présidence du Conseil de la Réserve Fédérale ; Bernard Baruch en tant que dictateur de l'industrie américaine en tant que président du Conseil des industries de guerre ; et Eugene Meyer finançant la guerre grâce à son poste de président de la War Finance Corporation (impression d'obligations d'État en double exemplaire) ; le partenaire de la Kuhn, Loeb était Sir William Wiseman. De concert avec le Col. House il mit en corrélation les opérations de renseignement britanniques et américaines. Lewis L. Strauss, un partenaire de Kuhn, Loeb, était le chef intérimaire de l'Administration alimentaire américaine sous la direction d'Herbert Hoover. Pendant ce temps, le frère de Paul, Max Warburg, dirigeait les services de renseignement allemands ; un autre frère était attaché commercial allemand à Stockholm, un poste d'écoute et de surveillance traditionnel pour les nations en guerre, et Jacob Schiff avait deux frères en Allemagne qui finançaient l'effort de guerre allemand. Il s'agissait d'un cas classique de "conflit géré", les Rothschild manipulant les deux parties en coulisses. Lors de la conférence de la paix de Versailles, Bernard Baruch était à la tête de la commission des réparations ; Max Warburg, au nom de l'Allemagne, accepta les conditions de réparation, tandis que Paul Warburg, Thomas Lamont et d'autres banquiers de Wall Street conseillèrent Wilson et les frères Dulles sur la manière dont les intérêts "américains" devaient être défendus lors de cette conférence diplomatique de première importance.

Les Rothschild avaient décidé de la formule d'un "conflit géré" pour la Première Guerre mondiale en raison des difficultés qu'ils avaient rencontrées pour vaincre les Boers de 1899 à 1901. Après avoir annexé illégalement le Transvaal en 1881, les Britanniques avaient été refoulés par Paul Kruger, qui les avait vaincus à Majubaby. En 1889, en raison de la découverte de vastes richesses en or et et en diamants en Afrique du Sud, les Rothschild sont revenus piller la nation avec 400 000 soldats britanniques opposés à 30 000 "irréguliers", c'est-à-dire des fermiers armés de fusils, les fameux Boers défendant leurs champs contre l'agression prédatrice britannique. La guerre des Boers fut déclenchée par l'agent de Rothschild, Lord Alfred Milner, contre la volonté d'une majorité du peuple britannique. Ses plans reçurent l'assistance d'un autre agent des Rothschild, Cecil Rhodes, qui a par la suite laissé toute sa fortune à la poursuite du programme des Rothschild, par l'intermédiaire du Rhodes Trust, un dénouement non moins fréquent parmi les agents Rothschild, et qui se trouve à la base de tout l'empire "fondateur" actuel.

Les Britanniques menèrent une guerre de la terre brûlée, en détruisant des fermes et en abattant sans pitié les Boers qui tentaient de se rendre. C'est au cours de cette guerre que l'institution des "camps de concentration" fut pour la première fois utilisée dans le monde, les Britanniques ayant rassemblé et emprisonné dans des camps insalubres tous ceux que l'on croyait sympathiques aux Boers, y compris de nombreuses femmes et de nombreux enfants, qui moururent par milliers. Cette politique génocidaire sera ensuite utilisée par les Bolcheviks financés par les Rothschild en Russie, qui adoptèrent le même concept pour assassiner 66 millions de Russes entre 1917 et 1967, que celui mis en place pour se débarrasser des Boers blancs africains. Il n'y a jamais eu la moindre réaction populaire à ces atrocités, en raison du contrôle des médias où toute discussion de ces calamités est un sujet tabou.

La carrière de Lord Alfred Milner (1854-1925) a débuté lorsqu'il était le protégé de Sir Evelyn Baring, premier comte de Cromer, associé des banquiers Baring Bros. qui avait été nommé directeur général des finances en Égypte. Baring était alors le conseiller financier du khédive d'Égypte. Depuis 1864, Milner était actif au sein de la Colonial Society, fondée à Londres cette année-là. En 1868, elle fut rebaptisée Royal Colonial Institute, et fut fortement financée par la Barclays Bank, ainsi que par les Barings, Sassoons et Jardine Mathieson, tous actifs dans la fondation de la Hong Kong Shanghai Bank[10], et fortement impliqués dans le trafic de drogue en Asie. L'économiste de la Royal Colonial Society était Alfred Marshall, fondateur de la théorie monétariste que Milton Friedman colporte maintenant sous l'égide de la Hoover Institution et d'autres groupes de réflexion supposément "de droite". Marshall, par l'intermédiaire du Groupe d'Oxford, est devenu le mécène de Wesley Clair Mitchell, qui a ensuite enseigné à Burns et Friedman.

En 1884, Milner a renforcé le travail de la Royal Colonial Society avec un groupe interne, l'Imperial Federation League ; les deux groupes fonctionnent maintenant comme la Royal

---

[10] Qui deviendrait plus tard la HSBC. Ndt.

Empire Society. Vladimir Halperin, dans *Lord Milner et l'Empire*, écrit :

> "C'est par l'intermédiaire de Milner et de certains de ses amis que le groupe de la table ronde a vu le jour. La Table ronde, il faut le dire, est l'organe d'autorité dominant à ce jour tous les intérêts du Commonwealth."

Il déclare que Milner a récolté une somme considérable pour les travaux de la Table ronde, dont 30 000 livres de Lord Astor, 10 000 livres de Lord Rothschild, 10 000 livres du Duc de Bedford et 10 000 livres de Lord Iveagh. Milner lance un magazine appelé *"Empire Review"*, qui deviendra plus tard le *trimestriel de la Table ronde*.

Halperin note également une autre contribution de Milner :

> "Il a joué un rôle important dans la rédaction de la célèbre Déclaration Balfour en décembre 1917. Le fait est que, avec Balfour, il en était le co-auteur. Dès 1915, Milner avait compris la nécessité d'un Foyer national juif et n'avait jamais cessé d'être chaleureusement favorable à sa création. Milner, comme Lloyd George, Amery et bien d'autres, voyait que le Foyer national juif pouvait également contribuer à la sécurité des intérêts de l'Empire au Proche-Orient."

La Milner Round Table est devenue plus tard le Royal Institute of International Affairs-Council on Foreign Relations qui exerce un contrôle sans opposition pour le compte de l'Ordre Mondial sur la politique étrangère et monétaire tant aux États-Unis qu'en Grande-Bretagne. Milner a formé un groupe de jeunes hommes ambitieux qui est devenu son "Kindergarten" (jardin d'enfants). Ce groupe comprend John Buchan, futur gouverneur général du Canada, Geoffrey Dawson, futur rédacteur en chef du *Times*, et partisan de l'"apaisement" avec le "Cliveden Set" (dirigé par Lord Astor, propriétaire du *Times*), Philip Kerr, le marquis Lord Lothian, le plus jeune membre du Kindergarten ; il est secrétaire particulier de Lloyd George de 1916 à 20 ans, et on lui attribue la responsabilité des dispositions allemandes du traité de Versailles. Son entrée du Who's Who poursuit en disant qu'il a joué un rôle important dans les relations avec l'Inde, tous les dominions britanniques et les États-Unis. Il fut ambassadeur aux États-Unis en 1935-40, et fut un ami proche de Waldorf et de Lady Astor ; George Joachim Goschen, un libéral qui fut salué comme le plus grand Chancelier de l'Échiquier, à la tête de la maison bancaire Cunliffe Goschen avec Lord Cunliffe, Gouverneur de la Banque d'Angleterre. Goschen a également été chancelier d'Oxford et de l'université d'Édimbourg ; son frère, le baron Sir Edward Goschen, était ambassadeur à Berlin lorsque Bethmann-Hollweg lui a dit que le traité belge n'était qu'un "bout de papier" ; Leopold S. Amery, qui eut deux fils, Leopold, qui fut exécuté comme traître en 1945, et Julian, qui épousa la fille du Premier ministre Harold MacMillan, et fut correspondant de gauche sur le front espagnol en 1938-9, représentant personnel de Churchill à Tchang Kai-Shek, 1945, puis observateur pour la Table ronde à Malte en 1955, au Conseil de l'Europe en 1955-56. Leopold Amery est décrit comme "un défenseur passionné de l'impérialisme britannique" ; il a fait partie du personnel du *Times* et y a d'ailleurs rédigé une histoire de la guerre d'Afrique du Sud en 7 volumes ; il a fait partie du cabinet de 1916 à 1922, a été député de 1911 à 1945, premier Lord de l'Amirauté de 1922 à 1924, secrétaire d'État pour l'Inde de 1940 à 1945 et a fait en sorte que l'Inde obtienne son indépendance. Il a été administrateur du Rhodes Trust.

La relation Milner-Rothschild est décrite dans la biographie de Terence O'Brien, *Milner*, p. 97 :

> "Milner est allé à Paris pour affaires avec Alphonse de Rothschild ; les visites d'affaires dans la ville comprenaient une visite officielle aux Rothschilds ; un week-end avec Lord Rothschild à Tring, et une visite avec Edward Cecil, Lord Salisbury à Hatfield ; tout en passant un week-end avec Lord Rothschild à Tring ; un échange auprès d'un Lord de la presse lui a provoqué une nuit blanche (sans autre explication) ; des entretiens avec Rothschild."

Milner a assisté à un dîner sioniste donné par Lord Rothschild, assis à côté de Lawrence d'Arabie, qui lui a servi d'interprète lors d'un entretien avec le roi Faisal. À la p. 364, O'Brien note :

> "Milner n'a pas perdu de temps pour recréer ses liens avec la Ville. Il se rend d'abord chez Rio Tinto, qui le réélit au

conseil d'administration et lui demande bientôt d'en être le président."

Rio Tinto était l'une des entreprises clés de l'empire Rothschild. Herbert Hoover est également nommé directeur de Rio-Tinto ; il sera bientôt appelé à diriger la "Belgian Relief Commission" qui prolongea la première guerre mondiale de 1916 à 1918.

Le rôle de Milner dans le déclenchement de la guerre d'Afrique du Sud est décrit dans le livre *British Supremacy in South Africa*. Le chapitre 1 est intitulé "La guerre de Sir Alfred Milner", expliquée comme suit :

> Le 19 mars, Chamberlain lui a télégraphié : "L'objectif principal du gouvernement de Sa Majesté en Afrique du Sud est la paix. Rien d'autre qu'une infraction des plus flagrantes ne justifierait le recours à la force".

p. 22 :

> "Milner en était venu à croire que la guerre avec le Transvaal était à la fois inévitable et souhaitable. Milner avait enfin convaincu Chamberlain que la suprématie britannique en Afrique du Sud serait compromise si le pouvoir du Transvaal n'était pas brisé."

Il est ainsi prouvé que Milner, le larbin de la Table Ronde de Rothschild, a précipité de sang-froid la guerre des Boers pour le bénéfice de son maître.

John Hays Hammond, ingénieur minier en chef de la Maison de Rothschild, a également été envoyé en Afrique du Sud pour précipiter la guerre. Il forma le *comité de réforme des Outlanders*, avec Lionel Phillips, chef de la société d'extraction d'or et de diamants Eckstein-the Comer House, George Farrar de East Rand Property Mines et le colonel Frank Rhodes, frère de Cecil Rhodes. Le comité était financé par Abe Bailey, Solly Joel, Barney Barnato et les Eckstein, qui ont tous été de grands gagnants dans le partage des propriétés d'or et de diamants après la guerre. Au cours de cette activité, Hammond est arrêté par Paul Kruger, condamné à mort pour avoir promu la révolution, et n'est finalement autorisé à quitter le pays qu'après avoir payé une amende de 100 000 dollars ; il est ensuite engagé par les

Guggenheim à un salaire annuel de 500 000 dollars, et devient en 1921 le principal lobbyiste du Council on Foreign Relations à Washington.

Comme d'autres entreprises avec lesquelles les Rothschild ont été liés, la Banque d'Angleterre a été un centre d'intrigue et d'espionnage international depuis sa fondation en 1694. Bien que les Rothschild ne se soient pas associés à la Banque avant 1812, lorsque Nathan Mayer Rothschild a multiplié sa fortune par 6500 en profitant des fausses rumeurs qui ont en quelque sorte balayé la Bourse de Londres, prétendant que l'Angleterre avait perdu à Waterloo. La Banque d'Angleterre est née d'une révolution, lorsque Guillaume III, prince d'Orange, a chassé le roi Jacques II du trône. Depuis que la charte de la Banque d'Angleterre a été accordée par Guillaume en 1694, il n'y a plus jamais eu de révolte contre la Couronne. La famille royale a été sécurisée et maintenue parce que la source de l'argent, cruciale pour une révolution, est restée sous contrôle.

Le roi Charles II avait réussi à conserver une position précaire grâce au soutien du duc de Buckingham (George Villiers) et d'autres personnes dont les prénoms formaient le mot "CABAL", introduisant un nouveau terme pour désigner l'intrigue. Son successeur, James II, essaya d'apaiser les puissants seigneurs d'Angleterre, mais même ses partisans de longue date, sentant un changement de pouvoir, commencèrent des négociations secrètes avec le prince d'Orange. Guillaume Ier, prince d'Orange, avait été marié plusieurs fois, à Anne de Saxe, Charlotte de Bourbon ct la princesse de Coligny. Aujourd'hui, toutes les maisons régnantes d'Europe, ainsi que celles qui ne sont pas au pouvoir, descendent directement du roi Guillaume, notamment la reine Juliana des Pays-Bas, Margaretha, reine du Danemark, Olaf V de Norvège, Gustaf de Suède, Constantin de Grèce, le prince Rainier de Monaco et Jean, grand-duc de Luxembourg, dont le fils a épousé la fille de C. Douglas Dillon.

Lord Shrewsbury (Charles Talbot) avait été nommé par Charles II et James II ; néanmoins, il joua un rôle de premier plan dans la révolution. Il emporta 12 000 livres en Hollande pour soutenir William en 1688, revint avec lui et fut nommé secrétaire d'État. Sidney Godolphin, l'un des derniers adhérents de Jacques

II, se joignit au duc de Sunderland et à la duchesse de Portsmouth dans la correspondance avec Guillaume avant son invasion de l'Angleterre, et fut nommé à la tête du Trésor par Guillaume. Henry Compton, comte de Northampton et évêque de Londres, avait été destitué par Jacques II ; il signa l'invitation adressé à William pour rejoindre l'Angleterre ; il fut réintégré dans son siège en 1688 ; son fils Francis devint Lord Privy Seal. John Churchill, premier duc de Marlborough, avait entamé des négociations avec le prince d'Orange en octobre 1687, et s'était déclaré prêt à le soutenir en août 1688. Pour dissiper les soupçons de Jacques II, Marlborough signa alors un nouveau serment de fidélité à son égard le 10 novembre 1688. Le 24 novembre 1688, il rejoignit les forces de Guillaume d'Orange.

Bien que Guillaume ait épousé Marie, la fille de Jacques II, et qu'il ait un droit légitime au trône d'Angleterre, il ne pouvait pas prendre le pouvoir tant que Jacques II était sur le trône. C'est pourquoi il entra en Angleterre avec une force de 10 000 fantassins et de 4000 chevaux, une petite troupe qui lui permit de conquérir un grand royaume. Avec lui se trouvaient Churchill, Bentinck, (le premier comte de Portland), le comte de Shrewsbury et Lord Polwarth, dont la descendance est un membre éminent de l'établissement bancaire anglo-américain. Jacques II s'enfuit à la cour de Louis XIV et son abdication fut proclamée.

Cet événement a ensuite été célébré dans l'histoire anglaise comme la "Glorieuse Révolution". Le roi Jacques II avait épousé une catholique, Marie de Modène, en 1673, et avait lancé une campagne pour ramener l'Angleterre dans le giron de Rome, après plus de cent ans de domination protestante. Ses deux filles avaient été élevées protestantes, mais il donna ensuite naissance à un fils, qui fut baptisé catholique, donc un héritier catholique potentiel pour le trône. C'est cette situation qui a précipité la glorieuse révolution. En 1688, Jacques disposait d'une armée de 40 000 hommes, dont tous les officiers étaient catholiques. L'envahisseur, Guillaume, n'avait que 13 000 hommes. Pour aggraver ses problèmes, ses navires furent déviés de leur route et manquèrent leur cible de débarquement. Jacques fut informé que ses troupes, dont la plupart étaient protestantes, n'obéiraient pas à leurs officiers catholiques, et qu'elles ne le défendraient pas. Il abdiqua alors en faveur de la France. Une tentative ultérieure de retour en Irlande se solda également par une défaite, qui fut à l'origine des "Troubles" qui se poursuivent encore aujourd'hui.

En tant que roi d'Angleterre, Guillaume signa le 13 février 1689 une déclaration des droits qui mit fin au pouvoir du roi de suspendre le Parlement ou de se passer de ses lois. L'Angleterre était désormais une monarchie constitutionnelle, une forme de gouvernement qui a perduré jusqu'à nos jours. Cet accord accordait à la monarchie une dotation annuelle, qui devait être votée par le Parlement. Les cordons de la bourse étaient désormais fermement entre les mains des législateurs. En 1694, Guillaume accorda une charte à la Banque d'Angleterre. Depuis cette époque, il n'y a jamais eu de révolution, car aucune force politique en Angleterre n'a été capable de réunir les fonds pour financer une telle entreprise.

En 1701, le Parlement a promulgué l'Acte de règlement, qui interdisait aux Stuarts catholiques de prétendre au trône. Les futurs monarques devaient être membres de l'Église anglicane et ne pouvaient pas être mariés à un catholique. Sous ce gouvernement unifié, l'Angleterre a connu un grand épanouissement culturel, d'où le nom de "Glorieuse Révolution". Avec l'établissement de la Banque d'Angleterre, d'énormes fortunes ont été créées et de grands domaines ont été bâtis dans tout le pays. La reine Anne lui succéda et lui donna dix-sept enfants, dont aucun ne survécut. Son personnel la nourrissait avec des aliments riches, de sorte qu'elle devint très grosse et souffrit d'une mauvaise santé. À sa mort, les prétendants au trône furent nombreux. L'électeur de Hanovre, originaire d'Allemagne, qui eut gain de cause, renforça sa demande par les recherches du savant Gottfried Wilhelm Leibniz (1646-1716). Leibniz avait passé vingt ans à documenter la revendication de la famille Brunswick, publiant ses conclusions sous le nom de Codex Juris Gentium Diplomaticus Hannoverae. Leibniz avait été secrétaire de la Société rosicrucienne de Nuremberg en 1667. Il a loyalement servi la famille Brunswick de Hanovre en tant que généalogiste et historien. Sur la foi de ses documents, il a prouvé le fait qu'Elizabeth, la fille protestante du roi Jacques Ier, avait épousé Frédéric V, électeur du Palatinat. Leur fille, Sophie, a épousé Ernest Augustus, le premier électeur de Hanovre. Bien qu'elle soit morte avant la reine Anne, son fils, à présent électeur de Hanovre, a pu vaincre les autres demandeurs grâce aux rapports soigneusement documentés de Leibniz. Leibniz n'a pas seulement fait venir les Hanovriens en Angleterre, mais aussi la franc-maçonnerie. Ses relations rosicruciennes, qu'il partageait avec son homologue anglais, Francis Bacon, ont placé un franc-maçon sur le trône d'Angleterre. Prenant le nom de George Ier, Hanovre ne parlait même pas anglais et refusait avec indignation d'apprendre la langue de son nouveau domaine.

Marlborough, l'ancêtre de Winston Churchill (dont l'ancienne belle-fille, Pam Harriman, est la principale dirigeante du Parti démocrate) est décrit dans *The Captain General*, par Ivor Brown :

> "Le commissaire aux comptes publics a constaté que le duc de Marlborough avait accepté des cadeaux d'un montant de quelque 60 000 livres d'Antonio Machado et de Sir Salomon de Medina, entrepreneurs pour le ravitaillement de l'armée à l'étranger, et 20% de l'ensemble des sommes allouées au paiement des troupes, soit quelque 175 000 livres (révisé par la suite à 350 000 livres)."

Marlborough a affirmé que tout cela avait été dépensé pour le renseignement, mais des témoins ont déclaré qu'il ne pouvait pas avoir dépensé plus de 5000 livres à cette fin dans toutes ses campagnes. La biographie de Donald Chandler sur Marlborough souligne que :

> "Les entrepreneurs du ravitaillement tels que Salomon et Moïse Medina, Mynheer Hecop, Salomon Abraham, Vanderkaa et Machado, étaient pour la plupart des juifs espagnols ou hollandais de fiabilité et de vénalité variables."

Chandler explique qu'ils donnaient toujours un poids réduit ou ajoutaient du sable à leurs sacs de maïs. Pendant un certain nombre d'années, Medina, en tant qu'entrepreneur en chef de l'armée, a versé une commission annuelle de 6000 livres à Marlborough pour lui permettre de rafler les contrats de l'armée.

En plus de ses partisans anglais, qui étaient auparavant fidèles au roi Jacques II, Guillaume a fait venir d'Amsterdam le groupe de financiers avides qui étaient également les fournisseurs de ses armées. L'un de ses premiers actes officiels a été l'attribution de la chevalerie à Salomon de Medina. Machado et Pereira ravitaillaient ses armées en Espagne et en Hollande ; Medina s'en chargeait pour Marborough en Flandre ; Joseph Cortissot était l'intendant de Lord Galway en Espagne, et Abraham Prado fournisseur attitré de l'armée britannique pendant la guerre de Sept Ans.

L'acte le plus important du règne de William est l'octroi de la charte de la Banque d'Angleterre en 1694, bien que la plupart de ses biographes omettent ce fait saillant. Le concept d'une banque centrale qui aurait le pouvoir d'émettre des billets, ou de la monnaie, s'était déjà imposé en Europe. La Banque d'Amsterdam fut créée en 1609 ; ses membres aidèrent Guillaume à conquérir l'Angleterre. La Banque de Hambourg reçu sa charte en 1619 ; la Banque de Suède commença à émettre des billets en 1661. Ces banques ont été créées par des financiers dont les ancêtres étaient banquiers à Venise et à Gênes. Les financiers se sont déplacés vers le nord de l'Europe à mesure que le pôle de la puissance mondiale se déplaçait vers le nord. Les Warburg de Hambourg avaient débuté sous la houlette de la famille Abraham del Banco, les plus grands banquiers de Venise.

Une technique intéressante est révélée par la charte de la Banque d'Angleterre - elle a été insérée dans le cadre d'un projet de loi sur le tonnage, qui devait plus tard devenir une technique parlementaire reconnue. La charte prévoit que :

> "Les taux et droits sur le tonnage des navires sont mis en sûreté au profit des personnes qui avanceront volontairement la somme de 1.500.000 livres pour la poursuite de la guerre contre la France."

D'autres banques européennes, comme les banques de Gênes, de Venise et d'Amsterdam, étaient principalement des banques de dépôt, mais la Banque d'Angleterre commença la pratique de monnayer son propre crédit, ce qui a marqué le début du mouvement monétariste. La Banque d'Angleterre a rapidement créé une "nouvelle classe" d'intérêts monétaires dans la ville, par opposition au pouvoir des anciens barons, dont la fortune provenait de leurs propriétés foncières. Sur les cinq cents actionnaires d'origine, quatre cent cinquante vivaient à Londres. Ce fut l'aube de la prééminence de la "City", devenue le premier centre financier du monde. Pour cette raison, les Rothschild ont identifié leurs principales banques américaines avec le nom de code "City".

Les premières descriptions des actionnaires de la Banque d'Angleterre les identifient comme "une société d'environ 1300 personnes". Parmi eux figuraient le roi et la reine d'Angleterre, qui reçurent des actions d'une valeur de 10 000 livres chacun ; Marlborough, qui a investi 10 000 livres - il a également investi des sommes importantes provenant de ses "commissions" dans la East India Co. en 1697, et devint plus tard gouverneur de la Compagnie de la Baie d'Hudson, qui payait un dividende de 75% ; Lord Shrewsbury, qui investit 10 000 livres ; Godolphin, qui investit 7000 livres - il prédit que la Banque d'Angleterre ne financera pas seulement le commerce, mais portera le fardeau de ses guerres, ce qui s'avérera exact pour les trois cents ans à venir. Virginia Cowles écrit, dans *The Great Marlborough* :

> "L'Angleterre a émergé de la guerre comme force dominante, parce que le système de crédit de la Banque d'Angleterre lui permettait de supporter le fardeau de la guerre sans trop de contraintes."

Les autres abonnés à la charte étaient William Bentinck, plus tard le premier comte de Portland ; il avait été page dans la maison de Guillaume d'Orange, avait accompagné Guillaume en Angleterre en 1670 lors de sa première visite, s'était occupé des délicates négociations de son mariage avec Marie en 1677 et avait préparé les détails de l'invasion de l'Angleterre par Guillaume. Il reçut le titre de comte de Portland et devint l'agent le plus fiable de la politique étrangère de Guillaume. En 1984, nous trouvons le 9ème Duc, Cavendish Bentinck, président de Bayers UK Ltd, et de Nuclear Chemie Mittchorpe GMBH, Allemagne ; il a également eu une carrière remarquable dans le service extérieur, en rejoignant le Foreign Office en 1922 ; il a représenté l'Angleterre aux conférences successives de Paris, La Haye et Locarno, a été conseiller pour les chefs d'état-major en

1939-45, et ambassadeur en Pologne pendant les années critiques de 1945-47, lorsque ce pays a été remis à l'Union Soviétique, avec le soutien subreptice de l'Angleterre.

Les autres souscripteurs de la charte de la Banque d'Angleterre sont le duc du Devonshire (William Cavendish) qui a construit Chatsworth ; il a également signé l'invitation faite à William d'investir le trône d'Angleterre ; il a été High Steward au couronnement d'Anne en 1702, et on dit qu'il menait une vie privée débridée - (l'actuel duc a vendu sept toiles en juillet 1984 pour 92 millions de dollars), le 11ème duc a épousé Deborah Freeman Mitford, fille du baron Redesdale - son beau-frère actuel, le baron Redesdale, est vice-président de la Chase Manhattan Bank ; le duc de Leeds, Sir Thomas Osborne, qui a également signé l'invitation à William - il était lord trésorier et avait arrangé le mariage de Mary - il a été mis en accusation plus tard pour avoir reçu un important pot-de-vin pour obtenir la charte de la East India Co. en 1691 - en raison de sa position privilégiée à la cour, la procédure n'a jamais abouti et il a laissé l'une des plus grandes fortunes d'Angleterre ; comte de Pembroke, (Thomas Herbert), qui est devenu le premier seigneur de l'amirauté, et plus tard seigneur du sceau privé ; comte de Carnarvon, qui est également comte de Powis et comte de Bradford ; Lord Edward Russell, créé comte d'Orford en 1697 ; il avait rejoint le service de William en 1683, a été nommé trésorier de la marine en 1689, premier lord de l'amirauté en 1696-17, et lord justice en 1697-1714 (Sir Robert Walpole, le célèbre leader britannique, a été créé comte d'Orford lors de la deuxième création) ; William Paterson, généralement crédité comme le fondateur de la banque d'Angleterre - il fut pourtant contraint de partir l'année suivante ; Sir Theodore Janssen, qui a investi 10 000 livres ; le Dr. Hugh Chamberlen ; John Asgill, un écrivain et pamphlétaire excentrique ; le Dr. Nicholas Barbon, fils de Praisegod Barebones, qui a lancé la première compagnie d'assurance en Grande-Bretagne : John Holland, un Anglais réputé qui a également fondé la Bank of Scotland en 1695 ; Michael Godfrey, qui est mort à Namur, en Belgique, alors qu'il se rendait à Anvers pour établir une succursale de la Bank of England - il a été le premier gouverneur adjoint de la Bank of England, et neveu de Sir Edward Godfrey, qui a été assassiné par

Titus Oakes en 1678 ; Sir John Houblon et vingt membres de sa famille ont également été les premiers actionnaires ; Sir John est devenu lord de l'amirauté et maire de Londres ; son frère James a été gouverneur adjoint de la Banque d'Angleterre ; Salomon de Medina, plus tard anobli par Guillaume III ; Sir William Scawen ; Sir Gilbert Heathcote, directeur de la Banque d'Angleterre de 1699 à 1701, et de 1723 à 1725 ; il a été shérif puis maire de Londres et a fondé la New East India Co. en 1693 ; sa parcimonie a été ridiculisée par Alexandre Pope dans ses quatrains ; Sir Charles Montague, premier comte de Halifax, et chancelier de l'Échiquier - le comte actuel est directeur de la Hambros Bank ; Le marquis de Normandie, John Sheffield, portait également le titre de duc de Buckingham - il est enterré dans l'abbaye de Westminster ; Thomas Howard, comte d'Arundel, contrôleur de la maison royale ; Charles Chaplin ; et le philosophe, John Locke.

Dans son ouvrage *The Bank of England, A History*, Sir John Clapham note qu'en 1721, un certain nombre de Juifs espagnols et portugais avaient acheté des actions de la Banque d'Angleterre - Medina, deux Da Costas, Fonseca, Henriquez, Mendez, Nunes, Roderiquez, Salvador Teixera de Mattos, Jacob et Theodore Jacobs, Moïse et Jacob Abrabanel, Francis Pereira. Clapham note que depuis 1751, les actions de la Banque d'Angleterre ont été très peu échangées ; elles ont été détenues par les mêmes mains pendant plus de deux siècles.

La Banque d'Angleterre a joué un rôle de premier plan dans l'histoire américaine - sans elle, les États-Unis n'existeraient pas. Les colons américains se considéraient comme des Anglais loyaux envers la couronne britannique, mais lorsqu'ils ont commencé à jouir d'une prospérité inégalée en imprimant et en faisant circuler leurs propres scrips coloniaux, les actionnaires de la Banque d'Angleterre sont allés voir George III et lui ont fait savoir que leur monopole sur les billets portant intérêt dans les colonies était en jeu. Il interdit le certificat, ce qui entraîna une dépression immédiate dans la vie commerciale des Amériques. Ce fut la cause de la rébellion ; comme le souligna Benjamin Franklin, la petite taxe sur le thé, qui s'élevait à environ un dollar par an par famille américaine, aurait pu être supportée, mais les colons ne purent survivre à l'interdiction d'émettre leur propre monnaie.

La Banque d'Angleterre et les Rothschild continuèrent à jouer un rôle dominant dans la vie commerciale des États-Unis, provoquant panique et dépression chaque fois que leurs commensaux en reçurent l'ordre. Lorsque le mandat de la seconde banque des États-Unis expira en 1836, et que le président Jackson refusa de le renouveler, une grande prospérité se fit aux États-Unis car les fonds du gouvernement étaient déposés dans d'autres banques, les Rothschild punirent les nouveaux venus en provoquant la panique de 1837. Comme l'écrit Henry Clews, "*Twenty-Eight Years on Wall Street*", p. 157 :

> "La panique de 1837 a été aggravée par la Banque d'Angleterre qui, en un jour, s'est débarrassé de toutes les créances liées aux États-Unis."

En refusant de créditer les billets et les actions américains, la Banque d'Angleterre a créé une panique financière parmi les détenteurs de bons gouvernementaux. Cette panique a permis aux agents de Rothschild, Peabody et Belmont, de récolter une fortune en rachetant des actions dépréciées pendant la panique.

La Banque d'Angleterre a joué un rôle de premier plan dans les guerres, les révolutions et l'espionnage, ainsi que dans les paniques boursières et commerciales. Lorsque Napoléon s'est échappé de l'île d'Elbe en 1815, le marché de l'or de Londres a bondi du jour au lendemain, passant de 4 lb 6d à 5 lb 7. Le principal acheteur était Nathan Mayer Rothschild, qui avait reçu l'ordre du Trésor britannique d'expédier de l'or au Duc de Wellington, reformant ses troupes pour arrêter Napoléon. Après Waterloo, le prix de l'or chuta à nouveau.

Au cours du XXᵉ siècle, la figure la plus importante de la Banque d'Angleterre fut Lord Montague Norman. Son grand-père, George Warde Norman, y fut gouverneur de 1821 à 1872, le long plus long mandat jamais exécuté ; son autre grand-père, Lord Collet, fut également gouverneur de 1887 à 1989, et associé gérant de la Brown Shipley Co. à Londres pendant vingt-cinq ans. En 1894, Montague Norman est envoyé à New York pour travailler dans les bureaux de la Brown Bros. Il se lie d'amitié avec la famille W. A. Delano et vit avec la famille Markoe, partenaires de la Brown Bros. En 1907, Norman accède au comité directeur de la Banque d'Angleterre. En 1912, il fit une grave dépression nerveuse et fut soigné par Jung en Suisse. Il devient gouverneur adjoint de la Banque d'Angleterre en 1916, puis gouverneur jusqu'en 1944. *Le Wall Street Journal* écrivit à son sujet en 1927,

> "M. M. Collet Norman, le gouverneur de la Banque d'Angleterre, est maintenant la tête sur les épaules de tous les autres banquiers britanniques. Aucun autre banquier britannique n'a jamais été investi d'une telle indépendance et autorité suprême dans le monde de la finance britannique. Il vient d'être élu gouverneur pour la huitième année consécutive. Avant la guerre, aucun gouverneur n'était autorisé à exercer ses fonctions pendant plus de deux ans ; mais M. Norman a brisé tous les précédents. Il dirige conjointement la Banque et le département du Trésor. Il semble n'avoir aucune vie sociale, à l'exception de ses employés. Il ne donne pas d'interviews. Il laisse le monde financier britannique complètement dans le brouillard quant à ses projets et ses idées."

L'idée qu'un individu ait dirigé la Banque d'Angleterre à sa guise, sans aucune influence, est trop ridicule pour être prise en considération. Qu'en est-il des Rothschild ? Qu'en est-il des autres actionnaires ? Carroll Quigley, dans *Tragedy and Hope,* note que :

> "M. Norman a dit : je détiens l'hégémonie de la monnaie. - On l'appelle le dictateur de la monnaie en Europe."

Lionel Fraser de J. Henry Schroder Wagg note dans son autobiographie, *All to the Good,* qu'il était en charge des investissements personnels de Lord Norman. Il mentionne également la société de Helbert Wagg, ancien bijoutier de Halberstadt et aujourd'hui banquier à Londres (plus tard J. Henry Schroder Wagg) :

> "La firme était le courtier officiel en bourse de la grande et toute puissante Maison Rothschild."

Wagg et Schroder étaient tous deux en affaires à Londres depuis 159 ans lorsqu'ils ont fusionné en 1960. Un autre auteur note que Lord Norman consultait fréquemment J.P. Morgan avant de prendre ses décisions concernant la Banque d'Angleterre. Gordon Richardson, président de J. Henry Schroder de 1962 à 1972, devient ensuite gouverneur de la Banque d'Angleterre de 1972 à 1983, date à laquelle Robert Leigh-Pemberton, président de la National Westminster Bank, également directeur d'Equitable - il a épousé la famille Cecil-Burghley - lui succède.

Les directeurs actuels de la Banque d'Angleterre sont : G. W. McMahon, gouverneur adjoint depuis 1964, analyste économique au Trésor 1953-57, conseiller à l'ambassade britannique à Washington 1957-60 ; Sir Adrian Cadbury, président de Cadbury Schweppes, dir. IBM UK ; Leopold de Rothschild, N.M. Rothschild & Sons, etc. ; George V. Blunden, directeur exécutif de la Banque d'Angleterre depuis 1947, au service du FMI de 1955 à 1958 ; A. D. Lochnis, dir. J. Henry Schroder Wagg ; G. A. Drain, membre de la Commission trilatérale, trésorier du Mouvement européen, du Franco-British Council, du British North American Committee, avocat de nombreuses associations syndicales et de santé ; Sir Jasper Hollom, membre du conseil d'administration depuis 1936 ; D.G. Scholey, président S.G. Warburg Co., Orion Insurance, Union Discount of London, Mercury Securities, qui possède aujourd'hui S.G. Warburg Co. Irwin Holdings ; J.M. Clay, dep. président de Hambros Bank, président de Johnson and Firth Brown Ltd ; de Hambros Life Assurance ; Sir David Steel, président de British Petroleum, dir. de Kuwait Oil Co. et The Wellcome Trust, sous la direction de *The Economist* (dont le président est Evelyn de Rothschild) ; Lord Nelson of Stafford, président de GE Ltd. président de Royal Worcester Co. président de World Power Conference, de Worshipful Co. of Goldsmiths, de Middle Eastern Assn ; Lord Weir, président de The Weir Group, président de Great Northern Investment Trust ; E.A.J. George, directeur exécutif de la Banque d'Angleterre, directeur de Gilt-Edged Division Bank of England, du FMI pendant la période de 1972-72, de la Bank for International Settlements au cours des années 1966-69 ; Sir Hector Laing, président de United

Biscuit, d'Allied Lyons, Royal Insurance ; Sir Alastair Pilkington, président de Pilkington Bros. Glass, dir. De British Petroleum, de British Railways Board.

La Bank of England domine également la Bank of Scotland, dont le président est Robert Bruce, Lord Balfour ; son titre Balfour of Burleigh a été créé en 1607 ; il est directeur de English Electric et de Viking Oil ; il a épousé la fille du magnat E.S. Manasseh. Parmi les directeurs de la Bank of Scotland, on trouve Lord Clydesmuir, également directeur de la Barclays Bank, et le très honorable Lord Polwarth, directeur de Haliburton, qui a des liens avec la Rothschild First City Bank of Houston et la Citibank, Imperial Chemical Industries, Canadian Pacific, et Brown and Root Wimpey Highland Fabricators, qui a des liens avec George Wimpey PLC, la plus grande entreprise de construction de l'Empire britannique, dont les 44 sociétés ont un chiffre d'affaires de 1,2 milliard de livres par an. La fille de Lord Polwarth a épousé le Baron Moran, haut-commissaire du Canada, qui a précédemment été ambassadeur en Hongrie et au Tchad ; la fille du Baron Moran a épousé le Baron Mountevans, directeur de Consolidated Goldfields.

Les directeurs de George Wimpey PLC sont S.S. Jardine, le vicomte Hood, qui est le président de Petrofina UK, et le directeur J. Henry Schroder Wagg, et Union Minière ; et Sir Joseph Latham, président d'Ariel International, directeur de Deutsches Kreditbank.

Wimpey Co. est en relation avec Schroder Ltd, société mère de J. Henry Schroder Wagg. Le comte d'Airlie (David Ogilvy) est président de Schroder ; il a épousé Virginia Ryan, petite-fille d'Otto Kahn et de Thomas Fortune Ryan ; le comte est également directeur de la Royal Bank of Scotland ; parmi les directeurs de Schroder, on compte Lord Franks, directeur de la Fondation Rockefeller, du Rhodes Trust et du Kennedy Center ; il est un ancien ambassadeur aux États-Unis ; G.W. Mallinkrodt ; Sir E.G. Woodruffe de Unlever ; et Daniel Janssen de la Banque d'Angleterre.

L'un des grands canulars de Rothschild était le "mouvement de désarmement" du début des années 1930. L'idée n'était pas de désarmer, mais de persuader les nations de jeter leurs armes à la poubelle pour pouvoir en vendre de nouvelles plus tard. Les "marchands de la mort", comme on les appelait populairement à l'époque, n'étaient jamais que des garçons de courses pour leurs véritables maîtres, "les banquiers de la mort", ou, comme on les appelait aussi, "la confrérie de la mort". En 1897, Vickers, dont Rothschilds détenait la plus grande part, a acheté la société de construction et d'armement naval et la société Maxim Nordenfeldt Guns & Ammunition Co. La nouvelle société Vickers-Maxim a pu tester ses produits pendant la guerre hispano-américaine, déclenchée par la société J&W Seligman Co. pour obtenir l'or blanc (sucre) de Cuba ; la guerre des Boers de 1899-1901, pour s'emparer des champs d'or et de diamants du Witwatersrand, et la guerre russo-japonaise de 1905, destinée à affaiblir le tsar et à rendre la révolution communiste inévitable. Ces trois guerres ont servi de prétexte à l'outillage pour la production de masse des première et deuxième guerres mondiales. En 1897, un trust international de puissance a été créé, composé de DuPont, Nobel, Koln et Rottweiler, qui a divisé le monde en quatre territoires de vente distincts.

Le président de Vickers, Sir Herbert Lawrence, était directeur de Sun Assurance Office Ltd, de Sun Life Assurance et du comité de Londres de la Banque Ottomane ; les directeurs comprenaient Sir Otto Niemeyer, directeur de la Banque d'Angleterre et de l'Anglo International Bank ; S. Loewe, le magnat allemand de l'armement, Loewe & Co ; Sir Vincent Caillard, président du Conseil de la dette ottoman, expert financier sur le Proche-Orient ; et Sir Basil Zaharoff, "l'homme mystérieux de l'Europe".

Le point culminant du canular des "marchands de mort" a été atteint lors des audiences de la commission Nye en 1934, dont les copies manquent invariablement dans les bibliothèques gouvernementales. Alger Hiss était l'enquêteur et l'avocat du Comité. L'interrogatoire de M. Carse de la Electric Boat Co. par le président Nye est typique. (une filiale de Vickers) :

> **Président NYE** : En 1917, M. Carse, vous avez rédigé une lettre pour aider Zaharoff à éviter de payer l'impôt sur les commissions de 766 852$ que vous lui avez versées. Il y a la

pièce 24, une lettre datée du 21 septembre 1917, adressée à M. H.C. Sheridan, Washington, D.C. Qui est M. Sheridan, M. Carse ?

CARSE : Il est propriétaire de l'hôtel Washington. À l'époque, il était l'agent de Vickers Ltd. dans ce pays, et il était également un représentant de Zaharoff. M. Sheridan s'est occupé de l'impôt sur le revenu de M. Zaharoff avec White et Case.

PRÉSIDENT : Saviez-vous que c'était faux, que cette omission d'un million de dollars dont il est question était en fait le revenu de Sir Basil Zaharoff ?

CARSE : Non, je ne savais rien des revenus de Zaharoff.

PRÉSIDENT : Mais vous nous avez dit qu'une lettre de Zaharoff six semaines plus tôt indiquant que les 82.000 francs qu'il avait reçus était son revenu personnel.

CARSE : Je ne sais pas ce que Zaharoff a fait dans son entreprise. Il ne m'a rien dit.

PRÉSIDENT : Zaharoff a-t-il réussi à échapper au paiement de l'impôt sur le revenu aux États-Unis ?

CARSE : Je crois qu'un accord a été conclu. Sheridan s'en est occupé. Zaharoff n'a jamais été actionnaire, pour autant que je sache. Les hommes qui gèrent de très gros stocks ne les inscrivent pas à leur nom.

PRÉSIDENT : Zaharoff vous a écrit le 19 mai 1925. Je ne souhaite pas être remercié pour ce que j'ai fait, car je suis tenu de veiller aux intérêts de ma société, Vickers, et de la Electric Boat Co.

CARSE : Je sais qu'il me l'a dit, mais je n'ai jamais pu retracer quoi que ce soit.

Le sénateur Clark a ensuite poursuivi l'interrogation sur la manière dont les entreprises d'armement et les compagnies pétrolières ont encouragé les guerres :

CLARK : Donc toute cette affaire d'armement du Pérou, et de la révolution en Bolivie sur la base d'un armement contre le Chili était basée sur une rumeur erronée ?

MR. SPEZAR : C'est mon impression.

CLARK : Vous vouliez intéresser les grandes compagnies pétrolières au financement d'un programme d'armement pour l'Amérique du Sud.

CARSE : J'étais prêt à présenter toute proposition que le gouvernement pourrait approuver concernant les compagnies pétrolières qui pourraient être intéressées. "

Le Comité Nye est fréquemment revenu sur les activités de Zaharoff, le qualifiant de "sorte de super-espion dans les hautes sphères sociales influentes". Pendant de nombreuses années, il a exercé une grande influence sur le Premier ministre anglais Lloyd George. Zaharoff, qui a commencé sa carrière comme un tenancier de bordel et membre de la pègre, a fait en sorte que Lloyd George ait une liaison avec la femme de Zaharoff. Arthur Maundy Gregory, un associé de Lloyd George, était également un agent de Zaharoff. Pendant de nombreuses années, Maundy Gregory a régulièrement monnayé les titres de noblesses au sein des clubs londoniens ; les chevaliers, non héréditaires, coutaient entre 10 000 et 12 000 livres ; les baronnies allaient jusqu'à 40 000 livres, il reversait à Lloyd George sur ses sommes, un forfait standard de 5000 livres à chaque transaction. Maundy Gregory était également étroitement associé à Sir Basil Thompson dans le contre-espionnage britannique. Zaharoff, qui était né en 1851 à Constantinople, avait épousé une certaine Emily Ann Burrows de Knightsbridge. Maundy Gregory présenta ensuite Emily Ann à l'insatiable Lloyd George. À partir de ce moment, il fut à la merci de Zaharoff. Bien que Zaharoff ait été étroitement associé à Lloyd George tout au long de la Première Guerre mondiale jusqu'en 1922, lorsque cette alliance mit un terme à la carrière politique de ce dernier, le nom de Zaharoff n'apparaît nulle part dans ses vastes Mémoires. La carrière politique de Lloyd George prit fin après que Zaharoff l'ait persuadé d'aider les Grecs contre la Turquie en 1920. Ce fut une aventure désastreuse qui entraîna la chute de Lloyd George. George Donald McCormick, dans *The Mask of Merlin*, l'ouvrage définitif sur Lloyd George, déclare :

"Zaharoff l'a tenu (Lloyd George) étroitement informé sur les Balkans. Pendant la guerre, Zaharoff a été envoyé en mission secrète par Lloyd George. Les trois grands, Wilson, Lloyd George et Clemenceau, se sont rencontrés chez Zaharoff à Paris. Une fois, Zaharoff se rendit en Allemagne (en 1917) sur instructions personnelles de Lloyd George, déguisé en médecin de l'armée bulgare. Clemenceau a déclaré plus tard : "Les informations que Zaharoff a obtenues en Allemagne pour Lloyd George étaient les renseignements les plus importants de toute la guerre."

Zaharoff a été décoré de l'Ordre de l'Empire britannique en 1918 pour cette mission. McCormick note également,

"Zaharoff avait des intérêts dans les fonderies Briey du Comité des Forges. Pendant toute la guerre, aucune action n'a été entreprise contre Briey ou Thionville, une zone vitale pour l'armée allemande. Les ordres de bombarder Briey furent annulés sur instruction de Zaharoff. M. Barthe protesta contre cet événement dans un discours au Parlement français le 24 janvier 1919".

McCormick a découvert que Zaharoff avait fait des aveux intéressants à ses proches collaborateurs. Il s'est vanté auprès de Rosita Forbes,

"J'ai provoqué des guerres pour pouvoir vendre des armes aux deux camps." Il a donné des conseils politiques judicieux à Sir Robert Lord Boothby : "Commencez à gauche en politique, puis, si nécessaire, travaillez à droite. N'oubliez pas qu'il est parfois nécessaire de donner un coup de pied dans l'échelle à ceux qui vous ont aidé à la gravir."

En plus de ses actions chez Vickers et Electric Boat, Zaharoff possédait d'importantes participations dans d'autres fabricants d'armement, Krupp et Skoda. Les usines Skoda de Tchécoslovaquie étaient contrôlées par la puissante famille Schneider de Schneider-Creusot, dirigée par Eugène Schneider, dont la petite-fille a épousé l'actuel duc de Bedford. Le comité Nye a découvert que Vickers était lié à la société suisse Brown Boveri, à Fokker, à la Banque Ottomane, à Mitsui, à Schneider et à dix autres entreprises d'armement dans le monde. Vickers a créé une entreprise de fabrication de torpilles, la Société française des torpilles Whitehead, avec l'ancienne Whitehead Co. dont le propriétaire, James B. Whitehead, devient ensuite ambassadeur d'Angleterre en France. Mme Margareta von Bismarck était directrice de la Société française, tout comme le comte Edgar Hoyos de Fiume.

À son apogée dans les années 1930, le réseau Vickers comprenait Harvey Steel, Chas. Cammell & co. construction navale, John Brown & Co. Krupp et Dillinger en Allemagne, Terni Co. en Italie, Bethehem Steel and Electric Boat aux États-Unis, Schneider, Chatillon Steel, Nobel Dynamite Trust et Chilworth Gunpowder Co. Le fiduciaire des obligations des entreprises d'armement était la Royal Exchange Assurance Co. de Londres, dont E. Roland Harriman de Brown Bros Harriman était administrateur.

En tant que premier lord de l'Amirauté, Winston Churchill a obligeamment changé le carburant de toute la flotte anglaise, passant du charbon au pétrole, pour rendre service à la famille Samuel qui possédait la Royal Dutch Shell.

Les travaux les plus révélateurs sur les marchands d'armes, les audiences de la Commission Nye et les *marchands de la mort* ont maintenant cinquante ans. À la page 167 de *Merchants,* nous trouvons que :

"La Société Minière de Penarroya contrôle les plus importantes mines de plomb du monde, qui représentent un huitième de la production mondiale. Depuis 1833, les banquiers français, les Rothschild, contrôlent ces mines, mais en 1909, la banque Rothschild a conclu une alliance avec la Metallgeschaft de Francfort, la société dans laquelle le Kaiser et la Krupp étaient tous deux fortement intéressés. Cette société est restée sous contrôle allemand et français pendant environ deux ans au cours de la guerre. Au début des hostilités, 10 000 tonnes de plomb ont été expédiées de ces mines vers l'Allemagne, via la Suisse. Lorsque les expéditions vers la France reprirent, le prix fut augmenté à un tel point qu'il fit plus que doubler le prix que les Anglais payaient pour leur plomb. Le libre-échange entre l'Allemagne et la France dans le domaine des produits chimiques importants, des poudres, etc. se poursuivit ; les Suisses fournissaient les deux parties en énergie électrique. Tout au long de leur frontière, de grandes centrales électriques virent le jour, faisant face à l'Allemagne depuis l'Italie, produisant du fer, de la bauxite, des produits chimiques et de l'électricité. Les produits de Zeiss furent exportés vers la Grande-Bretagne pendant toute la guerre."

Le Dr Ellis Powell s'est adressé à un auditoire au Queens Hall de Londres, le 4 mars 1917 ;

"Au début de la guerre, plusieurs milliers de réservistes allemands ont été autorisés à rentrer en Allemagne, alors que notre flotte aurait pu les en empêcher. Les particuliers, les entreprises et les sociétés allemands ont continué à faire du commerce au nom des Britanniques, à recouvrer leurs dettes et, indirectement, sans doute, à financer le militarisme allemand. Au moment même où les Allemands détruisaient nos biens par des bombes Zeppelin, nous leur versions en fait de l'argent au lieu de prendre leurs avoirs en compensation des dommages causés. En janvier 1915, Lord Reading (Rufus Isaacs) et la Cour d'appel ont rendu une décision vicieuse, selon laquelle le Kaiser and Little William Co. était une bonne société britannique, capable de poursuivre les propres sujets du roi devant les tribunaux de ce dernier... L'activité ininterrompue dans ce pays du Frankfort Metal Octopus n'est pas un accident... Permettez-moi d'analyser une affaire épouvantable, qui a suscité l'indignation et la colère du public jusqu'à ses derniers retranchements. Je veux parler de la survie impudente des banques allemandes. Nous sommes maintenant en guerre depuis près de trois ans. Pourtant, leurs portes sont toujours ouvertes. Elles ont envoyé de grandes quantités de lingots en Allemagne après le début de la guerre."

Pendant la Première Guerre mondiale, les nations belligérantes ont fait preuve d'une bonne volonté et d'un libre-échange remarquables. Bien sûr, les Américains ne voulaient pas être laissés en marge de la grande vague de bonne volonté qui a fait quarante millions de morts. Il ne suffisait pas que les Américains financent la guerre par le biais de leur système de Réserve Fédérale et de l'impôt sur le revenu des personnes physiques, qui, comme Cordell Hull l'a si bien dit dans ses *Mémoires*, "avait été adopté en temps voulu" avant le déclenchement de la guerre ; il ne suffisait pas non plus que les

Américains nourrissent les "Belges", en fait les Allemands, par le biais de la Commission de secours belge, afin que la guerre puisse se prolonger jusqu'à ce que les États-Unis deviennent à leur tour belligérants. Des Américains inquiets acceptèrent la proposition d'envoyer les jeunes hommes américains à la mort dans les tranchées avec les Britanniques, les Français, les Allemands et d'autres nationalités.

Les bellicistes ont mis sur pied trois organisations principales pour forcer les États-Unis à entrer dans la Première Guerre mondiale - le Conseil de la défense nationale, la Ligue de la marine et la Ligue pour le maintien de la paix. Le Conseil de la défense nationale a été promulgué par une loi du Congrès en août 1916, bien qu'aucune nation au monde n'ait jamais envisagé d'attaque contre les États-Unis. Pancho Villa avait dirigé un petit groupe de bandits contre Colomb, N.M., mais ce raid n'était guère l'occasion d'une mobilisation nationale. Il s'agissait d'une frappe de représailles en raison des actions des banquiers new-yorkais au Mexique - les Warburg détenaient les obligations des Chemins de fer nationaux du Mexique ; George F. Peabody et Eugene Meyer et Cleveland H. Dodge possédaient les mines de cuivre du Mexique ; Seligman & Co. était propriétaire de Electric Power and Light of Mexico. La révolution mexicaine est un soulèvement contre le président Porfirio Diaz, qui a collaboré avec les Warburgs et les Rockefellers pendant des années. Percy N. Furber, président de la Oil Fields of Mexico Ltd. a déclaré à C.W. Barron,

> "La révolution mexicaine a vraiment été causée par H. Clay Pierce, qui possédait 35% de Pierce-Waters Oil Co. ; Standard Oil possédait les 65% restants. Il voulait obtenir ma propriété. Il a exigé de Diaz qu'il supprime les taxes sur les importations de pétrole afin que Standard Oil puisse faire venir des produits des États-Unis."

Furber a dit qu'il avait avancé l'argent pour que Francisco Madero évince Diaz. Madero a ensuite été assassiné par Victoriano Huerta, le pion de Lord Cowdray, chef des intérêts pétroliers britanniques au Mexique. Dans le chaos qui s'ensuivit, Villa et Zapata sont passés au premier plan, ce qui a donné lieu au raid de Christophe Colomb.

Le Conseil de la défense nationale était présidé par Daniel Willard, président de B&ORR ; les autres membres étaient Bernard Baruch, Julius Rosenwald, Samuel Gompers, Walter S. Gifford, président de AT&T, également directeur de la Commission sur la préparation industrielle ; Hollis Godfrey, président du Drexel Institute, marié à une Lawrence de Boston ; et Howard Coffin, président de la Hudson Motor Car Co. Le secrétaire de Coffin, Grosvenor Clarkson, dirigeait le Conseil. Godfrey prétend dans le Who's Who que le Conseil a en fait été créé par lui-même, Howard Coffin et Elihu Root.

Les dirigeants de la Ligue navale étaient J.P. Morgan de U.S. Steel, Charles Schwab de Bethlehem Steel, le colonel R.M. Thompson d'International Nickel et B.F. Tracy, avocat de la Carnegie Steel Co. Les principaux membres de la League to Enforce Peace étaient Elihu Root, l'avocat de J.P. Morgan, Lincoln Filene, Oscar Straus, John Hays Hammond, qui avait été condamné à mort pour activité révolutionnaire en Afrique du Sud, Isaac Seligman, Perry Belmont, le représentant officiel des Rothschild, et Jacob Schiff de Kuhn, Loeb & Co. Le mot d'ordre de ces banquiers millionnaires était la "préparation", et l'adjoint au secrétaire de la marine Franklin Delano Roosevelt accordait déjà de gros contrats à la marine en 1916, un an avant que nous n'entrions en guerre.

Le colonel House a écrit au président Wilson depuis Londres le 29 mai 1914,

> "Chaque fois que l'Angleterre y consentira, la France et la Russie se rapprocheront de l'Allemagne et de l'Autriche."

Tout en se préparant à la guerre, Woodrow Wilson a fait campagne en 1916 sur le slogan "Il nous a tenus à l'écart de la guerre". Notes de H.C. Peterson dans *Propaganda for War*, Univ. Oklahoma Press, 1939,

> Dans une large mesure, les 9 millions de personnes qui ont voté pour Wilson l'ont fait en raison de la phrase "Il nous a tenus à l'écart de la guerre".

Le colonel House a ensuite dit à Viereck que Wilson avait conclu un accord avec les Britanniques en 1916, bien avant sa campagne, pour nous faire participer à la guerre. Roosevelt a répété le processus en 1939.

Lorsque nous sommes entrés dans la Première Guerre mondiale, Wilson a nommé son collecteur de fonds de campagne, Bernard Baruch, à la tête du Conseil des industries de guerre. Baruch a ensuite fait l'objet d'une enquête du comité Graham. Il a témoigné,

"J'avais probablement plus de pouvoir que n'importe quel autre homme pendant la guerre ; c'est sans doute vrai."

Il a parlé de ses actions d'avant-guerre,

"J'ai demandé un entretien avec le président. Je lui ai expliqué aussi sincèrement que possible que j'étais profondément préoccupé par la nécessité de mobiliser les industries du pays. Le président m'a écouté avec beaucoup d'attention et de courtoisie, comme il le fait toujours, et la chose suivante que j'ai entendue, quelques mois après, a attiré mon attention sur ce Conseil de la défense nationale."

MR. GRAHAM : Le Président a-t-il exprimé un avis sur l'opportunité d'adopter le régime que vous proposez ?

BARUCH : Je pense que c'est moi qui ai fait la plus grande partie de la conversation.

GRAHAM : L'avez-vous impressionné en lui faisant croire que nous allions entrer en guerre ?

BARUCH : C'est probablement le cas.

GRAHAM : C'était votre opinion à l'époque ?

BARUCH : Oui. Je pensais que nous allions entrer en guerre. Je pensais qu'une guerre allait arriver bien avant.

MR. JEFFRIES : Alors le système que vous avez adopté n'a pas donné à la Lukens Steel & Iron Co. le montant des bénéfices que les entreprises à faible production ont réalisé ?

BARUCH : Non, mais nous avons pris 80% aux autres.

MR. JEFFRIES : La loi a fait ça, n'est-ce pas ?

BARUCH : C'est le gouvernement qui l'a fait.

GRAHAM : Que vouliez-vous dire par l'utilisation du mot "nous" ?

BARUCH : Le gouvernement a fait cela. Excusez-moi, mais je voulais dire nous, le Congrès.

GRAHAM : Vous voulez dire que le Congrès a adopté une loi à ce sujet.

BARUCH : Oui, monsieur.

GRAHAM : Avez-vous eu quelque chose à voir avec cela ?

BARUCH : Rien du tout.

GRAHAM : Alors je n'utiliserais pas le mot "nous" si j'étais vous.

Bien que Baruch ait joué un rôle crucial dans le financement de la campagne de Wilson, en 1916, il n'avait pas ignoré l'adversaire presque victorieux de Wilson, Charles Evans Hughes. Carter Field souligne, dans sa biographie de Baruch

"Mon opinion personnelle est que Baruch aurait été extrêmement important dans l'élection de Hughes, si Hughes avait été élu lors de l'élection serrée de 1916, à la fois dans la conduite de la guerre et dans l'établissement de la paix.

Field poursuit,

"Sous ce curieux manteau d'anonymat, Baruch a exercé un type de pouvoir politique très inhabituel au début des années Wilson. Il était instruit de la plupart des initiatives de Wilson, en faisant une sorte d'agent d'influence sollicité de toute part dont le contact était souvent plus fructueux que d'en appeler directement à Wilson. Naturellement, ce rôle de prime importance était ignoré du grand public."

Field dit aussi,

"D'autre part, Wilson n'aimait pas seulement Baruch, il l'ADMIRAIT. Mme Wilson en fait spécifiquement mention dans ses Mémoires."

Les relations de Wilson avec les autres n'ont pas toujours été marquées par une affection aussi profonde. David Lawrence, dans sa biographie de Wilson, *The True Story of Woodrow*

Wilson, note qu'en juin 1907, l'ancien président Grover Cleveland, administrateur de Princeton, a publiquement dénoncé les plans de Wilson visant à modifier le caractère de l'école, en lançant une "campagne de calomnies". Cleveland était venu vivre à Princeton après avoir quitté la Maison Blanche et était profondément attaché à l'université. Il est mort au cours de l'été 1908. Cet automne-là, lorsque Wilson, en tant que président de l'école, prononça son discours annuel d'ouverture, il ne fit aucune mention de la mort de Cleveland, et ne prévit pas d'exercice commémoratif, comme c'était la coutume lorsqu'un administrateur décédait.

Le rôle du Conseil des industries de guerre de Baruch fut particulièrement important, non seulement en raison du pouvoir dictatorial exercé par Baruch pendant les années de guerre, mais aussi parce que les membres du WIB[11] ont continué à gouverner les États-Unis. Du WIB et de la Commission américaine pour négocier la paix émergea plus tard la Brookings Institution, qui a fixé les priorités nationales pendant cinquante ans, dirigé la NRA et toute l'administration Roosevelt au cours de la Seconde Guerre mondiale. Baruch a travaillé au WIB sous la direction de Clarence Dillon, Robert S. Brookings, président du comité de fixation des prix du WIB, qui a ensuite fondé la Brookings Institution ; Felix Frankfurter, président du War Policies Labor Board ; Herbert Hoover et T.F. Whitmarsh, de l'administration alimentaire américaine ; H.B. Swope, agent de publicité pour Baruch ; Harrison Williams ; Albert Ritchie, plus tard gouverneur du Maryland ; le général Goethals ; et l'arrière-administrateur F.F. Fletcher. Goethals a été remplacé par le général Pierce, qui a ensuite été remplacé par le général Hugh Johnson, qui est devenu le bras droit de Baruch pendant de nombreuses années. Field nous explique que :

> "Le général Hugh Johnson est resté à la solde de Baruch pendant deux mois après son arrivée à la tête de la NRA (pendant le New Deal)."

Field cite Woodrow Wilson comme ayant Baruch au WIB,

---

[11] War Industry Board, Conseil des industries de guerre, Ndt.

"Laissez le fabricant voir le club derrière votre porte."

a déclaré M. Baruch devant la commission Graham,

"Nous avons fixé les prix grâce aux contraintes fédérales."

William Jennings Bryan, longtemps à la tête du parti démocrate, était un laissé pour compte de la relation d'estime mutuelle Baruch-Wilson. Bryan ne s'est pas seulement opposé à notre entrée dans la Seconde Guerre mondiale - il a osé critiquer la famille qui avait organisé la guerre, les Rothschild. Parce qu'il a osé mentionner les Rothschild, Bryan a été rapidement dénoncé comme "antisémite". Il a répondu : "Nos adversaires ont parfois essayé de faire croire que nous attaquions une race lorsque nous dénoncions la politique financière des Rothschild. Mais ce n'est pas le cas ; nous sommes autant opposés à la politique financière de J.P. Morgan qu'à celle des Rothschild."

En raison de la planification secrète nécessaire pour lancer une guerre majeure, le contrôle des moyens de communication était essentiel. Kent Cooper, président de l'Associated Press, note dans *Life,* 13 novembre 1944, "Freedom of Information",

"Avant et pendant la Première Guerre mondiale, la grande agence de presse allemande Wolff était la propriété de la maison bancaire européenne des Rothschild, dont le siège central était à Berlin. L'un des principaux membres de la firme était également le banquier personnel du Kaiser Wilhem (Max Warburg). Ce qui s'est réellement passé dans l'Allemagne impériale, c'est que l'empereur a utilisé Wolff pour lier et exciter son peuple à un tel point qu'il était impatient de participer à la Première Guerre mondiale. Vingt ans plus tard, sous Hitler, le schéma a été répété et énormément amplifié par DNB, les successeurs de Wolff."

Cooper l'a noté plus tard dans son autobiographie, *Barriers Down* :

"Les banquiers internationaux de la Maison Rothschild ont pris des participations dans les trois principales agences européennes. (Havas en France ; Reuters en Angleterre ; Wolff en Allemagne)."

Le 28 avril 1915, le baron Herbert de Reuter, chef de l'agence Reuters, se tua. La cause en était le crash de la Reuters Bank, qui avait été organisée par le baron Julius de Reuter, fondateur de l'agence Reuter, pour traiter les envois de fonds étrangers sans qu'ils soient soumis à aucune comptabilité. Sir Roderick Jones lui a succédé, comme le dit son autobiographie,

> "Peu après avoir succédé au baron Herbert de Reuter en 1915, il se trouve que j'ai reçu une invitation de M. Alfred Rothschild, alors à la tête de la Maison britannique de Rothschild, à déjeuner avec lui dans l'enceinte historique de New Court, dans la City de Londres."

Jones s'abstient prudemment de nous dire ce qui a été discuté lors de cette réunion.

Un seul membre du Congrès a voté contre la déclaration de guerre des États-Unis à l'Allemagne pendant la Première Guerre mondiale, Jeanette Rankin. Elle était également la seule membre du Congrès à voter contre notre entrée dans la Seconde Guerre mondiale. Les opposants à l'action de Wilson ont souvent été battus et emprisonnés. Eugene Debs a été condamné à une longue peine de prison. Le membre du Congrès Charles Lindbergh s'est porté candidat au poste de gouverneur du Minnesota sur un programme s'opposant à notre participation à la guerre. Le *New York Times* a régulièrement publié des dénonciations cinglantes de sa campagne. Le 9 juin 1918, il notait :

> "Le représentant Clarence H. Miller a dénoncé Lindbergh et la Ligue non partisane comme étant des séditieux. Selon M. Lindbergh, le Liberty Loan est un instrument conçu par les requins du monde de la finance. Il semble inexcusable que toute personne autorisée à être en liberté aux États-Unis puisse entretenir ou exprimer un tel point de vue."

Harrison Salisbury, du *New York Times,* déclarait :

> "J'ai fait des recherches dans les archives et elles montrent que la foule a suivi Charles K. Lindbergh Sr. pendant sa campagne de 1918 pour l'investiture républicaine pour le poste de gouverneur du Minnesota. Il a été arrêté pour conspiration avec les Non Partisan Leaguers ; un rassemblement à Madison, Minn, a été interrompu par des

tuyaux d'incendie ; il a été pendu en effigie à Red Wing, traîné de l'estrade des orateurs, menacé de lynchage, et il s'est enfui de la ville au milieu d'une volée de coups de feu."

Salisbury néglige de mentionner qu'une escouade d'agents fédéraux du Bureau d'investigation[12], dirigée par J. Edgar Hoover lors de sa première action importante, a attaqué Lindbergh et sa famille, a retiré tous les exemplaires de son *Your Country at War* et les a brûlés sur la pelouse de sa propriété ; lorsque le jeune Charles s'est précipité pour éteindre le feu, Hoover l'a renversé à terre.

Au cours de l'été 1917, Woodrow Wilson nomma le colonel House à la tête de la mission de guerre américaine à la Conférence de guerre interalliée, la première mission américaine de ce type à un conseil européen. Avec House se trouvaient son beau-fils, Gordon Auchincloss, et Paul Cravath, l'avocat de Kuhn Loeb. Auchincloss était directeur de la Chase Natl. Bank, de Solvay, de Sofina et de Cross Sc Blackwell.

Pendant ce temps, Walter Lippman et un autre groupe travaillaient activement sur les plans de la Société des Nations. Lippmann avait fondé la branche américaine de la Fabian Society en 1905 sous le nom de Intercollegiate Socialist Society, qui devint plus tard les Students for a Democratic Society après une période où elle était connue sous le nom de League for Industrial Democracy ; James T. Shotwell et d'autres internationalistes travaillèrent avec Lippmann sur cette organisation.

Bien que la guerre se soit bien déroulée pour ceux qui l'avaient promue, les hostilités ont pris fin de façon quelque peu brutale par l'intervention imprévue d'un aide du tsar de Russie. Le major-général comte Tcherep Spiridovitch, déclarait :

"J'ai eu une longue discussion avec le général McDonough, chef du renseignement à Londres ; je lui ai soumis le 1er septembre 1918 un rapport lui conseillant que la paix avec la Bulgarie provoquerait un soulèvement en Autriche slave, la panique en Allemagne et la reddition de ses armées ; mon conseil a été accepté ; deux semaines plus tard, la paix était

---

[12] Le FBI, Ndt.

signée avec la Bulgarie, deux semaines plus tard, l'Autriche était sortie de la guerre, deux semaines plus tard, l'Allemagne se rendait."

L.L. Strauss de Kuhn, Loeb Co. déclare qu'il était l'un des quatre délégués américains qui se sont concertés avec les Allemands à Bruxelles en mars 1919 sur l'armistice final. Le 11 novembre 1918, le *New York Times* fait la une :

"EMPRISE ROUGE SUR L'ALLEMAGNE : Königsberg, Francfort-sur-le-Main et Strasbourg sont maintenant contrôlés par les Soviétiques spartacistes".

Le 12 novembre 1918, le *New York Times* déclarait :

"La révolution en Allemagne est aujourd'hui, à toutes fins utiles, un fait accompli."

Le même jour, la une du *New York Times* déclarait :

"La splendeur règne à nouveau ; les joyaux s'embrasent !"

L'occasion était une soirée de gala au Metropolitan Opera, avec Caruso et Homer chantant Samson et Dalila. Les invités, Otto Kahn et le consul général de France, George F. Bakers et sa sœur Mme Goadby Loew, Cornelius Vanderbilt et ses filles, les Whitney, J.P. Morgan et E.T. Stotesbury, les Frick, Mme Bernard Baruch, alors que son mari était en Europe pour une affaire importante, Mme Adolf Ladenburg, étaient présents. Ces personnalités de renoms étaient également les principaux investisseurs de l'American International Corporation, qui finançait la révolution bolchevique en Russie.

La Commission américaine de négociation de la paix comprenait, comme on pouvait s'y attendre, Walter Lippmann, les frères Dulles, les frères Warburg (Paul aux États-Unis, Max en Allemagne), L.L. Strauss, Thomas W. Lamont, ainsi que House, Wilson et le secrétaire d'État de Wilson, Robert Lansing, l'oncle des Dulles. Leur hôte de génie était le baron Edmond de Rothschild. Le ministre des finances Klotz, qui représentait la France à la conférence de paix, était, selon Nowell-Baker, utilement employé depuis des années par les Rothschild pour distribuer des pots-de-vin à la presse. La Commission des réparations fut créée le 25 janvier 1919, avec Bernard Baruch des

États-Unis, Klotz de France et Lord Cunliffe, gouverneur de la Banque d'Angleterre, représentant l'Angleterre. Carter Field remarquait :

> "Presque tous les après-midi, Baruch avait une agréable séance au Crillon avec trois ou quatre de ses vieux copains du Conseil des industries de guerre."

Wilson est rentré aux États-Unis le 8 juillet 1919, chargé de bijoux d'une valeur d'un million de dollars, des cadeaux offerts par des Européens reconnaissants en récompense de sa promesse d'intégrer les États-Unis à la Société des Nations. Pas un seul membre du Congrès ne l'avait accompagné à la Conférence de paix de Paris. Ses associés étaient les Fabiens d'Amérique, le Dr James T. Shotwell, Eugene Delano et Jacob Schiff. Herbert Hoover rejoignit immédiatement le colonel House comme le plus ardent défenseur de notre adhésion à la Société des Nations.

Baruch a ensuite témoigné devant le comité Graham :

> "J'étais conseiller économique auprès de la commission de la paix.
>
> **GRAHAM** : Avez-vous souvent conseillé le Président pendant votre séjour ?
>
> **BARUCH** : Chaque fois qu'il m'a demandé mon avis, je lui ai donné. J'avais quelque chose à voir avec les clauses de réparation. J'étais le commissaire américain en charge de ce qu'ils appelaient la section économique. J'étais membre du Conseil économique suprême en charge des matières premières.
>
> **GRAHAM** : Avez-vous siégé au conseil avec les messieurs qui négociaient le traité ?
>
> **BARUCH** : Oui, monsieur, parfois.
>
> **GRAHAM** : Toutes, sauf les réunions auxquelles ont participé les cinq grands.
>
> **BARUCH** : Et souvent celles-là aussi."

La Commission des réparations força les Allemands à émettre quatre cessions d'obligations, qui devaient toutes être remises à la Commission des réparations comme suit :

1. 20 milliards de marks or, 5 milliards de marks papier au 1er mai 1921 pour l'armée d'occupation.

2. Coût de la guerre en Belgique - 4 milliards de marks d'or dus le 1er mai 1926.

3. 40 milliards de marks d'or à 20% d'intérêt de 1921 à 1926, à retirer en 1951.

4. un fonds provisoire de 30 ans pour les réparations générales. (Traité de Versailles, clauses financières 248-63).

Les banquiers ont immédiatement commencé à traiter ces sommes gigantesques comme des sources de capitaux, à monétariser par des prêts et autres instruments négociables. Lloyd George a déclaré au *N.Y. Journal American*, le 24 juin 1924 :

> "Les banquiers internationaux ont dicté le règlement des réparations de Dawes. Le protocole qui a été signé entre les Alliés et les puissances associées et l'Allemagne est le triomphe du financier international. Un accord n'aurait jamais été conclu sans l'intervention brusque et brutale des banquiers internationaux. Ils ont mis de côté les hommes d'État, les hommes politiques et les journalistes, et ont donné leurs ordres avec l'impérieuse volonté de monarques absolus, qui savaient que leurs décrets impitoyables étaient sans appel. Le règlement est l'ukase conjoint du roi Dollar et du roi Sterling. Le rapport de Dawes était le leur. Ils ont inspiré et façonné le montage. Le rapport Dawes a été façonné par les rois de l'argent. Les ordres des financiers allemands à leurs représentants politiques étaient tout aussi péremptoires que ceux des banquiers alliés à leurs représentants politiques."

Bien que les clauses de réparation aient atteint le résultat souhaité, à savoir forcer les Allemands à combattre une Seconde Guerre mondiale, le résultat principal a été la formation d'un gouvernement mondial "de façade", la Société des Nations, tandis qu'en arrière-plan les conspirateurs ont établi leur véritable organe directeur, l'Ordre Mondial, par l'intermédiaire du Royal Institute of International Affairs, et de sa filiale américaine, le Council on Foreign Relations.

En 1895, Cecil Rhodes, agent sud-africain des Rothschild, a créé une société secrète dont les buts avoués étaient les suivants :

"En fin de compte, la Grande-Bretagne doit établir une puissance si écrasante que les guerres doivent cesser et que le Millénaire doit être réalisé."

Pour atteindre cet objectif, il a laissé 150 millions de dollars au Rhodes Trust. Les Rothschild disposaient déjà d'un groupe aux objectifs similaires, la Table ronde, créée par Lord Alfred Milner, dans laquelle J.P. Morgan avait été recruté en 1899.

Le manuel du Council on Foreign Relations de 1936 stipule :

"Le 30 mai 1919, plusieurs membres éminents des délégations à la Conférence de paix de Paris se sont réunis à l'hôtel Majestic à Paris pour discuter de la création d'un groupe international qui conseillerait leurs gouvernements respectifs sur les affaires internationales. Les États-Unis étaient représentés par le général Tasker H. Bliss (chef d'état-major de l'armée américaine), le colonel Edward M. House, Whitney H. Shepardson, le Dr James T. Shotwell et le professeur Archibald Coolidge. La Grande-Bretagne était représentée officieusement par Lord Robert Cecil, Lionel Curtis, Lord Eustace Percy et Harold Temperley. Lors de cette réunion, il a été décidé d'appeler l'organisation proposée "Institute of International Affairs". Lors d'une réunion tenue le 5 juin 1919, les planificateurs décidèrent qu'il serait préférable que des organisations distinctes coopèrent entre elles. En conséquence, ils organisèrent le Council on Foreign Relations, dont le siège est à New York, et une organisation sœur, le Royal Institute of International Affairs, à Londres, également connue sous le nom de Chatham House Study Group, pour conseiller le gouvernement britannique. Une organisation subsidiaire, l'Institute of Pacific Relations, a été créée pour s'occuper exclusivement des affaires d'Extrême-Orient. D'autres organisations ont été créées à Paris et à Hambourg, la branche de Hambourg étant appelée Institut fur Auswartige Politik, et la branche de Paris étant connue sous le nom de Centre d'Études de Politique Étrangère, au 13 rue du Four, Paris VI."

La succursale de Hambourg a été créée, bien sûr, grâce à la banque de la famille Warburg qui s'y trouvait.

Après avoir dominé la Conférence de paix de Paris, le baron Edmond de Rothschild considère la création de l'Ordre Mondial par ces groupes comme le couronnement de sa vie. Les "fondateurs" de la RIIA étaient tous des hommes de Rothschild ; le président honoraire du CFR était Elihu Root, avocat pour Morgan et Kuhn, Loeb Co. ; Alexander Hemphill, banquier de Morgan, et Otto Kahn de Kuhn, Loeb Co.

Les fondateurs du RIIA étaient les principaux agents sud-africains de Rothschild ; Sir Otto Beit, administrateur de Rhodes Estate et directeur de British South Africa Co. ; Percy Alport Molteno, fils du premier ministre de la colonie du Cap ; Sir Abe Bailey, propriétaire des mines du Transvaal, qui a travaillé en étroite collaboration avec Sir Alfred Milner au début de la guerre des Boers ; John W. Wheeler-Bennett, qui devint le conseiller politique du général Eisenhower au SHAEF de Londres en 1944-45 ; Sir Julien Cahn ; et Lionel Curtis, secrétaire colonial du Transvaal, qui donna son discours devant les représentant de la Table ronde, au 175 Piccadilly Rd. Londres. Il a ensuite été nommé conférencier sur l'histoire coloniale de l'Afrique du Sud.

Parmi les autres fondateurs de la RIIA figuraient quatre membres de la famille Astor - le vicomte Astor, l'honorable F.D.L. Astor, M.L. Astor et H.J.J. Astor, ce dernier étant président du *Times* et directeur de la Hambros Bank. Le premier président de la RIIA a été le lieutenant-colonel R.W. Leonard, président des mines de Coniagas. Le Lord Patron était Sa Majesté la Reine. Tous les premiers ministres et vice-présidents des colonies depuis 1923 ont été présidents honoraires de la RIIA. Stephen King Hall, dans son ouvrage définitif, *Chatham House*, déclare :

> "Le Prince de Galles a gracieusement accepté la fonction de Visiteur. Cette nomination garantissait que l'Institut ne pourrait jamais être perverti à des fins de parti ou de propagande."

La liste des membres de la RIIA de 1934 comprenait Sir Austin Chamberlain, Premier ministre, Chancelier de l'Échiquier, Lord Privy Seal et Secrétaire d'État aux Affaires étrangères ; Harold MacMillan, qui a épousé la fille du Duc de Devonshire et est devenu plus tard Premier ministre, et Lord Eustace Percy, Duc de Northumberland. La liste des membres de 1942 comprend Sir Roderick Jones, directeur de Reuters ; G.M. Gatheren-Hardy ; Sir Andrew McFadyen, président de North British Borneo Co. et United Rubber Estates - il a servi au Trésor britannique de 1910 à 1917, a représenté le Trésor à la Conférence de paix de Paris en 1919-20, a été secrétaire général de la Commission des réparations, 1922-25 ; commissaire aux revenus contrôlés de Berlin 1924-30, plus tard avec S.G. Warburg, le colonel Vickers et Lord Brand, directeur général de Lazard Bros. qui a épousé la sœur de Lady Astor, Phyllis Langhorne, a été député à la mission britannique de Washington en 1917-18, conseiller financier de Lord Robert Cecil, conseiller économique suprême à la conférence de paix de Paris ; George Gibson, directeur de la Banque d'Angleterre ; John Hambro de la Hambros Bank ; Lord Derby (Edward Villiers), Lord du Trésor, secrétaire d'État à la Guerre, 1916-1918, qui possédait un domaine de 69 000 acres dans le Lancashire, et Lord Cromer (Baring).

Au cours de ses premières années d'existence, le RIIA a été principalement financé par les Rothschild grâce à des dons acheminés par Sir Abe Bailey et Sir Alfred Beit, avec environ 100 000 dollars par an ; depuis lors, il a été financé à hauteur de plusieurs millions de dollars par la Fondation Rockefeller et la Carnegie Corporation.

En 1936, le budget de 400 000 dollars du RIIA a également été financé par les entreprises suivantes N.M. Rothschild & Sons ; British South Africa Co. ; Bank of England ; Reuters News Agency ; Prudential Assurance Co. ; Sun Insurance Office Ltd ; et Vickers-Armstrong Ltd ; toutes ces sociétés étaient connues sous le nom de Rothschild enterprises. Les autres souscripteurs étaient J. Henry Schroder Co. Lazard Frères, Morgan Grenfell, Erlangers Ltd. et E.D. Sassoon Co.

Un certain nombre de livres populaires actuellement en circulation prétendent que le Council on Foreign Relations est le gouvernement secret des États-Unis. Rien ne pourrait être plus faux. Les membres du Council on Foreign Relations n'ont jamais été à l'origine de la moindre initiative politique pour le compte du gouvernement américain. Ils se contentent de transmettre des ordres à nos responsables gouvernementaux depuis le RIIA et la Maison Rothschild de Londres. Il est vrai que le CFR comprend une élite dirigeante aux États-Unis, mais ce sont de simples gouverneurs coloniaux absolument responsables devant leurs supérieurs dans l'Ordre Mondial. Cependant, chaque Américain éminent mentionné dans le présent ouvrage est membre du CFR, et il n'est donc pas nécessaire de le noter chaque fois qu'un nom est mentionné. Non seulement ils transmettent des ordres à la Maison Blanche, au Cabinet, au Conseil des gouverneurs de la Réserve Fédérale et à d'autres institutions gouvernementales, mais ils maintiennent également un contrôle absolu sur les fondations, dont le devoir est de formuler une politique ou de l'organiser sous une forme acceptable pour être transmise au gouvernement. L'*Imperial Brain Trust* de Shoup, 1969, note que la CFR comprend 22 administrateurs de la Brookings Institution, 29 de la Rand, 14 de la Hudson, 33 du Middle East Institute, 14 des 19 administrateurs de la Rockefeller Foundation, 10 des 17 de la Carnegie, 7 des 16 de la Ford Foundation, 6 des 11 du Rockefeller Bros. Fund. Cela prouve que le CFR gère ces grandes fondations. Dans le monde universitaire, les membres du CFR sont au nombre de 58 à la faculté de Princeton, 69 à l'université de Chicago et 30 à Harvard. Parmi les banques qui sont les principaux propriétaires des actions de la Federal Reserve Bank, les directeurs de Chase comptent 7 membres du CFR, 8 à J.P. Morgan, 7 à la 1st Natl. City (maintenant Citibank), 6 à la Chemical Bank et 6 à la Brown Bros. Harriman.

La liste des membres du CFR de 1968 comprenait John J. McCloy, président du conseil d'administration ; Frank Altschul, secrétaire et vice-président ; David Rockefeller, vice-président ; et les directeurs Robert V. Roosa, Douglas Dillon et Allen Dulles. McCloy a également été président de la Ford Foundation 1953-65, directeur de la Fondation Rockefeller, et avocat personnel des intérêts de la famille Rockefeller. Sa carrière est typique d'un grand fonctionnaire de l'Ordre Mondial. Alors qu'il était étudiant à Harvard, il est devenu un protégé de Felix Frankfurter. Il rejoint le cabinet Cravath, Swaine & Moore, avocats de Kuhn, Loeb Co. où il reste de 1925 à 1940. En 1940, Frankfurter le recommande à Henry Stimson en tant que secrétaire de guerre, où il reste de 1941 à 1945. Il a écrit et publié les infâmes opinions politiques de l'état-major :

> "à moins qu'il ne soit établi que l'individu concerné a une loyauté envers le parti communiste qui l'emporte sur sa loyauté envers les États-Unis".

Le sénateur McCarthy a qualifié cette directive de "trahison".

McCloy a succédé à Eugene Meyer en tant que président de la Banque mondiale de 1947 à 1949, a été nommé haut-commissaire de l'Allemagne où il a servi de 1949 à 1952, a été président du conseil d'administration de la Chase Natl Bank de 1953 à 1961, et avocat de Rockefeller depuis lors. Il est directeur de l'Union Pacific, Westinghouse, ATT, Dreyfus, Squibb, & Mercedes Benz. Il a épousé Ellen Zinsser, qui n'est pas identifiée dans la biographie de McCloy de 1947 ; dans le numéro de 1961, elle est identifiée comme la nièce de Hans Zinsser, un bactériologiste. C'est étrange, car elle est également la fille de John Zinsser, associé de la société J.P. Morgan, et membre du conseil d'administration de Sharp & Dohme Chemicals. Il est intéressant de noter que le gendre d'un associé de J.P. Morgan a été nommé haut-commissaire américain de l'Allemagne vaincue.

Le *New York Times* indiquait le 6 août 1965 :

> "JJ. McCloy propose un modèle de fondation pour recueillir les dons européens."

Il déclarait à Salzbourg :

> "Je souhaite qu'il y ait en Europe un complexe de fondations dont les représentants pourraient échanger leurs réflexions avec celles des fondations américaines et ainsi former une sorte d'approche informelle de certains des grands problèmes du moment."

"Informel" est le mot de code, de l'Ordre Mondial. Il signifie "émanant du siège mondial". McCloy n'a pas dit l'évidence, que cinq hommes contrôlent toutes les grandes fondations américaines, et qu'il souhaitait qu'elles puissent jouir du même privilège en Europe.

Le RIIA a travaillé en étroite collaboration avec la London School of Economics, qui a été créée comme école de formation pour les bureaucrates de l'Ordre Mondial. L'école a été créée en 1920 avec l'aide financière des Rothschild et de Sir Julius Wernher. Sir Ernest Cassel a par la suite fait don à l'école de 472 000 livres sterling. Le professeur J.H. Morgan a écrit dans la *Quarterly Review*, en janvier 1939 :

> "Lorsque j'ai demandé un jour à Lord Haldane pourquoi il avait persuadé son ami Sir Ernest Cassel, grand-père de Lady Mountbatten, de verser par testament des sommes importantes à la London School of Economics, il m'a répondu : "Notre but est de faire de cette institution un lieu de formation et de perfectionnement de la bureaucratie du futur État socialiste."

Sir William Beveridge, auteur du programme politique ruineux Cradle to the Grave[13] de la Grande-Bretagne, a été directeur de la London School of Economics de 1920 à 1937.

L'Empire britannique a prospéré grâce à la piraterie, à l'esclavage et au trafic de drogue. Les pirates de Drakes sont devenus les Merchants Adventurers Co. (Sebastian Cabot) qui devint plus tard la Chartered Co. of East India. Elle a été réorganisée en 1700. Elle versait à l'origine de l'argent métal aux Hong de Canton en échange de leur thé, mais découvrit qu'ils acceptaient l'opium à la place. Cet arrangement fortuit se heurta à la résistance de certains dirigeants chinois, ce qui amena l'Angleterre à poursuivre dix guerres de l'opium contre la Chine, de la guerre de l'opium de 1840-43 à la conquête de la Mandchourie en 1931.

En 1715, la British East India Co. ouvrit son premier bureau d'Extrême-Orient à Canton. La politique de la Couronne encourageait délibérément la dépendance à l'opium chez les indigènes pour faciliter le contrôle politique britannique. L'Empire britannique était alors menacé de faillite s'il perdait les colonies américaines. Afin de vaincre les rebelles, les profits du commerce de l'opium avec la Chine furent envoyés à l'électeur

---

[13] Du berceau à la tombe. Ndt.

de Hesse via Mayer Amschel Rothschild pour engager 16 800 mercenaires des troupes hessoises. Ainsi, le trafic de drogue et les Rothschild ont joué un rôle central dans l'histoire américaine, bien qu'il ait été ignoré ou supprimé des livres d'histoire.

David Ricardo, père de la théorie de la quantité d'argent et de la théorie du "loyer", ou du butin, était à la Cour des Propriétaires de la Compagnie des Indes orientales. Il a fait nommer John Stuart Mill comme examinateur en chef. Le ministre colonial de l'Angleterre pendant les guerres de l'opium était Edward Bulwer Lytton, qui a rédigé le traité de Nankin en 1842, apportant à l'Angleterre 21 millions de dollars en argent et le contrôle du port libre de Hong Kong. L'Angleterre s'est alors alliée à la Société de Hong Kong, les Triades et les Assassins, pour gouverner les Chinois jusqu'à nos jours. Le fils de Bulwer Lytton a été vice-roi de l'Inde dans les années 1880, au plus fort du commerce de l'opium, et a parrainé les écrits de Rudyard Kipling sur le Raj britannique en Inde. Parmi les profiteurs du commerce de la drogue figurait William, comte de Shelburne, qui organisa le premier service de renseignement britannique, dont les agents étaient issus des grandes familles britanniques. Son président était George Baring, et il employait Adam Smith, Jeremy Bentham et Thomas Malthus. Le siège de Genève était dirigé par la famille Mallet Prevost, d'où est issus le futur directeur de la CIA, Allen Dulles.

L'ouvrage de Basil Lubbock, *The Opium Clippers,* 1933, énumère les principaux propriétaires de navires britanniques engagés dans le commerce de l'opium, avec des illustrations en couleur de leur pavillon. La plupart d'entre eux étaient d'anciens esclavagistes. Le numéro 1 était l'honorable East India Co. (connue des Chinois sous le nom de Hon John Co.) ; 2. Jardine Matheison ; 3. Dent & Co. ; 4. Pybus Bros. ; 5. Russel & Co. ; 6. Cama Bros. ; 7. Duchesse d'Atholl ; 8. Comte de Bale arras ; 9. George IV ; 10. Prince Régent ; 11. Marquis de Camden ; 12. Lady Melville.

Le 1ᵉʳ février 1927, le *New York Times* note le décès de Sir Robert Jardine :

> "le fils et l'héritier de feu Sir Robert Jardine a succédé à son père à la tête de Jardine Matheison & Co. de Hong Kong qui

a longtemps détenu un quasi-monopole dans l'importation de l'opium indien en Chine."

Sir Robert avait hérité de 20 millions de dollars et de 20 000 acres en Écosse. Le Dr William Jardine s'était installé à Canton en 1819.

L'actuel duc d'Atholl possède 202 000 acres au château de Blair, et est la seule personne en Angleterre autorisée par la Couronne à maintenir une armée privée. L'ancêtre de Lady Melville, George, le premier comte, a accueilli Guillaume d'Orange sur le trône en 1688 et a été nommé Lord Privy Seal.

À Paris, les administrateurs de la Banque Rothschild comprennent Élie de Rothschild, directeur de New Court Securities, Banque Leumi de Israel, Five Arrows Fund N.V. Curaçao ; Alain de Rothschild, Five Arrows Fund Curaçao, Banque Lambert de Bruxelles ; Guy de Rothschild - Rio Tinto Zinc, New Court Securities, NY ; Sir James Goldsmith ; Hubert Faure, ambassadeur en Colombie, président. Schneider Madrid et dix sociétés Otis ; Bernard de Villemejane, pres. Imetal, directeur Copperweld. Sir James Goldsmith est également propriétaire de la Generale Occidentale, qui possède les magasins d'alimentation Grand Union et Colonial aux États-Unis, de Cavenham USA et de la Banque Occidentale ; parmi ses directeurs figurent David de Rothschild (fils de Guy), qui est également directeur de la Compagnie du Nord et de la Société de Nickel.

Grâce à la branche belge de la famille Rothschild, nous pouvons retracer l'influence des Rothschild en Afrique au cours du siècle dernier. Le baron Léon Lambert a financé l'empire belge du roi Léopold ; le Syndicat du Congo comprenait le baron Empain (la compagnie d'Orient) F. Philippson & Co. et la Banque Outremer. Ce syndicat était allié à la Banque de Paris, au Groupe anglo-italien et au Syndicat de Pékin. L'empire du Congo est né en 1885 après que Léopold eut financé les explorations de Stanley. Il comprenait une zone de la taille de la Pologne et produisait des rendements fabuleux de caoutchouc, d'ivoire et d'esclaves du Congo. Plus tard, l'Union Minière a acquis de vastes mines de cuivre, la Compagnie de Katanga. Un de leurs agents les plus impitoyables était Émile Francqui, qui devint plus tard le partenaire de Hoover en Chine et dans la Commission de secours belge ; son nom survit à Port Francqui au Congo. Les intérêts du Congo sont maintenant contrôlés par les Lambert par l'intermédiaire de la Société générale de banque, qui a fusionné avec la Société générale de Belgique, la plus ancienne banque de Bruxelles, fondée en 1822, et la Banque d'Anvers, fondée en 1827 ; son secrétaire est le baron Fauconval, un administrateur de la Fondation Rockefeller. La Société Générale a acquis l'Union Minière en décembre 1981 ; en 1972, elle avait acquis la Compagnie Outremer, anciennement Banque Outremer, et en décembre 1964, elle avait acquis 25% de SOFINA, Société Financière de Transport & Entreprises Industrielles, la plus grande société de holding en Europe. Ces entreprises sont contrôlées par la banque Rothschild et la Banque Lambert de Bruxelles, fondée en 1840 par le baron Lambert. Le Baron actuel est directeur de la Société Générale de Banque, et président de la Compagnie Générale d'Entreprises Électriques qui possède cinquante compagnies d'électricité.

La Banque Lambert de Bruxelles est également le Lambert de l'entreprise de Wall Street Drexel Burnham Lambert, dont elle détient 19%. En tant que branche belge de la Maison Rothschild, les Lambert ont eu une influence considérable sur les marchés financiers américains lorsqu'ils ont été les premiers à utiliser des obligations à haut risque et à taux d'intérêt élevé, appelées "junk bonds", pour racheter des entreprises du Fortune 500 aux États-Unis. Le délit d'initié est devenu un scandale de plus en plus important, car plusieurs milliards de dollars de profits rapides ont été réalisés par des employés de Drexel Burnham Lambert tels que Michael Milken, qui gagnait 500 millions de dollars par an en négociant des obligations de pacotille. Il purge actuellement une peine de prison. Ces opérations ont créé le climat d'une récession majeure qui sévit aujourd'hui dans le pays.

Gérard Eskenazi est directeur de la Compagnie générale ; il est également directeur général d'Electrorail. A., une société holding de Schneider S.A., European Trading and African Corp. et Canadian Investment Trust. Le président d'Electrorail est le baron Empain. Eskenazi est également directeur de la Compagnie International des Wagons-Lits (agence de voyage

Thomas Cook). Le baron Edouard Empain et son fils, le baron François Empain, sont également directeurs de la Compagnie générale.

Une autre société de holding belge, Delhaizes Frère et Cie Leon, créée en 1867, possède aujourd'hui des magasins Food Giant et Food Town aux États-Unis, rebaptisés Food Lion.

Par l'intermédiaire de la Banque Bruxelles et de ses sociétés liées, les Rothschild contrôlent effectivement la Belgique. Ils sont également liés aux intérêts de Thurn und Taxis en Allemagne. Le prince Johannes Erbprinz Thurn und Taxis serait l'homme le plus riche d'Europe, contrôlant la Bayerische Vereinsbank, quatrième banque d'Allemagne, qui possède quatre filiales à Francfort, dont la Bankhaus Gebruder Bethmann, appartenant à Bethmann-Hollweg, la famille dont le chancelier avait déclenché la première guerre mondiale, sous le règne du Kaiser Wilhelm. La Bayerische Vereinsbank détient également une participation majoritaire dans la Banque de Paris et des Payes, et la Banque de l'Européenne Paris. Thurn und Taxis est un descendant direct de Guillaume d'Orange, qui a créé la Banque d'Angleterre ; sa mère, la princesse de Bragance de l'ancienne maison régnante du Portugal, a trois liens familiaux directs avec l'actuelle Maison de Windsor ; le prince Thurn und Taxis a également quatre liens avec la Maison de Windsor.

La famille Thurn und Taxis a connu huit cents ans de gloire en Europe. D'abord Tasso de Bergame, ils ont ensuite émigré à Bruxelles. Ils ont supervisé le service postal et le renseignement de la sérénissime République de Venise, et ont ensuite exercé la même fonction dans l'Empire des Habsbourg. Le prince actuel possède d'immenses domaines au Brésil ; il est le conseiller financier des Rolling Stones ; et son palais de St. Emmerans est plus grand que celui de Buckingham ; son entretien coûte 2,5 millions de DM par an. La branche de Ratisbonne de la famille est alliée aux Fuggers et aux Wessers. Ils financent aujourd'hui l'Union paneuropéenne, dirigée par l'héritier des Habsbourg, l'archiduc Otto, et la Société du Mont Pèlerin, filiale de la Pan Europe.

La Maison de Hesse, qui a joué un rôle si crucial dans la fondation de la fortune Rothschild et dans la fondation de l'Amérique, apparaît rarement dans les journaux. Le 17 novembre 1937, six membres de la famille ont été tués dans l'écrasement d'un avion de la Sabena à l'aéroport d'Ostende, recouvert de brouillard. Le chef de la famille, le grand-duc Ernst Ludwig (qui avait tenté de mettre fin à la Première Guerre mondiale par une mission désespérée en Russie pour conférer avec le tsar) était mort le 9 octobre, ce qui a entraîné le report de sept semaines du mariage du prince Ludwig avec Margaret Campbell Geddes à Londres. Le grand-duc George, le nouveau chef de famille, son épouse la princesse Cecilia de Grèce et du Danemark, deux fils et la duchesse douairière, ainsi que le fils nouveau-né de la princesse Cecilia, ont tous été tués. L'arrivée inattendue de l'enfant a apparemment causé la tragédie, alors que le pilote tentait d'atterrir à Ostende, une escale imprévue. Le Prince Ludwig, attaché social à l'ambassade d'Allemagne à Londres, a procédé au mariage le lendemain ; son témoin était son cousin, le Prince Louis Mountbatten. Deux princes de Hesse avaient épousé deux filles de la reine Victoria ; Béatrice avait épousé le prince Henri de Battenberg ; grand-père de l'actuel époux de la reine Élisabeth.

Le beau-père du prince Ludwig, Sir Auckland Campbell Geddes, avait également des liens avec les Rothschild ; il était président de Rio Tinto. Il a été ministre du service national de 1917 à 1919 et ambassadeur britannique aux États-Unis de 1920 à 1924. Son frère, Sir Eric Geddes, a été membre du cabinet de guerre impérial et premier lord de l'Amirauté en 1917-18, ministre des transports nationaux en 1919-21, puis président d'Imperial Airways et de Dunlop Rubber. Son fils, Sir Anthony Geddes, a épousé la famille Matthey, est devenu directeur de la Banque d'Angleterre, directeur de la Midland Bank, directeur de Shell Transport & Trading, et est maintenant directeur de Dunlop Holdings. Le fils de Sir Auckland, le 2ème baron, a travaillé pour Shell Oil de 1931 à 1946, à la British Merchant Shipping Mission de Washington de 1942 à 1944, au ministère des transports de guerre de 1944 à 1945, et est aujourd'hui directeur de Peninsular & Orient Steamship Lines.

Le 7 juin 1946, un incident de Francfort-sur-le-Main faisait la une du *New York Times* ; l'armée cherchait à retrouver 1 500 000$ en bijoux volés, dont la valeur a été révisée par la suite à 3 millions de dollars. Les bijoux, appartenant à la maison de Hesse, avaient été cachés dans la cave de leur château en 1944. Ils appartenaient à la princesse Margaretha, la sœur de l'empereur Guillaume. Un groupe d'officiers de l'armée américaine avait organisé une fête au château de Hesse pour célébrer l'anniversaire du jour J. Au cours de la fête, ils ont découvert 1600 bouteilles de vin enterrées dans la cave ; sous le vin, ils ont trouvé les bijoux. Dix des célébrants ont bu le vin et se sont partagé les bijoux. Le major général J.M. Bevans, qui a été réprimandé, a ensuite rendu sa part du butin. Wac. Le capitaine Kathleen Durant et son mari, le colonel J. Durant, ont été jugés après que deux quarts de diamants aient été déterrés dans la cour de leur maison de Falls Church. Le commandant David Watson a également été condamné ; il avait déjà reçu la médaille de bronze personnellement par le général Eisenhower pour son travail d'approvisionnement, et a également reçu la médaille russe du mérite au combat des mains du maréchal Joukov.

La Maison de Hesse est également connue pour la Malédiction de Hesse, leur introduction de la maladie familiale de l'hémophilie dans de nombreuses maisons régnantes d'Europe, en particulier la famille royale espagnole et la famille des Romanov en Russie.

L'héritage du vieux Mayer Amschel est resté intact, selon le *Washington Post* du 20 décembre 1984, qui note que Francfort-sur-le-Main est la capitale financière de l'Allemagne, siège des cinq banques allemandes dominantes, avec 175 banques étrangères qui y sont établies. C'est également le siège de la Banque centrale et de la plus grande bourse du pays. Comme Manhattan, c'est aussi un centre de vice et de corruption, avec des sex-shops, de la drogue, et de fréquentes émeutes à cause de la présence de 11 000 soldats d'occupation américains.

La pénétration des États-Unis est attestée par une annonce d'une page entière dans le *Wall Street Journal* du 21 décembre 1984, une sollicitation d'achat de toutes les actions en circulation de Scovill, Inc. par First City Properties, Inc. l'opération étant gérée par Rothschild, Inc. One Rockefeller Plaza, New York. "First City" est le nom de code des Rothschild pour les banques opérant sous leur influence en provenance du quartier financier de la "City of London". First City Properties, Beverly Hills, Californie, est dirigée par Samuel Belzberg, qui dirige également First City Financial Corp. Vancouver, First City Trust, Edmonton, et First City Development Ltd. Il est directeur de la société Dead Sea Canal Co. Les Belzberg ont commencé au Canada avec un magasin de meubles d'occasion et sont aujourd'hui des acteurs incontournables sur le marché boursier américain.

Rothschilds Inc. établie à l'adresse prestigieuse de Rockefeller, succède à la Banque Rothschild de Paris. Ses coprésidents sont Guy de Rothschild et Evelyn de Rothschild. Les directeurs sont Lord Rothschild, directeur de N.M. Rothschilds & Sons, Londres ; David de Rothschild, Nathaniel de Rothschild, Eric de Rothschild ; Thomas L. Piper III, sr. Vice-président de Dillon Read et directeur de Rothschild's New Court Securities ; son directeur général est Wilbur L. Ross Jr. qui est également directeur de Peabody International et de N.M. Rothschild's & Sons International. Les autres directeurs de Rothschild International sont John Loudon, ancien président de Shell Oil, directeur de Ford Motor Co. la Fondation Ford, la Banque Orion et le président de l'Institut Atlantique. Il est grand officier de l'Ordre d'Orange-Nassau, un groupe formé pour commémorer l'octroi de la charte de la Banque d'Angleterre par Guillaume d'Orange en 1694. Un autre directeur de Rothschild Inc. est G. Peter Fleck, né à Amsterdam, président de New Court Securities, anciennement chez Erlangers, et de la Banque de Pays de l'Europe Centrale de Paris, citée par Higham comme une banque clé pendant l'occupation nazie de la France. Fleck est également officier de l'Ordre d'Orange-Nassau.

La Banque de Pays de l'Europe de Paris, (Paribas) a récemment été rachetée par Merrill Lynch. Paribas a acheté 50% de Dillon Read Ltd. dans un consortium avec les Lambert de Bruxelles (les Rothschild belges), le groupe Power et le groupe Laurentien du Canada, le groupe Tata d'Inde, le holding Elders

IXL d'Australie, la Swiss Bank Can trade, et deux groupes britanniques, Investors in Industry, un groupe de la Banque d'Angleterre avec neuf banques anglaises et écossaises, et le fonds de pension postal britannique.

Parmi les directeurs de Power Corp. du Canada, on compte G. Eskenazi, des entreprises belges Rothschild, et William Simon, ancien secrétaire au Trésor des États-Unis. La "connexion canadienne", les Belzberg et Bronfman, démontre la puissance croissante des Rothschild dans les fusions et les rachats d'entreprises américaines, dont DuPont, qui se chiffrent en milliards de dollars. Ces fusions rappellent le même type d'activité qui a eu lieu en 1929, juste avant la débâcle boursière, et représentent la fermeture des écoutilles avant la tempête.

Power Corp. est en relation avec la principale chaîne de journaux du Canada, le groupe Hollinger, qui a récemment acheté le plus important journal d'Israël, le *Jerusalem Post*, le journal national de référence, qui est devenu le principal soutien pour les actes d'agression du général Ariel Sharon, et qui préconise maintenant une nouvelle alliance plus forte entre le Mossad, les services de renseignements israéliens et le KGB, soi-disant pour lutter contre "l'antisémitisme" et décourager la productivité industrielle de l'Allemagne. Hollinger a également acheté un important journal anglais, le *London Daily Intelligencer*. Lors du sixième banquet annuel du groupe Hollinger, qui s'est tenu à Londres, William F. Buckley, rédacteur en chef de la *National Review*, le principal porte-parole des néoconservateurs et de la CIA, a fait l'éloge du président de Hollinger, Conrad Black, en évoquant ses "connaissances encyclopédiques, son sens absolu de l'orientation et ses modestes manières". L'ancien Premier ministre Margaret Thatcher a prononcé le discours principal, après quoi Blackroseto a mentionné "la grande dette que je lui dois comme tant d'autres".

Les autres directeurs de Hollinger sont Henry Kissinger, dont on parlera plus loin ; le magnat de l'alcool Peter Bronfman, président de Brascan Ltd. une entreprise canadienne des Rothschild qui fut fondée en mai 1945 sous le nom de British Newfoundland Corp. Elle a été relancée par William Stephenson, le célèbre assassin et maître espion connu sous le nom d'"Intrepid", qui l'a rebaptisée British American Canadian Co ; il a ensuite changé le nom en World Commerce Corp. opérant à partir du Panama, jusqu'à ce qu'elle reçoive son nom actuel de Brascan. Edgar Bronfman, président du Congrès juif mondial et président de Seagrams liquor à New York, siège également au conseil d'administration de Brascan. Lord Carrington, ancien ministre des affaires étrangères de Grande-Bretagne, cousin des Rothschild, qui a cofondé Kissinger Associates avec Henry Kissinger, a ensuite été président de l'OTAN à Bruxelles et est aujourd'hui directeur de Christie's, la maison de vente aux enchères d'art, siège également au conseil d'administration du groupe Hollinger.

Conrad Black était le protégé d'Edward Plunket Taylor, maître de l'espionnage pendant la guerre avec William Stephenson. Hollinger possède quatre-vingts journaux et cent quinze hebdomadaires au Canada, aux États-Unis, en Israël et en Angleterre. Les Rothschild pressent Black d'acheter le *Jerusalem Post*, qui est financé par la Gee Corp. de Vancouver, une couverture financière pour Li Ka-Shing, vice-président de la Hong Kong Shanghai Bank, qui est historiquement connue comme la banque des barons de la drogue. Black ajoute ensuite Evelyn de Rothschild, de N.M. Rothschild's & Sons, Londres, au conseil d'administration, avec Henry Jardine et Sir James Goldsmith, un autre parent des Rothschild. Le groupe Hollinger a été créé à l'origine par Churchill pendant la Seconde Guerre mondiale par l'intermédiaire d'Edward P. Taylor ; il a fusionné avec une société appelée Argus, qui contrôlait les Brasseries canadiennes, le plus grand brasseur du monde. L'opération faisait partie de l'utilisation par Churchill de fonds de guerre pour mettre sur pied de vastes conglomérats d'entreprises sous le nom de War Supplies Corp. une "société à but non lucratif". Elle a ensuite réalisé des bénéfices d'un milliard de dollars pendant la Seconde Guerre mondiale. Il a également siégé au conseil d'administration du groupe Hollinger dans le financier Frederick S. Eaton, Allan Gotlieb, ancien ambassadeur du Canada aux États-Unis jusqu'à l'imbroglio de sa femme avec une secrétaire, et Paul Reichmann, de la holding immobilière d'un milliard de dollars, Olympia and York.

Outre le groupe Hollinger, le plus grand propriétaire de journaux au Canada et aux États-Unis est Thomson International. Lord Kenneth Thompson a récemment été répertorié par le magazine *Fortune* comme ayant une fortune de six milliards de dollars. Ces deux chaînes contrôlent le processus de pensée de la plupart des Canadiens et des Américains.

CHAPITRE TROIS

LA RUSSIE SOVIÉTIQUE

> *"La religion du marxisme respose sur la falsification de la connaissance, d'où cette haine farouche des intellectuels pour les sociétés les moins barbares de l'histoire de l'humanité, et cette rage de détruire les seules civilisations qui, à ce jour, ont conféré avec insistance une règle dominante à l'intelligence."*
>
> Jean François Revel, *La fuite de la vérité ; le règne de la tromperie à l'ère de l'information*

L a Russie a pu émerger de la destruction de la Seconde Guerre mondiale comme l'un des vainqueurs, uniquement parce qu'on avait besoin d'elle comme prochain "empire du mal" contre lequel l'Occident civilisé pourrait lancer une nouvelle croisade. Comme la Russie était en faillite, qu'elle avait perdu 40 millions de sa population dans la guerre, plus 66 millions de personnes assassinées par les bolcheviks depuis 1917, et qu'elle était incapable de se nourrir, l'Ordre Mondial fut une fois de plus obligé d'intervenir avec d'énormes subventions de nourriture et de matériel provenant des États-Unis, afin de maintenir une "puissance ennemie". La Commission de secours belge de 1916 est devenue le Plan Marshall de 1948. Une fois de plus, les chargements de fournitures furent expédiés en Europe, apparemment pour nos alliés, mais destinés à maintenir en vie le bloc soviétique.

Bien que l'agent personnel de Jacob Schiff, George Kennan, ait régulièrement effectué des tournées en Russie durant la dernière partie du XIXe siècle, apportant de l'argent et des armes aux révolutionnaires communistes (son petit-fils a déclaré que Schiff avait dépensé 20 millions de dollars pour provoquer la révolution bolchevique), une aide plus concertée était nécessaire pour soutenir tout un régime. Kennan a également aidé Schiff à financer les Japonais lors de la guerre russo-japonaise de 1905 ; les Japonais ont décoré Kennan de la médaille d'or de la guerre et de l'Ordre du trésor sacré. En 1915, l'American International Corporation a été créée à New York. Son principal objectif était de coordonner l'aide, notamment financière, aux bolcheviks, qui était auparavant fournie par Schiff et d'autres banquiers sur une base informelle. La nouvelle société a été financée par J.P. Morgan, les Rockefeller et la National City Bank. Le conseil d'administration était présidé par Frank Vanderlip, ancien président de la National City et membre du groupe Jekyll Island qui a rédigé la loi sur la Réserve Fédérale en 1910 ; les directeurs étaient Pierre DuPont, Otto Kahn de Kuhn, Loeb Co. et George Herbert Walker, grand-père du président George H. Bush, William Woodward, directeur de la Federal Reserve Bank of New York ; Robert S. Lovett, bras droit de Harriman-Kuhn, Loeb Union Pacific Railroad ; Percy Rockefeller, John D. Ryan, J.A. Stillman, fils de James Stillman, principal organisateur de la National City Bank ; A.H. Wiggin et Beekman Winthrop. La liste des directeurs de l'AIC de 1928 comprenait Percy Rockefeller, Pierre DuPont, Elisha Walker de Kuhn, Loeb Co. et Frank Altschul de Lazard Frères. Dans son programme d'aide aux communistes, l'AIC a travaillé en étroite collaboration avec le Guaranty Trust de New York (aujourd'hui Morgan Guaranty Trust). Parmi les directeurs de Guaranty Trust en 1903 figuraient George F. Baker, fondateur de la First National Bank, August Belmont, représentant des Rothschild, E.H. Harriman, fondateur de l'Union Pacific Railroad, l'ancien vice-président des États-Unis, Levi Morton, qui était directeur de U.S. Steel et de l'Union Pacific, Henry H. Rogers, associé de John D. Rockefeller chez Standard Oil, également directeur de l'Union Pacific, H. McK. Twombly, qui a épousé la fille de William Vanderbilt, et qui était maintenant directeur de cinquante banques et industries ; Frederick W. Vanderbilt, et Harry Payne Whitney.

Personne ne croirait sérieusement que des banquiers de cette envergure financeraient une révolution "anticapitaliste" pour les communistes, et pourtant c'est exactement ce qui s'est passé. Ce sont ces mêmes hommes qui ont financé les campagnes politiques de Woodrow Wilson, et ce sont également les mêmes auxquels Wilson a fait référence dans son discours d'ouverture de la Conférence de la Paix de Paris, lorsqu'il a déclaré :

> "Il y a d'ailleurs une voix qui réclame ces définitions de principes et d'objectifs qui est, me semble-t-il, plus passionnante et plus convaincante que toutes les voix émouvantes dont l'air troublé du monde est rempli. C'est la voix du peuple russe. Il y a aux États-Unis des hommes de très bonne composition qui sont en sympathie avec le bolchevisme parce qu'il leur semble offrir à l'individu ce régime de possibilités qu'ils souhaitent mettre en place." (*La grande conspiration contre la Russie*, Seghers et Kahn).

Les hommes "de bonne composition", auxquels Wilson faisait référence, les Morgans et les Rockefeller, ne souhaitaient pas vraiment de possibilités pour l'individu ; ce qu'ils désiraient, c'était l'imposition à vie de l'esclavage dans le cadre de l'Ordre Mondial, et c'est le but qu'ils continuent à s'efforcer d'atteindre, à l'échelle mondiale.

Ces Américains "de très bonne composition" ont choisi Lénine pour faire leur travail parce qu'il avait exposé le plan qu'ils voulaient dans *La Catastrophe menaçante* en septembre 1917.

> "**1.** La nationalisation des banques. La propriété du capital manipulé par les banques n'est pas perdue ou modifiée lorsque les banques sont nationalisées et fusionnées en une seule banque d'État, de sorte qu'il est possible d'atteindre un stade où l'État sait où et comment, d'où et à quel moment des millions et des milliards circulent.
>
> **2.** Seul le contrôle des opérations bancaires, à condition qu'elles soient fusionnées en une seule banque d'État, permettra, simultanément avec d'autres mesures qui peuvent

être facilement mises en œuvre, la perception effective de l'impôt sur le revenu sans dissimulation de la propriété et des revenus. L'État serait pour la première fois en mesure de surveiller toutes les opérations monétaires, puis de les contrôler, donc de réglementer la vie économique.

FINALEMENT, pour obtenir des millions et des milliards pour les grandes opérations de l'État, sans payer aux gentlemen capitalistes des commissions astronomiques pour leurs services. Cela faciliterait la nationalisation des syndicats, l'abolition des secrets commerciaux, la nationalisation du secteur des assurances, le contrôle et l'organisation obligatoire du travail en syndicats, et la régulation de la consommation. La nationalisation des banques rendrait la circulation des chèques obligatoire par la loi pour tous les riches, et introduirait la confiscation des biens pour dissimulation des revenus. Les cinq points du programme souhaité sont donc la nationalisation des banques, la nationalisation des syndicats, l'abolition des secrets commerciaux et l'organisation obligatoire de la population en associations de consommateurs."

C'est la publication de ce programme qui a catapulté Lénine à la tête de la Russie via la révolution bolchevique. En 1917, Frank Vanderlip a publiquement fait référence à Lénine comme "la version moderne de George Washington".

Le programme de Lénine n'était pas seulement le programme de la Russie soviétique - c'est le programme du New Deal de Roosevelt, du socialisme de Truman, du gouvernement travailliste d'après-guerre en Angleterre, et le principe directeur des administrations américaines ultérieures. Le gouvernement travailliste d'Angleterre a prouvé le dicton de Lénine selon lequel la propriété du capital n'est pas affectée par la nationalisation des banques, lorsqu'il a nationalisé la Banque d'Angleterre. Le programme de Lénine est le programme complet de l'Internal Revenue Service américain, "le prélèvement effectif de l'impôt sur le revenu sans dissimulation de la propriété ou des revenus", "la confiscation des biens pour dissimulation des revenus". Le programme Lénine est le programme des grands riches précisément parce qu'il abolit la propriété privée, et la place sous le contrôle de l'État. L'État est contrôlé par les supers riches qui composent l'Ordre Mondial.

L'autorité définitive du programme Lénine a attiré l'attention des financiers. C'était l'occasion de soumettre et de contrôler toute concurrence future avec le pouvoir d'un État totalitaire, d'étouffer le développement futur et de tenir toute la population du monde sous l'emprise de leur avidité. C'est ce programme qui a conduit Lénine à Moscou pour s'emparer du gouvernement par la force et gouverner par la terreur. Dans l'ouvrage *L'Allemagne et la Révolution russe*, on trouve le télégramme n° 952 D 2615, le Secrétaire d'État au ministre à Copenhague :

> "Votre ambassade est autorisée à verser un million de roubles à Helphand. La somme correspondante doit être prélevée sur les avoirs de la légation. Le Ministre, Copenhague 23 janv. 1916 — Dr. Helphand ; La somme d'un million de roubles est déjà arrivée à Petrograd, et consacrée aux fins auxquelles elle était destinée."

Le 8 mai 1916, Berlin demanda 130 000 Marks pour servir la propagande russe. Le sous-secrétaire d'État auprès du ministre à Berne écrivit dans le télégramme n° 348 :

> "Il a été jugé avantageux pour l'Allemagne d'autoriser la traversée des membres du parti de Lénine, les bolcheviks, qui sont au nombre d'une quarantaine. Le train spécial sera sous escorte militaire."

Vernadsky indique dans sa *Vie de Lénine* :

> À l'automne 1915, le social-démocrate germano-russe Parvus Helphand (Israel Lazarevitch), qui avait été actif dans la révolution de 1905, a annoncé le journal qu'il avait publié à Berlin, "La Cloche", sa mission de "servir de lien intellectuel entre les Allemands armés et le prolétariat russe révolutionnaire... Pendant la guerre, Helphand était engagé dans la fourniture de matériel à l'armée allemande en quantités énormes, et des sommes d'argent considérables passaient donc par ses mains... Un wagon dans lequel se trouvaient Lénine, Martov et d'autres exilés fut attaché au train qui quittait la Suisse pour l'Allemagne le 8 avril 1917. Le 13 avril, Lénine embarqua sur le bateau à vapeur qui reliait

Sassnotz à la Suède. Le voyage à travers l'Allemagne dura donc au moins quatre jours."

Les Léninistes ont rapidement épuisé les fonds avancés par les Allemands lorsqu'ils atteignirent la Russie, et une fois de plus, la prétention bolchevique au pouvoir absolu semblait douteuse. Vers qui Lénine devait-il se tourner si ce n'est vers son puissant ami à la Maison Blanche ? Wilson envoya rapidement Elihu Root, avocat de Kuhn Loeb et ancien secrétaire d'État, en Russie avec 20 millions de dollars de son Fonds spécial de guerre, à donner aux bolcheviks. Cela a été révélé lors des audiences du Congrès sur les obligations russes, HJ 87 14.U5, qui montre l'état financier des dépenses de Woodrow Wilson sur les 100 millions de dollars votés par le Congrès comme Fonds spécial de guerre. La déclaration, qui montre la dépense de 20 millions de dollars en Russie par la mission de guerre spéciale de Root en Russie, est également enregistrée dans le Congressional Record du 2 septembre 1919, tel que donné par le secrétaire de Wilson, Joseph Tumulty.

Pour ne pas être en reste en matière de générosité, J.P. Morgan & Co. a également apporté une aide financière d'urgence aux terroristes de Lénine assiégés. Le colonel Raymond Robins a dirigé une mission de la Croix-Rouge en Russie. Henry P. Davison, le bras droit de J.P. Morgan (également membre de l'équipe de Jekyll Island qui a secrètement rédigé le Federal Reserve Act en 1910), avait recueilli 370 millions de dollars en espèces pour la Croix-Rouge pendant la Première Guerre mondiale, dont plusieurs millions ont été apportés aux Russes par l'équipe de Robins. Frank Vanderlip, président de l'American International Corp. et William Boyce Thompson, un autre directeur de la Banque de la Réserve Fédérale de New York, le major Harold H. Swift, chef de la famille détenant un monopole sur l'emballage de viande, accompagnait les Robins dans cette mission charitable, ou dirons-nous plutôt d'affaires… Swift en profita pour obtenir une commande de viande de 10 millions de dollars pour son beau-frère, Edward Morris, de la Morris Co. Le 22 janvier 1920, les Soviétiques passèrent une autre commande de viande pour 50 millions de dollars à la Morris Co.

L'avocat de Wall Street, Thomas D. Thacher, était également un homme clé de la mission charitable des Robins. L'implication de la firme J.P. Morgan dans la révolution bolchevique est révélée comme suit dans la biographie de Dwight Morrow (Morrow était le beau-père de Charles Lindbergh Jr.) par Harold Nicholson :

> "Son intérêt (celui de Morrow) pour la Russie remonte à mars 1917, lorsque Thomas D. Thacher, son partenaire juridique, avait été membre de la mission de la Croix-Rouge américaine pendant la révolution. Il a été renforcé par son amitié avec Alex Gumberg, venu à New York en tant que représentant du Syndicat textile russe. J'ai senti, écrit-il en mai 1927, que le moment viendrait où il faudrait faire quelque chose pour la Russie. Il était lui-même actif dans le développement des relations officielles entre les émissaires soviétiques et le Département d'État, et il a fourni à M. Litvinoff une lettre de recommandation chaleureuse à Sir Arthur Salter à Genève. Et ce n'est pas tout. À Paris, il donne un dîner chez Foyot, auquel il invite M. Rakovsky et d'autres représentants soviétiques."

Les actions de Morrow sont peut-être compréhensibles pour un professeur d'économie de l'Université Polytechnique, mais elles sont incroyables pour un partenaire de la plus grande entreprise bancaire du monde. Alex Gumberg n'était pas un travailleur social pleurnichard mais un propagandiste acharné, qui est retourné aux États-Unis en 1918 en tant qu'agent littéraire de Trotsky, et a rapidement placé deux manuscrits de Trotsky chez des éditeurs. Gumberg devient également consultant auprès de la Chase National Bank et de Simpson Thacher and Bartlett. Il avait été directeur commercial du journal soviétique *Novy Mir* pendant les premiers mois de la révolution en Russie ; lorsque la Mission de la Croix-Rouge de Raymond Robins est arrivée en Russie, Gumberg a servi d'interprète et de conseiller à la Mission, travaillant en étroite collaboration avec Thacher. L'actuel associé principal de Simpson Thacher and Bartlett est Cyrus Vance, qui a été le secrétaire d'État de Carter, et qui est maintenant directeur de la Fondation Rockefeller.

Les financiers internationaux, conseillés par Gumberg, ont alors lancé une campagne de propagande mondiale pour vendre les bolcheviks comme des idéalistes, des humanitaires désintéressés et les disciples modernes du Christ, qui ne souhaitaient que répandre la fraternité et l'amour universel dans le monde entier. L'air sonnait étrangement avec pour toile de fond les mitraillettes qui claquaient sans cesse en Russie alors que les "disciples de l'amour" massacraient des millions de femmes et d'enfants, mais aucun de leurs pieux admirateurs aux États-Unis ne voulait entendre cette amère vérité.

Dès le début, les "humanitaires" ont fait preuve d'une préoccupation excessive pour les richesses matérielles qu'ils avaient saisies à leurs propriétaires légitimes. Le *New York Times* a noté le 30 janvier 1918 une dépêche de Petrograd :

> "Les commissaires du peuple ont décrété un Monopole d'État sur l'or. Les églises, les musées et les autres institutions publiques sont tenus de mettre leurs objets en or à la disposition de l'État. Les objets en or appartenant à des personnes privées doivent être remis à l'État. Les informateurs recevront un tiers de la valeur des objets."

Lénine déclarait :

> "L'Union Soviétique doit soigneusement sauver son or. Quand on vit avec les loups, on hurle comme les loups."

L'un des premiers ordres émis par le nouveau régime était :

> "L'activité bancaire est déclarée monopole d'État." Signé : Lénine, Krylenko, Podvolsky, Gorbunov.

La philosophie historique de Marx affirme que le monde fonctionne uniquement par l'organisation économique de la société, basée sur la production et l'échange de biens. Cependant, c'est la vision du monde du parasite, qui ne se préoccupe que d'obtenir sa nourriture de l'hôte. La réduction matérialiste de la vie à l'obtention de nourriture aux dépens d'autrui élimine premièrement, la vie spirituelle de l'homme, deuxièmement, toutes les idées, car l'idée matérialiste exclut explicitement toutes les autres idées, et troisièmement, la vision à long terme, le concept d'investissement sur une période de temps pour un rendement qui ne sera pas disponible avant des années ou peut-être jamais. La vision parasitaire se limite au prochain repas, ou à la création d'une situation dans laquelle il ne peut être délogé avant d'avoir obtenu son prochain repas. Cette vision marxiste à court terme est devenue la doctrine standard dans les écoles supérieures de commerce américaines, en particulier à Harvard, qui a été financée par George F. Baker et J.P. Morgan. Le résultat est que l'industrie américaine, limitée par la vision à court terme, n'a cessé de décliner depuis vingt-cinq ans. Les taux d'intérêt élevés imposés par les banquiers internationaux obligent également l'industrie à se concentrer sur les gains à court terme simplement pour payer les intérêts de leurs prêts.

Marx déclarait :

> "La première fonction de l'or est de donner au monde du commerce un matériau permettant d'exprimer la valeur, c'est-à-dire d'exprimer la valeur de tous les autres biens, en tant que variables homynes qualitativement identiques et quantitativement comparables." *Karl Marx Soc.* v. 23, p.104.

Les vues économiques de Marx étaient tout à fait compatibles avec les vues de l'établissement bancaire de la City de Londres et en particulier de la Maison Rothschild. Ce n'est pas par hasard que Karl Marx est enterré, non pas à Moscou, mais à Londres, ni que le triomphe et le bain de sang des bolcheviks en Russie ont donné aux Rothschild et à leurs associés un milliard de dollars en espèces que le tsar malchanceux avait déposé dans leurs banques européennes et new-yorkaises. Peu de gens savent que Marx avait des relations étroites avec l'aristocratie britannique, par son mariage avec Jenny von Westphalen. Elle était apparentée aux ducs écossais d'Argyll, qui étaient depuis longtemps des révolutionnaires, et aux Campbell, qui ont créé le groupe séparatiste baptiste, les Campbellites.

L'ancêtre de Jenny von Westphalen, Anna Campbell, comtesse de Balcarras et Argyll, fut la gouvernante du prince d'Orange de 1657 à 1659, le futur roi Guillaume qui accorda plus tard la charte de la Banque d'Angleterre ; Archibald Campbell, premier duc d'Argyll, accompagna Guillaume dans son voyage en Angleterre en 1688 pour s'emparer du trône. L'actuel comte de Balcarras est apparenté au vicomte Cowdray, Weetman John Churchill Pearson, dont la mère était la fille de Lord Spencer Churchill ; sa sœur a épousé le duc d'Atholl, et il a épousé la fille du comte de Bradford. La famille Argyll-Balcarras est représentée par les familles Lindsay et Campbell ; l'actuel comte de Crawford, Robert A. Lindsay est le 29ème comte, et également le 12ème comte de Balcarras. Il est également président de la National Westminster Bank, directeur de la Rothschild's Sun Alliance Assurance. Sa mère était une Cavendish. Il a été secrétaire particulier du secrétaire d'État, puis ministre d'État à la défense et ministre d'État aux affaires étrangères et commerciales.

Malgré une réputation ultérieure d'"anticommunisme", Herbert Hoover n'a pas seulement été le plus infatigable des partisans de la Société des Nations en partenariat avec le colonel House ; il a également été le premier Américain à intervenir avec une aide à grande échelle pour empêcher un soulèvement massif contre le régime bolchevique chancelant. Hoover a sauvé les bolcheviks en organisant un programme massif de distribution de nourriture aux communistes assiégés. Hoover a enrôlé un de ses anciens collègues de l'Agence de secours de la guerre mondiale, le major général William N. Haskell, qui avait été chef de la mission de secours américaine en Roumanie, et a ensuite dirigé toutes les missions de secours dans le Caucase et en Russie.

Le 23 septembre 1921, Haskall se lança dans sa nouvelle mission charitable pour nourrir les bolcheviks afin qu'ils aient la force de poursuivre les meurtres de masse des propriétaires terriens et des hommes d'affaires. Haskell poursuivit ce travail de secours jusqu'en 1923, date à laquelle il fut déterminé que le régime bolchevique n'était plus en danger. Grâce à cet effort, Herbert Hoover s'est attiré une opposition massive au cours de sa carrière politique ultérieure en tant qu'"anticommuniste". En effet, les choses ne sont pas toujours ce qu'elles paraissent être sous la règle de l'Ordre Mondial. L'effort de Hoover avait permis de fournir sept cents tonnes de nourriture et d'autres fournitures pour un coût de 78 millions de dollars. Le Congrès a alloué 20 millions de dollars à ce programme ; 40 millions de dollars sont venus d'organisations caritatives publiques ; 8 millions de dollars de fournitures médicales ont été donnés par l'armée américaine ; et les Russes eux-mêmes ont payé 8 millions de dollars sur leurs réserves d'or de feu le tsar. Après le départ du général Haskell, Staline a arrêté tous ceux qui avaient travaillé avec eux sur ce programme. Il ne pouvait pas se permettre de laisser quiconque mentionner l'aide que son régime avait reçue d'un pays capitaliste. Le 28 novembre 1917, son associé, le colonel House, avait envoyé un télégramme à Wilson quelques jours après la prise du pouvoir par les bolcheviks, insistant sur l'extrême importance de supprimer toute critique des bolcheviks dans les journaux américains : "Il est extrêmement important que de telles critiques soient supprimées." Le télégramme a été placé dans un dossier confidentiel et n'a été révélé que six ans plus tard.

Dans *The Unknown War with Russia*, Robert J. Maddox notait en 1977 :

> "Wilson a salué la Révolution de mars en Russie comme un pas important vers la réalisation du type de monde d'après-guerre qu'il envisageait. Il s'est assuré que les États-Unis soient les premiers à reconnaître le gouvernement soviétique provisoire."

Maddox souligne que Wilson a insisté sur le fait que le numéro 6 de ses quatorze célèbres points à Versailles était que "la Russie devait continuer sous les institutions de son choix", garantissant ainsi l'avenir du régime bolchevique. Son plus proche collaborateur politique, le colonel House, a envoyé son propre secrétaire, Kenneth Durant, en Russie pour devenir secrétaire au Bureau soviétique en 1920 !

William Laurence Sanders, président d'Ingersoll Rand et vice-président de la Banque fédérale de réserve de New York, écrit à Wilson le 17 octobre 1918 :

> "Je suis en sympathie avec la forme de gouvernement soviétique qui est la mieux adaptée au peuple russe."

George Foster Peabody, également vice-président de la Federal Reserve Bank of New York depuis 1914, et "philanthrope" réputé qui a organisé le General Education Board for the Rockefellers, a déclaré qu'il soutenait la forme bolchevique de monopole d'État. Ainsi, trois des plus éminents responsables de la Banque fédérale de réserve de New York ont déclaré avoir soutenu le bolchevisme, à savoir Sanders, Peabody et William Boyce Thompson. Thompson a alors annoncé qu'il donnait un million de dollars pour promouvoir la propagande bolchevique aux États-Unis ! Parce que la Federal Reserve Bank of New York était contrôlée par cinq banques new-yorkaises qui possédaient 53% de ses actions, et parce que ces cinq banques étaient directement contrôlées par N.M. Rothschild & Sons de Londres, nous ne pouvons que conclure que ces trois hommes ne faisaient qu'indiquer les préférences de leur employeur. William Boyce Thompson a mené l'une des plus étranges migrations de l'histoire, lorsque quinze éminents avocats et financiers de Wall Street se sont rendus en Russie pour sauver le régime bolchevique chancelant. J.P. Morgan a envoyé à Thompson un million de dollars par câble pour cette mission depuis la succursale de la National City Bank à Petrograd, qui, fait significatif, était la seule banque à n'avoir jamais été attaquée par le gouvernement bolchevique. Le *Washington Post* du 2 février 1918, déclarait :

> "William Boyce Thompson, qui était à Petrograd jusqu'en novembre, a fait une contribution personnelle d'un million de dollars aux bolcheviks dans le but de diffuser leur doctrine en Allemagne et en Autriche."

La mission Thompson comprenait Henry P. Davison, chef de la Croix-Rouge américaine, et l'un des conspirateurs de Jekyll Island en 1910 qui ont secrètement rédigé le Federal Reserve Act ; Thomas Thatcher et Harold Swift, tous fondateurs du Council on Foreign Relations. La National City Bank avait déjà prêté 50 millions de dollars à la Russie, et le Guaranty Trust, dont les directeurs étaient les principaux financiers à New York, devenait maintenant le correspondant financier des intérêts soviétiques en Amérique. En janvier 1922, le secrétaire au commerce Herbert Hoover présente au nom de Guaranty Trust une résolution autorisant les relations avec "la nouvelle banque d'État à Moscou". Le secrétaire d'État Charles Evans Hughes s'oppose fermement à cette résolution, mais Hoover réussit à la faire approuver. Un banquier allemand, Max May, aujourd'hui vice-président de Guaranty Trust, devient en 1923 chef du département des affaires étrangères de la Ruskombank, la première banque internationale soviétique. Selon le Who's Who, Max May est arrivé aux États-Unis en 1883, a été naturalisé en 1888, et a été nommé vice-président de la Ruskombank.

Guaranty Trust de 1904 à 1918, directeur et membre du conseil d'administration de la Banque Commerciale Russe de 1922 à 1925. J.P. Morgan et Guaranty Trust ont agi en tant qu'agents fiscaux du gouvernement soviétique aux États-Unis ; les premiers envois d'or "soviétique", qui était en fait l'or du tsar, ont été déposés à la Guaranty Trust.

Dans un geste typique pour dissimuler leurs opérations, Otto Kahn et plusieurs responsables de Guaranty Trust ont ensuite fondé un groupe "anticommuniste", United Americans, qui a fait circuler une propagande anticommuniste et antijuive virulente. Comme la plupart de ces organisations, elle était destinée à discréditer et à rendre impuissant tout opposant au communisme qui s'impliquait dans ses activités.

Le 1er février 1919, Edward L. Doheny, le magnat du pétrole, a déclaré à C.W. Barron, le fondateur du *Wall Street Journal* :

> "Le président Eliot de Harvard enseigne le bolchevisme. Les pires bolcheviks des États-Unis ne sont pas seulement des professeurs d'université, dont le président Wilson fait partie, mais aussi des capitalistes et des épouses de capitalistes. Frank C. Vanderlip est un bolchevique. Le socialisme est le poison qui détruit la démocratie. Le socialisme fait naître l'espoir qu'un homme puisse quitter son travail et être mieux loti. Le bolchevisme est le vrai fruit du socialisme."

Le siège mondial du mouvement bolchevique se trouve désormais au 120 Broadway à Wall Street. Le bâtiment de Equitable Life au 120 Broadway avait été construit par une société organisée par le général T. Coleman DuPont. Au début des années 1920, le 120 Broadway abritait non seulement Equitable Life, mais aussi la Federal Reserve Bank of New York, dont les directeurs soutenaient avec enthousiasme les bolcheviks ; l'American International Corporation, qui avait été organisée pour aider l'Union Soviétique ; Weinberg et Posner, qui reçut une commande de machines de 3 millions de dollars de l'Union Soviétique en 1919, et dont le vice-président était Ludwig Martens, premier ambassadeur soviétique aux États-Unis. John McGregor Grant, dont les opérations étaient financées par Olaf Aschberg de la Nya Banken à Stockholm, qui avait transmis d'importantes sommes fournies par les Warburg pour la révolution bolchevique ; l'agent londonien de la Nya Banken était la British Bank of North Commerce, dont le président était Earl Grey, un proche collaborateur de Cecil Rhodes - Grant avait été mis sur liste noire par le gouvernement américain pour son soutien à l'Allemagne pendant la Première Guerre mondiale ; et au dernier étage du 120 Broadway se trouvait l'exclusif Bankers Club. C'étaient les organisateurs de l'Ordre Mondial. Leur instrument de pouvoir était l'or. La Grande Encyclopédie soviétique indiquait :

> "Dans les conditions économiques socialistes, l'or est aussi un équivalent universel, utilisé comme mesure de la valeur et comme échelle des prix. La teneur en or du rouble soviétique a été établie à 0,987412 grammes au 1er janvier 1961. Sur le marché socialiste mondial, l'or est utilisé comme monnaie universelle."

De nombreux Américains sont perplexes devant le dévouement sans faille de la Fondation Rockefeller pour financer les organisations communistes dans de nombreuses régions du monde. Ce dévouement au communisme remonte à un moment crucial de la marche des bolcheviks vers le pouvoir. En 1917, Mackenzie King avait établi une relation à vie avec John D. Rockefeller, Jr. qu'il avait rencontré en juin 1914. Ils étaient nés la même année, en 1874, et semblaient s'entendre sur tout. Bientôt, King travaille en étroite collaboration avec Frederick T. Gates et Ivy Lee pour faire avancer les "philanthropies" de Rockefeller, qui semble considérer le communisme comme le véhicule idéal pour susciter la fraternité mondiale. King écrit à son amie Violet Markham : "John D. Rockefeller Jr, le plus fidèle disciple du Christ, n'a qu'un seul but : servir son prochain." King décida que son seul but était de servir Rockefeller ; il témoigna pour lui lors du procès sur le massacre de la Colorado Iron and Fuel Co. devant la commission Walsh (les Rockefeller essayèrent plus tard de piéger Walsh et de le faire expulser du Sénat, mais échouèrent en raison de l'obstination de Burton J. Wheeler ; J. Edgar Hoover joua un rôle crucial dans la mise en place du stratagème).

Les Rockefeller ont aidé Mackenzie King à obtenir des contrats gouvernementaux pour l'armée canadienne pendant la

Première Guerre mondiale, ce qui a permis à King de se préparer à un chantage ultérieur (la mainmise du "Panama" sur les vassaux[14]). King vendit des centaines de tonnes de viande pourrie à envoyer à l'armée canadienne en Europe ; des bottes de "cuir", qui étaient pour la plupart en carton-pâte et qui se désintégrèrent immédiatement dans les tranchées trempées d'eau ; des fusils qui se bloquaient lorsqu'on tirait ; et des gilets de sauvetage de type collier (précédemment interdits) qui brisaient le cou des soldats lorsqu'ils sautaient à l'eau.

Alors que Léon Trotsky était à New York en 1917, il reçut l'ordre de retourner immédiatement en Russie pour aider à la prise du pouvoir par les bolcheviks. Les Rockefeller lui donnèrent 10 000 dollars en espèces pour son voyage, lui obtinrent un passeport spécial du président Woodrow Wilson et envoyèrent Lincoln Steffens pour le protéger pendant le voyage. Lorsque le navire de Trotsky s'arrêta à Halifax, les services secrets canadiens, avertis qu'il était à bord, l'arrêtèrent le 3 avril 1917 et l'internèrent en Nouvelle-Écosse. Les agents patriotiques savaient que Trotsky se rendait en Russie pour mettre un terme à la guerre contre l'Allemagne, ce qui libérerait de nombreuses divisions allemandes pour attaquer les troupes canadiennes sur le front occidental. Le Premier ministre Lloyd George télégraphia avec indignation les demandes de Londres pour que Trotsky soit libéré, mais les services secrets l'ignorèrent. Par des moyens jamais expliqués, Mackenzie King s'interposa alors dans la brèche et obtient la libération de Trotsky. Trotsky continua son chemin vers la Russie, et devint le principal adjoint de Lénine dans l'extermination des citoyens russes ; il organisa également l'Armée rouge avec l'aide compétente de l'avocat de Wall Street Thomas D. Thacher. Les agents qui avaient arrêté Trotsky furent renvoyés de l'armée ; leur carrière ruinée. En récompense de son intervention, les Rockefeller ont nommé Mackenzie King à la tête du département de la recherche industrielle de la Fondation Rockefeller, avec un salaire de 30 000 dollars par an (le salaire moyen aux États-Unis était alors de 500 dollars par an). Frank P. Walsh a témoigné devant une commission américaine que la

---

[14] Il s'agit d'une référence aux *Protocole des Sages de Sion*. Nde.

Fondation Rockefeller était une façade pour le plan Rockefeller de modifier le travail organisé en esclavage total.

King devient également directeur de la Carnegie Corporation. Une lady Laurier lui laissa un grand manoir à Ottawa et, en 1921, un groupe de bienfaiteurs, dirigé par Peter Larkin, le remit à neuf et le dota en personnel pour un coût de 255 000$. King nomma alors Larkin haut-commissaire du Canada à Londres. En 1940, le Parlement canadien vota à King, alors Premier ministre du Canada, des "pouvoirs absolus et dictatoriaux sur le long terme". Le jour du 74ème anniversaire de King, en 1948, John D. Rockefeller Jr. lui offrit 100 000 dollars. La Fondation Rockefeller versa ensuite 300 000 dollars pour payer la rédaction des Mémoires de King. Au cours de ses dernières années, King, toujours sur la brèche, fut dénoncé comme protagoniste principal dans l'escroquerie de 30 millions de dollars de la Beauharnais Power Co. concernant la construction de la voie maritime du Saint-Laurent. King avait accepté 700 000 dollars de Beauharnais pour le Parti libéral, et avait notamment reçu un voyage aux Bermudes.

Les Rockefeller ont participé à de nombreux accords pro-soviétiques au cours des années 1920. En raison de la lutte pour le pouvoir qui s'est développée entre Staline et Trotsky, les Rockefeller sont intervenus en octobre 1926 et ont soutenu Staline, évinçant Trotsky. Des années plus tard, ils interviendront à nouveau lorsque le Kremlin sera en proie à des désaccords ; David Rockefeller licenciera sommairement Khrouchtchev. En 1925, John D. Rockefeller chargea son attaché de presse, Ivy Lee, de promouvoir le communisme aux États-Unis et de lancer une campagne de relations publiques qui culminera en 1933 avec la reconnaissance de la Russie soviétique par le gouvernement américain. En 1927, la Standard Oil du New Jersey a construit une raffinerie en Russie, après s'être vu promettre 50% de la production pétrolière du Caucase. La société Rockefeller, Vacuum Oil, a signé un accord avec le syndicat soviétique Naptha pour vendre le pétrole russe en Europe, et a accordé un prêt de 75 millions de dollars à la Russie. John Moody avait déclaré en 1911 :

> "La Standard Oil Co. était en réalité une banque de la plus grande envergure - une banque au sein d'une industrie prêtant de vastes sommes d'argent à des emprunteurs dans le besoin, tout comme le faisaient d'autres grandes banques... la société était connue sous le nom de Standard Oil Bank. Comme Rockefeller n'était pas un banquier, cela signifiait que la Standard Oil était dirigée par des banquiers professionnels."

L'opération Standard Oil a toujours été dirigée par les banquiers les plus professionnels du monde, les Rothschild ; par conséquent, les Rothschild, par l'intermédiaire de leurs agents, la Kuhn Loeb Co. ont maintenu une surveillance étroite de la fortune des "Rockefeller".

En 1935, Staline a exproprié de nombreux investissements étrangers en Russie, mais les propriétés de Standard Oil n'ont pas été touchées. Les plans quinquennaux (1928-32, 1933-37 et 1938-42) ont tous été financés par les banques internationales. Au cours des années 1920, les principales entreprises faisant des affaires avec la Russie étaient Vacuum Oil, International Harvester, Guaranty Trust et New York Life, toutes contrôlées par les intérêts de Morgan-Rockefeller.

Dans sa biographie de Litvinoff, Arthur Upham Pope note qu'en mars 1921, un accord commercial a été signé avec la Grande-Bretagne, prévoyant que l'or envoyé en paiement de machines achetées par la Russie ne serait pas confisqué pour couvrir d'anciennes dettes ou créances. Cet accord garantissait que l'or tsariste envoyé en Angleterre ne serait pas saisi par ses cousins, la famille royale britannique. Le 7 juillet 1922, Litvinoff révèle que la délégation russe à la Conférence de La Haye négocie avec un groupe important de financiers, dont Otto H. Kahn de la Kuhn Loeb Co. Une semaine plus tard, Kahn arrivait à La Haye. Il a déclaré :

> "La conférence avec les Russes apportera des résultats utiles et conduira à une approche plus étroite de l'unité de vues et des politiques de la part de l'Angleterre, de la France et des États-Unis en ce qui concerne la situation russe."

Lorsque la femme d'Otto Kahn a visité la Russie en 1936, elle a été traitée comme une membre de la royauté.

En 1922, la Chase National Bank avait créé la Chambre de commerce américano-russe afin de promouvoir le commerce avec la Russie et la reconnaissance du gouvernement russe. Son président était Reeve Schley, un vice-président de la Chase ; il était directeur de nombreuses sociétés, dont Howe Sound, Electric Boat et Yale Corp. Il avait été directeur de l'administration américaine des carburants de 1917 à 1919. Son fils, Reeve Schley Jr., était capitaine dans l'O.S.S. sous le commandement du général Donovan pendant la Seconde Guerre mondiale. La Chase et l'Equitable Trust ont tous deux été à l'origine de l'octroi de crédits à l'Union Soviétique dans les années 1920. En 1934, Roosevelt a créé l'Export Import Bank pour financer l'augmentation des échanges commerciaux avec l'Union Soviétique. Pendant la Seconde Guerre mondiale, Chase a été la principale banque d'AMTORG pour gérer les milliards de dollars de transactions de prêts et de baux pour la Russie. Roosevelt a tout mis en œuvre pour soutenir les Soviétiques, peut-être parce que ses trois assistants personnels, Alger Hiss, Lauchlin Currie et Harry Dexter White, ont été identifiés comme des agents soviétiques. Le mentor d'Alger Hiss était Dean Acheson, un ancien de la J.P. Morgan Co. Le 30 août 1948, le secrétaire d'État A. A. Berle Jr. a déclaré devant la commission des activités anti-américaines de la Chambre des représentants que "Acheson était le chef du groupe pro-russe au département d'État." Acheson devint plus tard l'associé principal de Covington and Burling, obtenant pour le cabinet le poste de représentant légal à Washington pour neuf gouvernements communistes. Le 29 avril 1943, le Board of Economic Warfare accorda une licence spéciale à Chematar Corp. de New York pour remplir une commande de la Commission d'achat soviétique portant sur 200 livres d'oxyde d'uranium, 220 livres de nitrate d'uranium et 25 livres d'uranium métal, des produits pratiquement inconnus à l'époque, lançant ainsi le programme atomique soviétique.

Le 29 janvier 1944, l'ambassadeur spécial W. Averill Harriman à Moscou a informé le Département d'État que "nous" devions remettre aux Russes les plaques d'impression de la monnaie qui avaient été gravées pour le Trésor américain par Forbes Co. de Boston. Le Département d'État a retardé de plusieurs semaines la suite à donner à cette demande. Le 22 mars, Harry Dexter White a rencontré Gromyko à l'ambassade soviétique et lui a assuré que les plaques seraient livrées. Harriman et White firent des demandes quotidiennes jusqu'à ce que les plaques soient remises à l'Union Soviétique le 14 avril 1944. L'Union Soviétique a alors imprimé 300 millions de dollars en devises qui ont été financés par les contribuables américains.

Après le début de la "guerre froide", les financiers ont poursuivi leurs efforts pour aider les Soviétiques. En 1967, le *New York Times* a annoncé qu'un nouveau consortium avait été formé pour promouvoir le commerce avec la Russie, composé de Cyrus Eaton's Tower Corp. et International Basic Economy Corp. appartenant à Rockefeller et de N.M. Rothschild & Sons de Londres. Eaton avait commencé sa carrière comme factotum à 2 dollars par jour pour John D. Rockefeller, qui a ensuite financé son achat de la Canadian Gas & Electric Corp. Eaton a déclaré que Rockefeller l'a bientôt initié aux affaires russes. Dans une interview avec Mike Wallace, Eaton a affirmé que sous le communisme, le peuple de l'Union Soviétique était entièrement satisfait.

> "Ils étaient heureux. J'ai été étonné de leur bonheur et de leur dévouement au système."

Eaton a été l'un des premiers défenseurs du pacte Staline—Hitler en 1939.

Les Rothschild ont rarement été identifiés comme soutien des causes communistes, préférant rester en retrait. Seul un membre, N.M. Victor Rothschild, qui a fait son apprentissage chez J.P. Morgan Co, s'est engagé dans le club des Apôtres de Cambridge, décrit par Michael Straight comme étant composé en majorité de communistes qui étaient également homosexuels. Ses membres les plus connus étaient Guy Burgess et Donald Mac Lean, Anthony Blunt, le gestionnaire officiel du patrimoine artistique privé de la reine d'Angleterre[15], et l'agent double ou triple Kim Philby. Pendant la Seconde Guerre mondiale, Victor Rothschild,

---

[15] Surveyor of the Queen's Pictures, Ndt.

qui était membre du MI5, prêta à Burgess son appartement londonien situé au n°5 de la rue Bentinck, tandis que sa mère, Mme Charles Rothschild, engageait Burgess comme conseiller en investissement. Blunt quitte le personnel de l'Institut Warburg pour travailler avec le MI5 ; il présente Victor Rothschild à sa tante, Teresa Mayor, qui deviendra plus tard Lady Rothschild. Blunt a récemment été décrit comme ayant eu une relation "affectueuse" avec la Reine.

La famille Rockefeller est parfois appelée la première famille de l'Union Soviétique. Lorsque Nelson Rockefeller a été nommé vice-président en 1967, la *Pravda* a dénoncé avec indignation ses critiques, affirmant que les accusations portées contre Rockefeller n'avaient pour but que de le discréditer et que ces accusations émanaient d'organisations d'extrême droite. Le sénateur Frank Church, qui assistait à la conférence de Dartmouth à Kiev en 1971, a été stupéfait de constater que :

> "David Rockefeller a été traité comme nous traiterions la royauté dans ce pays. Le peuple russe semble manifester une adoration de Rockefeller qui est déroutante. Lorsque l'avion de David Rockefeller atterrit en Russie, des foules font la queue pour l'accueillir à l'aéroport, et s'alignent dans les rues de Moscou au passage de sa limousine, le saluant aux cris de RAHK FAWLER".

George Gilder a fait remarquer que personne ne sait aussi bien que les marxistes comment vénérer, flatter et exalter les Rockefeller.

Après la Seconde Guerre mondiale, Dean Acheson fait frénétiquement pression pour obtenir un prêt supplémentaire de 300 millions de dollars à l'Union Soviétique. Ed Burling, qui était le beau-frère de Frederic A. Delano, avait fondé le cabinet Covington and Burling dont Acheson était associé, avec Donald Hiss, frère d'Alger. Lorsque le lobbying d'Acheson ne parvint pas à développer l'aide russe, le Conseil des Relations Étrangères[16] rédigea le plan Marshall comme mesure alternative. Leur publication, *Foreign Affairs*, a ensuite diffusé le "plan

---

[16] Council on Foreign Relations, Ndt.

d'endiguement" tel qu'écrit par "X" (le nom de plume de George Kennan). La politique d'endiguement, qui est la politique étrangère officielle des Etats-Unis envers l'Union Soviétique depuis 1947, garantit non seulement les frontières de la Russie soviétique, mais aussi la poursuite de l'asservissement des "nations captives" qu'elle détient par la force militaire. Henry Luce, qui a toujours fourni un forum pour les propagandistes internationaux, a reproduit le texte intégral de l'article de juillet 1947 sur les affaires étrangères dans le magazine *Life*, le 28 juillet 1947. Sa phrase clé était :

> "L'élément principal de toute politique américaine à l'égard de l'Union Soviétique doit être l'endiguement à long terme, patient mais ferme et vigilant, des tendances expansives russes."

Le magazine *Time* de Luce a surnommé Kennan "le principal décideur politique de l'Amérique". Il est ensuite devenu membre de l'Institute of Advanced Study de Princeton. Kennan était le neveu et l'homonyme du George Kennan qui a travaillé comme agent marxiste pour Jacob Schiff en Russie pendant de nombreuses années avant la révolution bolchevique, et qui a finalement été expulsé par le gouvernement tsariste. Le nom de plume "X" de Kennan était l'identification favorite des agents socialistes. En 1902, le club socialiste "X" avait été fondé à New York par John Dewey, dont le programme socialiste a dominé l'éducation américaine au cours du XXème siècle. Les autres fondateurs du "X" Club étaient James T. Shotwell, fondateur de la Société des Nations, des Nations Unies, etc. ; Morris Hillquit, candidat communiste au poste de maire de New York, Charles Edward Russell, et Rufus Weeks, vice-président et directeur général de la revue *New York Life*, qui était contrôlée par J.P. Morgan.

Lorsque Nikolaï Khrouchtchev, dictateur de l'Union Soviétique, est venu à New York le 17 septembre 1959, il a été invité à dîner chez W. Averill Harriman. Trente personnes étaient présentes, qui contrôlaient une richesse globale de 40 milliards de dollars ; parmi elles, David Sarnoff, né en Russie, chef de la RCA, Philip Mosely du Council on Foreign Relations, Herbert H. Lehman de Lehman Brothers, Dean Rusk de la Rockefeller

Foundation, George A. Woods de la First Boston Corp., Thomas K. Finletter de Coudert Brothers, ancien secrétaire de l'armée de l'air, John K. Galbraith, économiste, Frank Pace de General Dynamics.

En septembre 1960, Kroutchev a été reçu à Hyde Park lors d'un dîner donné en son honneur par Eleanor Roosevelt. Il a vendu de nombreuses pièces de Fabergé à Lillian Pratt, l'épouse du magnat de General Motors ; la collection se trouve maintenant au Virginia Museum de Richmond, en Virginie.

En 1973, le Conseil économique et commercial États-Unis-URSS, composé des principaux chefs d'entreprise américains, a été créé pour promouvoir le "commerce" (comprenez les cadeaux) à l'Union Soviétique. En 1976, G.M. Miller de Textron a été nommé à la tête du Conseil. Peu de temps après, il est nommé président du Conseil des gouverneurs de la Réserve Fédérale par Carter. La révolution bolchevique, qui a été entretenue pendant ses jours les plus difficiles par trois directeurs de la Federal Reserve Bank of New York, William Boyce Thompson, George Foster Peabody et William Woodward, continue à être soutenue par le système de la Réserve Fédérale. Le Système de la Réserve Fédérale maintient des liens étroits avec la Gosbank, la Banque centrale soviétique, qui contrôle le Parti communiste de l'URSS. La Gosbank emploie 5000 économistes, et est connue comme une banque d'émission "passive" plutôt qu'"active", ce qui signifie qu'elle suit les ordres d'autres sources, tout comme le Conseil des gouverneurs de la Réserve Fédérale. La "coopération" entre la Gosbank et le système fédéral de réserve dans le domaine financier soviétique est gérée par la Banque des Règlements Internationaux en Suisse.

En 1949, le flot actuel d'"eurodollars" a commencé par des dépôts européens de réserves de dollars communistes à l'Eurobanque soviétique de Paris, la Banque Commerciale pour l'Europe du Nord. Les financiers ont alors réalisé qu'ils avaient créé une nouvelle source encore plus introuvable de papier-monnaie qui n'avait aucun support. Anthony Sampson écrit que :

> "Les banques plus cosmopolites avec des experts et des directeurs étrangers, comme Warburg, Montagu, Rothschild

et Kleinwort, avaient également découvert une nouvelle source de profits énorme sur le marché des eurodollars."

Ces bénéfices s'élèvent aujourd'hui à quelque deux mille milliards de dollars, qui reposent sur des obligations du contribuable américain. Ce schéma de Ponzi a été rendue possible par les membre exclusifs du "Club des Banques Centrales", la Banque des Règlements Internationaux, qui avait été créé par Hjalmar Schacht, financier du mouvement nazi, Émile Francqui, le directeur de la Commission de secours belge de Hoover, et John Foster Dulles, héritier du titre d'"homme le plus dangereux d'Amérique". Elle a été créée en mai 1930 par le traité de La Haye pour gérer les paiements de réparations allemands, qui, bien sûr, n'ont jamais été versés. La BRI contrôle aujourd'hui un dixième de l'or mondial, qu'elle loue avec profit. Ses avoirs ont augmenté de 1200% au cours des vingt dernières années, ce qui est astronomique. Les actions américaines de la BRI sont détenues par la Citibank.

Le *Wall Street Journal* notait dans son éditorial du 10 mars 1986,

> "N'a-t-il pas semblé étrange à la plupart des décideurs politiques occidentaux que l'Union Soviétique, avec un revenu annuel total en devises fortes d'environ 32 milliards de dollars provenant de toutes les sources (y compris les ventes d'armes), puisse soutenir un empire mondial ?"

Le *Journal* a soulevé le fait que l'Union Soviétique est un acteur majeur du marché interbancaire depuis de nombreuses années, et que six banques occidentales détenues par des Soviétiques ont été les principaux bénéficiaires de ce flux mondial de fonds interbancaires.

> "Les plus grandes banques à capitaux soviétiques de l'Ouest comprennent la Banque Commerciale pour l'Europe du Nord, ou Eurobank in Pairs, la Moscow Narodny Bank of London, la Ost-West Handelsbank à Francfort, et d'autres au Luxembourg, à Zurich et à Vienne. Les dépôts occidentaux dans les banques soviétiques s'élèvent à environ 5 milliards de dollars."

Que se passe-t-il donc ? Les pays occidentaux déposent des milliards de dollars dans les banques soviétiques. Où est la rivalité entre communistes et capitalistes ? Elle se situe exactement là où le légendaire empire soviétique devait conduire les travailleurs, au pays imaginaire.

L'American International Corporation a continué à jouer un rôle en coulisse dans les transactions soviétiques des États-Unis jusqu'à la Seconde Guerre mondiale, lorsque la présence de W.A. Harriman à Moscou pour diriger la gestion de la guerre par Staline a usurpé ses fonctions. Standard and Poors révèle en 1982 un groupe international américain, une holding d'assurance avec 3,4 milliards de dollars d'actifs, dont les avocats sont Sullivan & Cromwell. Elle a été formée à partir du réseau d'assurance Cornelius V. Starr qui faisait partie des opérations asiatiques de la CIA. Ses directeurs sont Harry Kearns, président de la campagne présidentielle Eisenhower-Nixon, aujourd'hui président de l'American Asian Bank, il a été président de l'Export Import Bank de 1969 à 1973 ; William L. Hemphill, président de l'American Asian Bank, a été président de l'Export Import Bank de 1969 à 1973. United Guaranty, directeur de Cone Mills (la famille Hemphill est alliée à J.P. Morgan depuis de nombreuses années) ; Douglas MacArthur II, diplomate ; John I. Howell, président J. Henry Schroder Bank, et Schroders Ltd de Londres ; Edwin A. Granville Mentin d'Angleterre, qui fut président d'American International de 1946-1979, aujourd'hui directeur de la Starr Foundation ; et J. Milburn Smith, directeur de la Lloyd's de Londres.

Des hommes d'affaires et des dirigeants politiques américains de premier plan comme W. Averill Harriman ne se donnent pas la peine de dissimuler leurs activités pro-soviétiques. L'ambassadeur russe Dobrynine a évoqué avec désinvolture le double rôle d'Henry Kissinger, en disant

> "Je suis le troisième homme qui rit, assis sans bouger. Kissinger négocie pour nous aussi."

On a demandé à Brejnev, dictateur de Russie, pourquoi l'Union Soviétique ne jouait pas un rôle dans les négociations sur le Moyen-Orient. Il a répondu,

"Nous n'avons pas besoin de représentation. Kissinger est notre homme au Moyen-Orient."

Avec ce genre d'influence, il semble étrange que les communistes ne précipitent pas un coup d'État et ne s'emparent pas du pouvoir absolu aux États-Unis, comme ils l'ont fait en Russie en 1917. Il y a 200 000 000 de réponses à cette question, pas 200 000 000 d'Américains, mais 200 000 000 d'armes détenues en privé par des citoyens américains. Une étude confidentielle de la Fondation Ford a montré que seuls 5 à 10% des Américains résisteraient activement à une prise de pouvoir par les communistes. C'était la bonne nouvelle. La mauvaise nouvelle était que seul 1% de nos citoyens, armés et opposés à la prise de pouvoir, la vaincraient. Depuis 1948, les Américains demandent à cet auteur quand les communistes prendront le pouvoir aux États-Unis. La réponse est qu'ils prendront le pouvoir après avoir confisqué les 200 000 000 d'armes en circulation. Les armes à feu sont interdites en Union Soviétique. Seuls les plus hauts fonctionnaires sont autorisés à en posséder. Les criminels ne comprennent qu'une seule loi : celle du plus fort. Les syndicalistes criminels qui cherchent à asservir le monde entier ne peuvent être vaincus par l'humilité ou la compassion, mais seulement par les mesures les plus déterminées et les plus dures. Pour mettre la situation américaine en perspective, il n'y a que cinq cents hommes, principalement dans les grandes fondations, qui s'emploient activement à transmettre les ordres des banquiers-socialistes internationaux à notre gouvernement. Sous eux se trouvent dix-mille hommes politiques, hommes d'affaires, personnalités des médias et universitaires qui, avec l'aide d'agents du monde religieux, exécutent les ordres de Londres. Ce nombre est bien inférieur à celui des membres du parti communiste de l'URSS qui dirige l'Union Soviétique.

Pour protéger ces traîtres, le gouvernement américain a importé 25 millions d'étrangers aux États-Unis, dont 5000 terroristes à formation intensive et 100 000 criminels endurcis. Cette force est destinée à neutraliser l'opposition du peuple américain au communisme. Le gouvernement encourage la criminalité, car c'est la force criminelle nationale, et non la police, qui maintient la population dans la soumission. Les Américains doivent consacrer toutes leurs énergies à se défendre contre les criminels professionnels, à protéger leurs foyers et leurs familles, ne leur laissant aucune possibilité de s'organiser contre les syndicalistes criminels de l'Ordre Mondial. Ce plan astucieux de subventionnement de l'élément criminel est la seule réalisation de la Law Enforcement Administration, un plan organisé par une fondation dont l'origine se trouve à l'université de Chicago.

Le gouvernement fédéral utilise sa police armée, l'IRS, le FBI, le BATF et la CIA uniquement pour terroriser les citoyens américains conformément au programme de l'Ordre Mondial. La plupart des citoyens américains ont dû se rendre à la douloureuse évidence que le FBI ne se préoccupe pas de combattre le communisme, mais seulement de combattre les anticommunistes américains. Ils réalisent maintenant que le fisc fonctionne comme un groupe armé de terroristes, non pas pour collecter des fonds, dont le gouvernement n'a pas besoin, mais uniquement pour extorquer de l'argent par la force aux citoyens américains, dans le cadre du programme de l'Ordre Mondial. L'intention est de les appauvrir et de les terroriser, de sorte qu'ils seront rendus impuissants et incapables de s'organiser pour résister à l'Ordre Mondial. Il s'agit du programme de *1984*.

Même s'ils avaient prévu le contraire, les cinq maîtres de l'Ordre Mondial ont maintenant créé une situation qui doit conduire à la guerre mondiale, à l'effondrement de l'économie mondiale, ou aux deux. Le 7 novembre 1983, Srully Blotnick, note dans le magazine *Forbes,* que l'Union Soviétique est devenue, en trente ans, le prochain adversaire dans un conflit mondial en cours :

> Un riche avocat new-yorkais dont le portefeuille contenait d'importantes participations dans McDonnell Douglas, Raytheon et General Dynamics, a déclaré : "Cela me dérange de penser à ce qui se passerait si les Russes décidaient de nous concurrencer sur les 5% par an que nous consacrons à la course aux armements. Une fois que nous aurons commencé à démanteler nos armes stratégiques, la valeur des action du secteur de la défense feront paraître le groupe Hightech stable

en comparaison. Les 60% de pertes que j'ai subies sur mon système informatique Fortune pourraient être un indice des choses à venir."

L'Ordre Mondial n'a pas de programme religieux, politique ou économique, à l'exception de l'esclavage mondial. Ce n'est qu'en maîtrisant toute opposition potentielle que le parasite peut garantir la sécurité de sa position sur l'hôte asservi. L'Ordre Mondial met en place d'innombrables groupes pour promouvoir tout type d'idée, puis crée d'autres groupes pour s'y opposer fanatiquement, mais les maîtres ne se consacrent à rien d'autre qu'à l'établissement de l'esclavage. Comme l'a écrit R.E. McMaster dans *The Reaper* :

> "Le but du communisme international n'est pas de détruire le capitalisme international basé sur la dette de l'Occident. Le but du communisme international est d'asservir l'humanité à l'ordre du capitalisme international qui repose sur le système de la dette de tout l'Occident."

C'est tout ce que vous pouvez savoir sur la situation mondiale actuelle, et c'est tout ce que vous devez savoir.

En 1985, lors de la première édition de L'*Ordre Mondial*, j'ai avancé une théorie du pire pour l'économie américaine : presque entièrement dépendante de la "menace soviétique", une révolution russe signifierait l'effondrement de l'économie américaine. En 1992, nous avons assisté à l'effondrement de l'empire soviétique et l'économie américaine est en berne. Bien sûr, les responsables de l'équipe Bush essaient frénétiquement de convaincre les Américains qu'il n'y a aucun lien entre les deux événements. En fait, l'Empire soviétique est l'empire qui n'a jamais existé. Il y a eu un empire russe, sous les Romanov, mais après le plus grand hold-up de l'histoire, lorsque l'homme le plus riche du monde, le tsar Nicolas, a été dévalisé, et que lui et sa famille ont été assassinés par des voyous qui se disaient "communistes", une formidable campagne de propagande, aidée et encouragée par la presse mondiale, a cherché à nous convaincre que le communisme existe, et que l'empire soviétique existe. J'ai détaillé le soutien financier et autre apporté aux "Soviétiques" par les Américains, et surtout par le contribuable américain, sur une base continue depuis 1917 jusqu'à aujourd'hui. Le président Bush est en train de battre le pavé pour obtenir des centaines de milliards d'aide supplémentaire à la Russie. Ce n'est pas nouveau. Il poursuit la tradition établie par son grand-père, George Herbert Walker, lorsqu'il est devenu directeur de l'American International Corp. une société de Wall Street créée pour financer la révolution bolchevique. Que s'est-il réellement passé en Russie en 1917 ? Grâce aux actes furtifs des agents des services secrets britanniques à Moscou, le gouvernement Romanov a été renversé et un gouvernement provisoire a été mis en place. En 1917, la Russie a rejoint les États-Unis en tant que colonie de la Banque d'Angleterre. La fortune du tsar a été utilisée, entre autres, pour acheter les actions des banques de la Réserve Fédérale pour 144 000 000 $. Aujourd'hui, les propriétaires légitimes de ces actions sont les héritiers des Romanov. George Orwell a imaginé le monde de *1984*, dans lequel deux puissances rivales maintenaient une hostilité perpétuelle et justifiait la loi martiale généralisée mais n'entraient jamais en guerre l'une contre l'autre. L'année *1984* s'est poursuivie jusqu'à ce qu'un seul acteur, les États-Unis, s'affaiblisse et ne puisse plus se permettre de subventionner son rival. Ce qui est arrivé à la menace communiste mondiale, c'est que le contribuable américain, pillé et trahi par les serviteurs de l'Ordre Mondial, ne pouvait plus se permettre de payer pour le communisme en Russie.

La mascarade a failli s'effondrer lors de l'épisode Burgess-MacLean, lorsque des agents britanniques ont "fait défection" en Russie. Ils ont été suivis par leur supérieur hiérarchique, Kim Philby, qui est devenu lieutenant général au KGB. Cet épisode a presque mis à nu les coulisses de la supercherie par laquelle les SIS britanniques, le Mossad, le KGB et la CIA évoluent dans un monde féerique qui leur est propre, immunisé de la dure réalité. Pourquoi ces financiers se sont-ils livrés à cette mascarade ? Pour une raison économique très simple. Depuis 1917, l'énorme richesse et la productivité potentielle du peuple russe ont été cachées au monde entier. Un grand rival a été menotté et condamné à la prison. Le problème auquel les conspirateurs du monde sont confrontés aujourd'hui est de savoir comment ils peuvent continuer à tenir la Russie à distance et dans une position subalterne.

L'une des raisons pour lesquelles cette farce a duré si longtemps est la diligence de la CIA à promouvoir une fausse image de la Russie. Nous savons maintenant que l'économie russe n'a jamais représenté plus d'un dixième des chiffres annuels fournis à nos fonctionnaires par la CIA. Des écrivains financiers comme Henry Rowen et Charles Wolf, qui affirmaient que la production soviétique représentait moins d'un tiers de celle des États-Unis, ont été critiqués par les statisticiens de la CIA. Lorsque la Russie a montré des signes d'effondrement, les dirigeants de l'Ordre Mondial ont été précipités à Moscou pour consolider les ruines. Le président Bush lui-même s'est rendu à plusieurs reprises en Russie pour le compte de la Commission Trilatérale, afin de préserver la dictature soviétique. À Kiev, le 1er août 1991, Bush a exhorté les Ukrainiens à être de bons citoyens soviétiques, "parce que l'Union Soviétique se réformait". Dix-huit jours plus tard, elle s'est effondrée. Voilà pour les souhaits de la Commission Trilatérale. La passion de George Bush pour Gorbatchev ne peut pas occulter le fait historique que "l'empire du mal" n'a jamais existé de 1917 à 1990 et qu'il a survécu grâce à des cadeaux de Washington qui étaient exigés du contribuable américain. Lorsque les États-Unis sont entrés en récession, la Russie soviétique s'est effondrée.

Le président Bush a fait tellement de voyages en Russie pour sauver le régime soviétique du KGB qu'il a de sérieux problèmes pour se faire réélire dans son propre pays. Pendant de nombreux mois, Bush s'est consacré à maintenir Gorbatchev au pouvoir en tant que protégé du KGB au service de l'Ordre Mondial. Alors que Bush ricanait contre Boris Eltsine et le snobait publiquement, il a fait l'éloge de Gorbatchev à profusion, notant dans son discours à la nation, le 26 décembre 1991,

> "Je voudrais exprimer ma gratitude à Mikhaïl Gorbatchev pour ses années d'engagement soutenu en faveur de la paix dans le monde et pour son intelligence, sa vision et son courage."

Bush avait été cité dans le *USA Today* du 30 octobre 1991 comme rassurant Gorbatchev, qui faisait face quotidiennement à l'éviction en Russie : "Vous êtes toujours le maître." Le peuple russe a ignoré la recommandation trilatérale de Bush, et a choisi Eltsine.

Eltsine lui-même a rapidement été assiégé par des agents de l'Ordre Mondial. Des trotskistes vieillissants et discrédités sortent en rampant du bois, criant qu'ils sont toujours des personnages importants. Le *Washington Post* a nommé certains de ses futurs agents américains comme Allen Weinstein, qui se décrit comme "l'homme de Eltsine à Washington" ; un certain nombre de réfugiés de la Hoover Institution à Palo alto ; et un opérateur de tramway de Washington, D.C. nommé O. Roy Chalk.

CHAPITRE QUATRE

FRANKLIN D. ROOSEVELT

L e Crash de 1929 et la dépression qui en a résulté ont été couverts de manière exhaustive dans un ouvrage précédent (*Secrets of the Federal Reserve*[17], 1983). Roosevelt est élu président en 1932 lors d'une campagne qui passait sous silence les liens de Hoover avec les Rothschild et leur responsabilité dans la Première Guerre mondiale. Au lieu de cela, Roosevelt a blâmé Hoover pour une dépression qui avait été mise en place par la Banque d'Angleterre. Hoover déclare dans ses *Mémoires* :

> "En répondant à la déclaration de Roosevelt selon laquelle j'étais responsable de l'orgie spéculatrice, je me suis demandé pendant un certain temps si je devais révéler la responsabilité du Conseil de la Réserve Fédérale pour ses politiques d'inflation délibérées de 1925 à 28 sous influence européenne, et mon opposition à ces politiques."

Hoover reste silencieux et est démis de ses fonctions. Il a plus tard qualifié la "planification économique" de Gerard Swope pour le New Deal de "modèle précis du fascisme". *The New Dealers*, écrit par un observateur non officiel, édité par Literary Guild en 1934, note que le New Deal était piloté par W.A. Harriman, administrateur en charge de l'industrie lourde, et sa sœur, Mary Rumsey, qui soutenait *Newsweek* avec Vincent Astor, et l'hebdomadaire *New Deal weekly*. L'*Observer* a également mentionné que le colonel House était l'homme d'État le plus expérimenté à l'origine du New Deal, et que House

---

[17] *Le secret de la Réserve Fédérale*, Eustace Mullins, Le Retour aux Sources, www.leretourauxsources.com.

n'avait soutenu que deux candidats présidentiels, Wilson et FDR. Roosevelt a poursuivi la politique de Wilson (en fait la politique de House décrite dans son livre *Philip Dru, administrateur*), avec le même personnel, et a terminé comme Wilson, en impliquant l'Amérique dans une autre guerre mondiale. L'observateur déclare que l'appartement du colonel House à New York n'était situé qu'à deux pâtés de maisons de la maison de Roosevelt sur la 65ème rue, à New York, et que House y était invité presque tous les jours en 1932. Il a également rendu visite à Roosevelt en Nouvelle-Angleterre et sur le yacht de Roosevelt.

Le Council on Foreign Relations avait acheté un bâtiment pour son siège social au 45 E. 65th St., à côté du manoir de Franklin. Avec l'élection de Roosevelt en 1933, les riches oisifs de l'Ordre Mondial affluèrent à Washington pour s'amuser avec les programmes du gouvernement. Ray Tucker en a parlé dans le magazine *Collier's* :

> "Washington s'est transformée, passant d'une ville du Sud placide et tranquille, aux visages et aux coutumes figés, en un centre métropolitain gai, aéré et sophistiqué."

L'utilisation du mot "gay" par Tucker s'est révélée très prophétique. Arthur Krock du *New York Times* a écrit :

> "Ils forment un groupe joyeux, les New Dealers. Ils aiment chanter, danser et boire beaucoup."

Quelques années plus tard, Washington avait la plus forte consommation d'alcool par habitant des États-Unis. Avec la foule bigarrée de l'Ordre Mondial sont venus leurs alliés, les communistes. Harold Ware, fils d'Ella Reeve Bloor, l'agitateur communiste chevronné, est venu à Washington pour organiser la tristement célèbre cellule d'Harold Ware parmi les employés du gouvernement. Il avait passé plusieurs années en Union Soviétique et était revenu aux États-Unis avec des missions personnelles de Lénine. La cellule s'est réunie dans le studio de musique de sa sœur sur Connecticut Avenue. En signe des temps, le ministère de l'agriculture a émis une décision officielle selon laquelle

"Un homme au service du gouvernement a autant le droit d'être membre du parti communiste que d'être membre du parti démocratique ou républicain."

Pour consolider le pouvoir de Roosevelt, ses partisans ont utilisé le schéma typique de l'Ordre Mondial - ils ont mis en place son "opposition". En août 1934, les principaux architectes et financiers de son New Deal ont formé la Liberty League, immédiatement qualifiée d'organisation d'"extrême droite". Pierre et Irénée DuPont y consacrèrent 325 000 dollars. La Ligue fut également financée par J.P. Morgan, les Rockefeller, J. Howard Pew et William J. Knudsen (qui fut plus tard nommé par FDR à un poste important !). Les partisans de la Liberty League, qui s'affairaient à dénoncer Roosevelt et son personnel comme "communistes", ce que beaucoup d'entre eux étaient, étaient également les organisateurs de l'American International Corporation, qui avait été créée pour empêcher l'effondrement de l'économie de l'Union Soviétique. La Liberty League réussit à rassembler les opposants à la FDR qui les qualifiait de "cinglés de droite". Roosevelt a eu l'occasion de s'insurger contre son opposition en la qualifiant de "royalistes économiques", de "vieille garde" et de "princes accrochés à leur privilèges". Gerald L. K. Smith a ensuite été mis en scène, afin de salir l'opposition à Roosevelt en la qualifiant d'"antisémite". Ce stratagème a fonctionné de 1934 aux élections de 1936, où il a effectivement détruit la campagne de Landon. Aucune opposition politique efficace n'a été organisée contre Roosevelt pendant le reste de sa vie au pouvoir. Ce fut l'un des canulars politiques les plus réussis de l'histoire américaine. Roosevelt a ensuite marié son fils à une héritière de la dynastie DuPont. Au moment même où Eugène DuPont, cousin de Pierre, était l'un des membres les plus actifs de la Liberty League, F. D. Roosevelt Jr. faisait la cour à sa fille, Ethel ! Ils se marièrent le 28 juin 1937, dans ce que *Time Magazine* appela le "mariage de l'année", présidé par le Dr Endicott Peabody. Le couple a fait la couverture du *Time magazine*, les seuls jeunes mariés à l'avoir fait.

Ces mesures étaient nécessaires parce que les bailleurs de fonds de FDR prévoyaient d'impliquer les États-Unis dans la Seconde Guerre mondiale. Toute opposition politique populaire à Roosevelt aurait pu le faire tomber en 1940, juste au moment où il était nécessaire pour déclencher l'attaque de Pearl Harbor. Le matin de Pearl Harbor, le général Marshall, son chef d'état-major, a rencontré en secret Maxim Litvinoff (marié à Ivy Low d'Angleterre), pour assurer aux Russes que tout se déroulait comme prévu. Marshall a ensuite témoigné devant le Congrès qu'il "ne se souvenait pas" de l'endroit où il se trouvait le jour de Pearl Harbor.

Le "conflit géré" était en bonne voie. Jacques Rueff rappelle que Schacht n'a pas inventé la politique monétaire d'Hitler ; elle a été imposée à l'Allemagne "par les créanciers américains et britanniques pour financer les préparatifs de guerre et finalement déclencher la guerre elle-même" (*Les péchés monétaires de l'Occident*). Rueff souligne également que l'accord de statu quo de 1931, qui a permis à l'Allemagne d'obtenir un moratoire sur les dettes de guerre pendant les années 1930, était un pacte à l'amiable entre les branches londonienne, new-yorkaise et allemande des maisons Warburg et Schroder. Max Warburg resta l'adjoint de Schacht à la Reichsbank jusqu'en 1938 ; Kurt von Schroder devient alors son adjoint. (Le père de Schacht avait été agent à Berlin pour la compagnie d'assurance Equitable Life de New York). Les cotisations des industriels pour Hitler (le Cercle des Amis) étaient versées à la banque Schroder.

Tout au long des années 1930, Hitler a été dupé pour persévérer dans son désir d'amitié avec l'Angleterre, une alliance initialement proposée conjointement par Theodore Roosevelt et le Kaiser en 1898 entre les trois puissances nordiques, l'Angleterre, l'Allemagne et les États-Unis. Les Schroders assurèrent à Hitler que leur association anglo-allemande en Angleterre était cent fois plus influente qu'elle ne l'était en réalité. Avec des figures telles que les Astors et les Chamberlains soutenant la coopération avec l'Allemagne, Hitler était persuadé que la guerre avec l'Angleterre était impossible. En 1933, il avait annoncé qu'il avait découvert que Marx, Lénine et Staline avaient tous déclaré qu'avant que le communisme international puisse triompher, l'Angleterre et son empire devaient être détruits. "Je suis prêt à aider à défendre l'Empire britannique par la force si on me le demande", a-t-il déclaré. En 1936, Hitler organisa des rencontres entre diplomates anglais et allemands, mais le résultat souhaité ne fut jamais atteint, car les Britanniques n'avaient qu'un seul but, bercer Hitler dans un faux sentiment de sécurité jusqu'à ce qu'ils puissent déclarer la guerre contre lui.

Pour attirer Hitler dans la Seconde Guerre mondiale, il était nécessaire de lui garantir un approvisionnement suffisant en produits de première nécessité tels que les roulements à billes et le pétrole. Jacob Wallenberg de la banque suédoise Enskilda, qui contrôlait la gigantesque usine SKF, a fourni des roulements à billes aux nazis pendant toute la guerre. Les canons anti-aériens qui envoyaient la DCA contre les escadrilles américaines utilisaient des roulements à billes SKF. Son usine américaine, SKF de Philadelphie, a été à plusieurs reprises inscrite sur la liste noire ennemie, et à chaque fois, Dean Acheson l'a retirée.

Le président William S. Farish de la Standard Oil a ravitaillé les navires et les sous-marins nazis en carburant grâce à des stations en Espagne et en Amérique latine. Lorsque la reine Elizabeth est venue récemment aux États-Unis, la seule famille à laquelle elle a rendu visite était celle des Farish. Pendant toute la guerre, les Britanniques ont payé des redevances à Ethyl Standard Corp. sur l'essence utilisée par les bombardiers allemands qui détruisaient Londres. L'argent a été placé sur les comptes bancaires des Farish jusqu'après la guerre. I. G. Farben a été formé par les Warburgs en 1925 comme une fusion entre six géants de la chimie allemande, Badische Anilin, Bayer, Agfa, Hoechst, Welierter-Meer et GriesheimElektron. Max Warburg était le directeur de I. G. Farben, en Allemagne, et de I. G. Chemie, en Suisse. L'Américain I. G. Farben était contrôlé par son frère, Paul, architecte du système de la Réserve Fédérale, Walter Teagle de la Standard Oil et Charles Mitchell de la National City Bank. Juste avant que la Seconde Guerre mondiale n'éclate, Ethyl-Standard a expédié 500 tonnes de plomb éthylique au ministère de l'Aviation du Reich par l'intermédiaire de I. G. Farben, le paiement étant garanti par une lettre de Brown Bros. Harriman datée du 21 septembre 1938.

Tout au long de la Seconde Guerre mondiale, les succursales parisiennes de la J.P. Morgan et de la Chase National Bank ont continué à fonctionner comme si de rien n'était. À la fin de la guerre, les autorités d'occupation ont à plusieurs reprises donné l'ordre de démanteler la I. G. Farben, mais toutes ces tentatives furent annulées par le général William Draper de Dillon Read, qui avait financé le réarmement de l'Allemagne dans les années 1920.

Winston Churchill a fait remarquer à propos de ce "conflit géré" en 1945, juste avant qu'il ne se termine, "Il n'y a jamais eu de guerre plus facile à arrêter." (cité dans le *Washington Post* du 11 juin 1984). La seule véritable difficulté fut de la provoquer. Churchill réussit à prolonger la guerre pendant au moins un an en battant le plan du général Wedemeyer pour une traversée de la Manche en 1943, et en se lançant dans sa ruineuse politique de la balançoire nord-africaine-sicilienne, une reprise de sa désastreuse campagne de Gallipoli de la Première Guerre mondiale. *Life* a révélé le 9 avril 1951 qu'Eisenhower avait communiqué par radio à Staline, par l'intermédiaire de la mission militaire américaine à Moscou son plan pour s'arrêter à l'Elbe et permettre aux Russes de prendre Berlin. Le message avait été écrit par le conseiller politique d'Ike, John Wheeler Bennett de la RIIA, reçu par W. Averell Harriman, et remis à Staline. À Washington, le général Marshall a assuré au président Truman que nous étions "obligés" de permettre aux Russes de prendre Berlin. Le sénateur Joseph McCarthy a par la suite qualifié Marshall de "mensonge incarné".

Le peuple allemand conquis est désormais systématiquement pillé et impitoyablement gouverné par les puissances occupantes. Henry Kissinger, John J. McCloy (gendre d'un associé de J.P. Morgan), Benjamin Buttenweiser, associé de Kuhn, Loeb & Co. (sa femme était l'avocate d'Alger Hiss lors de son procès pour parjure), et d'autres agents de Rothschild se sont abattus comme des sauterelles sur la nation prostrée. L'aide à la Russie soviétique se poursuit sous le couvert du plan Marshall, une reprise de la Commission de secours belge de Hoover pendant la Première Guerre mondiale. Le plan Marshall est né d'une étude spéciale de David Rockefeller pour le Council on Foreign Relations, "Reconstruction de l'Europe occidentale", achevée en 1947. Elle a été rebaptisée "Plan Marshall" et présentée comme une grande contribution à la "démocratie en Europe". (Imperial Brain Trust-Shoup). W. Averell Harriman s'était installé dans l'hôtel des Rothschild à Paris, l'Hôtel Talleyrand, en tant que chef du Plan Marshall.

Les Rothschild victorieux ont consolidé leur contrôle des systèmes monétaires mondiaux par le pacte de Bretton Woods, une réplique de la charte de la Banque d'Angleterre. Il prévoyait l'immunité contre les procédures judiciaires, ses archives étaient inviolables et ne pouvaient être soumises à un tribunal ou à une inspection du Congrès ; aucun impôt ne pouvait être prélevé sur les dividendes ou les intérêts des titres du Fonds ; tous les officiers et le personnel étaient à l'abri des procédures judiciaires. Le pacte a systématiquement pillé l'Europe occidentale et les États-Unis. Le 3 avril 1984, AP a rapporté que les investissements "britanniques" aux États-Unis s'élevaient désormais à 115 milliards de dollars, et que les Britanniques détenaient 28 milliards de dollars d'actifs bancaires américains. Au moins un sénateur américain est membre de l'aristocratie britannique, Malcolm Wallop, (R. Wyo.) fils de l'honorable Oliver Wallop, dont le frère est comte de Portsmouth (créé en 1743). La sœur du sénateur Wallop, Lady Porchester, a épousé Lord Porchester, fils du comte de Carnarvon. Lord Porchester est le maître des écuries de la reine et son directeur de course.

Lord Carrington, pendant de nombreuses années ministre britannique des affaires étrangères, est maintenant le partenaire d'Henry Kissinger au sein de Kissinger Associates, et a récemment été nommé à la tête de l'OTAN. Il est président de GE, président de la Australian New Zealand Bank, directeur de Rio Tinto, de la Barclay's Bank, de Cadbury Schweppes, d'Amalgamated Metal, de British Metal, et de la Hambros Bank. Sa mère est la fille du vicomte Colville, qui était secrétaire financier au Trésor en 1936-38. Richard Davis note dans *The English Rothschilds* que Lionel Rothschild était un visiteur fréquent de la maison de Lord Carrington à Whitehall. En fait, Lord Carrington était apparenté à la famille Rothschild par mariage. Le premier Lord Carrington était Archibald Primrose. Son fils est devenu le vicomte Rosebery. Le 5ème comte Rosebery avait épousé Hannah Rothschild, la fille de Mayer, en 1878. Disraeli avait supervisé l'alliance.

La Seconde Guerre mondiale a livré les peuples du monde aux mains de l'Ordre Mondial, avec le résultat prévisible qu'ils ont été systématiquement dépouillés, terrorisés, opprimés et massacrés dans d'autres "conflits gérés", dont le moindre n'est pas la guerre du Vietnam, au cours de laquelle des garçons américains peu ou pas entraînés au combat ont été envoyés au massacre contre les troupes de guérilla hautement entraînées d'Ho Chi Minh et du général Giap, des troupes communistes dont les chefs avaient été intensivement formés par l'équipe spéciale de l'OSS[18].

Les Rothschild dirigent les États-Unis par l'intermédiaire de leurs fondations, le Council on Foreign Relations et du système de la Réserve Fédérale, sans que leur pouvoir ne soit sérieusement remis en cause. Des "campagnes politiques" coûteuses sont régulièrement menées, avec des candidats soigneusement sélectionnés qui s'engagent à respecter le programme de l'Ordre Mondial. S'ils s'écartent de ce programme, ils auront un "accident", seront accusés d'une infraction sexuelle ou d'une irrégularité financière. Le sénateur Moynihan a déclaré dans son livre, *Loyalties*, "Un ami britannique avisé l'a présenté ainsi : Ils sont maintenant à la page 16 du Plan." Moynihan n'a prudemment pas demandé ce que la page 17 comporterait.

Le citoyen américain travaille dur et paie des impôts, ignorant béatement qu'à tout moment, les dirigeants secrets, opérant par l'intermédiaire du Conseil de la Réserve Fédérale, peuvent rendre une décision monétaire qui l'endettera lourdement ou le mettra en faillite. Gary Allen écrit dans *American Opinion*, le 7 octobre 1979,

> "Quel que soit l'avenir, vous pouvez parier qu'il sera instable avec de grandes variations de la valeur du dollar et des métaux précieux. Tant que les sponsors de Volcker sauront à l'avance quelles seront ses politiques, ils gagneront beaucoup d'argent."

---

[18] Office of Strategic Services, l'ancêtre de la CIA, Ndt.

Cette prévision précise a été suivie par un taux d'intérêt de 20% et une inflation de 25%.

Businessweek, 20 février 1984, a déclaré :

> "Le pire marché pour les commerçants est un marché stable. Les banques d'investissement ont aujourd'hui plus que jamais intéressées à ce que le marché soit instable. Elles peuvent engranger d'énormes bénéfices en devinant les fluctuations rapides et importantes des bénéfices, des prix et des taux d'intérêt."

Il est évident qu'ils peuvent engranger des "profits énormes" s'ils savent à l'avance quelles seront les décisions monétaires. Quiconque croit sérieusement que personne ne sait à l'avance quelles seront les décisions de la Réserve Fédérale est trop naïf pour être laissé seul ; quiconque croit qu'il n'y a personne qui peut dire au Conseil de la Réserve Fédérale quelles seront ses politiques est encore plus déconnecté de la réalité. Beaucoup de gens ont cru que Lord Montagu Norman a dirigé seul la Banque d'Angleterre pendant trente ans, ce qui montre que certaines personnes sont prêtes à croire n'importe quoi. A. Craig Copetas écrit dans *Harper's*, de janvier 1984 :

> "Comment les barbares font des affaires" sur les 2000 négociants du London Metal Exchange, rien qu'en regardant ces gens objectivement, vous vous retrouvez face à de simples marchands de ferraille – des marchands de tapis, comme les Britanniques appellent leurs brocanteurs."

Ce sont ces marchands de tapis qui font tourner les économies du monde et qui profitent largement de chaque mouvement des marchés.

Carter Field note dans sa biographie de Baruch :

> "Baruch est sorti du marché juste avant le Crash. Mais pourquoi Baruch a-t-il vendu des actions et acheté des valeurs exonérées fiscalement à un moment aussi favorable ?"

Field n'offre pas de réponse. Norman Dodd, qui était alors au Bankers Trust, déclare que Henry Morgenthau est entré au Bankers Trust quelques jours avant le crash, et a ordonné aux officiers de liquider tous les titres de ses trusts, soit 60 millions de dollars, en trois jours. Les agents ont tenté de lui faire une remontrance, en soulignant que s'il les vendait sur une période de plusieurs semaines, il ferait des bénéfices bien plus importants, peut-être cinq millions de dollars de plus que s'ils étaient cédés dans un délai aussi court. Morgenthau devint furieux, leur criant : "Je ne suis pas venu ici pour me disputer avec vous ! Faites ce que je vous dis !" Le Vendredi noir se produisit dans la semaine.

Le 30 mai 1936, *Newsweek* parle de Ralph W. Morrison, nommé par Roosevelt au conseil de la Réserve Fédérale :

> "Il a vendu ses actions Texas utility à Insull pour dix millions de dollars, et en 1929, il a convoqué une réunion et a ordonné à ses banques de fermer toutes les sécurités. En conséquence, ils ont traversé la dépression avec brio."

Les initiés s'en sortent "avec brio", tandis que des millions de victimes sont ruinées, détruites par des forces dont ils refusent de croire à l'existence. Cœurs brisés, pertes de maisons et d'entreprises, effondrements, suicides, destruction de familles, tels sont les résultats des politiques économiques de l'Ordre Mondial initiées et menées par "des marchands de tapis".

Par son commandement monétaire du Conseil de la Réserve Fédérale, l'Ordre Mondial détermine l'issue des élections américaines. Un journaliste a récemment souligné que Paul Volcker déterminerait si Reagan serait réélu. En 1980, le Conseil de la Réserve Fédérale a délibérément battu Carter et a fait élire Reagan. Otto Eckstein a noté dans *U.S. News*, le 5 septembre 1983, que le taux préférentiel a atteint 21,5% à la fin de 1980, créant une récession en pleine année électorale. Eckstein, responsable des banques de données à Lexington, Mass. (il est décédé subitement par la suite), a déclaré,

> "La Réserve Fédérale n'avait jamais fait une telle chose auparavant."

Un critique a fait remarquer que Volcker a augmenté les taux d'intérêt, ce qui nuit aux actions américaines, rendant les instruments monétaires américains à court terme plus désirables que ceux à long terme, et provoquant l'instabilité même des flux de capitaux étrangers qu'il prétend craindre. Gordon Thether écrit dans le *Financial Times* de Londres,

> "Dans toute l'histoire, il y a peu de cas où un homme a infligé des dommages plus importants aux intérêts de ses semblables que ce que Volcker a fait avec la "négligence bénigne" et ses trop nombreuses manifestations malignes - dont la campagne mal conçue de démonétisation de l'or dans laquelle Washington s'est engagé depuis la fin des années 60 n'est pas la première. Les taux d'intérêt augmentent lorsque l'or ne soutient pas la monnaie."

Par le biais du London Gold Pool, le système de la Réserve Fédérale et le Trésor américain ont vendu de l'or américain au prix de 35 dollars l'once, soit un dixième de sa valeur actuelle, privant ainsi le public américain de milliards de dollars. Le 24 juillet 1969, Volcker a autorisé le papier-or en DTS, droits de tirage spéciaux, pour remplacer l'or en devises. Il a alors triomphalement fait remarquer à ses collègues banquiers à Paris : "Eh bien, nous avons lancé ce truc." Le secrétaire au Trésor Connally a ensuite retiré l'or de l'administration Nixon, dévaluant le dollar en août 1971.

Le 17 juillet 1984, Jack Anderson a décrit le Federal Open Market Committee dans le *Washington Post* comme "un mystérieux conseil composé de 12 personnes", "le groupe énigmatique" au "secret excessif" qui, selon Anderson, "influence les taux que vous paierez, la quantité d'argent que les entreprises pourront emprunter et la question de savoir si l'inflation va une fois de plus dévorer vos gains et réduire la valeur de vos comptes bancaires." Malgré la grande importance des décisions de "Volcker", son témoignage devant le Congrès est uniquement du charabia ; j'ai parcouru des centaines de pages de ses interventions sans trouver une seule phrase à citer sur ses intentions économiques. Le 9 juillet 1984, Jack Anderson a parlé des rencontres de Volcker avec de hauts fonctionnaires du Trésor,

> L'un d'entre eux, à qui l'on a demandé s'il se souvenait de ce que M. Volcker avait dit lors des réunions de haut niveau, a réfléchi un moment et a répondu : "Je ne me souviens pas d'avoir compris quoi que ce soit à ce qu'il a dit".

Le sénateur Moynihan a noté dans la *Nouvelle République*, le 31 décembre 1983,

"La Fed ne contrôle pas la masse monétaire précise et ne peut pas déterminer précisément les taux d'intérêt. Mais elle peut fixer l'orientation et la fourchette pour les deux, et c'est ce qu'elle fait. Quiconque essayait d'être en dissidence se voyait frapper. Ses quelque deux douzaines de banquiers centraux ont décidé de faire sauter l'économie, et ils l'ont fait."

Paul Craig Roberts écrit dans *Businessweek*, le 27 février 1984 :

"Quelles que soient les intentions de Volcker, les données empiriques montrent qu'il y a eu une décélération de la croissance monétaire depuis le printemps dernier et que la Fed a eu recours à des opérations d'open market pour maintenir les taux d'intérêt à un niveau élevé... Ce qui inquiète les marchés financiers, c'est le remplacement des politiques de Reagan par celles de Volcker. Le résultat le plus probable sera une augmentation des impôts et des déficits."

Néanmoins, la presse et les démocrates attaquent Reagan comme responsable du déficit, sur lequel il n'a aucun contrôle, car il est créé par Volcker.

Le *New York Times* a déclaré que, quel que soit le vainqueur des élections de novembre 1984, il a déjà été décidé que les impôts seraient augmentés de 100 milliards de dollars. Là encore, pourquoi disposer d'élus qui n'ont aucune influence sur les affaires économiques ? Brunner a récemment interviewé Walter Wriston, directeur de la Citibank à la retraite, qui a déclaré :

"J'ai examiné en détail les actions de la Fed au cours des quinze dernières années - la Fed a exercé une influence néfaste sur l'économie de ce pays. Son ingérence dans les marchés financiers américains au cours de la dernière décennie a entraîné une croissance monétaire toujours excessive, une inflation qui a sapé la solidité financière des entreprises américaines en raison de l'inflation et des taux d'imposition excessifs combinés, ainsi que la croissance d'une dette record."

Comme *Forbes* l'a souligné le 20 juin 1983 dans un article sur "Tony" Solomon,

> "Salomon est peut-être l'homme le plus important du système de la Réserve Fédérale après le président, et ce qu'il dit et fait a un effet sur chacun d'entre nous."

Peut-être n'avez-vous jamais entendu parler de "Tony" Solomon. Vous ne l'avez certainement jamais élu à un poste quelconque, mais ce qu'il dit et fait a un effet sur nous tous. Il est le président de la Banque fédérale de réserve de New York, un poste occupé auparavant par Paul Volcker. Cette banque représente le marché monétaire de New York dans le système de la Réserve Fédérale. Cinquante-trois pour cent de ses actions sont détenues par cinq banques new-yorkaises dont l'influence dominante est la maison Rothschild de Londres. Le président de la FRBNY siège en permanence au FOMC, à la droite du président du conseil des gouverneurs. L'article 12 de la loi de 1913 sur la Réserve Fédérale prévoyait que cinq représentants des douze banques de la Réserve Fédérale devaient siéger au FOMC par rotation. Cette disposition a été discrètement modifiée en août 1943, alors que la Seconde Guerre mondiale faisait rage, pour mentionner "un élu désigné par an par le conseil d'administration de la Banque fédérale de réserve de New York", remplaçant la disposition selon laquelle "un représentant doit être élu chaque année par les conseils d'administration des banques fédérales de réserve de Boston et de New York". La FRBNY est désormais la seule banque de la Réserve Fédérale à disposer d'un siège permanent au sein du FOMC. Le public américain n'a jamais été informé de ce changement.

CHAPITRE CINQ

LES AFFAIRES EN AMÉRIQUE

J ohn Moody, auteur de nombreux ouvrages de référence sur la finance américaine, a déclaré dans le *McClure's Magazine*, en août 1911, "Les sept hommes" :

"Sept hommes à Wall Street contrôlent maintenant une grande partie de l'industrie et des ressources fondamentales des États-Unis. Trois des sept hommes, J.P. Morgan, James Stillman et George F. Baker, directeur de la First National Bank of New York, appartiennent au groupe dit Morgan ; quatre d'entre eux, John D. et William Rockefeller, James Stillman, directeur de la National City Bank, et Jacob H. Schiff de la banque privée de Kuhn, Loeb Co., au groupe Standard Oil National City Bank, la machine centrale du capital étend son contrôle sur les États-Unis. Le processus n'est pas seulement logique sur le plan économique, il est désormais pratiquement automatique."

Ce qui était vrai en 1911 l'est encore plus en 1984 ; les sept hommes ne sont plus, comme à l'époque, que des agents américains pour les intérêts de Londres. En 1919, Moody écrivait dans *Masters of Capital* :

"Tous les grands banquiers ont commencé comme marchands, y compris Junius S. Morgan. Beebe Morgan était une maison de commerce. J.M. Beebe Co. de Boston a fait de Junius S. Morgan un associé. Junius Morgan fut plus tard invité à rejoindre George Peabody & Co. de Londres, qui s'occupait de la plupart des transactions de la Maison de Rothschild sur les actions américaines. Le fils de Junius Morgan, J.P. Morgan, changea plus tard le nom de la firme en J.P. Morgan & Co. mais elle est restée l'un des trois représentants de la Maison Rothschild aux États-Unis, les autres étant Kuhn, Loeb & Co. et August Belmont."

Le groupe Morgan et le groupe de la National City Bank ont tenu une réunion secrète à Jekyll Island, la semaine du 22 novembre 1910 pour consolider leur pouvoir financier. Étaient présents le sénateur Nelson Aldrich (sa fille a épousé John D. Rockefeller Jr.), son secrétaire particulier, Shelton, A. Piatt Andrew, secrétaire d'État au Trésor, Frank Vanderlip, président de la National City Bank, Henry P. Davison, bras droit de J.P. Morgan, Charles D. Norton, président de la National City Bank, et le président de la Banque de France, Charles D. Norton. Première Banque nationale de New York, Benjamin Strong de la Liberty Natl. Bank (il épousa plus tard la fille du président du Bankers Trust, devint président du Bankers Trust et président de la Federal Reserve Bank of New York) et Paul Warburg, un immigrant allemand qui avait rejoint Kuhn, Loeb & Co.

Bien que ces hommes soient les financiers les plus influents des États-Unis, ils ne sont présents à Jekyll Island qu'en tant qu'émissaires du baron Alfred Rothschild, qui les a chargés de préparer une législation établissant une banque centrale aux États-Unis, sur le modèle des organisations européennes de banques centrales de réserve fractionnaires de la Reichsbank, de la Banque d'Angleterre et de la Banque de France, toutes contrôlées par la Maison Rothschild.

Pour faire entrer le Federal Reserve Act dans la loi du pays, les banquiers ont élu Woodrow Wilson président des États-Unis en 1912 grâce à la scission du Parti républicain, qui fit battre le populaire William Howard Taft par le financement de la candidature dissidente de Theodore Roosevelt. La carrière universitaire de Wilson à Princeton avait été financée par des dons de Cleveland H. Dodge, directeur de la National City Bank, et de Moses Taylor Pyne, petit-fils et héritier du fondateur de la National City Bank. Wilson a ensuite signé un accord pour ne plus fréquenter aucun autre établissement. La loi sur la Réserve Fédérale a été adoptée par le Congrès sous le nom de "Glass-Owen bill", soutenue par deux démocrates, le membre du Congrès Carter Glass de Virginie et le sénateur Robert Owen de l'Oklahoma. Owen a été persuadé de soutenir le projet de loi par

Samuel Untermeyer, qui l'avait conseillé pour l'enquête sur le Pujo Money Trust. Untermeyer flatta Owen en le divertissant à Greystone, sa propriété palatiale de l'Hudson River. Untermeyer prétendait être un "démocrate progressiste", bien qu'il vivait dans une splendeur féodale, payant 167 employés pour s'occuper de son étendue d'orchidées et de serres. À Greystone, Owen dîna avec Paul Warburg, Bernard Baruch et d'autres financiers qui avaient reçu l'ordre de faire adopter le Federal Reserve Act. Owen, qui connaissait peu la finance, se laissa facilement convaincre par les discours doctrinaires de Paul Warburg sur "notre système bancaire archaïque", qui doit être mis au même niveau que le système bancaire plus moderne de l'Europe.

Après l'adoption du Federal Reserve Act par le Congrès et sa promulgation par le président Woodrow Wilson, six banques new-yorkaises contrôlées par le groupe Morgan-Standard Oil ont acheté la participation majoritaire de la Federal Reserve Bank of New York, qu'elles détiennent depuis lors. L'organigramme de la Federal Reserve Bank of New York du 19 mai 1914 montre que sur les 203 053 actions émises, la National City Bank a souscrit à 30 000 actions ; la Morgan-Baker First National Bank en a pris 15 000. Ces deux banques ont fusionné pour former l'actuelle Citibank en 1955, ce qui leur a donné un quart des actions de la Federal Reserve Bank of New York. La National Bank of Commerce, dont Paul Warburg était un actionnaire important, a pris 21 000 actions ; la Hanover Bank (aujourd'hui Manufacturers Hanover, dont Lord Rothschild est administrateur) a pris 10 200 actions ; la Chase National Bank a pris 6000 actions ; la Chemical Bank a pris 6000 actions. En 1914, ces six banques possédaient 40% des actions de la Banque de la Réserve Fédérale de New York. L'imprimé des actionnaires du Système de la Réserve Fédérale du 26 juillet 1983 montre qu'ils détiennent aujourd'hui 53%, comme suit : Citibank 15% ; Chase Manhattan 14% ; Morgan Guaranty Trust 9% ; Manufacturers Hanover 7% ; Chemical Bank 8%. La Citicorp Citibank est la banque américaine la plus importante. La Chase Manhattan est la troisième banque avec 82 milliards de dollars d'actifs ; la Manufacturers Hanover est la quatrième banque avec 64 milliards de dollars ; la J.P. Morgan est la cinquième banque avec 58 milliards de dollars ; la Chemical Bank est la sixième banque. La n° 11 est First Chicago, anciennement First National Bank of Chicago, contrôlée par les intérêts de Baker-Morgan. Les extraits d'un rapport de la chambre des réprésentants 159362, p. 183 – indiquent :

> "Après Baker and Son, Morgan & Co. est le plus grand actionnaire de la First National (de New York), avec 14 500 actions ; Baker et Morgan détiennent ensemble 40 000 des 100 000 actions de la First National Bank."

Le *New York Times* du 3 septembre 1914, au moment de la vente des actions de la Réserve Fédérale, montrait les principaux actionnaires de ces banques comme suit National City Bank – 250 000 actions dont James Stillman détenait 47 498 ; J.P. Morgan & Co. 14 500 ; W. Rockefeller 10 000 ; M.T. Pyne 8267 ; Percy Pyne 8267 ; J.D. Rockefeller 1750 ; J.S. Rockefeller 100 ; W.A. Rockefeller 10 ; J.P. Morgan Jr. 1000. National Bank of Commerce, 250 000 actions - George F. Baker 10 000 ; J.P. Morgan Co. 7800 ; Mary W. Harriman, (veuve E.H.) 5650 ; Paul Warburg 3000 ; Jacob Schiff 1000 ; J.P. Morgan Jr. 1100. Chase Natl. Bank- George F. Baker 13 408. Hanover Natl. Bank - James Stillman 4000 ; William Rockefeller 1540.

Pendant une période où des milliers de banques américaines ont fait faillite depuis 1914, ces banques, protégées par leurs intérêts dans la Banque de Réserve Fédérale de New York, n'ont cessé de se développer. Un rapport du Sénat indique :

> "Les membres de comités de directions imbriqués parmi les grandes entreprises américaines : une étude du personnel du Comité sénatorial des affaires gouvernementales en date du 15 juin 1978, montre que cinq de ces banques susmentionnées détenaient un total de 470 sièges de direction répartis dans les 130 plus grandes entreprises américaines, soit une moyenne de 3,6 administrateurs pour chaque société. Ce rapport massif est digne d'une étude détaillée : nous ne pouvons que donner les totaux ici :
>
> CITICORP   97 directeurs
>
> J.P. MORGAN CO.   99 directeurs
>
> BANQUE CHIMIQUE   96 directeurs

CHASSER MANHATTAN	89 directeurs
FABRICANTS HANOVRE	89 directeurs
Total	470

Ce contrôle centralisé sur l'industrie américaine par cinq banques new-yorkaises contrôlées depuis Londres laisse penser qu'au lieu de 130 grandes entreprises américaines, nous n'en avons peut-être qu'une seule, qui est en soi un avant-poste de la London Connection[19].

Au début du XIXᵉ siècle, la Maison de Rothschild a créé aux États-Unis un certain nombre de filiales qui portaient le code d'identification des banques de la City, ou sociétés de la City, les identifiant comme provenant du centre financier de la City de Londres. La City Bank a été créée à New York en 1812, dans la même salle où la Banque des États-Unis avait opéré jusqu'à l'expiration de sa charte. Appelée plus tard National City Bank, son directeur pendant cinquante ans fut Moses Taylor, dont le père avait été un agent confidentiel de John Jacob Astor et des services de renseignement britanniques. Tout comme pour l'opération Morgan-Peabody, Moses Taylor doubla sa fortune lors de la panique de 1837 en achetant des actions sur le marché baissier avec des capitaux avancés par N.M. Rothschild de Londres. Pendant la Panique de 1857, alors que beaucoup de ses concurrents échouent, la City Bank prospère. Pendant la panique, Moses Taylor a acheté les actions en circulation de la Delaware Lackawanna Railroad pour 5 dollars l'action. Sept ans plus tard, elle valait 240 dollars l'action. Il valait maintenant 50 millions de dollars. Son gendre, Percy Pyne, était venu de Londres pour travailler à la City Bank, et avait épousé la fille de Taylor. Lorsque Taylor est mort en 1882, il a laissé 70 millions de dollars. Son gendre, aujourd'hui paralysé, est devenu président de l'actuelle National City Bank. William, le frère de John D. Rockefeller, investit dans la banque et persuade Pyne de se retirer en 1891 en faveur de James Stillman, l'associé de Rockefeller, pour en devenir le président. Le fils de William, William, a

---

[19] La *Connexion Londres*, qui aux dires de l'auteur, contrôlerait l'émission monétaire et toute l'économie américaine depuis la City de Londres. Nde.

épousé la fille de Stillman, Elsie ; son autre fils, Percy, a épousé la fille de Stillman, Isabelle. James Stillman avait également des liens avec Londres - son père, Don Carlos, avait été agent des Rothschild à Brownsville, au Texas, et avait réussi à faire respecter le blocus pendant la guerre civile.

La National City Bank a acquis plusieurs filiales à New York, la National City Co. rebaptisée par la suite City Co. et la City Bank Farmers Trust Co.

La domination de la puissance financière de Morgan-Kuhn Loeb à New York est démontrée par un rapport du Dow Jones paru dans le *New York Times* du 11 février 1928 : sur l'ensemble des émissions d'obligations en 1927, J.P. Morgan était le premier avec 502 590 000 dollars, la National City Co. le second avec 435 616 000 dollars et Kuhn Loeb le troisième avec 423 988 000 dollars. Le 3 juillet 1929, le *New York Times* note que Charles A. Peabody a rejoint les conseils d'administration de la National City Co. et de la City Bank Farmers Trust. Le 4 août 1932, le *New York Times* déclara que la National City Bank émettrait sa propre monnaie contre des obligations américaines porteuses du pouvoir circulatoire en vertu du nouveau Federal Home Loan Bank Act qui autorisait la National City Bank à émettre jusqu'à 124 millions de dollars en monnaie fiduciaire. La National City Bank était désormais devenue une "banque d'émission", une fonction autrefois réservée aux banques centrales. Le 8 juin 1933, James H. Perkins, président de la National City Bank, annonça la création de la National City Co. qui devait plus tard changer son nom en City Co. of New York. Le 21 novembre 1933, la National City Bank répertorie 31 filiales, dont la City Bank Farmers Trust, la City Co. de New York, la City Co. du Massachusetts, 44 Wall St. Co. et Cuban Sugar Plantations Inc.

Le 3 mars 1934, le *New York Times* a annoncé que la National City Bank allait vendre la Banque nationale d'Haïti, une filiale à 100%, le 29 avril 1934. Le *Times* a également rapporté que la National City Bank avait organisé United Aircraft le 2 février 1934, et que sa filiale, City Bank Farmers Trust, avait célébré son 112ème anniversaire le 28 février 1929.

Le 27 juin 1934, la City Co. de New York est désignée comme agent de souscription des obligations allemandes aux États-Unis. Le 22 mai 1933, la City Co. de N. Y. annonce sa fusion avec les frères Brown Harriman, avec Joseph Ripley comme président du conseil d'administration. La société changea plusieurs fois de nom pour devenir la Brown Harriman Co. et Harriman Ripley, et redevient la Brown Bros. Harriman.

Le 4 mars 1934, le général Billy Mitchell, s'adressant à la Foreign Policy Association, déclara que la National City Bank et ses filiales contrôlaient l'aéronautique dans ce pays. Allen W. Dulles, présenté comme un "spécialiste des affaires internationales", annonça que les profits des fabricants internationaux de munitions étaient déraisonnables.

Le 2 mars 1955, la National City Bank a annoncé qu'elle achèterait les actions de la First National Bank pour 165 millions de dollars, soit 550 dollars l'action (lors du boom de 1929, la First National s'est vendue à 8600 dollars l'action). Certains analystes du marché ont estimé que l'action aurait dû rapporter 750 dollars l'unité lors de la vente de 1955, ce qui laisse entendre que la famille Baker n'était plus en mesure de protéger ses intérêts. La Citibank qui en a résulté est devenue la plus grande banque des États-Unis, avec une participation majoritaire dans la Federal Reserve Bank of New York. La National City Bank était présente à Hong Kong depuis quatre-vingts ans ; elle y possède un siège Citibank à 90 millions de dollars. En 1983, 4% de ses bénéfices annuels provenaient de l'opération de Hong Kong, qui est le centre du commerce mondial de la drogue.

Outre sa participation majoritaire dans la Banque fédérale de réserve de New York, les Rothschild avaient développé d'importants intérêts financiers dans d'autres régions des États-Unis. Le rapport du House Banking and Currency Committee de mai 1976, "International Banking", p. 60, identifie le groupe Rothschild Five Arrows et ses cinq succursales actuelles : N.M. Rothschild & Sons Ltd. Londres ; Banque Rothschild, France ; Banque Lambert, Belgique ; New Court Securities, N.Y. ; Pierson, Holding & Co. Amsterdam. Ces cinq banques ont été regroupées en une seule, Rothschild Intercontinental Bank Ltd. Le House Staff Report révèle que Rothschild Intercontinental

Bank Ltd. possède trois principales filiales américaines : la National City Bank of Cleveland ; la First City National Bank of Houston (First City Bancorp) ; et Seattle First National Bank. Ces filiales de Rothschild ont été classées en 1983 comme suit : First City Bancorp Houston, 23ème en taille aux États-Unis, avec 17 milliards de dollars d'actifs ; la National City Corp. de Cleveland, 48ème des États-Unis, avec 6,5 milliards de dollars d'actifs. La National City Corporation de Cleveland exerce un rôle dominant dans l'industrie et la politique du Midwest depuis de nombreuses années ; la First City Bancorp domine le pétrole et l'industrie lourde ainsi que la politique du Texas.

En 1900, Cleveland était la ville natale de Marcus Alonzo Hanna (connu sous le nom de Mark), le légendaire patron politique du Parti républicain. Il a fait nommer et élire à deux reprises un membre du Congrès de l'Ohio, William McKinley, à la présidence des États-Unis. Il a été à l'origine du système de prélèvements par lequel les banques et les entreprises étaient tenues de verser régulièrement des contributions politiques. Hanna fonde deux sociétés, M.A. Hanna Co. et Hanna Mining Co. qui acquièrent d'importantes participations dans les secteurs de l'acier et du fer. En 1953, le président Eisenhower nomme George Humphrey secrétaire au Trésor. Humphrey, président de la société M.A. Hanna, était également président de la société président National Steel Co. (récemment acquise par Nippon Kokan, un groupe japonais) ; directeur de la Sun Life Assurance Co. (Rothschild), d'Industrial Rayon Corp. (Rothschild), Industrial Rayon Corp., le plus grand fabricant mondial de câbles pour pneumatiques (L.L. Strauss de Kuhn, Loeb Co. contrôlait la société) ; Harry Byrd Jr. était également administrateur. Humphrey était également directeur de la National City Bank de Cleveland. Les autres directeurs de cette banque étaient C.T. Foster, président de Standard Oil of Ohio ; J.A. Greene, président d'Ohio Telephone Co. ; L.L. White, président de Chicago & St, Louis Rwy ; R.A. Weaver, président de la Ferro Corp. ; J.B. Ward, président de la Addressograph Co. ; H.B. Kline, président de la Industrial Rayon Corp. et William McAfee, directeur de la Standard Oil of Ohio. La National City Bank of Cleveland détient maintenant 6,5 milliards de dollars d'actifs, 8171 employés et 17 sociétés. Elle a récemment acheté la banque de revenus de 500 millions de dollars, BANCOHIO.

En 1978, le fils de George Humphrey, Gilbert W., a été directeur de la compagnie minière Hanna, de la National City Bank of Cleveland, de la Sun Life Assurance, de la National Steel, de Massey Ferguson, de la General Reinsurance, et de la St. M.A. Hanna Co., la société holding, a été liquidée en 1965, et ses actifs de 700 millions de dollars ont été distribués à ses actionnaires.

L'influence de la National City Bank of Cleveland ne se limite pas aux familles Hanna et Humphrey. En tant que lien avec l'Ohio de la maison Rothschild, elle a guidé la carrière de deux des familles les plus connues du pays, les Tafts et les Rockefeller. La banque a financé les activités de la famille Taft dans le domaine de la politique et des affaires, la Taft Broadcasting Co. et d'autres entreprises. Le succès de John D. Rockefeller a commencé lorsqu'il a obtenu le soutien de la National City Bank de Cleveland pour financer le rachat de ses concurrents dans le secteur pétrolier. Comme J.P. Morgan et Kuhn, Loeb Co. contrôlaient 95% de tout le réseau ferroviaire aux États-Unis dans la seconde moitié du XIXème siècle, ils ont offert à Rockefeller des rabais spéciaux sur le transport du pétrole par l'intermédiaire de sa holding, la South Improvement Co. Cela lui a permis de vendre moins cher et de ruiner ses concurrents. L'un d'entre eux était un M. Tarbell, dont la fille, Ida Tarbell, a plus tard écrit la première étude critique de la Standard Oil et a été qualifiée de "muckraker"[20] par Theodore Roosevelt, un terme qui est rapidement passé dans le langage courant. Tout l'empire Rockefeller était financé par les Rothschild.

Lorsque Lincoln Steffens est devenu journaliste à Wall Street, il a interviewé J.P. Morgan et John D. Rockefeller à plusieurs reprises. Il s'est vite rendu compte que ces messieurs, aussi puissants soient-ils, n'étaient que des hommes de paille. Il a noté que :

---

[20] Terme intraduisible signifiant, "déterreur de scandales", Ndt.

"Personne ne semble jamais se demander qui est derrière les Morgans et les Rockefeller."

Personne d'autre n'a jamais posé la question, ni n'y a répondu ! Steffens savait que l'argent de leurs opérations provenait de quelqu'un d'autre, mais n'a jamais réussi à le retracer.

En février 1930, un des rares articles sur les Rothschild à avoir été publié dans un magazine américain est paru dans *Fortune*, qui déclarait :

"Sur un seul point important, les Rothschild se sont trompés. Ils n'ont jamais voulu rien à voir à faire avec les États-Unis d'Amérique. L'imagination s'emballe à ce que les Rothschild pourraient être aujourd'hui s'ils avaient dépensé pour les industries naissantes de ce pays la moitié des sommes qu'ils ont versées à l'Autriche impériale."

L'écrivain de *Fortune* ne savait pas alors et n'a probablement jamais su que les Rothschild ont toujours contrôlé les opérations de Morgan et Rockefeller, ainsi que les fondations mises en place par ces hommes de paille pour contrôler le peuple des États-Unis.

Au cours du dernier quart de siècle, de nombreux écrivains ont publié des articles alarmants sur les Rockefeller et leur contrôle des États-Unis par le biais du Council on Foreign Relations. En 1950, le *New York Times* a publié une petite annonce sur une page intérieure indiquant que L.L. Strauss, un associé de la Kuhn, Loeb Co. avait été nommé conseiller financier des frères Rockefeller. En bref, tous leurs investissements doivent être approuvés par un associé de Kuhn, Loeb Co. Il en a toujours été ainsi, à commencer par Jacob Schiff. Strauss a occupé ce poste de 1950 à 1953, date à laquelle il est passé au service de J. Richardson Dilworth. Dilworth, qui a épousé Elizabeth Cushing, a été associé de Kuhn, Loeb Co. de 1946 à 1958, date à laquelle il est devenu directeur des finances pour toute la famille Rockefeller, présidant tous leurs comptes au 56ème étage du Rockefeller Center. Il a occupé ce poste jusqu'en 1981. Il est aujourd'hui président du conseil d'administration du Rockefeller Center, directeur de l'International Basic Economy

Corp. de Chrysler, de R.H. Macy, du Colonial Williamsburg et de l'université Rockefeller.

La National City Bank of Cleveland continue de dominer l'industrie et la politique du Midwest. Pendant de nombreuses années, son principal cabinet d'avocats a été Jones, Day, Reavis et Pogue of Cleveland. Le *Washington Post* a annoncé le 19 décembre 1983 que ce cabinet d'avocats dépensait 9 millions de dollars pour ses bureaux de Washington afin de maintenir un personnel de soixante avocats, faisant de ce cabinet de Cleveland l'un des groupes de pression les plus puissants de Washington.

La société Hanna Mining, malgré des revenus relativement modestes de 333 millions de dollars, joue un rôle important, comme le montre son conseil d'administration, qui comprend des noms aussi éminents que Herbert Hoover Jr (sous-secrétaire d'État sous Eisenhower & Dulles), Stephen D. Bechtel, président du groupe Bechtel et directeur de la société J.P. Morgan ; R.L. Ireland de Brown Bros. Harriman ; George F. Bennett, trésorier de l'université de Harvard, et Nathan W. Pearson, directeur financier de la famille Mellon.

Malgré l'image hollywoodienne de millionnaires du pétrole texan au visage rouge conduisant des Cadillac neuves, l'industrie pétrolière texane a été dominée pendant des années par les Rothschild de Londres par l'intermédiaire de la First City National Bank de Houston, qui pèse un milliard de dollars, et de ses cinquante-sept filiales au Texas. Le président de la First City est James Anderson Elkins Jr, qui est un des directeurs de la Hill Samuel Co. de Londres, l'une des dix-sept banques d'affaires agréées par la Banque d'Angleterre. Son père a été président de la First City et a fondé le cabinet d'avocats texan Vinson and Elkins, le principal cabinet d'avocats de la First City Bank. Ce cabinet a dominé la politique nationale grâce à son partenaire le plus connu, John B. Connally, qui a acquis une réputation de "faiseur de rois" dans la politique texane. Il a commencé comme assistant administratif du membre du Congrès Lyndon B. Johnson en 1949, puis est devenu avocat du millionnaire du pétrole Sid Richardson, et de Perry Bass, au cours des années 1952-61, secrétaire de la Marine en 1961, gouverneur du Texas en 1963-69 ; secrétaire du Trésor en 1971-72. Il fut blessé lors de l'assassinat de Kennedy à Dallas. Il est aujourd'hui administrateur de la Fondation Andrew Mellon, membre du Conseil consultatif du Président sur le renseignement extérieur et du Comité consultatif sur la réforme du système monétaire international. Il a conseillé Nixon sur la dévaluation du dollar et l'abandon de l'étalon-or en 1971. Il est aujourd'hui directeur de Superior Oil, et de Falconbridge Nickel Mines Ltd.

James Anderson Elkins est également directeur de Freeport Minerals, dont les dirigeants comptent parmi les plus grands noms du monde des affaires américain. Le Président de Freeport est Benno H. Schmidt, directeur général de J.H. Whitney Co. Schmidt, qui a épousé la riche famille Fleischmann - (le magazine *New Yorker* etc.) a obtenu son diplôme de droit à Harvard en 1941, est devenu conseiller général du War Production Board à Washington en 1941-42, et a dirigé la Foreign Liquidation Commission 1945-46, qui a disposé de biens d'une valeur de plusieurs milliards de dollars. Il est également directeur de CBS, et de Schlumberger, l'énorme société de services pour les champs de pétrole qui a commencé ses activités en 1928 lorsqu'elle a obtenu son premier contrat avec l'Union Soviétique - on dit qu'elle a d'importantes connexions avec les services de renseignement anglo-saxons. Les autres directeurs de Freeport Minerals sont William McChesney Martin Jr, président du Conseil de la Réserve Fédérale des années 1951-1970, aujourd'hui directeur de J.P. Morgan U.S. Steel, Eli Lilly, General Foods, Royal Dutch Shell, IBM, American Express, Riggs National Bank et Scandinavian Securities (la société Wallenberg) ; Donald S. Perkins, de Morgan Guaranty Trust, du magazine *Time* ; John B. Madden, associé de Brown Bros. Harriman ; Godfrey S. Rockefeller ; Norborne Berkeley Jr., directeur d'Uniroyal, et Anglo-Energy Ltd.

Parmi les autres directeurs de la First City Bancorporation, citons Anne Armstrong, ambassadrice des États-Unis en Grande-Bretagne en 1976-1977, co-championne de la campagne Reagan-Bush en 1980, directrice de General Foods, General Motors, administrateur de la Hoover Institution, de la Fondation Guggenheim, du Conseil atlantique, du Conseil des relations étrangères, de la Halliburton Co. et de George R. Brown, directeur de Halliburton - il a fondé l'énorme société de passation de marchés, Brown & Root, qui a financé les campagnes politiques de Lyndon B. Johnson, recevant par la suite des contrats de plusieurs milliards de dollars pour la construction de bases navales et d'aérodromes au Vietnam, qui sont maintenant utilisés par la marine et l'armée de l'air soviétiques. Brown a épousé une membre de la famille Pratt, a fondé la Texas Eastern, une entreprise pétrolière, et est directeur d'ITT, de TWA et de la Fondation Brown. L'association Brown-Johnson a débuté en 1940, lorsque Johnson a obtenu un contrat lucratif pour Brown & Root pour la construction d'une grande base navale à Corpus Christi, au Texas ; on disait alors que toute voie choisie par Johnson serait pavée par l'argent de Brown & Root. J. Evetts Haley fait remarquer que Brown & Root a prospéré grâce à des contrats gouvernementaux après que Johnson l'ait aidé avant de rapidement devenir une entreprise d'envergure mondiale. En 1940, l'Internal Revenue Service a découvert que d'importantes contributions versées à Johnson par Brown & Root et sa filiale, Victoria Gravel Co. jusqu'à 100 000 dollars chacune, étaient déduites des impôts par Brown & Root. Haley déclare :

> "Brown & Root contrôlait la politique du Texas ; que L. B. Johnson contrôlait l'IRS ; que des dossiers avaient été brûlés à l'IRS pour tirer Brown d'affaire en 1954. Johnson et Connally ont ensuite repris une usine du gouvernement pour une petite somme qui est devenue un conglomérat gigantesque de l'armement, l'usine Sid Richardson Carbon à Odessa, au Texas, dans laquelle Mme Lyndon B. Johnson détenait une participation d'un quart."

En 1955, Johnson a subi une grave crise cardiaque alors qu'il se rendait au domaine palatial Middleburg Va. de George Brown.

Comme mentionné, M. Brown est directeur de Halliburton, dont le principal cabinet d'avocats est également Vinson & Elkins. En 1981, Halliburton avait un chiffre d'affaires de 8,3 milliards de dollars, 110 398 employés, et surveille quotidiennement la plupart des puits de pétrole américains. Outre George Brown et Anne Armstrong, les directeurs de Halliburton comprennent le Lord écossais Polwarth, qui est gouverneur de la Banque d'Écosse, directeur de la Canadian Pacific, de la Sun Life

Assurance Ltd. et de Brown & Root UK qui est lié à George Wimpey Ltd. la plus grande entreprise de construction d'Angleterre, par l'intermédiaire de Brown & Root Wimpey Highland Fabricators. Lord Polwarth, Henry Hepbume Scott, est un descendant de James Hepburn, comte de Bothwell, qui était marié à Mary, reine d'Écosse. Le premier baron Polwarth (1641-1724) était Sir Patrick Hume, premier comte de Marchmont, et le plus proche conseiller de Guillaume d'Orange. Il accompagna Guillaume en 1688 dans son voyage pour prendre possession du trône d'Angleterre et devint son conseiller privé, fonction par laquelle il conseilla à Guillaume d'accorder la charte de la Banque d'Angleterre. Il devint pair d'Écosse en 1689, Lord Chancelier d'Écosse en 1696-1702, et Earl of Marchmont en 1697. Il transmet l'Acte de succession à la Chambre de Hanovre et est reconduit dans ses fonctions par le roi George Ier.

John Pickens Harbin, président de Halliburton, est l'un des directeurs de Citicorp. Un autre directeur de Halliburton est William E. Simon, secrétaire au Trésor 1973-77. Il est administrateur de Citicorp, de Citibank et de United Technologies. En tant que directeur de la Citibank, il est en relation avec Lord Aldington of London (Toby Low), qui est également directeur de la Citibank et président de la Sun Life Assurance, la clé de voûte de la fortune des Rothschild. Lord Aldington est président de la Grindlay's Bank, Londres, directeur de General Electric Ltd. de la Lloyd's Bank, de la United Power Ltd. et de National Discount Corp.

Lors d'une "crise pétrolière" nationale, les fonctionnaires se sont plaints de ne pas pouvoir obtenir de dossiers des compagnies pétrolières sur la production et les réserves, mais Halliburton a reçu ces informations quotidiennement.

En tant que directeur de United Technologies, William Simon est à nouveau en contact avec la Citibank, la seule société qui compte quatre dirigeants au conseil d'administration de la Citibank - Harry Gray, président de United Technologies, Simon, William. Spencer, qui est président de Citibank, et Darwin Eatna Smith, président de Kimberly Clark.

Les autres directeurs de United Technologies sont Robert F. Dee, président et PDG de la firme pharmaceutique Smith Kline ; T. Mitchell Ford, avocat général de la CIA 1952-55, aujourd'hui président de la société Emhart Corp. et directeur de Travelers Insurance ; Richard S. Smith, directeur exécutif et vice-président de la société National Steel, était à la First National Bank de New York durant les années 1952-62, et trésorier de M.A. Hanna Co. pour 1962-63, et directeur de Hartford Fire Insurance, et de Hartford Accident & Indemnity ; Charles W. Duncan, Jr. Sec. de la défense, 1977-79, Sec. du département de l'énergie 1979-81, président de Coca Cola International, président de Coca Cola Europe, directeur de Humble Oil Co. ; Melvin C. Holm, président et PDG de Carrier Corp. directeur de N.Y. Telephone, Mutual of New York SKF Industries ; Antonia Chandler Hayes, épouse d'Abram Hayes, qui a été l'assistante juridique de Felix Frankfurter, puis a rejoint Covington & Burling à Washington au cours des années 1952-55, a rédigé le programme national démocrate en 1960, puis est devenu conseiller juridique au Sec. d'État pour 1961-64, directeur de la politique étrangère du Comité national démocrate en 1972 ; Jacqueline Wexler, pres. Du Webster College 1965-69, pres. Du Hunter College depuis 1969, leader du mouvement féministe ; et Robert L. Sproull, avec le Dept. de la défense en 1963-65, pres. De l'Univ. de Rochester depuis 1970, conférencier à l'OTAN, directeur de Xerox, General Motors, pres. de Telluride Assn.

Les autres directeurs de First City Bancorporation sont John Diesel, président de Tenneco, qui est en relation avec la société pétrolière George Bush, Zapata Oil Corp. dont le directeur John Mackin est un des directeurs de Tenneco ; Randall Meyer, président de la First City Bancorporation. Exxon ; MA. Wright, ancien président d'Exxon en 1966-76, aujourd'hui président de Cameron Iron Works.

Parmi les autres directeurs de Halliburton Corp. figurent James W. Glanville, ancien partenaire de Lehman Bros, et Lazard Frères, qui a travaillé pour Humble Oil de 1945 à 1959, Lehman Bros. de 1959 à 1978, qui travaille pour Lazard Frères depuis 1978, et qui est directeur de International Mining & Chemical Co. Parmi les autres directeurs de Lazard Frères figurent son associé principal, Michel David Weill, directeur de la maison parisienne de Lazard Frères ; Donald C. Cook, examinateur financier de la SEC 1935-45, directeur de l'Office of Alien Property Custodian for Dept. Il est aujourd'hui directeur d'ABC, Amerada Hess, président du conseil d'administration d'American Electric Power et directeur de General Dynamics, la firme orientée vers la défense ; Felix Rohatyn, né en Autriche, est venu aux États-Unis en 1942, a épousé Jeannette Streit, fille de Clarence Streit, chef de l'Union. Aujourd'hui en Angleterre, Rohatyn a rejoint Lazard Frères en 1948, il est directeur de Schlumberger, MCA, American Motors, Owens Illinois, Engelhardt Mining & Chemical, Pfizer, ITT et Rockefeller Bros. Fund ; il est également directeur de la président Municipal Assistance Corp. qui a sauvé la ville de New York de sa faillite imminente ; Frank C. Zarb, président des États-Unis en 1974-77, administrateur de l'Administration fédérale de l'énergie en 1974-77, aujourd'hui directeur de Philbro Corp. Engelhard Mining & Chemical, et du Fonds pour l'énergie.

L'axe Houston-Cleveland est en relation avec de nombreuses personnalités politiques, dont W. Michael Blumenthal, secrétaire au Trésor en 1977-79, qui est en relation avec l'axe par le biais de la Chemical Bank, Equitable Life et la Fondation Rockefeller ; Robert B. Anderson, secrétaire au Trésor 1957-61, associé du cabinet d'avocats Stroock Stroock & Lavan qui administre les finances de la famille Warburg, et qui collabore avec ce groupe par l'intermédiaire de Equitable Life, ITT et PanAm ; G. William Miller, président du Conseil des gouverneurs de la Réserve Fédérale en 1978-79, secrétaire au Trésor en 1979-81, qui collabore avec ce groupe par l'intermédiaire de Textron et de First City Bancorporation, était président de la United States-U.S.S.R. Trade & Economic Council, aujourd'hui directeur de Federated Dept. Stores, dont les directeurs comprennent trois directeurs de la Chase Manhattan Bank et des relations avec la Citibank et la Kuhn, Loeb Co.

La puissance politique de cet axe contrôlé par Rothschild est démontrée par la facilité avec laquelle ils financent les campagnes de deux gouverneurs d'États du Sud supposés conservateurs, John D. Rockefeller IV et Charles Robb, gendre de Lyndon B. Johnson, en Virginie, héritier de la puissance politique de Connally-Brown & Root First City Bancorp.

Le rapport de mai 1976 du House Banking & Currency Committee fait état d'une autre filiale de Rothschild (p.60) :

> "Les banques Rothschild sont affiliées à Manufacturers Hanover of London (dont elles détiennent 20% des parts), à une banque d'affaires et à Manufacturers Hanover Trust of N. Y.".

Les Manufacturers Hanover ont récemment acheté le géant CIT Financial Corp. pour 1,6 milliard de dollars en octobre 1983.

Malgré sa richesse réputée, l'aîné J.P. Morgan n'a pas laissé une des grandes fortunes américaines à sa mort en 1913 ; elle a d'abord été estimée à 75 millions de dollars, puis à 50, et a finalement révélé qu'il n'y avait que 19 millions de dollars de titres dans l'ensemble de la succession, dont 7 millions étaient dus au marchand d'art Duveen. J.P. Morgan Jr. (connu sous le nom de Jack) a été gêné de découvrir qu'il avait dû vendre de nombreux trésors d'art de son père pour payer les dettes de la succession. La plupart des énormes sommes gérées par J.P. Morgan sont allées directement aux Rothschild. En 1905, le *New York Times* note dans sa nécrologie du baron Alphonse de Rothschild qu'il possède quelque 60 millions de dollars en titres américains, bien que les Rothschild, selon la plupart des autorités financières, n'aient jamais été actifs dans la finance américaine.

Lincoln Steffens indiquait :

> "Le sénateur Aldrich est un grand homme pour moi ; non pas personnellement, mais en tant que leader du Sénat. Lui, Aldrich, s'incline devant J.P. Morgan. L'autre jour, J.P. Morgan est venu à Washington, et lui, moi et Aldrich avons eu une conférence. Et j'ai remarqué que lui, Morgan, s'adressait à moi, et non à Aldrich. Morgan me parlait à moi, tandis que je parlais à Aldrich, qui parlait à Morgan."

Le partenaire de Morgan, George W. Perkins, a travaillé avec acharnement pour obtenir la nomination de Theodore Roosevelt comme colistier de McKinley. Pendant la présidence de Roosevelt, son conseiller le plus proche était George W. Perkins. Malgré le surnom de "booster de confiance" donné à Roosevelt, il protégea les intérêts de Morgan tout au long de son mandat. Son successeur, William Howard Taft, s'opposa à Morgan et introduisit une législation antitrust pour contrôler deux trusts de Morgan, International Harvester et U.S. Steel. Perkins a ensuite créé le Parti progressiste en 1912 pour diviser le parti et vaincre Taft.

Le sommet du pouvoir de J.P. Morgan a été atteint lors de la panique de 1907, lorsqu'il a pris le contrôle de Wall Street. Oakleigh Thorne, président de la Trust Co. of America, victime de la "panique", a témoigné devant une commission du Congrès que :

> "sa banque n'avait fait l'objet que de retraits modérés, qu'il n'avait pas demandé d'aide, et que c'était la seule déclaration de Morgan qui avait provoqué la ruée sur sa banque... que les intérêts de Morgan ont profité des conditions instables de l'automne 1907 pour précipiter la panique, en la guidant habilement dans sa progression afin qu'elle tue les banques rivales et consolide la prééminence des banques dans l'orbite de Morgan."

La puissance financière de Morgan provenait du contrôle de l'énorme trésorerie des plus grandes compagnies d'assurance-vie du pays. Il contrôlait la Mutual Life, la New York Life, la Metropolitan Life et, avec George F. Baker et James Stillman, racheta la participation majoritaire de Thomas Fortune Ryan dans Equitable, qui l'avait lui-même acquise auprès de la famille Hyde. À l'origine, Hyde a créé Equitable tout en servant de façade à Jacob Schiff et James Speyer.

Le 7 juin 1933, *Nation* notait :

> "J.P. Morgan est généralement considéré comme le banquier le plus important du monde."

Paul Y. Anderson a mentionné dans cet article que le témoignage devant la commission bancaire du Sénat a montré que Morgan et ses associés, dont Thomas W. Lamont et E.T. Stotesbury, n'ont payé aucun impôt fédéral sur le revenu en 1931-32 ; les associés ont payé un total de 48 000 dollars en 1930. Anderson a fait la remarque suivante :

"Y a-t-il un mystère quant à la raison pour laquelle les Marines ont été envoyés contre Haïti, Saint-Domingue et le Nicaragua alors que ces pays ont manqué ou menacé de manquer à leurs obligations de paiement de la dette envers les banques américaines ? Il a été démontré que la firme Morgan avait une certaine liste de "clients" à qui elle a vendu des actions à des prix largement inférieurs à ceux du marché. Dans le cas de l'Allegheny Corp., ces blondins ont obtenu les actions à 20 ans, alors qu'elles en valaient 35 sur le marché".

Anderson a fait remarquer que ces quelques chanceux auraient pu vendre les actions immédiatement pour presque le double de ce qu'ils avaient payé. Parmi les bénéficiaires de ces faveurs de Morgan, il cite le sénateur McAdoo, le juge Owen Roberts, le secrétaire Woodin, Owen D. Young et John J. Raskob.

Dans *Nation*, le 21 juin 1933, Anderson poursuit :

"Lorsque le Fort Sumter a été attaqué, l'or a commencé à quitter le pays. L'homme qui devait déclarer plus tard "Ne vendez pas l'Amérique à découvert" a alors fait exactement l'inverse de ce qu'il recommandait. Il a emprunté 2 millions de pièces d'or et les a expédiées à Londres. Ce fut vraiment un coup de maitre. Une ruée vers l'or pour payer les engagements à l'étranger s'en est suivi et cet Américain patriote avec ses 2 millions à Londres a pu alors vendre à son propre prix."

En mars 1929, peut-être en prévision de la tempête à venir, deux banques Morgan ont fusionné, la National Bank of Commerce, qui, selon le *New York Times,* avait "d'importantes connexions étrangères", et la Guaranty Trust, formant une institution de 2 milliards de dollars. Le 26 février 1929, le *New York Times* notait :

"Le Guaranty Trust est connu depuis longtemps comme l'un des membres du "groupe Morgan". La National Bank of Commerce a également été identifiée comme faisant partie des intérêts de Morgan."

L'associé de longue date de J.P. Morgan, George Fisher Baker, a été l'un des fondateurs de la First National Bank, achetant 30 actions en 1863 pour 3000 dollars. Il a également été caissier, puis est devenu président. Le livre de Sheridan A. Logan, *George F. Baker and his Bank*, imprimé à titre privé en 1981, note que :

> "un syndicat européen dirigé par N.M. Rothschild a été représenté à New York par August Belmont et la First National Bank pour rembourser la dette de l'État. Baker écrivit une lettre le 29 août 1876 : "Je dois vous informer que nos négociations avec le département du Trésor ont abouti à un contrat entre MM. N.M. Rothschild & Sons et le secrétaire du Trésor pour un montant de quarante millions de dollars, l'équivalent de 41,2% américains de 1891, avec une option sur le reste, soit 260 millions de dollars. Dans ce contrat, la banque a participé à hauteur de 10%, soit 4 millions de dollars".

Logan déclare également que :

> "En 1901, Baker a vendu à J.P. Morgan 23 millions de dollars d'actions de la Central Railroad du New Jersey. La confiance et le respect mutuels qui se sont développés entre M. Baker et M. Morgan ont cimenté leur relation de plus en plus étroite et la First National Bank est devenue de plus en plus l'alliée inébranlable et la source précieuse de fonds mobiles pour le travail de J.P. Morgan & Co."

En 1901, Baker a fait passer les actions de la First National Bank de 500 000 à 10 millions de dollars grâce à un dividende en actions de 1900%. Il a organisé la First Security Co. une société holding, avec ce dividende. Pendant le boom de 1929, la fortune personnelle de Baker a atteint la barre des 500 millions de dollars. Son fils, George Jr., le supplia de payer les 29 millions de dollars dus sur les actions du portefeuille de 80 millions de dollars de First Security. Baker, alors âgé de 89 ans, n'avait pas été informé de la contraction prévue du crédit, peut-être parce que les initiés craignaient qu'il ne fasse des commérages à ce sujet. Il a continué à refuser de vendre des actions ; le krach de 1929 a réduit sa fortune à 200 millions de dollars. À sa mort en 1931, la succession est évaluée à 73 millions de dollars ; son fils, George Jr., hérite de 30 millions de dollars. Sa santé avait été brisée par le stress du travail avec son père pendant les jours désespérés de

1929, et il mourut d'une crise cardiaque à Honolulu, à l'âge de 59 ans. Son fils, George F. Ill, a été retrouvé abattu à Horseshoe Plantation, en Floride, en 1977. Le fils de George Ill, Grenville, a été retrouvé abattu à Tallahassee, en Floride, en 1949, à l'âge de 33 ans. La fille de George Jr., Edith Brevoort Baker, a épousé le petit-fils de Jacob Schiff, John Mortimer Schiff, en 1934, réunissant ainsi deux des plus grandes fortunes américaines. La fille de George Baker F, Florence, avait épousé Howard Bligh St. George en 1891, membre d'une des plus anciennes familles d'Angleterre. Leur petite fille Priscilla avait épousé Angier Biddle Duke en 1937, et ensuite, Allen A. Ryan Jr. en 1941, un parent des Delano.

En 1935, le général Smedley D. Butler a écrit dans le numéro de novembre du *Common Sense* sur sa carrière de marine :

> "J'ai contribué à sécuriser le Mexique et surtout Tampico pour les intérêts pétroliers américains en 1914. J'ai aidé à faire d'Haïti et de Cuba un environnement facile pour les agents de la National City Bank afin de collecter des revenus en... J'ai aidé à purifier le Nicaragua pour la maison bancaire internationale de Brown Bros, en 1909-12. En Chine, en 1927, j'ai aidé à faire en sorte que les intérêts de la Standard Oil ne soit pas menacés. En 1899, J.P. Morgan a émis le premier prêt étranger important au nom du gouvernement mexicain. En 1901, il a prêté 50 millions de dollars au gouvernement britannique pour combattre la guerre des Boers. Mais c'est surtout dans les pays d'Amérique latine que les capitaux américains ont trouvé une voie favorable."

Butler poursuit ses révélations dans le numéro de décembre 1935 :

> "En 1910, six mois après la révolution nicaraguayenne qui a évincé le président Zelaya, son successeur, le Dr Madris, s'est opposé aux investissements nicaraguayens de Brown Bros, et de Seligman Co. Une autre révolution a immédiatement eu lieu."

Butler mentionne les activités latino-américaines de la société Brown Bros. aujourd'hui Brown Bros. Harriman, une entreprise peu connue de la plupart des Américains. En 1801, un négociant en textile de Belfast, Alexander Brown, a créé une maison de banque, Alexander Brown & Co. dans le port de commerce d'esclaves de Baltimore. Sa succursale anglaise, Brown Shipley, est également devenue influente, son membre le plus connu étant Lord Montague Norman, gouverneur de la Banque d'Angleterre pendant de nombreuses années, de 1907 à 1944, plus longtemps que tout autre homme dans l'histoire. *Biographie actuelle* 1940, indiquait :

> "Il existe un accord informel selon lequel un directeur de Brown Shipley devait faire partie du conseil d'administration de la Banque d'Angleterre et Norman y a été élu en 1907".

En développant les investissements des Rothschilds dans les chemins de fer américains, Kuhn, Loeb Co. a trouvé en E.H. Harriman un agent utile. Jeune homme en pleine ascension, Harriman épouse la fille du président d'une petite compagnie de chemin de fer new-yorkaise et cherche bientôt d'autres mondes à conquérir. George Redmond écrit dans *Financial Giants of America* :

> "Il (Harriman) a très tôt gagné la confiance de Kuhn, Loeb Co. et a établi des relations qui sont devenues plus tard très avantageuses pour les deux."

> Kuhn, Loeb a financé la prise de contrôle de l'Union Pacifique par Harriman.

H.J. Eckenrode notait dans *E.H. Harriman* :

> "Lors de sa prise de contrôle d'UP, Harriman avait derrière lui une force financière considérable - non seulement Kuhn, Loeb Co. avec des fonds de Francfort et de Berlin, mais aussi la National City Bank, "la plus grande source de liquidités du pays".

Harriman a employé le juge Robert Scott Lovett comme avocat général de l'Union Pacific. Lorsque Harriman et Otto Kahn ont été convoqués par la CPI en 1897, Lovett leur a conseillé de refuser de répondre à toutes les questions concernant leurs opérations sur les actions. En 1908, la Cour suprême a confirmé leur refus de parler. Les archives de cette affaire, SC No. 133 US v. UP Ry, ont ensuite disparu de la Bibliothèque du Congrès. En 1911, le bâtiment de la compagnie d'assurance Equitable Life, qui contenait tous les dossiers de l'UP Ry, brûla, détruisant tous les papiers de l'UP à cette date. Le fils de Lovett, Robert Abercrombie Lovett, épousa Adèle Brown, fille d'un associé de Brown Bros, et devient associé en 1926. Il a été secrétaire d'État spécial à la guerre durant les années 1940-45, sous-secrétaire d'État de 1947-49, secrétaire d'État à la défense en 1950-51, secrétaire d'État à la défense pendant 1951-53. C'est Lovett qui emmena le secrétaire à la défense de l'époque, James Forrestal, de la société Dillon Read Co. à Fishers Island pour le persuader de changer de position contre la politique américaine au Moyen-Orient. Forrestal refusa et fut placé dans un service psychiatrique de l'Institut national de la santé, où il se jeta par la fenêtre. Lovett le remplaça alors au poste de secrétaire à la défense.

Brown Bros, a soutenu la compagnie de navires à vapeur B & O en 1887, et s'est associé avec J & W Seligman Co. pour un certain nombre de prêts sud-américains. En 1915, la Brown Bros, s'est associée à J.P. Morgan pour lancer une série de prêts en Amérique latine, qui ont souvent été suivis de révolutions dans les pays respectifs. Dans le *Nation* du 7 juin 1922, Oswald Garrison Villard note :

> "La République des frères bruns avec J & W Seligman avait réduit Haïti, Saint-Domingue et le Nicaragua au statut de colonies avec des prêts ruineux. La plupart des prêts ont été remboursés en 1924".

En 1931, W. Averell Harriman, fils de E.H. Harriman, fusionna sa banque, W.A. Harriman & Co. avec Brown Bros, pour former la société actuelle de Brown Bros. Harriman. En 1933, les Brown Bros. Harriman ont soutenu l'expansion de CBS, dans laquelle ils ont conservé une position importante. La société Brown Bros occupait des bureaux au coin de Wall Street et de Hanovre, qui avaient été occupés par J.L. & J.S. Joseph Co. les représentants américains des Rothschild. Josephs fait faillite dans la panique de 1837, après avoir été licencié par les Rothschild, qui opèrent désormais par l'intermédiaire d'August Belmont et de George Peabody & Co. W. Averell Harriman a apporté à la nouvelle entreprise son vice-président, Prescott Sheldon Bush, qui était avec lui depuis 1926. Bush devient président du conseil d'administration de la Pennsylvania Water

& Power Co., directeur de U.S. Rubber, PanAm, CBS, Dresser Mfg Co. Vanadium, U.S. Guaranty, Prudential Insurance et partenaire de Brown Bros Harriman. Il a été président du National War Fund 1943-44 et président d'USO. Son fils George Bush est aujourd'hui président des États-Unis. George Herbert Walker, grand-père de George Bush, qui porte son nom, est devenu président de la W.A. Harriman Co. en 1928 - aujourd'hui Brown Bros. Harriman). Il a été directeur de la Belgian-American Coke Ovens Corp. président d'Habershaw Cable Corp. président d'International Great Northern Railway, directeur de Certain Teed Products, American Shipping & Commerce Corp. American International Corporation, Cuba Railway Co., Pennsylvania Coal & Coke. Il a été le donateur de la Walker Cup, le prestigieux trophée de golf, et président de l'Association américaine de golf. En 1925, il finance la construction du Madison Square Garden. Son fils, George H. Walker Jr. est devenu le président de Walker-Bush Oil Corp. et Zapata Petroleum (la firme de George Bush), de Silesian Holdings, avec W.A. Harriman City Investing Corp. de Westmoreland Coal. Il est également administrateur de Yale. George H. Walker III a fusionné la société G.H. Walker Co. avec Laird & Co. et White & Weld en 1974. Il est maintenant vice-président senior de White & Weld.

Certains Américains voient dans l'ascension rapide de George Bush à la présidence la preuve de la puissance des trilatéralistes. Mais les galons de Bush remontent bien plus loin que les Trilatéralistes. Il est un cousin éloigné de la reine d'Angleterre, la Noblesse Noire dont le pouvoir remonte à quelque cinq mille ans, et sa firme familiale, Brown Brothers Harriman, y représente la Banque d'Angleterre depuis le début des années 1800. En servant les Harriman, la famille Bush a atteint la position d'une famille de troisième rang dans la hiérarchie des familles dynastiques. Les familles dynastiques de premier rang de l'Ordre Mondial sont les Rothschild, et l'aristocratie au pouvoir en Angleterre et en Europe, dont la plupart possèdent des actions de la Banque d'Angleterre depuis 1700. Le deuxième rang des familles dynastiques est constitué de ceux qui servent de courtisans au premier rang. Le deuxième rang comprend des familles telles que les Rockefeller, les Morgan et les Harriman.

En devenant les serviteurs d'une famille dynastique du deuxième rang, les Harriman, la famille Bush est entrée dans les rangs du troisième groupe de familles dynastiques de l'Ordre Mondial. Lorsque Averill Harriman a commencé à faire des affaires avec Moscou en 1921, il a traité directement avec Felix Dzerzhinsky, chef de la Tcheka, aujourd'hui connue sous le nom de KGB. Harriman et d'autres financiers occidentaux liés aux activités terroristes de Dzerzhinsky étaient connus sous le nom de The Trust. Ils travaillaient par l'intermédiaire de plusieurs sociétés situées dans l'Equitable Trust Building au 120 Broadway, dans le quartier financier de New York. Parmi ces sociétés figuraient E.H. Harriman Co. et American International Corp. Dresser Industries, J.P. Morgan Co. et Equitable Trust. En tant que membres du Trust, les propriétaires de ces entreprises ont servi en tant que gouvernement colonial de l'Union Soviétique, comme l'illustre le fait qu'Averill Harriman a passé la plus grande partie de la Seconde Guerre mondiale aux côtés de Staline à Moscou, dirigeant l'effort de guerre russe.

Les actifs de George Bush sont détenus dans un blind trust pendant qu'il est président des États-Unis. Le blind trust est géré par un ami de la famille, William Stamps Farish II. Son père a fondé la Humble Oil Corp. en 1917, en levant des fonds pour l'entreprise auprès de Walter C. Teagel, président de la Standard Oil. Farish succéda plus tard à Teagle comme président de Standard Oil, et a toujours été connu comme "un homme de Rockefeller". Il a épousé la riche famille Rice de Houston, dont l'ancêtre avait été assassiné par sa secrétaire et un avocat véreux afin d'empêcher que sa fortune ne soit donnée au Rice Institute. Les tueurs ont été envoyés en prison, et l'institut a été construit. William Farish II et la reine d'Angleterre ont beaucoup en commun ; leurs familles percevaient des redevances sur chaque gallon d'essence brûlé par les avions nazis qui bombardaient Londres de nuit. En raison de ces souvenirs, la reine Elizabeth ne séjourne que dans une seule maison privée en Amérique lorsqu'elle vient ici - la maison Farish. Chaque automne, le président Bush chasse la caille sur les 10 000 acres du ranch Lazy F. à Beeville, au Texas, l'un des nombreux domaines somptueux des Farish. Il est directeur de Pogo Producing, formé comme une succursale de Pennzoil par Chemical Bank et Manufacturer's Hanover Bank (Rothschild).

Lorsque George Bush a créé la Zapata Oil Co. avec Hugh et Bill Liedtke en 1953, les partenaires n'étaient pas prêts à choisir un nom issu de l'histoire américaine, comme Washington ou Lee. Au lieu de cela, ils ont nommé leur entreprise d'après l'un des terroristes communistes mexicains les plus assoiffés de sang, le général Emiliano Zapata. Dès le début, la firme a été fortement impliquée dans les activités de la CIA. En 1961, lorsque la CIA a planifié l'invasion de la Baie des Cochons, George Bush a résidé à Houston, où il a travaillé en secret avec George de Mohrenschildt, un homme lige des intérêts pétroliers qui est maintenant considéré comme ayant été une taupe soviétique. Une entrée dans l'annuaire téléphonique personnel de de Mohrenshildt montrait Bush, George H. W. (Poppy) 1412 W. Ohio, et aussi Zapata Petroleum Midland. Cet annuaire a été trouvé après le "suicide" de de Mohrenschildt. Le nom top secret du plan de la Baie des cochons de la CIA, connu seulement de quelques personnes haut placées, était l'opération Zapata. Le colonel Fletcher Prouty, anciennement membre d'état-major, était responsable de l'invasion de la Baie des Cochons. Il monopolisa deux navires de la Marine qui furent envoyés à Elizabeth City, N.C. pour être préparés pour l'invasion. De nouveaux noms furent peints sur ces navires, Barbara, et Houston. J. Edgar Hoover a écrit un mémorandum le 29 novembre 1963 après l'assassinat de JFK selon lequel George Bush de la CIA évaluait la réaction des exilés cubains à Miami. Bush avait commencé à travailler pour la CIA en 1960, en utilisant son entreprise pétrolière comme couverture. Zapata Oil pourrait avoir été l'une des entreprises de la CIA (The Company) dès le début.

Outre Farish, l'autre ami proche de Bush est Nicholas Brady, associé principal de Dillon Read, une société d'investissement de New York. Brady était le protégé personnel de C. Douglas Dillon, le directeur de la firme, qui possède un énorme domaine à Short Hills, N.J. Brady a été élevé sur le domaine voisin, un terrain de 4000 acres situé à quelques kilomètres seulement de Manhattan. Dillon Read a été fondé par Clarence Dillon

(Lapowski) du Texas, qui a acheté la firme à William Read de New York. Son fils a occupé le poste de secrétaire au Trésor pendant des années. Il est l'un des milliardaires silencieux de l'Amérique, son énorme fortune n'a jamais été mentionnée dans la presse. Bush a nommé Nicholas Brady comme son secrétaire au Trésor. Il s'entretient quotidiennement avec Brady.

Harriman était l'intermédiaire entre Churchill et l'alliance avec Roosevelt pendant la Seconde Guerre mondiale. Les deux dirigeants ne se connaissaient pas et ne s'aimaient pas particulièrement ; chacun d'eux s'entretenait avec W. Averell Harriman sur la façon de parler à l'autre, et suivait ses conseils avec attention.

W. A. Harriman a été ambassadeur itinérant des États-Unis pendant la Seconde Guerre mondiale, principalement à Moscou avec Staline ; son frère E. Roland était président de la Croix-Rouge américaine, Robert A. Lovett était secrétaire à la Défense. Harriman était lié par mariage à Wild Bill Donovan, fondateur de l'OSS.

Brown Bros, a toujours entretenu des relations étroites avec les entreprises britanniques. James Brown, associé de 1935 à 1950, a été directeur de la Northern Assurance de Londres, Sun Insurance, pres. British Empire Club et de la Banque nationale du Nicaragua. Thatcher M. Brown, un autre associé, a été directeur de la Manchester Land Co. de la Banque nationale du Nicaragua, président du conseil d'administration de Liverpool et de la London Insurance Co. Ltd. de la Globe Indemnity Co. Royal Insurance, de British and Foreign Marine Insurance Ltd. De American London & Empire, d'Ocean Accident & Guaranty of London, et de Thames & Mersey Marine Insurance Co.

Le *New York Times* indiquait le 29 mai 1928 :

"Le Dr Rudolf Roesler, représentant de la banque new-yorkaise Brown Bros, a déclaré que l'Allemagne serait une nation emprunteuse pendant un certain nombre d'années à venir. Brown Bros avait prêté 15 millions de dollars à la ville de Berlin sur des obligations à 6% à 30 ans et M. Roesler, qui a complété les détails de la transaction, a déclaré que "c'était le plus gros prêt à une ville d'Europe depuis 1914".

Le *New York Times* indiquait par la suite :

> "La nouvelle a été reçue ici hier par J. Henry Schroder
> Banking Corp. représentant aux États-Unis du capitaine
> Alfred Lowenstein, qu'une société organisée par le capitaliste
> belge et ses associés français, avait été sursouscrite vingt-cinq
> fois."

La société de portage proposait les actions à 117,50 dollars
qui passèrent rapidement à 200. Cette bonne nouvelle fut quelque
peu atténuée par le rapport du *Times* indiquant qu'un syndicat
avait été formé pour gérer ces actions depuis :

> "La mort du capitaine Alfred Lowenstein dans le crash de son
> avion dans la Manche le 4 juillet est entourée de mystère. J.
> Henry Schroder va acheter pour 25 millions de dollars
> d'obligations de l'International Holding and Investment
> Corp. par l'intermédiaire d'Albert Pam, de J. Henry Schroder
> de Londres, et d'Albert Svarvasy, directeur de la British
> Foreign and Colonial Corp. société d'investissement
> britannique."

Le 5 juillet 1928, le *New York Times* titrait, le CAPT.
LOWENSTEIN TOMBE D'UN AVION. Connu sous le nom de
Mystery Man. Alfred Lowenstein était connu sous le nom de
Crésus.

> "L'homme mystérieux de l'Europe", successeur de Sir Basil
> Zaharoff en tant qu'homme mystérieux, dans la finance
> européenne. Le pilote a informé les autorités que pendant que
> l'avion traversait la mer, le capitaine Lowenstein, voulant
> aller aux toilettes, a ouvert la mauvaise porte et est tombé.
> Son valet et deux sténographes ainsi que le pilote et le
> mécanicien de l'avion étaient présents, mais n'ont pas
> remarqué ce qui s'est passé."

L'histoire ajoute que Lowenstein possédait huit villas à
Biarritz, un domaine dans le Lancashire, un château à Bruxelles
et une maison de ville à Londres.

Des observateurs avertis pensent que c'est Zaharoff lui-même
qui a détrôné le prétendant à son titre d'"homme mystère de
l'Europe". Lowenstein s'était engagé dans une lutte désespérée
avec Zaharoff et son associé, Dreyfus Clavell, pour contrôler

l'industrie de la soie artificielle en Europe. Après l'accident de Lowenstein, ses deux associés dans cette lutte sont également morts mystérieusement. M.M. Ayrich a eu un accident de voiture sur une route déserte, sans aucun témoin. Le troisième associé de Lowenstein, le prince Radziwill, a été empoisonné par une amie, selon un journal français, *La Crapouille*.

L'affaire Robert Maxwell est parallèle à bien des égards à l'affaire Lowenstein. Après la mort soudaine de Maxwell après une "chute" de son yacht, on a découvert que plus de deux milliards de dollars avaient été siphonnés de ses nombreuses entreprises. L'argent ne sera jamais récupéré. Maxwell avait été identifié comme un agent du Mossad, les services secrets israéliens, peu avant sa mort. On pense que le Mossad l'avait éliminé pour l'empêcher de témoigner sur certaines de ses opérations secrètes.

W. Averell Harriman avait 78 ans lorsque sa femme est morte. Un an plus tard, Katharine Meyer Graham, éditrice du *Washington Post,* l'invite à une fête pour rencontrer Pam Churchill, fille de Lord Digby, un amateur de chevaux anglais. Elle avait été mariée à Randolph Churchill, et était la mère de l'actuel Winston Churchill. Elle se marie ensuite avec la première famille d'Hollywood, le producteur Leland Hayward, anciennement marié à l'actrice Margaret Sullavan. Dans *Haywire*, son autobiographie, Brooke Hayward décrit sa belle-mère comme "une chercheuse d'or[21] au sang froid qui s'est enfuie avec les bijoux de sa mère". Pam est sortie avec Élie de Rothschild avant de décider d'épouser Harriman. Ils sont aujourd'hui les figures dominantes du Parti démocrate. Harriman a donné 15 millions de dollars à l'Institut russe de Columbia, (aujourd'hui l'Institut Harriman).

Un autre établissement bancaire de premier plan est la société Dillon Read. Clarence Dillon (1882-1979) est né à San Antonio, Texas, fils de Samuel et Bertha Lapowski ou Lapowitz. Diplômé de Harvard en 1905, il épouse Anne Douglass de Milwaukee,

---

[21] Gold digger, terme anglo-saxon pour désigner une femme particulièrement vénale.

dont le père est propriétaire de la Milwaukee Machine & Tool Co. Ils partent à l'étranger de 1908 à 1910.

Leur fils, C. Douglas Dillon, est né en Suisse en 1909. En 1912, Dillon rencontre William A. Read, fondateur d'une célèbre maison de courtage en obligations de Wall Street, par l'intermédiaire d'un camarade de classe de Harvard. Ils deviennent associés. Read meurt subitement en 1916, et Dillon prend le contrôle de la société. Pendant la Première Guerre mondiale, Dillon est le bras droit de Bernard Baruch au War Industries Board. En 1915, Dillon avait créé la société American & Foreign Securities Corp. pour financer les achats de munitions du gouvernement français aux États-Unis. Son bras droit chez Dillon Read était James A. Forrestal, qui mourut plus tard alors qu'il était secrétaire à la Défense. Dillon Read a joué un rôle crucial dans le réarmement d'Hitler pendant la préparation de la Seconde Guerre mondiale. En 1957, le magazine *Fortune* a cité Clarence Dillon comme l'un des hommes les plus riches des États-Unis (150-200 millions de dollars). Selon les taux de croissance normaux, son fils C. Douglas Dillon devrait valoir plus d'un milliard de dollars, mais personne ne le sait. C. Douglas Dillon a travaillé avec John Foster Dulles sur les campagnes Dewey, et a été sous-secrétaire d'État, aidant Bechtel Corp. à obtenir ses premiers gros contrats en Arabie Saoudite, qui sont devenus plus tard une opération de 135 milliards de dollars. Dillon a été ambassadeur en France de 1953 à 1957, puis est devenu secrétaire au Trésor. Il a été président de la Fondation Rockefeller de 1971 à 1975, puis président de la Brookings Institution. Pour organiser sa succession, il a vendu Dillon Read à la Bechtel Corp. Il est considéré comme l'un des dix hommes les plus riches des États-Unis et l'un des trois plus puissants.

Après les Rothschild, les Warburg étaient considérés comme la plus importante famille bancaire internationale des XIXe et XXe siècles. En 1798, deux fils de Marcus Gumprich Warburg, Moses Marcus et Gerson W., ont fondé la société M.M. Warburg Co. à Hambourg. Ils étaient les descendants de Simon von Cassel, un prêteur sur gages du XVIe siècle. Ils étaient également les descendants directs d'Abraham del Banco, le plus grand banquier de Venise. Lorsqu'ils se sont déplacés vers le nord, ils ont pris le nom de Warburg, après que Cassel se soit installée dans cette ville de Westphalie. En 1814, les Warburg sont devenus l'une des premières filiales de N.M. Rothschild de Londres. Ils étaient liés aux principales familles bancaires d'Europe, les Rosenberg de Kiev, les Gunzburg de Saint-Pétersbourg, les Oppenheim et les Goldschmidt en Allemagne. Moritz Warburg a été apprenti chez les Rothschild en Italie et à Paris, et a ensuite épousé Charlotte Oppenheim, dont la famille était diamantaire à Francfort. Ils eurent cinq fils, connus sous le nom de "les cinq Hambourgeois" ; l'aîné, Aby, fonda l'Institut Warburg ; Max finança la lutte allemande pendant la Première Guerre mondiale et, plus tard, le régime nazi ; le Dr Fritz Warburg fut attaché commercial allemand à Stockholm pendant la Première Guerre mondiale ; Paul et Felix émigrèrent en Amérique et rejoignirent la société Kuhn, Loeb & Co. avec Jacob Schiff, qui était né dans la maison Rothschild à Francfort. Paul a rédigé le Federal Reserve Act et l'a fait adopter par le Congrès. Il représentait les États-Unis à la Conférence de paix de Versailles, tandis que son frère Max représentait les intérêts allemands.

Les Mémoires de Max Warburg indiquent :

> "Le Kaiser a tapé violemment sur la table et a crié "Faut-il toujours que vous ayez raison ?" mais il a ensuite écouté attentivement le point de vue de Max sur les questions financières."

La société M.M. Warburg Co. a fermé pendant la Seconde Guerre mondiale mais a rouvert en 1970. George Sokolsky a noté dans *We Jews* :

> "Même dans l'Allemagne hitlérienne, la firme de Max Warburg a été exemptée de toute persécution. Max partit pour les États-Unis en 1939, sans être gêné par les prétendues restrictions imposées aux Juifs."

Le rapport des services secrets de la marine américaine du 2 décembre 1918 le note :

> "PAUL WARBURG. Allemand, citoyen américain nationalisé 1911, décoré par le Kaiser, a géré de grosses sommes fournies par des banquiers allemands pour Lénine &

Trotsky. À un frère Max qui est directeur du système d'espionnage allemand."

En partenariat avec Walter Teagle de Standard Oil, Paul Warburg a organisé l'International dye trust, I.G. Farben et Agfa Ansco Film Trust. Lors de la deuxième convention annuelle de l'American Acceptance Council, le 2 décembre 1920, le président Paul Warburg a déclaré :

> "C'est une grande satisfaction d'annoncer qu'au cours de l'année, il a été possible pour l'American Acceptance Council de développer et de renforcer ses relations avec le système de la Réserve Fédérale."

Il n'a pas ajouté qu'en tant que vice-président du Conseil de la Réserve Fédérale de 1914 à 1918, il avait organisé le système de la Réserve Fédérale, ni qu'il avait été président du Conseil consultatif fédéral de 1918 à 1927, qui a en fait formulé la politique du Conseil. Il a été directeur de l'Union Pacific, de B&O Rys, des chemins de fer nationaux du Mexique, de la Western Union, de Wells Fargo, de l'American IG Chemical, d'Agfa Ansco, de Westinghouse, des banques Warburg à Amsterdam, Londres et Hambourg, et président du conseil d'administration de l'International Acceptance Bank. Son frère Félix était banquier en chef de l'Organisation sioniste d'Amérique, de la Palestine Economic Corp. des Chemins de fer nationaux du Mexique, de la Prussian Life Insurance de Berlin et de nombreuses autres sociétés. Le fils de Felix, Edward M.M. Warburg, a succédé au général Donovan en tant que coordinateur de l'information en 1941 et a ensuite été conseiller politique spécial du général Eisenhower au SHAEF, à Londres, pendant la Seconde Guerre mondiale. Son autre fils Frederick a été le bras droit d'Herbert Lehman dans l'organisation de la Lehman Corp. et fut plus tard connu comme "le ministre des affaires étrangères de Kuhn, Loeb" en raison de ses nombreux contacts dans le monde entier. Il a pris sa retraite comme un homme de la campagne dans sa propriété de Snake Hill, Middleburg, Va. Son partenaire, Lewis L. Strauss, possédait un magnifique domaine à proximité de la Brandy Station, site de l'engagement de la guerre de Sécession, qui fut la plus grande bataille de cavalerie de l'histoire des États-Unis.

Les chiffres du ministère du commerce montrent que Kuhn, Loeb contrôlait 64% de tout le kilométrage des chemins de fer aux États-Unis en 1900, ce pourcentage étant tombé à 41% seulement en 1939. En 1900, Kuhn, Loeb et J.P. Morgan, représentant les Rothschild, contrôlaient 93% de tout le réseau ferroviaire aux États-Unis. Speyer & Co. contrôlait les biens immobiliers de New York et les minéraux d'Amérique du Sud, Seligman & Co. le sucre, les services publics et les prêts d'Amérique latine, August Belmont, le métro de New York, Lazard Frères, l'or et l'argent, spécialisé dans les mouvements internationaux d'or.

Le 14 mai 1984, *U.S. News* a publié une liste des personnalités qui dirigent l'Amérique ; les dix premiers comprenaient Weinberger et Shultz de Bechtel Corp ; les dix autres comprenaient Sulzberger vice-président du *New York Times*, Bush, David Rockefeller ; les dix autres comprenaient Katharine Graham et Henry Kissinger. L'ancien président Gerald Ford ne figurait pas sur la liste ; il est aujourd'hui directeur de GK Technologies, une entreprise de 1,19 milliard de dollars disposant de gros contrats du département de la défense.

Parmi les autres grandes entreprises du secteur de la défense, citons United Technologies, Scovill Corp. dont le président, Malcolm Baldrige, est aujourd'hui secrétaire au commerce, et Daniel Pomeroy Davison, de la banque J.P. Morgan et président de U.S. Trust, Olin Corp. 1,85 milliard de dollars, et General Dynamics, contrôlée par la famille Crown de Chicago.

Lorsque Texaco a avalé les 12 milliards de dollars de Getty Oil corp. après la mort de son fondateur, il a montré la puissance financière de la London Connection ; parmi les directeurs de Texaco figurait Willard C. Butcher, ancien président de Chase Manhattan ; Earl of Granard (*Forbes*) (le premier baronnet avait réduit Sligo pour William III), et petit-fils d'Ogden Mills, secrétaire au Trésor américain en 1932-33 ; Thomas H. Moorer, président du Joint Chiefs of Staff[22] durant 1970-74, directeur de

---

[22] Équivalent de Chef d'état-major, Ndt.

Fairchild Bunker Ramo ; Robert V. Roosa, directeur de la Brookings Institution et de la Trilateral Commission.

L'axe Rothschild Houston-Cleveland a réalisé l'un de ses plus grands coups lorsque son agent John Connally, alors secrétaire au Trésor, a persuadé Nixon d'abandonner l'étalon-or.

Le *New York Times* publiait à sa une le 16 août 1971 :

"LE LIEN ENTRE LE DOLLAR ET L'OR EST ROMPU. Le président Nixon a annoncé ce soir que les États-Unis cesseraient dorénavant de convertir en or les dollars détenus à l'étranger - modifiant ainsi unilatéralement le système monétaire international vieux de 25 ans. Le président a déclaré qu'il prenait des mesures pour mettre fin aux "attaques des spéculateurs monétaires étrangers contre le dollar". Le changement du système monétaire mondial provoqué par la décision présidentielle de cesser de convertir en or les dollars détenus par des étrangers est totalement incertain. C'est le mot utilisé par le secrétaire au Trésor John B. Connally. M. Connally a déclaré qu'il ne savait pas ce qui allait se passer."

Le *Times* indiquait que :

"Des conseils pour imposer certains contrôles ont été donnés au président par des sources telles que David Rockefeller, président de la Chase Manhattan Corp. de 23 milliards de dollars. et l'Organisation pour le développement économique, un groupe représentant 22 nations."

Le *Times* déclarait dans son éditorial :

"Nous applaudissons sans hésitation l'audace avec laquelle le président a agi sur tous les fronts économiques - une admiration pour l'exhaustivité avec laquelle le président a mis à la poubelle l'approche du "laisser-faire" qui a immobilisé le pays et sapé la volonté nationale."

M. Volcker s'est entretenu aujourd'hui avec de hauts responsables financiers européens sur la nouvelle politique du président Nixon face à la crise du dollar. Il a largement laissé entendre que les États-Unis seraient heureux si d'autres pays laissaient leurs monnaies flotter sur les marchés des changes. Leur valeur augmenterait vraisemblablement par rapport au dollar. M. Volcker a déclaré qu'il avait trouvé une "très bonne ambiance" lors de sa rencontre. Mais à la fin d'une journée confuse dans les ministères et les banques européennes, peu de gens pensaient pouvoir voir une issue claire au chaos monétaire immédiat causé par les actions de M. Nixon.

Le profit permis par une connaissance avancée d'un changement aussi profond du système monétaire se chiffrerait en milliards de dollars.

Le 17 août 1971, le *Times* a cité Paul Volcker, sous-secrétaire au Trésor, qui, lorsqu'on lui a demandé si d'autres monnaies allaient augmenter par rapport au dollar, a répondu,

> "Je pense que nous ne sommes pas en mesure de nous y opposer."

CHAPITRE SIX

LA CIA

Le 24 mai 1979, une statue de bronze de 14 pieds du général William J. Donovan a été inaugurée devant la faculté de droit de l'université de Columbia. Le discours de dédicace a été prononcé par John J. McCloy, qui avait été ministre de la Guerre lorsque Donovan a fondé le Bureau des services stratégiques[23] pendant la Seconde Guerre mondiale. Lorsque Donovan est mort le 8 février 1959, le directeur de la Central Intelligence Agency, Allen W. Dulles, a envoyé un message à toutes les stations de la CIA dans le monde :

> "Bill Donovan était le père du renseignement central. C'était un grand leader."

Le renseignement international, ou, comme on l'appelait autrefois, l'espionnage, n'a été fondé ni par Donovan ni par Dulles, qui n'étaient que des employés de l'Ordre Mondial. L'Ordre a fondé l'espionnage international pour protéger leurs investissements et leurs transactions de grande envergure sur les esclaves, la drogue et l'or, les marchandises sur lesquelles leur richesse s'est construite.

Le 17 novembre 1843, le port de Shanghai est ouvert aux commerçants étrangers. Le lot n°1 est loué par Jardine Mathieson & Co. Les autres entrepreneurs étaient Dent & Co. et Samuel Russell, un Américain qui représentait la Baring Brothers. Le capitaine Warren Delano, grand-père de Franklin D. Roosevelt, devient membre fondateur du Canton Regatta Club et entre en

---

[23] L'OSS, Ndt.

relation avec la Hong Society. Le Dr Emmanual Josephson déclare :

"Warren Delano, le père de Frédéric A. Delano, a fondé sa fortune sur la contrebande d'opium vers la Chine."

Son fils, Frederic A. Delano, est né à Hong Kong et est devenu le premier vice-président du Conseil de la Réserve Fédérale en 1914.

Bien qu'il soit le fils d'un cordonnier irlandais, William J. Donovan étudie le droit à Columbia de 1903 à 1908. Ses notes sont jugées "atroces", mais l'un de ses professeurs, Harlan F. Stone, s'intéresse à lui. Un autre protégé de Stone est J. Edgar Hoover. En tant que procureur général, Stone a choqué Washington en nommant Hoover directeur du Bureau d'enquête. Un autre professeur de Columbia qui aimait Donovan était Jackson E. Reynolds, plus tard président de la First National Bank of N.Y. qui a soutenu la sélection de Donovan à la tête de l'OSS. L'un des camarades de classe de Donovan à Columbia était Franklin Delano Roosevelt.

En 1910, Donovan rencontre Eleanor Robson, une actrice qui épousera plus tard August Belmont, représentant américain des Rothschild. Il n'était pas question de leur mariage - il cherchait une femme riche, elle cherchait un mari riche - ils commencèrent une relation qui dura des années. Donovan fait également la cour à Blanche Lopez, issue d'une riche famille de tabac, qui vit à Rumson, N.J. Il retourne ensuite à Buffalo, où il ouvre un cabinet d'avocats. Il a rencontré Ruth Rumsey, et a brusquement laissé tomber Blanche Lopez, sans jamais la recontacter. Ruth Rumsey était l'héritière d'une des familles les plus riches d'Amérique. Son père, Dexter Rumsey, et son oncle Bronson possédaient 22 des 43 miles carrés de Buffalo. En 1890, Dexter Rumsey valait un million de dollars. Sa femme était membre de la riche famille Hazard du Rhode Island, qui avait possédé un millier d'esclaves, et était la plus grande propriétaire d'esclaves en Amérique. Les Rumseys étaient les maîtres de la chasse de la Genesee Valley, le club de chasse le plus exclusif des États-Unis. Dexter Rumsey est mort en 1906, laissant à son fils et à sa fille sa fortune. La fréquentation de Ruth Rumsey par Bill Donovan a été compliquée par la réapparition à Buffalo d'Eleanor Robson, aujourd'hui Mme August Belmont. Elle s'est présentée au Studio Club, un groupe d'acteurs dirigé par le père de Katharine Cornell, où Donovan avait le rôle principal des jeunes. La Robson a demandé à Donovan de venir dans sa suite à New York chaque week-end pour des "cours de théâtre". Donovan prenait alors le long train pour New York City chaque week-end, ce qui provoquait de nombreux ragots à Buffalo, où il était déjà connu pour ses bavardages. Néanmoins, Ruth Rumsey avait décidé de l'épouser, probablement parce que sa famille y était fortement opposée. Des amis de la famille ont déclaré que si Dexter Rumsey avait vécu, il n'aurait jamais permis que ce mariage ait lieu, en raison de l'âge de Donovan, de ses 31 ans, de sa religion, le catholicisme irlandais, et de ses fréquentations. Les Rumsey étaient épiscopaliens, mais Donovan a persuadé sa femme d'élever leurs enfants en tant que catholiques romains. Son frère était prêtre. Après le mariage, Donovan et sa femme s'installent dans la maison de la famille Rumsey, au 742 Delaware Ave. à Buffalo.

En raison de ses relations à New York, la Fondation Rockefeller a choisi Donovan pour aller en Europe dans le cadre d'une "Mission de secours de guerre" en 1915, la première de ses nombreuses missions en faveur de l'Ordre Mondial. Il devait être séparé de Ruth Donovan de façon continue pendant les trois années suivantes. Pendant son séjour à Londres, il travaillait avec l'ambassadeur Walter Nelson Page, puis William Stephenson, qui le "conseillera" plus tard pour la mise en place de l'OSS, et Herbert Hoover. Donovan a passé cinq semaines en Belgique en tant qu'observateur auprès de la Commission de secours belge de Hoover.

Lorsque les États-Unis sont entrés dans la Première Guerre mondiale, Donovan a aidé à organiser la division "Arc-en-ciel" et a reçu le commandement de la "Fighting 69th". Il a combattu dans les Landes et dans le secteur Meuse-Argonne, où, bien que blessé, il a chargé un peloton de mitrailleurs allemands le 15 octobre 1918 avec sa baïonnette. Pour cet exploit, il a reçu la médaille d'honneur du Congrès. Sa bravoure a fait l'objet d'une large publicité dans la presse américaine, et *Current Biography* a déclaré plus tard qu'il était l'homme le plus célèbre de l'A.E.F.

Il était avec la poétesse Joyce Kilmer lorsque celle-ci a été abattue. En 1919 et 1920, Donovan a été envoyé en mission secrète en Chine et en Sibérie.

Après la guerre, J.P. Morgan a créé la Foreign Commercial Corp. afin de faire flotter 2 milliards de dollars en obligations dans l'Europe de l'après-guerre. En février 1920, il a demandé à Donovan de faire une tournée secrète en Europe pour obtenir des renseignements sur ces obligations. Cave Brown a décrit cette mission :

> "Après avoir contribué à financer la guerre, Morgan a voulu aider à financer la paix en élargissant largement les intérêts de la Maison de Morgan... Ces activités nécessitaient les meilleurs renseignements provenant des meilleures sources en Europe. Donovan et l'officier de renseignement de la Division Arc-en-ciel, Grayson Mallet-Prevost Murphy, avaient été engagés par la firme de John Lord O' Brian pour obtenir ces renseignements, en travaillant dans le secret."

Morgan aurait versé 200 000 dollars à Donovan pour cette opération.

Pendant sa reconnaissance européenne, Donovan rencontre Adolf Hitler à Berchtesgaden, et passe une soirée avec lui dans sa chambre à la Pension Moritz. Donovan prétendit plus tard qu'il ne savait pas qui était Hitler, mais qu'il le trouvait "un orateur fascinant".

En 1922, Donovan a été nommé procureur général des États-Unis pour New York. En 1924, le procureur général Harlan F. Stone, le professeur de droit de Donovan à Columbia, lui demande de venir à Washington alors que le procureur général Donovan et sa femme achètent une maison à Georgetown (plus tard la maison de Katharine Meyer) à 1637, dans la 30e rue. Le premier acte officiel de Donovan est de demander à Stone de renvoyer J. Edgar Hoover du Bureau d'enquête. Au lieu de cela, Stone, qui était le mécène de Hoover ainsi que de Donovan, a nommé Hoover directeur du Bureau d'Investigation[24] le 18 décembre 1924. Donovan s'est également impliqué dans une

[24] Le FBI, Ndt.

autre intrigue politique, le procès du sénateur Burton K. Wheeler. Wheeler était défendu par le sénateur Tom Walsh, l'un des hommes politiques les plus puissants de Washington, mais Donovan, contre tout avis contraire, a insisté pour poursuivre l'accusation. On a dit que les accusations portées contre Wheeler étaient "ridicules", et Stone a demandé à Donovan d'abandonner l'affaire, mais il a obstinément procédé à l'inculpation de Wheeler devant un grand jury du district de Columbia. Lorsque l'affaire a été jugée à Great Falls, le jury n'a délibéré que dix minutes avant de rendre un verdict d'acquittement pour M. Wheeler.

Une telle bourde aurait détruit la carrière de la plupart des hommes à Washington, mais Donovan était sous la protection d'Herbert Hoover, son associé de la Première Guerre mondiale. Entre 1924 et 1928, il était le plus proche collaborateur de Hoover. Hoover l'a emmené au Bohemian Club, la sacro-sainte centrale électrique de la côte ouest, où il était la figure de proue. Hoover a ensuite persuadé le président Coolidge de nommer Donovan à la Colorado River Commission, une autorité de sept États qui a organisé les propositions pour le barrage Hoover (rebaptisé plus tard barrage de Boulder par FDR, et encore plus tard, rebaptisé barrage Hoover par une loi du Congrès en 1947). Au cours des années 1920, les politiciens républicains ont favorisé la nomination de Dawes à la présidence. Bien qu'il semblait soutenir un perdant plus que probable, Donovan a travaillé comme stratège principal de Hoover pendant quatre ans. Lorsque Hoover a été nommé au premier tour de la Convention républicaine (un hommage à la puissance des Rothschild), Donovan a rédigé son discours d'intronisation. Il était entendu que Donovan serait le colistier de Hoover. Cependant, Hoover a immédiatement réalisé que, parce qu'il se présentait contre Al Smith, un catholique romain, il perdrait le vote anti-catholique massif s'il choisissait Donovan, également catholique romain, comme colistier. Hoover n'avait pas l'intention de perdre son atout lors des prochaines élections. Il a mis Donovan de côté sans réfléchir et a même refusé de l'envisager pour un poste au sein du cabinet, comme celui de procureur général, probablement la seule fois dans la politique américaine où l'architecte d'une campagne présidentielle réussie s'est vu refuser un poste dans l'équipe ou au sein du cabinet.

Le découragé Donovan a décidé de renoncer à la vie politique. En 1929, il organise le cabinet d'avocats Donovan, Leisure, Newton and Irvine, dont les bureaux sont situés au 2 Wall St. Il prend également une suite de 23 chambres à l'hôtel Shoreham pour les bureaux du cabinet à Washington. Au cours des années suivantes, Donovan ne voit que rarement sa femme, bien qu'ils ne soient jamais légalement séparés. La biographie de Donovan par Dunlop indique que :

> "Il a toujours eu son choix d'admiratrices féminines. Pour beaucoup de femmes qu'il a rencontrées, Donovan était irrésistible."

Ruth Donovan est restée dans leur maison d'été sur la rive sud du Massachusetts, ou dans leur appartement de New York sur Beekman Place.

Malgré sa déception avec Hoover, Donovan a continué à jouer un rôle actif dans la politique nationale. Il a dirigé la campagne de Knox pour l'investiture républicaine en 1936, et son cabinet a défendu American Telephone and Telegraph dans un procès antitrust intenté par le gouvernement. Donovan l'emporta haut la main, ce qui entraîna un nouvel afflux d'affaires pour son entreprise.

En 1937, Donovan renouvelle son association avec les Rothschild. La branche viennoise de la famille avait perdu d'importantes propriétés en Bohème lorsque les nazis s'installèrent en Tchécoslovaquie. Comme Donovan avait déjà établi un réseau d'informateurs dans les plus hautes sphères du gouvernement nazi, dont l'amiral Canaris, les Rothschild lui ont demandé de sauver leurs intérêts. Il se rendit en Allemagne pour plaider leur cause, mais malgré ses contacts importants, il fut vaincu par la vision qu'avait Hitler des Rothschild comme symbole de ce qu'il espérait réaliser dans sa bataille contre "les banquiers internationaux". Les Rothschild n'étaient pas trop inquiets ; ils savaient que la Seconde Guerre mondiale était en cours et que son issue avait été décidée à l'avance.

Donovan a remporté une autre victoire juridique importante en 1937, lorsqu'il a défendu, avec un personnel de 57 avocats, les sociétés pétrolières IS contre des accusations d'ententes. Ses clients ont été libérés avec des amendes symboliques, et une fois de plus, Donovan a été considéré comme le vainqueur.

Ses contacts allemands l'invitèrent alors à observer les manœuvres de Nuremberg, en tant qu'invité de l'état-major allemand. Il les accompagna également dans un voyage d'observation du déroulement de la guerre civile espagnole. Bien qu'il ait été là en tant qu'invité des "fascistes", Donovan allait bientôt construire l'OSS autour du noyau dur de la brigade communiste Lincoln. En Espagne, il a rencontré Kim Philby, qui écrivait sur la guerre civile en tant que journaliste "pro-nazi", un positionnement étrange lorsqu'on sait qu'il venait d'épouser Litzi Friedmann, une fanatique communiste et provocatrice sioniste.

Le 10 avril 1940, la fille de Donovan, Patricia, a eu un accident de voiture près de Fredericksburg, en Virginie, et a été tuée. Elle était sa seule fille ; il y avait aussi un fils, David, qui a épousé Mary Grandin, la colocataire de Patricia au pensionnat, et héritière d'une riche famille de Philadelphie. Les associés ont déclaré que Donovan ne s'est jamais remis de la mort de sa fille. Parce qu'il avait reçu la Médaille d'honneur du Congrès, Patricia a été enterrée au cimetière national d'Arlington. Sa femme, en deuil, est partie pour une croisière autour du monde sur le bateau d'Irving Johnson, le Yankee.

Le 29 mai 1940, William Stephenson arriva à New York avec une lettre adressée à Donovan par l'amiral Blinker Hall, un officier de renseignement de la marine britannique que Donovan avait rencontré en 1916. La lettre proposait la création d'une agence de renseignement américaine, bien que nous n'étions alors pas encore en guerre. Franklin D. Roosevelt envoya Donovan à Londres avec l'ordre de développer ce programme, en tant qu'"observateur non officiel". Malgré les efforts de secret, il y eut de nombreuses spéculations journalistiques sur sa mission pour le compte de Roosevelt. Il a ensuite effectué une tournée en Europe du Sud-Est pour le président, afin de mesurer le statut des pays occupés par l'Allemagne. Bien qu'il s'agisse d'une mission d'espionnage évidente, les Allemands n'ont pas mis d'obstacles sur son chemin. Ils étaient soucieux de maintenir de bonnes relations avec les États-Unis.

Après que Donovan ait remis son rapport au président, il a été nommé coordinateur de l'information par la Maison Blanche. Comme il n'avait aucune expérience du travail de propagande, le bureau a ensuite été scindé en deux : le Bureau de l'information de guerre, décret 9128, et le Bureau des services stratégiques, décret militaire du 13 juin 1942. Donovan fut chargé de l'OSS.

La "nouvelle" agence n'était au départ qu'un avant-poste des services de renseignements britanniques. Le 18 septembre 1941, le colonel E.I. Jacob, secrétaire militaire de Churchill, fut informé par le major Desmond Morton Church, agent de liaison de Churchill avec les services secrets britanniques :

> "Un autre fait très secret dont le Premier ministre a connaissance est qu'à toutes fins utiles, la sécurité des États-Unis est gérée pour eux à la demande du Président par les Britanniques. Un officier britannique est assis à Washington avec M. Edgar Hoover et le général Bill Donovan à cette fin. Il est bien sûr essentiel que ce fait ne soit pas connu."

Depuis quelques mois, Donovan vivait dans une suite de l'hôtel St. Regis à New York. Depuis 1940, il se réunissait régulièrement avec William Stephenson pour organiser la nouvelle agence. Stephenson travaillait directement sous les ordres du colonel Stewart Menzies, chef des opérations spéciales, la principale agence de renseignement britannique. En couverture, Menzies était colonel dans les Life Guards, la troupe d'escorte du Roi. Stephenson était à la tête du SIS, (Special Intelligence Section). Lorsque Donovan est parti pour Londres le 15 juillet 1940 dans le cadre de sa mission pour Roosevelt, Stephenson avait câblé à Londres :

> "Col. Wm. J. Donovan, représentant personnel du Président, est parti hier par clipper. L'ambassade américaine ne répètera pas qu'elle n'a pas été informée."

Il s'agit d'une rediffusion de l'opération House-Wilson-Wiseman pendant la Première Guerre mondiale. Non seulement le peuple américain a été laissé dans l'ignorance, mais les organismes concernés n'ont jamais été informés des plans des conspirateurs. La mission de Donovan à Londres a été une gifle pour l'ambassadeur américain, Joseph Kennedy. Roosevelt a appelé Donovan "mes jambes secrètes", et il a assuré à Stephenson dans un entretien privé, "Je suis votre plus grand agent sous couverture."

Dans *A Man Called Intrepid*, Stephenson aurait déclaré qu'après avril 1939, "Le président était l'un des nôtres." C'est également en 1939 que Roosevelt a déclaré en privé à Mackenzie King, premier ministre du Canada et agent de longue date de Rockefeller, "Notre frontière est sur le Rhin". "Ce même livre cite Churchill qui disait, à la veille de la guerre : "Nous avons besoin de Rockefeller et de Rothschild. "Stephenson répondit : "Je peux trouver les Rockefeller et ils nous soutiendront. Nous pouvons leur offrir nos renseignements secrets en échange de leur aide."

En effet, les Rockefeller ont offert à Stephenson un étage entier exempté de loyer au Rockefeller Center, où l'agence opère depuis lors. Un livre ultérieur, *Intrepid's Last Case,* note que :

> "Ce que certains appelleront plus tard l'occupation secrète de Manhattan par le SIS a commencé en 1940. En 1941, J. Edgar Hoover se plaignait que le Rockefeller Center, siège de la coordination de la sécurité britannique, contrôlait une armée d'agents secrets britanniques, un groupe de neuf agences secrètes distinctes. Le procureur général Biddle aurait déclaré : "La vérité est que personne ne sait rien de ce que fait Stephenson."

Si "quiconque" avait été au courant, Stephenson aurait dû être arrêté et expulsé. Les marins allemands étaient délibérément assassinés par les provocateurs de Stephenson à New York, dans le but de forcer Hitler à déclarer la guerre aux États-Unis. Le fichier INTREPID dans SOE (nom de couverture de Stephenson) le décrit comme :

> "un règne de terreur mené par des agents spécialement formés et fortifié par l'espionnage et le renseignement en Europe occupée."

Chaque acte de Donovan et Stephenson était une violation de la neutralité américaine. Le cabinet juridique de Donovan au 2 Wall Street était à côté du bureau de contrôle des passeports. Il faisait préparer des passeports spéciaux pour les agents britanniques de Stephenson. Stephenson avait des bureaux à trois endroits, Hampshire House, Dorset Hotel et Rockefeller Center. Allen Dulles avait ouvert un bureau de coordinateur de l'information au Rockefeller Center en 1940. Il a expulsé tous les locataires du 25ᵉ étage du 30 Rockefeller Plaza, qui était l'étage au-dessus de la UK Commercial Corporation, dont le président était William Stephenson. Cette agence fut créée après que Stephenson se soit plaint, le 14 avril 1941, que Standard Oil approvisionnait les Allemands via l'Espagne, et qu'elle agissait comme une agence hostile et dangereuse de l'ennemi. Un rapport de 400 pages de Stephenson énumérant les transactions de Standard Oil et d'autres sociétés américaines avec les Allemands fut remis au FBI en 1941. J. Edgar Hoover l'a prudemment enterré.

Nelson Rockefeller, en tant que coordinateur des affaires interaméricaines, a couvert l'approvisionnement des forces militaires allemandes à partir de ses filiales sud-américaines. Le rapport Stephenson mentionne la Standard Oil, I.G. Farben, une filiale de Standard Oil, Ford Motor Co., Bayer Aspirin (Sterling Drug), General Aniline and Film, Ansco et International Telephone and Telegraph. Co. Sosthenes Behn, directeur d'ITT, avait organisé une somptueuse conférence des agents des services de renseignement allemands au Waldorf Astoria en 1940. Le directeur allemand d'ITT était le baron Kurt von Schroder, de la famille de banquiers Schroder de Cologne, Londres et New York, qui était le banquier personnel d'Hitler.

L'OSS a en fait été mis en place par quatre membres du chef d'état-major britannique : Lord Louis Mountbatten (anciennement Battenberg), cousin du roi et parent des familles bancaires de Francfort, Rothschild et Cassel ; Charles Hambro, directeur des opérations spéciales et directeur de la Hambros Bank ; le colonel Stewart Menzies, chef du service de renseignement secret ; et William Stephenson, responsable des opérations américaines du SIS. Un ancêtre du colonel Menzies avait été un agent double jacobite notoire pendant les derniers jours du règne de James Ips. L'actuel Menzies était le fils de Lady Holford ; il a épousé Lady Sackville, fille du 8ème comte de la Warre, de la famille Sackville-West qui possédait l'historique Knole ; ensuite, il a épousé Pamela Beckett, fille de J. Rupert Beckett, président de la Westminster Bank, aujourd'hui National Westminster Bank, l'un des Big Five d'Angleterre. La belle-mère de Menzies était la fille de Lord Berkeley Paget, marquis d'Anglesey. La fille de Menzies a épousé Lord Edward Hay, marquis de Tweedsdale, comte de Kinoull, parent de la comtesse d'Errol. L'actuel Sir Peter Menzies est directeur de la National Westminster Bank, trésorier du géant Imperial Chemical Industries, et directeur de la Commercial Union Assurance Co. Dans le British Who's Who de 1950, le colonel Menzies a indiqué qu'il avait été nommé "C", à la tête du MI6 de 1939 à 1951, mais dans les éditions ultérieures, il a omis cette information.

Ford déclare dans ses *remerciements* :

> "Lord Mountbatten of Burma était un ami personnel proche de Donovan en tant que l'un des quatre membres du Comité des chefs d'état-major britanniques qui ont aidé Donovan à former et à faire fonctionner le Bureau des services stratégiques."

Les services secrets "américains" n'ont jamais été qu'une opération britannique, dirigée à tous les niveaux par des représentants de la Couronne britannique. Les agents de l'OSS ont reçu une formation avancée pour le théâtre européen à Bletchley Park, siège de l'espionnage britannique. Ce site a été choisi parce qu'il n'était qu'à dix miles de l'abbaye de Woburn, où l'agent de Lord Beaverbrook, Sefton Delmer, dirigeait le centre britannique des "coups tordus" et d'autres activités de propagande. L'abbaye de Woburn était la résidence ancestrale du duc de Bedford, marquis de Tavistock. Le Bureau britannique de psychologie de la guerre fonctionnait sous le nom d'Institut Tavistock.

La liste des membres du CFR en 1946 révèle les noms de nombreux agents de l'OSS et de l'OWI ; Lyman Bryson, qui était à la Croix-Rouge américaine à Paris, 1918-19, chef des opérations spéciales de l'OWI, 1942, et directeur de CBS ; Thomas W. Childs, boursier Rhodes, représentant à Paris de Sullivan & Cromwell (le cabinet d'avocats Dulles), administrateur du gouvernement britannique. War Supply US, Ambassade britannique, Washington, 1940-45, associé Lazard Frères 1945-48, titulaire de l'Ordre de l'Empire britannique, leader de l'Union anglophone ; Nicholas Roosevelt, Commission américaine pour négocier la paix, Paris, 1919, OWI, 1942-43 ; Joseph Barnes, directeur des opérations étrangères de l'OWI, a organisé le tour du monde de Willkie en 1942, a inventé l'expression "One World", identifié comme un agent communiste ; Elmo Roper, le célèbre sondeur, agent de l'OSS 1942-45 ; Gaudens Megaro, chef de la section italienne de l'OSS 194 1-45 ; Henry Sturgis Morgan, fils de J.P. Morgan, directeur de Pullman, General Electric ; Shepard Morgan, directeur de Londres OSS 1943-44, a travaillé à la Federal Reserve Bank of New York en 1916-24, a dirigé les paiements de réparations à Berlin en 1924-30 sous la supervision de la Chase Natl Bank, puis du président Natl Bureau of Economic Research, l'opération de propagande Rockefeller ; John Gardner, OSS Europe 1944-45, a ensuite rejoint la Carnegie Corp.; Allen W. Dulles, chef de l'OSS Europe, directeur J. Henry Schroder, plus tard premier directeur de la CIA ; John Haskell, OSS 1943-44, anciennement de la Natl City Co. 1925-31.

Un autre fils de J.P. Morgan, Junius, est chargé des finances de l'OSS. Paul Mellon et son beau-frère, David Bruce, ont rejoint l'OSS - Bruce était responsable du bureau de Londres, puis a été ambassadeur en France. L'OSS compte également des agents des familles Vanderbilt, Archbold, DuPont et Ryan, d'où la boutade selon laquelle OSS signifie "Oh So Social". James Paul Warburg, fils de Paul (qui avait rédigé le Federal Reserve Act), a été l'assistant personnel de Donovan pour la mise en place de l'OSS. William J. Casey, actuel chef de la CIA, était le chef du renseignement secret de l'OSS pour l'Europe.

En février 1981, les vétérans de l'OSS ont organisé une réunion de gala à New York. Étaient présents Margaret Thatcher, Premier ministre d'Angleterre, Julia Child, Beverly Woodner, designer hollywoodienne, John Shaheen, qui avait été chef des projets spéciaux de l'OSS, aujourd'hui riche homme du pétrole, Ernest Cuneo, qui avait assuré la liaison entre l'OSS et FDR, Arthur Goldberg, avocat spécialisé dans le droit du travail et leader sioniste, qui devint plus tard juge à la Cour suprême et ambassadeur des États-Unis aux Nations Unies, Bill Colby, qui devint plus tard chef de la CIA, et Temple Fielding, l'agence de voyage qui commença à s'intéresser à l'OSS. L'un des agents sous couverture les plus célèbres de l'OSS, était Ho Chi Minh.

Les agents de l'OSS deviennent des membres éminents de la "nouvelle classe" à Washington ; Archibald MacLeish devient bibliothécaire du Congrès ; Ralph Bunche devient représentant des États-Unis aux Nations Unies ; S. Dillon Ripley prit la tête du Smithsonian.

Donovan avait été choisi pour diriger l'OSS en raison des deux décennies pendant lesquelles il a effectué des missions secrètes pour les Morgans, les Rockefeller et les Rothschild. Lorsqu'il a recruté des communistes connus, ils n'ont pas émis d'objection. Il avait auparavant fourni une aide juridique non rémunérée à des membres de la force mercenaire communiste, la Brigade Abraham Lincoln. Il a maintenant accueilli ces vétérans "antifascistes" au sein de l'OSS. Ford écrit :

> "Dans l'OSS, l'emploi de pro-communistes a été approuvé à des niveaux très élevés. L'OSS accueillait souvent les services de marxistes enthousiastes."

Lorsque J. Edgar Hoover, désireux d'embarrasser un rival, a envoyé des agents à Donovan avec des dossiers du FBI sur les employés communistes des OSS, Donovan a répondu : "Je sais qu'ils sont communistes - c'est pourquoi je les ai engagés." Donovan a rempli l'OSS de communistes tellement fanatiques qu'ils sont devenus l'objet d'une plaisanterie à Washington. Il a nommé le Dr Maurice Halperin chef de la division Amérique latine de l'OSS. Halperin modifiait régulièrement les informations qui lui parvenaient pour les adapter à la ligne actuelle du parti. Il gardait souvent son bureau fermé à clé, ce qui faisait dire aux autres employés de l'OSS que "Halperin doit avoir une autre réunion de cellule[25]." Après la guerre, J. Edgar Hoover a témoigné devant le Congrès sur les origines communistes de Halperin. Halperin s'est ensuite installé à Moscou, puis à La Havane.

Malgré les dossiers accablants que J. Edgar Hoover tenait sur les principaux communistes de l'OSS, il ne trouvait aucun politicien prêt à se mettre à dos les trois assistants du FDR à la Maison Blanche, Hiss, Currie et White. Eleanor Roosevelt avait été l'une des militantes les plus frénétiques de la Brigade Lincoln. Joe Lash lui a offert un petit bronze de soldat communiste, qu'elle a gardé sur son bureau pour le reste de sa vie. Donovan a même nommé Irving Goff à la tête de l'OSS en Italie après le débarquement de Salerne. Goff avait été commandant de la Lincoln Brigade, puis président du parti communiste en Louisiane et à New York.

La guerre civile espagnole avait créé une alliance entre les "intellectuels" américains et les communistes. Dans *Passionate Years*, Peter Wyden rapporte que l'archiviste Victor A. Berch, de l'université Brandeis, a déclaré que 40% de la brigade Lincoln était juive. Curieusement, les "fascistes", la Phalange, étaient dirigés par deux Marranes, le général Franco et son financier, Juan March. March a payé le retour de Franco en Espagne avec un crédit de 2 millions de dollars chez Kleinwort de Londres. En juillet 1936, March plaça 82 millions de dollars de titres sur des comptes nationalistes. Il déposa 1,5 milliard de dollars en or à la Banque d'Italie, soit 121,5 tonnes de plus que la réserve d'or de la plupart des pays.

Les communistes ont volé la réserve d'or espagnole et l'ont expédiée en Russie. Le général Alexander Orlov du NKVD, sur ordre d'"Ivan Vassilievitch", un nom de code rare pour Staline, chargea la réserve d'or espagnole sur le navire soviétique Komsomol le 25 octobre 1936 ; elle arriva à Odessa le 2 novembre et fut transportée par camion jusqu'au gisement de métaux précieux de Moscou, Gohkran, pour une valeur de 788

---

[25] En référence au fonctionnement sous forme de cellule de l'Internationale Communiste. Nde.

millions de dollars. 240 millions de dollars avaient également été expédiés en France depuis l'Espagne.

Les volontaires du détachement Lincoln remettaient leurs passeports aux officiers du NKVD à leur arrivée en Espagne. Ces passeports étaient alors couramment utilisés pour l'espionnage communiste. L'assassin de Trotsky a été arrêté au Mexique avec un passeport canadien délivré à Tony Babich, qui a été tué pendant la guerre civile. Gouzenko a ensuite démasqué un agent communiste à Los Angeles en utilisant le passeport d'Ignacy Witczak. Des témoins ont vu des piles de ces passeports Lincoln empilées dans la prison de Lubianka, en attente d'être utilisées.

Ernest Hemingway a écrit que "la guerre civile espagnole a été la période la plus heureuse de ma vie." Il a modelé son héros dans *Pour qui sonne le glas* sur Robert Merriman, un agent de Moscou qui recevait une bourse de 900 dollars par an de l'université de Californie. Hemingway a écrit et produit un film, *The Spanish Earth,* afin de collecter des fonds pour les communistes, avec l'aide d'Archibald Macleish, Dashiell Hammett et Lillian Hellmann. Hemingway a versé 2750 dollars pour le film et a fait don de tous ses droits d'auteur. Il a fait une tournée à Hollywood pour collecter des fonds pour les communistes, un effort qui lui a été rendu lorsqu'ils ont nommé son livre *For Whom the Bell Tolls*[26] une sélection du Club du livre du mois qui se transforma en une production hollywoodienne de plusieurs millions de dollars. C'est ainsi que l'on obtenait un "succès artistique" dans les années 1940.

Le contingent anglais qui combattait en Espagne pour les communistes comprenait le neveu de Virginia Woolf, Julian Bell, qui fut tué, et Eric Blair, connu plus tard sous le nom de George Orwell. Il a été en première ligne pendant 112 jours avant d'être blessé. Il a ensuite écrit *1984*, un coup de propagande pour l'Ordre Mondial qui prétendait que personne ne pourrait résister à leur pouvoir. Il conclut *1984* en faisant remarquer que l'avenir serait semblable à une botte écrasant à jamais le visage de l'humanité.

---

[26] *Pour qui sonne le glas*, Ndt.

Un journaliste rallié à la cause communiste. A.M. Rosenthal, rédacteur en chef du *New York Times*, a dit de son beau-frère, George Watt, commissaire du Lincoln Battalion :

> "Mon Dieu, comme j'admirais cet homme. Il était mon héros."

Herbert L. Matthews a écrit en 1946 :

> "Rien d'aussi merveilleux ne m'arrivera plus jamais que ces deux ans et demi passés en Espagne. J'y ai appris que les hommes pouvaient être frères. Aujourd'hui, partout dans le monde où je rencontre un homme ou une femme qui s'est battu pour la liberté espagnole, je rencontre une âme-sœur. Rien ne pourra jamais briser ce lien. Nous y avons laissé nos cœurs."

Malgré son désespoir, Matthews a pu revivre la gloire des années espagnoles lorsqu'il a promu Castro et une bande de six guérilleros à la dictature de Cuba, grâce à un déluge de propagande frénétique dans le *New York Times*.

Kim Philby, plus tard actif au sein de l'OSS et de la CIA comme agent de liaison britannique, a également joué un rôle important dans la guerre civile espagnole. Fils du célèbre arabisant, Sir Harold Philby, il a rejoint la Cambridge Socialist Society en 1929. Il a travaillé pour le Trésor britannique en 1932-33 et a été recruté par le parti communiste. En 1934, à Vienne, il épouse Litzi Friedmann, un agent communiste. Le témoin de ce mariage est Teddy Kollek, qui sera plus tard un collecteur de fonds pour les terroristes israéliens, aujourd'hui maire de Tel-Aviv.

Travaillant comme une taupe soviétique, Philby a été financé par la banque Schroder en 1934 pour publier un magazine pro-Hitler pour la bourse anglo-allemande. Le *Times* l'a ensuite envoyé en Espagne pour couvrir la guerre civile. Il prit pour maîtresse l'épouse divorcée de Sir Anthony Lindsay Hogg, Frances Doble, une sympathisante des Falangistes dont le palais de Salamanque devint son quartier général en Espagne. Fille d'un banquier canadien, Doble divertit somptueusement les chefs des Falangistes. Philby y rencontra fréquemment le général Franco.

Philby a été recruté pour le SIS britannique en 1940. En 1942, il aida Norman Holmes Pearson, un professeur de Yale spécialisé dans le travail d'Ezra Pound, à mettre en place le bureau londonien de l'OSS avec Charles Hambro, chef du SOE. En 1949, Philby est envoyé à Washington en tant qu'agent de liaison du SIS avec la CIA et le FBI. J. Edgar Hoover déjeunait fréquemment au restaurant Harvey's avec Philby et James Angleton de la CIA. Alors qu'il était chef de la station de la CIA à Rome, Angleton a travaillé en étroite collaboration avec les terroristes sionistes Teddy Kollek et Jacob Meridor, et est devenu plus tard chef du bureau israélien à la CIA, aidant Philby à mettre en place l'opération d'espionnage internationale du Mossad, richement financée, le tout payé par les contribuables américains. Un haut responsable de la sécurité de la CIA, C. Edward Petty, a par la suite signalé qu'Angleton pourrait être un agent de pénétration ou une taupe soviétique, mais le président Gerald Ford a supprimé ce rapport.

Des dossiers top secrets de la CIA et du FBI étaient accessibles à Philby malgré les nombreuses allégations révélant qu'il était un agent soviétique. Bien qu'il ait aidé Burgess et MacLean à faire défection en Russie en 1951, il a continué à travailler pour le SIS jusqu'en 1956, sous la protection de Harold MacMillan, qui l'a défendu publiquement lors des débats parlementaires. En 1962, une Anglaise déclara à une soirée en Israël : "Comme d'habitude, Kim fait ce que lui dit son maitre russe. Je sais qu'il a toujours travaillé pour les Rouges." Miles Copeland indiqua que Philby avait placé une taupe sous couverture dans la CIA, connue sous le nom de "Mère". Philby aurait déclaré : "Les agences étrangères qui espionnent le gouvernement américain savent exactement ce qu'une personne de la CIA veut qu'elles sachent, ni plus ni moins." Philby a finalement été démasqué par un transfuge, Michael Goleniewski. Le 23 janvier 1963, Philby quitte Beyrouth et fait défection à Moscou, où il devient lieutenant général au KGB. Le 10 juin 1984, Tad Szulc écrit dans le *Washington Post* que Philby n'a jamais été un agent soviétique, selon les mémorandums de la CIA introduits dans un procès, mais qu'il était un agent triple. Cela explique les paradoxes curieux de la rivalité supposée entre la CIA et le KGB, lorsque certains initiés font facilement l'aller-retour entre les deux services. Les agents des deux services sont "éliminés" lorsqu'ils en découvrent plus que ce qu'ils doivent savoir de cet étrange arrangement.

Intrepid's Last Case indique que :

> "Pendant 38 ans, il y a eu une mission officielle du NKVD à Londres dont les agents étaient assistés à la fois par les opérations spéciales britanniques et l'OSS américain. Ce n'est que maintenant qu'il est clair que Moscou avait reçu des centaines d'études de recherche top secrètes de l'OSS ; et que les Britanniques avaient fourni une expertise de guérilla au chef des opérations subversives du NKVD, le colonel A.P. Ossikov !"

En 1943, Donovan a été envoyé en mission spéciale à Moscou, pour établir une alliance permanente entre l'OSS et le NKVD. Donovan, W. Averill Harriman, le lieutenant général Fitin et le major général A.P. Ossikov du NKVD élaborèrent un plan pour établir des bureaux du NKVD dans les principales villes américaines. Le 10 février 1944, J. Edgar Hoover envoie un message confidentiel à Harry Hopkins :

> "Je viens d'apprendre de source confidentielle qu'un accord de liaison a été mis au point entre l'OSS et le NKVD, en vertu duquel des agents seront échangés entre les services ; le NKVD établira un bureau à Washington."

Hopkins a été forcé de contacter l'avocat général Biddle pour alerter le ministère de la Justice de cette opération ; en raison des élections à venir, Roosevelt a prudemment retiré son soutien au plan.

En raison de leur coopération avec le NKVD et les éminents communistes de l'OSS, le général Douglas MacArthur a refusé d'autoriser tout agent de l'OSS sur son théâtre d'opérations dans le Pacifique. Donovan se rendit au quartier général de MacArthur le 2 avril 1944 et lui adressa un rappel à l'ordre, mais il le refusa. MacArthur considérait que les agents de l'OSS étaient plus dangereux pour la sécurité américaine que n'importe quel adversaire militaire. Dans le quartier général de Donovan à Washington, Estelle Frankfurter fut prise en train de voler des rapports confidentiels de l'OSS. Elle fut renvoyée, bien que son frère, le juge Felix Frankfurter, soit le confident le plus proche de Roosevelt. En tant qu'organisateur de la cellule de Harold Ware, Frankfurter avait placé des agents soviétiques dans de nombreuses agences gouvernementales, et avait installé son protégé personnel, Alger Hiss, dans le bureau de FDR. Le frère de Frankfurter, Otto, a purgé une peine dans la prison d'État d'Anamosa, dans l'Iowa, pour fraude.

Alors que Joseph E. Davies était ambassadeur à Moscou, le Département d'État reçut l'ordre, en 1937-38, de détruire tous ses dossiers irremplaçables sur l'Union Soviétique. La division russe du Département d'État fut supprimée et les derniers survivants anticommunistes furent sommairement licenciés.

Depuis 1935, sept réseaux d'espionnage soviétiques étaient actifs dans toute l'Europe. Connus sous leur nom allemand, *die Rote Kapelle*, l'Orchestre Rouge, ils étaient dirigés par le Grand Chef Léopold Trepper, qui a ensuite émigré en Israël. En janvier 1942, Allen Dulles a enrôlé die Rote Kapelle pour former un groupe anti-allemand dirigé par le baron Wolfgang von Pultitz, qui a ensuite organisé la défection en Allemagne de l'Est d'Otto John, chef du FBI en Allemagne de l'Ouest. Pendant la Seconde Guerre mondiale, von Pultitz et John avaient tous deux travaillé sous les ordres de Charles Hambro à la SOA britannique.

Le général Alfred E. Wedemeyer témoigna plus tard qu'en 1942, il avait proposé un plan garanti pour raccourcir la guerre d'au moins un an, en envahissant la France par la Manche. Winston Churchill a qualifié son approche à travers l'Afrique du Nord et la Sicile d'attaque sournoise "sous la ceinture". Le général Marshall appela Wedemeyer devant Churchill et Roosevelt pour expliquer son plan, sur lequel il avait travaillé pendant des mois, en perfectionnant chaque détail. Churchill persuada Roosevelt de reporter le plan Wedemeyer d'une année supplémentaire, tandis que le plan Churchill était mis en œuvre en Afrique du Nord en novembre 1942. Le plan Wedemeyer fut a posteriori défendu en 1946 par le général Franz Haider, chef d'état-major de l'armée allemande, qui déclara que l'invasion de Wedemeyer à travers la Manche aurait été un coup décisif et opportun qui aurait raccourci la guerre d'au moins un an. Cependant, mettre fin à la guerre en 1943 aurait coûté aux fabricants de munitions plusieurs milliards de profits. Ezra Pound s'exprimait le 17 juillet 1943 :

> "Je pense que mon dernier discours a été le plus courageux que j'ai jamais donné. Je jouais avec le feu. Je parlais ouvertement de la façon dont la guerre pourrait être prolongée, par des gens qui ont peur que la guerre s'arrête. Je veux dire qu'ils sont effrayés jusqu'au fond de leur culotte grise, de peur que l'équité économique ne s'installe dès que les armes cesseront de tirer ou peu après. Le décor est tombé à l'eau, en même temps que certains succès contre l'axe."

De quoi parlait Pound ? Du décor - quelle manière cynique de décrire une conflagration mondiale dans laquelle cent millions de personnes mouraient. Pound a révélé la mascarade. Au début de la guerre, une opération des services secrets britanniques, l'opération Ultra, avait obtenu la machine de codage allemande. Ils étaient capables de lire tous les ordres secrets d'Hitler et de l'état-major allemand. C'était comme tirer sur des poissons dans un baril. F.W. Winterbotham, chef du renseignement aérien, SIS, a écrit à propos de son opération Ultra dans *The Ultra Secret*. Il dit :

> "Le 2 août 1944, dont je me souviens, j'ai recouvert deux feuilles entières de mon journal Ultra, Hitler indiquait à Kluge de ne pas prêter attention au débarquement américain. Il a ensuite exposé son plan directeur pour gérer l'ensemble de l'invasion."

Si Hitler avait eu accès à toutes les communications secrètes des Alliés, il aurait eu un avantage imbattable. Les Alliés ont écouté tous ses ordres et ont réagi en conséquence. Au début de la guerre, Ultra les informa que les Allemands prévoyaient un raid de bombardement massif sur Coventry. S'ils évacuaient la ville, cela montrerait aux Allemands qu'ils écoutaient leurs plans. Churchill ordonna aux Britanniques de ne rien faire. Les Allemands bombardèrent Coventry, tuant des milliers de femmes et d'enfants. L'Ultra secret fut protégé au prix de nombreuses vies britanniques.

Les Britanniques disposaient également un agent double, le baron Wilhelm de Ropp, qui était le confident personnel d'Hitler sur la politique britannique. DeRopp vivait en Angleterre depuis

1910. Il avait épousé une Anglaise, mais entretenait un appartement sur le Kurfurstendamm, en tant que journaliste se déplaçant entre l'Allemagne et l'Angleterre. Son ami le plus proche en Angleterre était F. W. Winterbotham, chef du renseignement aérien. En février 1934, deRopp emmena Winterbotham en Allemagne, où il s'entretint avec Hitler, Rudolf Hess et von Milch, chef de l'armée de l'air allemande. Winterbotham écrit :

> "En 1934, j'avais obtenu un contact personnel avec le chef de l'État, Hitler, et avec Alfred Rosenberg, le philosophe officiel du Parti nationaliste et expert en affaires étrangères, et Rudolf Hess, l'adjoint d'Hitler. Lors de mes rencontres personnelles avec Hitler, il me fit part de sa conviction fondamentale selon laquelle le seul espoir d'un monde ordonné était qu'il soit dirigé par trois puissances supérieures, l'Empire britannique, les Amériques et le nouveau Grand Reich. J'ai eu le sentiment que son désir désespéré de paix n'était pas du bluff. (À Dunkerque) Hitler a dit à son état-major exactement ce qu'il m'avait dit en 1934 ; il fallait que la grande civilisation que la Grande-Bretagne avait apportée au monde continue d'exister et que tout ce qu'il attendait de la Grande-Bretagne était qu'elle reconnaisse la prééminence de l'Allemagne sur le continent."

Hitler n'a pas compris la dépravation des personnages de l'Ordre Mondial qui avaient pris le contrôle de l'Empire britannique avec les richesses de l'Afrique du Sud qu'ils avaient gagnées pendant la guerre des Boers. Ce trésor d'or et de diamants représentait le plus grand afflux de nouveau pouvoir d'achat en Europe depuis que les galions espagnols avaient rapporté l'or des Incas. La résistance rencontrée dans cette guerre a amené les planificateurs à décider qu'à l'avenir, les guerres seraient gérées aussi précisément que toute autre opération commerciale. Leur philosophie du déterminisme hégélien appelait à la mise en place de deux forces opposées, la thèse et l'antithèse, qui seraient lancées l'une contre l'autre dans le conflit pour produire un résultat, leur synthèse.

Entre les deux guerres mondiales, il était nécessaire de réarmer l'Allemagne, et aussi de soutenir un gouvernement allemand suffisamment fort pour préparer la nation à une autre guerre. Les mêmes personnes qui avaient approvisionné l'Allemagne de 1916 à 1918 afin de maintenir la première guerre mondiale ont maintenant soutenu les nazis pour produire une seconde guerre mondiale. Les Schroders et les Rothschild avaient créé Hoover avec la Commission belge des secours, en partenariat avec Émile Francqui, "la bête du Congo", plus tard l'Administration alimentaire américaine, dirigée par des hommes désintéressés qui ont inexplicablement amassé des fortunes soudaines dans le sucre, les céréales et le transport maritime. Deux de ces hommes, Prentiss Gray et Julius H. Barnes, sont ensuite devenus associés dans la société Schroder Co. Le *New York Times* du 11 décembre 1940 indiquait que :

> "Le baron Bruno von Schroder est mort chez lui, ici, à Dell Park, Englefield Green, Surrey. Il est venu en Angleterre en 1900 et a été naturalisé en 1914. Il fonde la société J. Henry Schroder & Co. à Londres en 1904 et à New York en 1923. Son fils Helmut W.B. Schroder prend alors la tête du cabinet. Son associé Frank Cyril Tiarks est directeur de la Banque d'Angleterre depuis 1912. En 1923, le baron von Schroder achète le chemin de fer de Bagdad. L'opération est la plus importante jamais réalisée sous le couvert de la Conférence de Lausanne qui se débarrasse d'anciennes concessions allemandes en Turquie. La Rothschilds and Lloyd's Bank partage avec le Baron Schroder le syndicat qui avance 25 millions de dollars pour débuter la reconstruction des lignes."

L'importance de la firme Schroder entre les deux guerres mondiales est démontrée par les extraits suivants ; *New York Times* 3 décembre 1923 :

> "La première tranche du capital de la nouvelle banque de la monnaie qui naîtra de la Rentenbank a été émise aujourd'hui à Berlin sous forme de chèques en livres sterling, d'une valeur de 25 millions de marks or (6 250 000 dollars) par la banque londonienne Schroder & Co. dont la part dans le prêt de capital est de 100 000 000 de marks d'or (25 000 000$). Le baron Henry Schroder, qui est à la tête du cabinet, est depuis longtemps étroitement lié aux intérêts financiers allemands dans le domaine international."

New York Times, 25 novembre 1928 :

"J. Henry Schroder Banking Corp. Finance and Trade Commentary", déclare : "Si, lors de la prochaine conférence sur les réparations, les obligations extérieures de l'Allemagne sont fixées à un chiffre raisonnable, ce serait une étape importante dans la reprise économique de l'Allemagne dans son ensemble."

New York Times, 2 novembre 1928 :

"J. Henry Schroder Co. accorde un prêt de 10 000 000$ à 6% à la Prussian Electric Power Co. en partenariat avec Brown Bros Harriman."

New York Times, 14 novembre 1929 :

"L'État prussien a obtenu un prêt de 5 millions de dollars de la société J. Henry Schroder Co. pour l'extension du port de Stettin."

New York Times, 27 janvier 1933 :

"La City Co. de New York et la J. Henry Schroder TrustCo. ont été désignées comme agents de souscription d'obligations allemandes par la Gold Discount Bank de Berlin. Les représentants des maisons d'émission américaines ont déclaré hier qu'ils n'étaient pas conseillés directement par Berlin, où les Allemands et les représentants des autres créanciers se concertent actuellement. Les banquiers y sont représentés par John Foster Dulles du cabinet d'avocats Sullivan and Cromwell."

New York Times, 19 avril 1940 :

"La J. Henry Schroder Banking Corp. a succédé à Speyer & Co. en tant qu'agent fiscal et payeur pour la ville de Berlin sur les obligations en or à 25 ans dues en 1950".

Un éminent économiste, le professeur von Wiegand, a publiquement critiqué l'auteur actuel pour ses déclarations sur la société Schroder, affirmant que la société n'avait que peu ou pas de liens avec l'Allemagne, apparemment parce qu'il n'avait pas fait de recherches sur le sujet dans le *New York Times*. Le président de J. Henry Schroder a également nié en 1944 qu'ils aient fait des affaires en Allemagne.

Adolf Hitler avait rejoint le parti ouvrier allemand en 1919 parce qu'il était soutenu par la société de Thulé, une société allemande influente composée d'aristocrates et de financiers. En 1921, Hitler a rencontré l'amiral Schroder, commandant du corps des Marines allemands. En décembre 1931, le cercle des Amis fut formé, douze hommes d'affaires allemands éminents qui promirent de faire des dons réguliers au parti nazi. Le baron Kurt von Schroder, associé de la société J.H. Stein Co. banquiers de Cologne, était le chef de ce groupe. J.H. Stein devint alors le banquier personnel d'Hitler. L'assistant d'Hitler, Walther Funk, rencontra Schroder pour discuter des opinions réelles d'Hitler sur les questions concernant les banquiers internationaux. Funk réussit à satisfaire Schroder, et le soutien financier du parti nazi se poursuivit.

Le commandant Winterbotham souligne que Lord Montagu Norman, gouverneur de la Banque d'Angleterre pendant plus de trente ans, était le meilleur ami de Hjalmar Schacht. Schacht, ministre des finances d'Hitler, a nommé son petit-fils Norman en raison de cette amitié. Paul Einzig, dans *Appeasement Before, During and After the war*, déclarait :

> "Le 29 mai 1933, M. F.C. Tiarks membre de la délégation bancaire britannique rencontra le Dr Schacht, et trouva l'attitude du Dr Schacht tout à fait satisfaisante."

M. Tiarks était un associé de longue date de J. Henry Schroder et directeur de la Banque d'Angleterre depuis 1912. Sa petite-fille a épousé l'actuel Duc de Bedford.

À la page 78, Einzig explique :

> "Vers la fin de 1936, une nouvelle société a été enregistrée à Londres sous le nom de Compensation Brokers Ltd. qui était contrôlée par la maison bancaire de J. Henry Schroder & Co. et Hambro's Bank Ltd. dans le but déclaré d'aider aux opérations de troc entre l'Allemagne et diverses parties de l'Empire anglais".

Lorsque Alfred Rosenberg est venu à Londres, il a été présenté à de nombreuses personnalités, dont Geoffrey Dawson, rédacteur en chef du *Times*, Walter Eliot, le député Lord Hailsham, secrétaire à la Guerre, et le duc de Kent, frère du roi

Edward VIII et de George VI. Le duc de Cobourg, ami proche d'Hitler, a eu trois longs entretiens avec le roi Édouard VIII lors de son adhésion en janvier 1936. Edward assura le Duc de sa sympathie pour le Troisième Reich. En 1965, le Duc de Windsor de l'époque fit la remarque suivante : "Je n'ai jamais pensé qu'Hitler était un si mauvais type." L'histoire derrière l'abdication soudaine d'Edward s'explique par le fait que ses conseillers ont réalisé qu'il ne signerait pas les papiers de mobilisation contre l'Allemagne. Une divorcée américaine est alors entrée en scène. Elle conduisit Edward au château de Rothschild en Autriche, tandis que son frère "légèrement handicapé" George est couronné roi d'Angleterre.

Au milieu des années trente, trois groupes isolationnistes étaient actifs en Angleterre : "The Link", dirigé par l'amiral Sir Barry Domvile et composé d'Anglais véritablement patriotes ; le Anglo-German Fellowship, organisé par J. Henry Schroder Co. avec l'aide de la taupe soviétique Kim Philby pour faire croire à Hitler que l'Angleterre ne lui déclarerait jamais la guerre ; et "the Cliveden Set", qui se réunissait au château palatin de Lord Astor, à Cliveden, pour promouvoir l'"apaisement".

Le 4 janvier 1933, Hitler rencontre les frères Dulles chez le baron Kurt von Schroder à Cologne pour garantir les fonds nécessaires à son installation comme chancelier d'Allemagne. Les frères Dulles étaient là en tant que représentants légaux de la société Kuhn, Loeb, qui avait accordé d'importants crédits à court terme à l'Allemagne et avait besoin d'une garantie de remboursement. Allen Dulles a ensuite été enrôlé en Suisse par l'OSS pendant la Seconde Guerre mondiale. Plus tard encore, il est devenu directeur de la CIA. Il avait été directeur de la J. Henry Schroder Co. pendant de nombreuses années.

Le 11 juin 1934, Lord Norman et Schacht se rencontrent secrètement à Badenweiler en Forêt-Noire, puis en octobre 1934, pour garantir des prêts à l'Allemagne nationale-socialiste. La banque J.H. Stein de Cologne et les succursales de Londres et de New York de la banque Schroder étaient des banques correspondantes souvent impliquées dans des transactions tout au long du régime hitlérien. Le baron Kurt von Schroder était membre du Herrenklub, le groupe le plus influent d'Allemagne, et de la Société de Thulé, qui avait lancé la carrière de Hitler en 1919. Il a été directeur de toutes les filiales allemandes d'ITT, chef principal du groupe SS, Deutsche Reichsbank, et a occupé de nombreux autres postes de haut niveau (répertoriés par le Comité Kilgore, 1940).

Le 30 septembre 1933, le rédacteur financier du *Daily Herald de Londres* a écrit :

> "La décision de M. Montagu Norman d'accorder aux nazis le soutien de la Banque d'Angleterre."

Le biographe de Norman, John Hargrave, écrit :

> "Il est certain que Norman a fait tout ce qu'il a pu pour aider l'Hitlérisme à acquérir et à maintenir son pouvoir politique, en usant de toutes ses capacités financières depuis son fief de la rue Thread needle."

Un autre partisan d'Hitler était Sir Henry Deterding, de la Royal Dutch Shell, qui avait été fondée par la famille Samuel. En mai 1933, Alfred Rosenberg fut invité au grand domaine de Deterding, Buckhurst Park, à Ascot, à un mile du château de Windsor. Oswald Dutch écrit qu'en 1931, Sir Henri Deterding et ses partisans, la famille Samuel, ont donné à Hitler 30 millions de livres sterling. Deterding divorça ensuite de sa femme et épousa son secrétaire, un allemand et ardent soutien du régime nazi.

Otto Strasser a écrit que Schroder a accepté de "payer les factures" du parti nazi lors d'une réunion secrète, et a garanti leurs dettes, finissant par percevoir un généreux montant d'intérêts sur son capital initial. (Audiences du Sénat, Commission des affaires militaires, 1945).

En Angleterre, la journaliste Claud Cockburn a mené la lutte contre le "Cliveden Set", ignorant apparemment que trois des Astors avaient fondé le Royal Institute of International Affairs. Il a écrit avec indignation :

> "Les Astors et quelques autres regroupés autour de Chamberlain étaient un ensemble 'd'apaiseurs' qui considéraient le régime d'Hitler et leur collaboration avec lui

comme nécessaires pour maintenir l'ordre social qu'ils préféraient."

Les Cockburns sont trop autolimités pour comprendre que les "apaiseurs" n'ont collaboré avec Hitler que pour obtenir la guerre mondiale qui était essentielle à leur programme mondial. Hitler a été dupé en Rhénanie, dupé en Tchécoslovaquie et dupé pour attaquer la Pologne. On lui avait promis qu'il n'y aurait pas de représailles, jusqu'à ce qu'il se rende en Pologne et découvre qu'il avait été complètement trompé.

Une fois que Hitler a rempli sa mission, ces mêmes banquiers ont comploté pour l'assassiner. Nous connaissons les noms du comte von Stauffenberg et de Fabian von Schlabrendorff, des aristocrates qui ont tenté de tuer Hitler, mais le 22 juillet 1984, le *Washington Post* a révélé le nom du cerveau, Axel von dem Bussche. Il a épousé la fille du comte de Gosford, le baron Acheson, attaché aérien à l'ambassade de Paris. Le baron Acheson avait épousé la fille de John Ridgely Carter, associé de la société J.P. Morgan, dont le père, avocat à Baltimore, avait été conseiller juridique de la Pennsylvania Railroad et de nombreux autres chemins de fer. John Ridgely Carter a épousé Alice Morgan, a été secrétaire de l'ambassade américaine à Londres de 1894 à 1909, et a été associé de la J.P. Morgan Co. en 1914, ainsi que de la branche parisienne de la Morgan Harjes Co. Dean Acheson, un cousin des Gosfords, a également travaillé pour la J.P. Morgan Co. et est devenu plus tard secrétaire d'État. Le 2ᵉᵐᵉ comte Gosford avait été gouverneur général du Canada et gouverneur en chef de toute l'Amérique du Nord britannique. Richard Davis note dans *The English Rothschilds* que le comte de Gosford était un invité fréquent de la famille Rothschild. Cela peut expliquer pourquoi son cousin américain, Dean Acheson, a été sélectionné pour devenir secrétaire d'État.

La distribution des personnages est en fait assez réduite en nombre. Le petit-fils d'un partenaire de J.P. Morgan dirige le complot contre Hitler, en coopérant avec Allen Dulles, partenaire de Schroder, depuis son antenne suisse de l'OSS. L'amiral Canaris, responsable de l'Abwehr, les services de renseignements de Hitler avaient pris contact avec les services secrets britanniques à Londres dès qu'il avait intégré ce poste, par l'intermédiaire de l'avocat de Francfort Fabian von Schlabrendorff, un membre clé du complot, aidé par le comte Helmut von Moltke, un membre du barreau allemand et également membre du Temple Intérieur de Londres, la mère de von Moltke était Dorothy Innes, liée à la dynastie bancaire Schroder.

Pendant ses deux premières années à l'OSS, Bill Donovan n'a accepté aucun salaire. En 1943, il est promu général de division et reçoit une rémunération pour ce grade. En 1943, l'OSS disposait d'un budget de 35 millions de dollars, avec 1651 employés, qui a été multiplié par dix l'année suivante pour atteindre un effectif de 16 000. À la fin de la guerre, il y avait 30 000 agents et sous-agents, dont beaucoup étaient impliqués dans des pillages, des chantages et d'autres activités lucratives. Les avions étaient souvent réquisitionnés pour des vols mystérieux afin de transporter des sommes énormes en or, diamants, peintures et autres trésors. Dès le début, l'OSS a fait le commerce de grosses sommes d'or. Au printemps 1942, 5 millions de dollars en pièces d'or ont été envoyés en Afrique du Nord pour financer des opérations secrètes. Après l'invasion de l'Afrique du Nord, certains banquiers qui détenaient des francs d'une valeur de 100 millions de dollars en ont soudainement reçu 500 millions. Les transactions monétaires à grande échelle étaient traitées pour l'OSS par un personnage de la pègre nommé Lemaigre-Dubreuil, qui a été abattu par des tireurs inconnus à son domicile de Casablanca.

Le conseiller politique du Commandant suprême des forces alliées en Méditerranée était Robert D. Murphy, dont la femme était maniaco-dépressive et dont la fille s'est suicidée. Il avait une liaison avec la princesse de Ligne, représentante officielle du comte de Paris, bourbon et prétendant au trône de France. Elle a profondément impliqué Murphy et l'OSS avec son principal associé, un juif syrien du nom de David Zagha, qui s'occupait de domaines immobiliers, de pierres précieuses et d'antiquités valant des millions de dollars. Il possédait d'importants avoirs à Damas et a blanchi des millions de dollars de fonds de l'OSS par l'intermédiaire de Lemaigre-Dubreuil, jusqu'à l'assassinat de ce dernier à Casablanca.

Ces tractations ont également caractérisé les opérations du successeur de l'OSS, la CIA, souvent appelée "Agence centrale d'investissement", en raison de ses nombreuses et infâmes transactions. V. Lada-Mocarski, président de J. Henry Schroder, était chef des opérations secrètes de renseignement pour l'OSS Italie 1943. Les dossiers secrets de l'OSS sont ensuite tombés entre les mains de Propaganda Due, la loge P2, une organisation maçonnique secrète qui comptait de nombreuses personnalités en Italie. L'intermédiaire de P2 et de la CIA était Michael Sindona, qui réceptionna les 65 millions de dollars que la CIA a injectés dans les élections italiennes. Il était lié au cabinet d'avocats Nixon et à John McCaffrey, chef des forces de résistance en Europe pour les services de renseignements britanniques pendant la Seconde Guerre mondiale, puis représentant de la Hambro's Bank, ainsi que du prince Borghèse. Bien que Borghese ait été condamné à être exécuté pendant la Seconde Guerre mondiale, il a été secouru par James Angleton, devenu plus tard consultant du Vatican pour la CIA. Sindona, McCaffrey et Borghese étaient associés dans une banque italienne, Universal Banking Corp. qui servait de façade à Meyer Lansky et à la mafia. L'effondrement de la Banco Ambrosiano a coûté au Vatican un milliard de dollars (réduit par la suite à 250 millions de dollars), et s'est terminé par le meurtre de son président Roberto Calvi, retrouvé pendu au pont Blackfriars à Londres. Il a été déclaré "suicidé", mais un juge a ensuite rendu la conclusion qu'il avait été assassiné par des "personnes inconnues".

Le général Donovan avait également un lien familial important avec les Harriman. Le cousin de sa femme, Charles Rumsey, avait épousé la sœur de W. Averell Harriman, Mary. Les Harriman avaient été élevés sur leur domaine new-yorkais, Arden, qui comptait 30 000 acres, une maison de 150 pièces et une équipe de 600 personnes travaillant constamment pour l'entretenir.

L'autre sœur de Harriman a épousé Robert Livingston Gerry, fils du commodore Elbridge Gerry. Leur fils, El bridge Gerry, est un associé de Brown Bros Harriman.

En 1939, Donovan avait acheté une ferme près de Berryville, la Chapel Hill Farm. En 1945, il vendit sa maison de Georgetown à Katharine Graham, de la famille du *Washington Post*. La ferme a été reprise par le Rumsey Trust. Donovan habite au 1 Sutton Place, à New York, l'adresse rendue à la mode par Bessie Marbury, la reine du milieu homosexuel international qui, en tant que premier pouvoir du parti démocrate, a permis à Franklin D. Roosevelt de devenir gouverneur de New York.

En 1921, le promoteur Eliot Cross vend la "femme" de Marbury, Elsie de Wolfe, au 13 Sutton Place. Le *Times* ne tarda pas à noter une "curieuse migration", en titrant que Mme K. Vanderbilt et Anne Morgan avaient acheté des maisons à Sutton Place, "une artère peu connue de deux pâtés de maisons". Mme Vanderbilt a payé 50 000 dollars pour sa maison ; Anne Morgan, fille de J.P. Morgan, et membre de l'ensemble "Hellfire" de Wolfe-Marbury, a payé 75 000 dollars. Elles ont ensuite dépensé plusieurs centaines de milliers de dollars pour rénover ces maisons. Le *Times* a qualifié la "curieuse migration de Sutton Place" d'incursion malvenue car les penchants bien connus des nouveaux arrivants allaient bientôt faire de Manhattan le siège mondial du mouvement homosexuel.

Le dernier fils de Donovan avait refusé d'entrer dans le cabinet d'avocats ou d'avoir quoi que ce soit à voir avec l'OSS. Il a fait une brillante carrière militaire en tant que capitaine de la marine chargé des opérations du débarquement en Sicile et d'autres opérations liées à la libération de l'Europe. Lors d'une célébration du Nouvel An, en 1946, sa fille Sheila, âgée de cinq ans, a accidentellement ingéré du poison et est décédée. Sa femme est morte peu après d'une overdose de somnifères.

Intrepid's Last Case note que :

> "Cette décision apolitique a forcé l'OSS à remettre à Moscou les livres de codes militaires et diplomatiques soviétiques capturés aux renseignements nazis."

Le plus grand coup de l'histoire des services de renseignements est tombé à l'eau après que les trois associés communistes de Roosevelt eurent exigé que cet ensemble complet de livres de codes soviétiques soit restitué à Staline.

Le 17 mai 1945, Donovan est devenu l'assistant spécial du juge Robert H. Jackson, procureur américain au procès de

Nuremberg. Bien que les dirigeants allemands capturés aient été accusés de beaucoup de choses, ils n'ont jamais été accusés d'avoir accepté de l'argent de la Banque d'Angleterre, ou d'être financés par la Banque Schroder. Le baron Kurt von Schroder avait été arrêté et transféré dans un camp de détention britannique. Un tribunal allemand de dénazification l'a ensuite condamné à une amende de 1500 RM et à trois mois de détention. Comme il avait déjà été détenu pendant cette période, il a été libéré. Le 29 février 1948, le *New York Times* a exigé qu'il soit jugé par un tribunal militaire allié : "von Schroder est aussi coupable que Hitler ou Goering".

En mai 1945, William Stephenson a créé la British American Canadian Corp. à New York, qui est ensuite devenue un groupe panaméen sous le nom de World Commerce Corp. le 2 avril 1947. Lorsque l'Allemagne se rendit, le bureau londonien de l'OSS avait dix millions de dollars en main, déposés dans les banques de Hambro et Schroder. Cet argent ne pouvait pas être "rendu" au gouvernement américain sans que l'on sache d'où il provenait. En tant que produit des transactions sur l'or et les bijoux, une enquête pouvait provoquer une enquête du Congrès. Les dirigeants ont décidé de la tenir en suspens pour les futures opérations des nouvelles sociétés, dont les dirigeants étaient Stephenson, Donovan, Sir Charles Hambro, Edward R. Stettinius, Russell Forgan de la Glore Forgan Co. neveu de James Forgan, premier président du Conseil consultatif fédéral de la Réserve Fédérale, et successeur de David Bruce au poste de chef de l'OSS Europe ; Sidney Weinberg, chef de la mission spéciale de l'OSS à Moscou ; Nelson Rockefeller ; le colonel Rex Benson Menzies du SIS et président de la Robert Benson Co. John J. McCloy, Richard Mellon, Sir Victor Sassoon, Lord Leathers, Sir William Rootes of Rootes Motors, Sir Alexander Korda, Olaf Hambro, Brig W.T. Keswick, directeur de la Jardine Mathieson Co. et de la Hudson Bay Co. Hong Kong Shanghai Bank et chef du Special Operations Executive en Asie, Seconde Guerre mondiale ; Sir Harold Wemher, industriel britannique ; Ian Fleming de la Kelmsley Press ; David Bruce ; Joseph C. Grew, neveu de J.P. Morgan ; et L.L. Strauss de Kuhn, Loeb & Co. Le nouveau cabinet a travaillé en étroite collaboration avec Morgan Grenfell, Jardine Mathieson et British and Western Trading Co.

En 1950, Donovan a inscrit World Commerce Corp. comme la seule entreprise dans laquelle il détenait une participation. Le président à cette époque était Frank T. Ryan, le directeur John J. Ryan, tous deux de Bache & Co ; les autres directeurs étaient Alfred DuPont, Russell Forgan, Jocelyn Hambro, Joseph Grew et William Stephenson, qui a donné son adresse sous le nom de Plaza Hotel. N.Y. avec résidence en Jamaïque, et s'est présenté comme président du conseil d'administration de Caribbean Cement Co. et de Bermuda Hotels Corp.

Le président Truman n'aimait pas l'idée d'un service secret, et a dissous l'OSS à la fin de la guerre. 1600 de ses agents sont alors passés au Bureau du renseignement et de la recherche du Département d'État, d'autres au Département de la défense où Robert McNamara a créé la Defense Intelligence Agency en 1961. Truman a créé le Bureau de coordination de la politique en 1948, qui, par la directive 10/2 du Conseil national de sécurité, a fusionné avec la CIA le 4 janvier 1951, avec le Bureau des services spéciaux et clandestins. Bien que Truman ait dissous l'OSS le 20 septembre 1945, sa directive de 1948 nomma trois hommes pour superviser l'organisation d'une nouvelle agence de renseignement, Allen W. Dulles, de la Schroder Bank ; William Harding Jackson, un avocat de Wall Street membre par alliance de la famille Lyman, devient avocat chez Cadwalder, Wickersham and Taft, et plus tard chez Carter, Ledyard & Milburn (les avocats de la J.P. Morgan). En janvier 1944, Jackson est nommé chef du renseignement au quartier général de l'armée américaine à Londres. Il était chef du renseignement pour le général Jacob Devers, et plus tard, il a dirigé le renseignement du G-2 pour le général Omar Bradley. Il est devenu associé de la société J.H. Whitney Co. de New York en 1947, a été directeur adjoint de la CIA de 1950 à 1951, et a ensuite été conseiller spécial du président Eisenhower pour la sécurité nationale ; le troisième homme de l'équipe de Truman était Mathias F. Correa, également avocat à Wall Street, dont la mère était de la famille Figueroa ; son père était responsable de l'immobilier et des investissements pour le diocèse de Brooklyn, et son frère était conseiller spécial de l'avocat général des États-Unis en 1946, avocat général ODM 1951-52, et vice-président de RCA. Plus tard, Truman en vint à se méfier profondément de la CIA. Il a dit à Merle Miller : "Parlons franchement",

> "Maintenant, autant que je puisse en juger, ces gars de la CIA ne se contentent pas de faire des reportages sur les guerres des autres, ils créent eux-mêmes leurs propres reportages."

Allen Dulles a placé un verset de la Bible (Jean 8;32) à l'entrée du bâtiment de la CIA, "Vous connaîtrez la vérité, et la vérité vous rendra libres." Allen W. Dulles était le chef de la nouvelle agence ; Frank Wisner était son adjoint ; son personnel est passé de 5000 à 15 000 personnes en 1955. En 1974, elle comptait 16 500 agents et disposait d'un budget de 750 millions de dollars ; en tout, la National Security Agency avait 6 milliards de dollars à dépenser pour le "renseignement".

La CIA a souvent été appelée l'Agence centrale d'investissement, non seulement en raison des antécédents à Wall Street de Donovan, de Dulles et de nombreux autres mandants, mais aussi en raison des nombreuses opérations commerciales qu'elle a menées (la CIA est toujours appelée, et non par hasard, par ses initiés, "la compagnie"). Une grande partie des transactions boursières est basée sur des informations internes détenues par la CIA, l'achat et la vente étant effectués sur la base de renseignements secrets recueillis par la CIA dans le monde entier.

La CIA a également dépensé des milliards pour influencer les élections à l'étranger, toujours pour des candidats hostiles aux intérêts du peuple américain, mais dévoués au programme de l'Ordre Mondial. Toutefois, sa principale influence a été exercée par son contrôle sur les fondations et les universités. Le peuple américain ignore béatement que son gouvernement constitutionnel, avec ses pouvoirs distincts du législatif, judiciaire et exécutif, a été entièrement supplanté par les fondations, qui génèrent la politique de base pour les trois branches. La politique monétaire est générée par la Brookings Institution et mise en œuvre par le système de la Réserve Fédérale indépendant du Congrès, qui a pourtant le pouvoir constitutionnel de réglementer le système monétaire. Les politiques sociales, issues des fondations Ford et Rockefeller, sont promulguées par le Congrès et maintenues contre toute contestation par la Cour suprême. La politique étrangère, prérogative du pouvoir exécutif, est entièrement basée sur les "études" et les recommandations des fondations. Le personnel des trois ministères est fortement infiltré par les agents des fondations. La CIA fonctionne comme l'agence de coordination entre les fondations et les ministères. Le *Washington Post* du 8 décembre 1984 a vérifié cela avec une nécrologie de Don Harris, relatant qu'il est venu à Washington en 1950 en tant qu'économiste à la Brookings Institution, puis a rejoint la CIA en tant que chef du personnel de l'Extrême-Orient et de l'Europe de l'Ouest pendant trois ans. Il a ensuite rejoint la direction des plans et de la politique de la Defense Intelligence Agency, où il a travaillé jusqu'en 1983.

McGeorge Bundy, dans *The Dimensions of Diplomacy*, 1964, indiquait :

"Tous les programmes d'études régionales dans les universités américaines après la guerre étaient dirigés ou stimulés par des diplômés de l'OSS : il y a une forte interpénétration entre les universités ayant des programmes régionaux et les agences de collecte d'informations du gouvernement américain."

En tant que directeur de la Fondation Ford, Bundy était en mesure de connaître l'interpénétration.

Le *Washington Post* du 21 avril 1984, indiquait que la CIA acheminait de l'argent à de nombreuses universités par le biais de subventions aux services de renseignement de l'armée de l'air ou d'autres opérations de "défense", notamment Duke, Stanford, l'Université du Texas et bien d'autres. Le doyen de l'université de Pittsburgh, Wesley Posvar, avait reçu de nombreuses subventions de l'armée de l'air en tant que colonel retraité de l'armée de l'air, acheminées par le biais du major général James F. Pfautz, chef du renseignement de l'armée de l'air. Posvar est membre du German Marshall Fund.

La CIA a dépensé des millions pour financer des journaux, des magazines et des éditeurs afin de promouvoir le programme de l'Ordre Mondial. La société Frederick A. Praeger Co. N.Y., une maison d'édition "étrangère", a admis en 1967 avoir publié

"15 ou 16" livres pour la CIA. De nombreux écrivains et journalistes ont été généreusement subventionnés par la CIA avec des frais de voyage, une villa en France ou en Suisse, et d'autres avantages, afin de produire de la propagande pour la CIA et ses objectifs ultérieurs.

La *National Review* est considérée comme la publication la plus influente de la CIA. Elle promeut constamment Jean Kirkpatrick, Milton Friedman et d'autres spécialistes de la communauté du renseignement et de l'école d'économie de Vienne. Le 8 décembre 1984, le *New York Times* célébrait le mariage de Christopher, le fils de William Buckley, avec Lucy Gregg, la fille de Donald Phinney Gregg, fonctionnaire de la CIA depuis 31 ans, qui est maintenant conseiller personnel du président Bush pour la sécurité nationale. Buckley a fondé la *National Review* avec Morrie Ryskind et George Sokolsky, finançant la publication avec des fonds importants de l'Agence Centrale D'investissement[27] et de ses connexions à Wall Street. Le seul emploi connu de Buckley a été son passage à la CIA sous la supervision d'Howard Hunt à la station de la CIA de Mexico, immédiatement après que Buckley ait obtenu son diplôme de Yale. Buckley est devenu le parrain des enfants de Hunt, le décret NSCIDS No. 7 a donné à la CIA le pouvoir d'interroger les Américains aux États-Unis sur leurs voyages à l'étranger et de passer des contrats avec des universités américaines. L'influence de J. Edgar Hoover a donné lieu à la loi sur la sécurité nationale de 1947, qui interdisait à la CIA d'exercer des fonctions de sécurité intérieure ou des pouvoirs de police aux États-Unis (le territoire étant placé sous la responsabilité du FBI), mais Hoover a vu cette loi continuellement bafouée par les grandes manigances de la CIA.

Le 12 mars 1947, la Doctrine Truman est annoncée comme la nouvelle politique étrangère de l'Amérique. Le 5 juin 1947, le plan Marshall est annoncé. Les deux "doctrines" avaient été élaborées à partir d'études de base subventionnées par la CIA et

---

[27] Mullins utilise ici à dessein le sobriquet de la CIA, Ndt.

devaient être mises en œuvre sous la surveillance étroite de la CIA.

La "nouvelle" CIA maintint ses liens étroits avec la banque Schroder et d'autres piliers du renseignement international. Allen Dulles, directeur de J. Henry Schroder, et avocat de la banque en tant que mandataire de Sullivan and Cromwell, a choisi Schroder pour gérer les vastes décaissements du "fonds discrétionnaire" de la CIA, dont les transactions financières restent secrètes. Le ministre de la guerre Robert Patterson était un des directeurs de Schroder, tout comme Harold Brown, le ministre de la défense de Carter. Paul H. Nitze, notre négociateur en chef en matière d'armement, n'était pas seulement un directeur de Schroder, mais il a intégré par mariage la famille Pratt de Standard Oil qui a fait don de leur manoir de New York comme siège du CFR.

John McCone, plus tard directeur de la CIA, était partenaire de Bechtel McCone, entrepreneur de guerre géant financé par Schroder-Rockefeller Co. Richard Helms, également directeur de la CIA, est consultant chez Bechtel. Bien qu'issu d'une famille aux moyens modestes, M. Helms a fait ses études à l'école préparatoire la plus exclusive du monde, le Rosey de Suisse, où il est devenu l'ami du Shah d'Iran. Le lien entre Schroder et la CIA a été révélé dans un procès au cours duquel des documents ont montra un paiement de 38 902 dollars à Edwin Moore, sur ordre de Richard Helms.

Gordon Richardson a été président de Schroder de 1963 à 1973, date à laquelle il a été nommé gouverneur de la Banque d'Angleterre, où il a servi pendant dix ans. Richardson, également directeur de la Lloyd's Bank et de Rolls Royce, avait une adresse à New York sur Sutton Place, près de la résidence de Donovan.

La famille Cabot de Boston, provient de Sebastian Cabot, qui fut l'un des premiers membres de l'Ordre Mondial à maintenir une relation étroite avec la CIA. Le fondateur de la famille, Giovanni Caboto de Gênes, est devenu Jean Cabot lorsqu'il s'est installé en Angleterre en 1448 sous Henri VII. Son fils Sebastian l'a accompagné lors de son voyage en Amérique du Nord en 1497. Sebastian est né à Venise en 1476 ; il s'installe en

Angleterre en 1551, obtient une pension et fonde la London Muscovy Company qui développe des routes terrestres à travers l'Europe vers la Russie. Thomas D. Cabot, président honoraire de la Cabot Corp., a été directeur du Bureau des affaires interaméricaines du Département d'État en 1951, président de United Fruit, et a créé Radio Swan sur l'île des cygnes pour la CIA ; il a effectué une mission spéciale en Égypte en 1953. Son frère John est dans le service extérieur à partir de 1926, il est consul général de Shanghi, ambassadeur au Pakistan, en Finlande et en Colombie, au Brésil et en Pologne ; il est délégué américain à Dumbarton Oaks en 1944, et secrétaire de l'organisation des Nations Unies à San Francisco en 1945 sous Alger Hiss. Paul Cabot est directeur de la société J.P. Morgan, de Ford, de Continental Can, de Goodrich et de la société M.A. Hanna. Lord Harold Cacciais est également administrateur de Cabot Corp. Il a été membre de la Commission alliée de contrôle en Italie en 1943-44 en tant que conseiller politique, ambassadeur en Autriche en 1951-54, ambassadeur aux États-Unis en 1956-61 ; il est également membre du conseil d'administration de la banque Orion, de la National Westminster Bank et de Prudential Assurance. Il est président de Standard Telephone & Cable.

Un ancêtre de la famille Cabot, George Cabot (1752-1823) disposait de 40 corsaires et lettres de marque en 1777-78, et est devenu premier lord de l'amirauté.

La politique de haut niveau de la CIA était régulièrement déterminée lors de réunions secrètes à Pratt House, le siège du CFR à N.Y., comme l'a révélé Vic Marchetti, dans *Cult of Intelligence*, il décrit une réunion de haut niveau à Pratt House le 8 janvier 1965 à 17 heures, présidée par C. Douglas Dillon, président de Dillon Read. L'orateur principal était Richard Bissell, directeur des opérations clandestines de la CIA. C'était la troisième réunion à cette adresse. William J. Barnds en était le secrétaire ; son père était évêque épiscopalien de la division de Dallas. Frank Altschul, associé de Lazard Frères, qui a épousé la famille Lehman, était présent. Altschul était président du National Planning Assn, directeur de la Fondation Ford, de l'Institut chinois en Amérique, de l'Institut américain d'éducation internationale et vice-président de la Woodrow

Wilson Foundation ; Robert Amory, dep. Dir. de la CIA en 1952-62, membre du National Security planning Board en 1953-61 ; Meyer Bernstein ; Col. Sidney Berry, ancien asst. militaire auprès du secrétaire à la Défense en 1961-64, aujourd'hui chef-adjoint des opérations du personnel de l'armée américaine ; Allen W. Dulles ; George S. Franklin Jr, avocat chez Davis Polk et Wardwell, asst. auprès de Nelson Rockefeller en 1940, département du renseignement de l'État en 1941-44, division exécutive, membre du Conseil des relations étrangères en 1945-1971, secrétaire national de la Commission trilatérale en 1972, membre du Conseil atlantique, de la Fondation Ditchley, du Conseil américain pour l'Europe unie ; Thomas L. Hughes, directeur de la Carnegie Endowment for International Peace (ancien poste d'Alger Hiss) ; Joseph Kraft, chroniqueur au *Washington Post*, au *L.A. Times* etc. Eugene Fubini, naturalisé américain en 1945, conseiller technique des forces armées américaines, de l'armée de terre et de la marine pour les techniques radio, a travaillé à CBS de 1938 à 1942 pour le secrétaire à la défense depuis 1961, à l'Agence nationale de sécurité depuis 1965, à la présidence de la Defense Intelligence Agency, Harry Howe Ransom, professeur Vanderbilt à la Fondation Rockefeller, à l'Institut d'études stratégiques de Londres ; Theodore Sorensen, assistant du président Kennedy de 1957 à 1961, aujourd'hui avocat chez Paul Weiss et Rifkind ; David B. Sage, prof. Bennington, administrateur du Russell Sage Fund et du 20th century Fund. Bissell, l'orateur principal, avait fait ses études à Groton, Yale et à la London School of Economics, était économiste au War Shipping Board en 1942-45 ; membre du comité Harriman pour le président en 1947-48, au CEA en 1948-51, membre de la Fondation Ford en 1952-55, dir. de la CIA en 1954-64, consultant auprès de Fortune, U.S. Steel et Asiatic Petroleum.

Les opérations financières de la CIA font continuellement surface et sont rapidement oubliées. Jack Anderson a noté dans une chronique du 30 juillet 1984 que deux amis de l'OSS pendant la Seconde Guerre mondiale, Joe Rosenbaum, un investisseur en capital-risque, et William J. Casey, l'actuel chef de la CIA, avaient été impliqués dans un énorme contrat de pipeline au Moyen-Orient avec l'ancien secrétaire de la Marine William J.

Middendorf, aujourd'hui ambassadeur des États-Unis auprès de l'Organisation des États américains. Middendorf est directeur de la First American Bank of VA, qui gère de nombreuses opérations financières pour la CIA. James M. Gavin, directeur de la Fondation Guggenheim, président de la société Arthur D. Little (qui serait une branche des opérations de la CIA).

Dans *Spooks*, Jim Hugan révèle le nom d'une autre entreprise ayant des liens avec la CIA, Quantum Corp. ayant son siège à L'enfant Plaza à Washington dont Rockefeller est le propriétaire, qui vendait des armes aux deux parties du conflit israélo-arabe ; son président était Rosser Scott Reeves III, héritier d'une fortune publicitaire ; son père vendait Eisenhower comme un savon avec une série de brillantes publicités télévisées. Reeves III a épousé l'héritière de la famille Squibb, a travaillé pour Lazard Frères de 1962 à 1997 et pour la Military Armaments Corp. de 1972 à 1994. Son père était un associé commanditaire de la société Oppenheimer Co. Les autres membres de Quantum étaient Mitch Wer Bell III, un agent de la CIA qui avait le rang de général, U.S. Edmund Lynch, Stewart Mott, Lou Conein, un agent de l'Union Corse connu dans toute l'Asie du Sud-Est sous le nom de Black Luigi, Walter Pforzheimer, ancien assistant d'Allen Dulles, qui occupait deux appartements à l'adresse la plus chère de Washington, le Watergate, dont l'un était rempli de sa documentation sur les activités de renseignement, et qui fut retrouvé assassiné au Watergate, et Paul Rothermeil, agent de liaison entre la CIA et le FBI, qui fut envoyé en mission spéciale à H.L. Hunt à Dallas pour détruire la Hunt Oil Co. Après la disparition de millions de dollars, et la Hunt Oil Co. au bord de la faillite, les Hunts le poursuivirent, mais ne purent le faire pour des raisons de "sécurité nationale".

Le naufrage du USS Liberty, un navire de renseignement du gouvernement, par les Israéliens lors de la guerre de 1967 a mis en évidence l'étroite collaboration entre la CIA et le Mossad, les services de renseignements militaires israéliens. Le représentant de la CIA à l'ambassade des États-Unis à Tel-Aviv a fait rapport au bureau principal de la CIA à McLean VA. le 7 juin 1967 qu'Israël avait décidé de couler l'U.S.S. Liberty. La CIA a refusé d'avertir les marins américains condamnés. Avec le président

Johnson à la Maison-Blanche à l'époque se trouvaient Mathilde et Arthur Krim, l'intermédiaire de Johnson avec le gouvernement israélien. Mathilde était un ancien terroriste de l'Irgoun qui avait participé à des frappes terroristes avec Menachem Begin, qui se vantait d'avoir introduit le terrorisme dans le monde entier.

Andrew Tull, dans *The Super Spies*, révèle une autre couverture de la CIA. L'ensemble du plan opérationnel pour l'invasion soviétique de la Tchécoslovaquie en juillet 1968 a été intercepté par un agent allemand en mai ; il a remis les plans au lieutenant général Jos F. Carroll, dir. de l'Agence de renseignement de la Défense à Berlin. Carroll exposa un plan de "fuite" de ces renseignements, qui obligerait l'Union Soviétique à abandonner l'opération. L'ambassadeur en Allemagne de l'Ouest Henry Cabot Lodge fut informé de cette "fuite", mais reçut l'ordre direct de Washington de l'annuler de la part du secrétaire à la Défense Clark Clifford. L'Ordre Mondial ne souhaitait pas interférer avec l'invasion prévue. L'Union Soviétique, consciente de la découverte, reporte l'invasion de juillet au 21 août. Durant cette période, les responsables de Washington leur assurèrent que les États-Unis ne s'immisceraient pas dans l'affaire. Avec ce feu vert de haut niveau, la conquête de la Tchécoslovaquie par l'Armée rouge fut mise en œuvre avec succès.

Nous avons mentionné la connexion CIA-Mossad de James Angleton. L'État d'Israël a été créé en grande partie par un juif hongrois du nom de Tibor Rosenbaum, qui versait des fonds aux bandes de terroristes de la Haganah et de la Stern, par l'intermédiaire de sa base suisse grâce au contrôle qu'il exerçait sur la Banque internationale de crédit en Suisse. L'International Credit Bank était la banque étrangère pour les opérations mafieuses du Meyer Lansky, et gérait également les fonds européens du Mossad pour des opérations secrètes. Rosenbaum était le cerveau de l'opération de Bernie Cornfield. Le successeur de Cornfield à l'IOS, Robert Vesco, s'est ensuite enfui en Amérique centrale avec 224 millions de dollars de fonds de l'IOS, et est maintenant le partenaire de Fidel Castro dans une énorme opération anti-drogue qui a rapporté 20 milliards de dollars de bénéfices entre 1980 et 1984. La part de Castro, 50 millions de dollars, a été déposée dans des banques suisses.

En 1965, le correspondant de la CIA en Afrique était Michael King, associé au Dr Joseph Churba dans Consultants Research Associates, au 509 Fifth Ave. à N.Y. Il est aujourd'hui Meir Kahane, membre de la Knesset israélienne et chef de la Ligue de défense des Juifs terroristes. Une partie de leurs fonctions à la CIA consistait à mobiliser les étudiants de Columbia et d'Adelphi College contre les émeutes sur les campus pendant la guerre du Vietnam. La petite amie de King, Donna Evans, est tombée ou a été jetée du pont de Queensborough en juillet 1966.

Une autre figure importante de la CIA était Robert Maheu, qui assurait la liaison entre la CIA et J. Edgar Hoover du FBI. Maheu a ensuite dirigé les "opérations de Las Vegas" d'Howard Hughes. Son nom de code à la CIA était "Actionnaire".

Dans l'*OSS, l'histoire secrète*, R. Harris Smith déclare que Ho Chi Minh a pris contact avec le colonel Paul Helliwell de l'OSS à Kunming pendant la Seconde Guerre mondiale et a été recruté comme agent. Les rapports de Ho ont rapidement reçu la priorité absolue au siège de l'OSS à Washington, et ont été placés directement sur le bureau du général Donovan. Helliwell, qui devint plus tard consul pour le gouvernement thaïlandais à Miami, et le Major Austin Glass, un fonctionnaire de Socony Oil, envoyèrent des armes à Ho pour sa lutte révolutionnaire. Le lieutenant Thibaut de Saint Phalle, neveu d'un important banquier parisien, est un autre des premiers partisans de Ho à l'OSS.

Le journaliste Robert Shaplen a appris plus tard qu'un fonctionnaire de la Chase Manhattan Bank avait été parachuté dans le quartier général éloigné de Ho, où il a trouvé le chef de la guérilla mourant de malaria et de dysenterie. Alors qu'il ne lui restait seulement que quelques heures à vivre, il a été sauvé par l'arrivée d'un médecin de l'OSS, Paul Hoagland. Il a sauvé la vie de Ho en lui administrant les nouveaux sulfamides et de la quinine. Il a ensuite servi au siège de la CIA jusqu'aux années 1970, où il a toujours été connu comme "l'homme qui a sauvé la vie de Ho". Une fois Ho hors de danger, un contingent spécial de l'OSS, le "Deer Team", a été envoyé au quartier général de Ho en novembre 1945. Les membres de cette équipe étaient unanimes dans leur dénonciation des "impérialistes" français, le gouvernement colonial. Ils se sont vantés qu'il avait été décidé au plus haut niveau à Washington que les Français devaient y aller. Un membre éminent de cette équipe était le capitaine Nicholas Deak, un Hongrois, aujourd'hui président de Deak Pereira. Il détient des intérêts majoritaires dans des banques suisses et autrichiennes, et gère des bureaux de change aux États-Unis, au Canada et en Extrême-Orient.

Les Français ont été consternés d'apprendre que leurs "alliés américains" entraînaient et armaient les forces vietnamiennes de Ho. Ho a été informé que le général Donovan représentait de grands intérêts économiques (la World Commerce Corp.) qui prévoyaient de reconstruire les chemins de fer et les autoroutes du Vietnam, en échange de "privilèges économiques" en Indochine. En octobre 1945, l'OSS a parrainé l'"Association de l'amitié du Vietnam" dirigée par le lieutenant-colonel Carleton H. Swift. L'OSS a armé les forces d'Ho Chi Minh avec les armes les plus récentes, et a donné un entraînement intensif à l'infiltration et à la démolition à 200 hommes sélectionnés de l'armée du général Giap. Ce sont ces hommes qui ont ensuite mené les attaques contre les troupes américaines pendant la guerre du Vietnam. Le parrainage de l'OSS par le Viet Min et d'autres groupes terroristes dans le monde a conduit Robert Welch à révéler :

> "L'OSS a mis à disposition les ressources, les armes, l'argent et le savoir-faire américains, aux organisations terroristes communistes d'Europe et d'Asie."

L'équipe de Deer a affirmé que Ho était un grand homme d'État dont le nationalisme transcendait ses loyautés communistes.

Pour superviser l'évolution de la situation politique en Asie du Sud-Est, Donovan est nommé ambassadeur en Thaïlande par le secrétaire d'État John Foster Dulles le 12 août 1953. L'assistant de Donovan était William J. van den Heuvel. Après son retour aux États-Unis, Donovan est victime d'une attaque cérébrale en 1956. Il reste à son appartement de Sutton Place et ne se rend que rarement à son cabinet d'avocats. En 1957, une autre attaque cérébrale entraîne l'atrophie de son cerveau. Il vécut retiré pendant plusieurs années, avant de finalement se rendre à l'hôpital Walter Reed, où il est mort en février 1959.

Les forces d'Ho Chi Minh, entraînées par l'OSS, ont continué à attaquer le gouvernement colonial français. John Foster Dulles, jouant un double jeu, a rencontré Georges Bidault, et a exhorté les Français à prendre position. "Nous apporterons notre soutien", a-t-il promis. Lorsque les forces françaises ont été encerclées à Dien Bien Phu, Bidault, pour expliquer sa stratégie, a lu l'engagement de Dulles au Parlement français. Dien Bien Phu s'est effondré après un siège de 77 jours, et le gouvernement français a perdu la face. *Le Figaro* a affirmé que le Département d'État, la Maison Blanche et le Kremlin avaient conclu un accord secret pour diviser la Chine intérieure française en zones américaine et soviétique, comme cela avait été fait en Corée. Quel que soit l'accord conclu, il est un fait que l'armée et la marine soviétiques ont maintenant l'usage complet de l'aéroport de Da Nang, qui vaut un milliard de dollars, et des vastes installations navales construites au Viêt Nam par les bailleurs de fonds de Lyndon B. Johnson, Brown & Root.

La chute de l'Indochine française s'explique notamment par une lutte en coulisses pour contrôler le commerce de la drogue en Asie. Alfred McCoy souligne que pendant la Seconde Guerre mondiale, Lucky Luciano et Meyer Lansky ont secrètement travaillé pour l'OSS. Grâce à leur influence, l'OSS s'est profondément impliqué dans le trafic de drogue. Après la guerre, Meyer Lansky a transféré le siège du trafic de drogue à Miami, où Paul Helliwell, chef des opérations spéciales de l'OSS en Asie, était son homme de main. Helliwell dirigeait également une façade de la CIA à Miami appelé Sea Supply, Inc. dont l'un des agents était Howard Hunt. Plus tard, Helliwell a servi de trésorier pour le parrainage par la CIA de l'opération de la Baie des Cochons. Il a ouvert des comptes secrets pour les mafieux américains dans les banques de Miami, travaillant en étroite collaboration avec Sandro Trafficante et Louis Chesler. Chesler s'occupait des investissements immobiliers de Meyer Lansky.

L'implication de la mafia dans le trafic de drogue remonte bien avant le meurtre d'Arnold Rothstein. Bien que Rothstein était largement connu comme joueur, c'était une couverture pour son ascension vers l'éminence en tant que parrain du commerce de la drogue aux États-Unis. Après qu'il ait été abattu en 1928, Louis Lepke, directeur de Murder Inc. a confisqué pour plus de 5 millions de dollars d'héroïne dans la chambre d'hôtel de Rothstein.

L'ancien colonel Paul Helliwell de l'OSS est devenu le chef du prestigieux cabinet d'avocats de Miami, Helliwell, Melrose et DeWolf. Son associée, Mary Jane Melrose, était avocate pour Resorts International, une opération Vesco-Lansky dans laquelle l'ami de Nixon, Rebozo, avait un intérêt. Helliwell a ouvert la Castle Bank aux Bahamas pour blanchir les revenus de la drogue des cultivateurs de pavot thaïlandais. En tant que consul de Thaïlande, ses correspondants à Washington étaient Rowe et Cork, proche conseiller du président Lyndon B. Johnson, et représentant de United Fruit (une liaison Cabot-CIA), Libby et d'autres grandes entreprises. Helliwell était également avocat pour General Development Corp. la société immobilière de Lansky qui était dirigée pour lui par Louis Chesler. En tant que conseiller juridique de la Miami Natl Bank, Helliwell blanchissait les fonds de la mafia par l'intermédiaire de banques suisses. L'un de ses associés était Wallace Groves, qui a purgé plusieurs années de prison pour fraude postale. Helliwell est mort un soir de Noël, à l'âge de 64 ans, n'ayant jamais été accusé d'un seul crime. Protégé par de puissants amis de la mafia et de la CIA, il incarnait les liens entre le crime organisé, les services de renseignement et le gouvernement national, le tout sous la supervision, bien sûr, de l'Ordre Mondial.

Cet arrangement confortable a été pendant un temps incarné par les opérations de la BCCI, aujourd'hui connue sous le nom de "Bank of Crooks and Criminals International"[28]. D'abord banque arabe en Orient, elle est rapidement devenue la banque de choix pour de nombreux types d'opérations financières subreptices, notamment le financement d'opérations antidrogue

---

[28] Banque des Escrocs et des Criminels Internationaux, Ndt.

dans de nombreux pays, la gestion des fonds secrets de nombreuses organisations de renseignement, dont la CIA, et le financement d'activités politiques dans le monde entier. Par l'intermédiaire de Clark Clifford, un initié chevronné de Washington, conseiller personnel de nombreux présidents depuis Harry Truman, avec lequel il a commencé sa carrière à la Maison Blanche, la BCCI a racheté la First Virginia Bank à Washington, une banque qui entretenait depuis longtemps des liens étroits avec la CIA. Bien que la BCCI ait mené à bien ses multiples missions avec beaucoup d'aplomb, Israël est devenu jaloux de son importance croissante, et la Banque d'Angleterre a soudainement précipité son effondrement, invoquant comme raison des pratiques financières que les experts bancaires du Moyen-Orient ont assuré à cet auteur qu'elles étaient tout à fait acceptables, et dont la Banque d'Angleterre a eu connaissance pendant plusieurs années, la raison en coulisses était probablement un autre de ces coups financiers soudains qui provoquent de grands profits pour quelques initiés, tout en laissant les déposants et les investisseurs le bec dans l'eau.

La Miami Natl Bank, qui appartient maintenant à la Citibank, était connue depuis de nombreuses années pour être contrôlée par Meyer Lansky. La banque a financé le Outrigger Club, qui est devenu un lieu de rencontre pour Santos Trafficante Jr, un mafieux de Philadelphie et des membres de la famille Gambino. La Chase Natl Bank a perdu 20 millions de dollars dans cette opération, mais a choisi de ne pas porter plainte à ce sujet. La Citibank était également très impliquée dans la City Natl Bank de Miami, dont le directeur Max Orovitz était un associé de longue date de Meyer Lansky. Le président de la City Natl, Donald Beazley, avait auparavant dirigé la Nugan Hand Bank d'Australie, une opération anti-drogue de la CIA. Parmi les autres directeurs du City Natl, on trouve Polly de Hirsch Meyer, Robert M. Marlin, qui dirigeait la Marlin Capital Corp. et la Viking General Corp. et parmi les actionnaires d'American Capital, Samuel Hallock DuPont Jr. et Paul Sternberg. Sternberg est également membre du conseil d'administration de la City Natl Bank, dont Marlin contrôlait la City Natl Bank, mais qui a pris l'hypothèque du Miami Cricket Club, propriété d'Alvin Malnik, largement réputé comme l'héritier présomptif de Lansky. Un autre directeur de City Natl était Sam Cohen, un associé de Lansky qui contrôlait la Miami Natl Bank.

En 1973, une banque a été créée en Australie sous le nom de Nugan Hand. Ses directeurs étaient un Australien nommé Frank Nugan et un Américain, Michael Hand, ancien béret vert et agent de la CIA en Asie. Bernie Houghton, un agent secret des services de renseignement américains, qui représentait Nugan Hand en Arabie Saoudite, a disparu, sans laisser de trace. L'avocat de la Nugan Hand Bank était Bill Colby, directeur de la CIA. Les directeurs de Nugan Hand étaient Walter McDonald, directeur adjoint de la CIA, Guy Pauker, conseiller de la CIA, et Dale Holmgren, qui représentait à la fois la CIA et la Nugan Hand Bank à Taipei. Le président de la Nugan Hand Bank était le contre-amiral Earl Buddy Yates, ancien chef de la stratégie pour les opérations américaines en Asie. Edwin F. Black, général à la retraite qui avait commandé les troupes américaines en Thaïlande pendant la guerre du Vietnam, anciennement agent de l'OSS pendant la Seconde Guerre mondiale et chef d'état-major de l'armée de terre dans le Pacifique, était également membre du conseil d'administration. Il a été président de la succursale de la Nugan Hand Bank à Hawaï, Edwin Wilson, qui est maintenant en prison pour trafic d'armes, et Don Beazley, maintenant de Miami.

La Nugan Hand Bank s'est développée sous le nom d'Australasian and Pacific Holdings Ltd. une façade pour Air America et d'autres "investissements" de la CIA. Le général Erie Cocke Jr, responsable des relations publiques à Washington, était le représentant de Nugan Hand à Washington. Dès le début, la banque a été activement engagée dans le commerce de la drogue. Lernoux affirme que la banque contrôlait le syndicat de l'héroïne "Mr. Asia", qui a organisé un certain nombre de meurtres sous contrat, pour un montant de 100 millions de dollars. Hand s'est vanté que la Nugan Hand Bank était le trésorier des opérations de la CIA partout dans le monde. En Arabie Saoudite, la Nugan Hand Bank a géré les énormes dépenses de Bechtel Corp. dans ses opérations de plusieurs milliards de dollars. Les employés de Bechtel étaient informés qu'ils devaient faire affaire avec Nugan Hard. Le bureau de Manille de Nugan Hand était dirigé par le lieutenant général Leroy J. Manor, qui avait été chef d'état-major des forces américaines en Asie. Le chef de la station de la CIA à Bangkok, Red Jansen, représentait Nugan Hand en Thaïlande. On se souvient que le général Donovan, fondateur de l'OSS, s'était rendu en Thaïlande en 1953 en tant qu'ambassadeur des États-Unis. Les contacts importants de Nugan Hand avec les représentants du gouvernement, peut-être soudoyés par la manne de ses énormes opérations anti-drogue, l'ont mis à l'abri des enquêtes. En 1978, malgré des plaintes répétées concernant les opérations internationales de Nugan Hand dans le domaine de la drogue, le Bureau fédéral australien des stupéfiants a refusé d'enquêter. Lorsque l'opinion publique a exercé une pression croissante sur le Bureau pour qu'il enquête sur la banque Nugan Hand, le Bureau a été dissous en 1979 ! Il était contrôlé par l'organisation australienne de renseignements secrets, qui était elle-même chapeautée par la CIA.

Des analystes politiques chevronnés de Washington ont exprimé des doutes quant à la possibilité de prendre au sérieux la "guerre contre la drogue" du président Bush. Ces observateurs expérimentés de la scène politique soulignent que l'émergence soudaine de la CIA en tant qu'influence directe du commerce mondial de la drogue a coïncidé avec la période de service de George Bush en tant que directeur de la CIA. Bien que toute la machinerie était en place lorsqu'il a pris le commandement et que la CIA était activement engagée dans ce commerce, c'est pendant le mandat de Bush que toutes les restrictions sur ce commerce ont été levées et que la CIA est devenue du jour au lendemain la force prééminente du monde dans le commerce de la drogue. Une telle avancée silencieuse à toute vitesse n'a pu être obtenue que par des ordres émis aux plus hauts niveaux.

Inquiry Magazine a révélé qu'alors qu'il était directeur de la CIA, William Colby a blanchi plusieurs millions de dollars de fonds de la CIA par l'intermédiaire de Nugan Hand pour soutenir des partis politiques en Europe ; le Parti démocrate-chrétien en Italie a été l'un des principaux bénéficiaires de ces largesses, mais d'autres partis politiques en Europe ont également reçu des millions de dollars. L'Ordre Mondial a veillé à ce que les fonds ne soient versés qu'aux hommes politiques qui exécuteraient leur programme. Le 15 août 1984, le *Washington Post* révéla que la CIA avait dominé les élections de San Salvador en donnant 966 000 dollars au Parti démocrate-chrétien et 437 000 dollars au Parti du Conseil national, pour empêcher l'élection de D'Aubuisson, un militant anticommuniste.

Donald Beazley, un ancien examinateur de la Banque de la Réserve Fédérale, a été présenté par l'amiral Yates lors d'une réunion de banquiers comme "le meilleur jeune banquier que je connaisse". Avant la débâcle de la Nugan Hand Bank, on a découvert que M. Beazley avait transféré 200 000 dollars de la Nugan Hand sur son compte bancaire en Floride. Il ne se souvenait plus d'où provenait cette transaction. Une commission royale australienne a prouvé que la banque transférait régulièrement des fonds de Sydney vers l'Asie du Sud-Est pour payer les envois d'héroïne vers la côte ouest des États-Unis via l'Australie. Il s'agissait d'une voie de communication régulière pour les paiements effectués par Santos Trafficante, patron de la pègre et héritier de l'empire de la drogue Luciano basé en Floride.

Bien que l'exposition semblait imminente, Frank Nugan continuait allègrement ses affaires comme un gros dépensier. Il était en train de conclure un accord pour une propriété de campagne de 2,2 millions de dollars pour lui-même le jour où il a été retrouvé abattu d'une balle dans la tête en janvier 1980. Il se trouvait dans sa Mercedes sur une route de campagne. À ses côtés se trouvait le fusil avec lequel il s'était soi-disant tiré dessus, bien que dans ses derniers moments de vie, il ait apparemment décidé d'effacer toutes ses empreintes digitales. Les enquêteurs de la police n'en ont trouvé aucune sur le fusil. Les enquêteurs ont également décidé que Nugan aurait dû être un contorsionniste pour se tirer dessus avec le fusil dans sa voiture. Donald Beazley se rendit en Floride ; ses autres associés, les agents de la CIA Michael Hand et Bernie Houghton, disparurent. Ils n'ont jamais reparu depuis 1980.

Pendant de nombreuses années, le principal agent de renseignement américain en Chine a été Cornelius V. Starr. Né en 1892, il a organisé l'Asia Life Insurance Co. à Shanghai en 1919. Il était également propriétaire du journal de langue anglaise en Chine, le *Shanghai Evening Post*, ce qui lui conférait un rôle dominant dans les activités de propagande. Il a été président du conseil d'administration de l'U.S. Life Insurance Co. et d'autres sociétés, en tant que premier homme d'affaires américain en Chine. Il était également un agent de l'OSS, et sa puissance financière en Chine a permis à l'OSS et plus tard à la CIA de se lancer dans le trafic de drogue. Après sa mort, ses compagnies d'assurance ont été absorbées par l'American International Group.

La "presse libre" américaine, connue des connaisseurs sous le nom de "presse de la drogue" en raison des liens de longue date de Luce avec la Chine, présente systématiquement la source des drogues du monde comme le "Triangle d'or", une région du Laos, de la Thaïlande et de la Birmanie. Cependant, il s'agit simplement d'une zone de transit pour le commerce mondial de la drogue. En 1970, une revue de presse a identifié la Chine rouge comme le plus grand producteur mondial d'opium, sa source habituelle de devises fortes provenant de nations non communistes. L'opium raffiné a atteint le "monde libre", c'est-à-dire le "monde de l'argent", par l'intermédiaire de Canton et de Hong Kong. Il comprend également de l'héroïne, qui avait été synthétisée à partir de l'opium en 1898 par la société Bayer Co. et dont il est devenu l'un de leurs produits les plus importants.

Les marmonnements de la Chine rouge sur la reprise de Hong Kong à l'expiration du bail actuel en 1997 permettent aux initiés de l'Ordre Mondial d'accroître leur fortune dans le marché immobilier volatil de Hong Kong. La Chine rouge doit permettre aux Britanniques d'opérer dans cette zone commerciale pour assurer l'approvisionnement en devises du commerce de la drogue. Lorsque les Britanniques ont pris le contrôle de cette zone commerciale en 1843, ils ont maintenu le contrôle sur la population locale par l'intermédiaire des Triades, des Assassins, comme on appelait la Société de Hong Kong, également appelée la Société Honorable, et la Société du Ciel, de la Terre et de l'Homme. Dan E. Mayers a écrit dans *Fortune*, le 6 août 1984 :

> "Le régime colonial britannique à Hong Kong n'est pas une démocratie. La Grande-Bretagne règne par décret sur toutes

les questions importantes. Les Chinois de Hong Kong n'ont pas de droits démocratiques."

L'opium a commencé comme culture rentable dans les champs de pavot de l'Asie mineure, en particulier en Turquie, où il constitue encore une culture importante aujourd'hui. En 1516, l'opium était le monopole officiel du Grand Moghol de Kuch Behar. Lorsque l'opium a atteint la Chine, vers 1729, l'empereur Yung Chen a interdit son utilisation. En 1757, avec la grande victoire de Clive à Plassy, la East India Co. a repris le monopole de l'opium comme une partie du butin des nababs indiens. Lorsque les Britanniques ont encouragé l'utilisation de l'opium des Indes orientales en Chine, en paiement des matières premières nécessaires à leur révolution industrielle (ils payaient en argent), l'empereur Tao Kwang les a avertis à plusieurs reprises de cesser de vendre de l'opium dans son pays. Ces avertissements étant ignorés, l'empereur brûla 20 291 coffres d'opium en 1831, un stock évalué à 2 millions de livres. Cela précipita les guerres de l'opium britanniques de 1839-42 et 1856-60.

Comme les communistes étaient financés par les banquiers internationaux, la vente et la consommation de drogues ont toujours joué un rôle important dans la marche en avant de l'hégémonie communiste. En 1928, l'Armée rouge chinoise a commencé à planter de grandes superficies de pavot dans les régions de Chine dont elle avait pris le contrôle. En 1935, le quartier général du Ynan régnait sur de vastes champs de pavot. En 1983, la Chine rouge avait 9 millions d'acres de pavot en culture. Le gouvernement de Pékin dispose de 101 usines de narcotiques en activité, qui raffinent de 50 à 70% des drogues du monde.

En 1977, Edward Jay Epstein a révélé la véritable histoire du Watergate. Le Domestic Council de Nixon était un groupe de jeunes hommes agressifs qui essayaient de se surpasser les uns les autres avec de nouveaux programmes. Gordon Liddy, essayant de pénétrer dans ce cercle, a conçu un programme ambitieux appelé opération Intercept. Ce n'était pas un programme de surveillance, mais il était conçu pour "intercepter" le flux de drogue aux États-Unis. Nixon, dans sa campagne de

1968, avait promis de "s'attaquer à la source de la drogue". Un groupe de travail présidentiel spécial sur les stupéfiants, la marijuana et les drogues dangereuses avait été formé, mais n'avait pris aucune mesure. Liddy a demandé à Egil Krogh, l'adjoint présidentiel de Nixon chargé de l'application de la loi, de présenter le programme lors d'une réunion du Conseil national. Richard Helms, directeur de la CIA, était parmi les personnes présentes. Le plan a été officiellement approuvé par Erlichman en juillet 1970 comme une opération majeure contre le trafic d'héroïne. Il n'y avait pas encore de véritable programme, juste un stratagème de relations publiques, mais les cadres supérieurs de la CIA ont paniqué. Ils craignaient que leurs vastes opérations en Asie, financées par leurs opérations anti-drogue, ne soient anéanties. Liddy, en réunion avec des représentants de l'État et de la CIA, raconte :

> "J'ai fait pression sur la CIA pour qu'elle s'occupe des problèmes du Triangle d'Or de la Birmanie ; Richard Helms a répondu que toute action dans cette région serait irréalisable."

Liddy avait mis en place l'ODESSA, Organisation Der Emerlingen Schutz Staffel Angehorigen, qui était prête à commencer ses opérations. La CIA a décidé de contre-attaquer en mettant en place l'opération Watergate, espérant ainsi neutraliser le personnel de Nixon. James McCord et d'autres agents de la CIA travaillaient dans la société Mullen, une façade de la CIA situé en face du siège du CREEP. L'opération du Watergate était prévue pour se dérouler le 26 mai 1972, mais ces agents noirs "hautement qualifiés" n'ont pas pu y entrer ; ils sont revenus le 27 mai sans succès, mais sont finalement entrés le 28 mai et ont photographié un certain nombre de documents dans les bureaux des démocrates. On leur a ensuite dit de revenir le 16 juin ; à ce moment-là, tout était prêt et ils ont été arrêtés.

Les futurs historiens qualifieront la guerre du Vietnam de "guerre de la drogue", à l'instar des guerres de l'opium britanniques du XIXe siècle. En 1964, le nombre de toxicomanes américains était tombé à 48 000, pour atteindre 60 000 en 1950. Ensuite, 15% de tous les soldats américains au Vietnam sont rentrés chez eux toxicomanes. Le monopole de la drogue était de retour. Deux des principaux agents de la CIA au Vietnam pendant cette guerre sont Mitch Werbell de Powder, Ga. et Louie Conein aux trois doigts, qui portait autour du cou une décoration en or de l'Union Corse, la mafia sicilienne.

Après l'effondrement de la Nugan Hand Bank et la disparition de ses dirigeants, la CIA a utilisé les 17 bureaux internationaux d'une société d'investissement d'Honolulu, Bishop, Baldwin, Rewald, Dillingham et Wong comme réseau asiatique. La firme a géré quelque 1 milliard de dollars de fonds secrets de la CIA, blanchissant des sommes énormes pour la famille Gandhi en Inde, et a travaillé en étroite collaboration avec le bras droit de Marcos à Manille, Enrique Zobel, l'un des dix hommes les plus riches du monde, qui gérait le fonds d'investissement du sultan de Brunei. Après la disparition de 22 millions de dollars, Rewald a été arrêté. Le litige qui en résulta fut traité par l'avocat américain John Peyton, ancien chef du contentieux de la CIA à Washington, de 1976 à 1981.

Le quartier général de la CIA a été modifié après l'arrivée d'un transfuge réputé du KGB. Yuri Nosenko avait été envoyé aux États-Unis pour assurer aux services de renseignement américains que Lee Oswald n'avait aucun lien avec le KGB, même s'il avait épousé la nièce d'un major du KGB. L'histoire de Nosenko a été "vérifiée" par un autre transfuge, Fedora, un autre agent double qui s'était glissé dans la confidence de J. Edgar Hoover ; le FBI et la CIA disposaient maintenant d'une autorité à domicile sur l'espionnage communiste qui avait été identifié comme agent double. Nosenko a provoqué la scission du personnel de la CIA en deux camps, pro-Nosenko et anti-Nosenko. William Colby, directeur de la CIA, se trouvait dans le camp pro-Nosenko, ce qui a donné lieu à des rumeurs selon lesquelles lui et James Angleton étaient des agents doubles, et que Colby avait été recruté alors qu'il servait au Vietnam. Angleton fut alors contraint de démissionner.

CHAPITRE SEPT

LE COMPLEXE BECHTEL

L orsque le président Eisenhower a terminé son mandat, il a mis en garde la nation dans un message d'adieu contre la croissance rapide du "complexe militaro-industriel". Le peuple américain ne savait pas de quoi il parlait. En tant que militaire, Eisenhower avait vu de ses propres yeux la puissance politique et économique croissante de deux entreprises de construction géantes, Brown & Root de Houston, au Texas, et le groupe Bechtel de San Francisco. Brown & Root a installé son homme à la Maison Blanche, Lyndon B. Johnson. Le groupe Bechtel a mis son propre homme à la Maison-Blanche, Ronald Reagan, dont la campagne présidentielle de 1980 a été financée et dirigée par George Pratt Shultz, président de Bechtel, et Caspar Weinberger, vice-président et avocat général de Bechtel. Ils ont été tous deux nommés respectivement secrétaire d'État et secrétaire à la défense. Le *New York Times* rapporte le 15 juillet 1982 :

> "Shultz est le quatrième membre du groupe Bechtel à servir dans le cabinet de Reagan. Le secrétaire au Trésor Donald T. Regan a été président de Merrill Lynch, dont l'unité supervisé par White Weld sert de conseillère en investissement auprès de l'Autorité monétaire d'Arabie saoudite. Le cabinet d'avocats californien de l'avocat général William French Smith, Gibson, Dunn & Crutcher, a des bureaux à Washington et à Riyad (capitale de l'Arabie saoudite) et représente le ministère saoudien des finances et de l'économie nationale."

Le 5 décembre 1980, le *New York Times* notait dans un article à la une de la rubrique des affaires :

"M. Bechtel, un ingénieur reclus de 55 ans, a informé ses subordonnés que "nous encourageons et applaudissons la participation active de nos employés au processus démocratique". Bechtel, une entreprise privée qui travaille sur 130 projets dans 21 pays, tous dotés d'un budget de plus de 25 millions de dollars, s'est efforcée pendant des décennies de maintenir un profil bas et les affaires de sa direction privées... Richard Helms, ancien directeur de la CIA et ancien ambassadeur en Iran, et Frank Jungers, ancien Président de l'Arabian American Oil Co, travaillent également pour Bechtel en tant que consultants. Sur la base de ses revenus de 6,4 milliards de dollars l'année dernière, la société s'est classée au troisième rang des entreprises d'ingénierie et de construction aux États-Unis, après Brown & Root Inc. et Fluor Corp. Les contrats de Bechtel portent en grande partie sur d'énormes projets industriels et énergétiques que Larry Thomas, un porte-parole de Bechtel, appelle des "méga-projets". Actuellement, la société est sous contrat pour 25 ans pour la construction d'une ville de plus de 3000 habitants et d'un complexe industriel à Jubail, en Arabie Saoudite, et pour l'ingénierie d'un projet hydroélectrique à la Baie James au Canada qui inclurait un réseau de barrages et de digues de terre assez grands pour remplacer 10 centrales électriques conventionnelles. Bechtel est également le premier constructeur de centrales nucléaires du pays."

De nombreux projets de Bechtel ont été qualifiés d'énormes gâchis. De nombreux projets d'énergie nucléaire n'ont pas été mis en œuvre ou ont été abandonnés, ce qui a entraîné des pertes de plusieurs milliards de dollars et a ébranlé les marchés financiers. Bechtel a construit des projets qui posent problème comme BART (Bay Area Rapid Transit System) à San Francisco, METRO, le système de métro de Washington D.C. (le *Washington Post* a récemment rapporté qu'il était déjà dans le rouge de 200 millions de dollars et qu'il coûtera finalement 12 milliards de dollars) et Jubail, qualifié de "plus grand gâchis de l'histoire".

Time, le 12 juillet 1982, indiquait à propos de Jubail :

"Bechtel a dépensé 35 milliards de dollars et prévoit de dépenser 100 milliards de dollars de plus. Le contrat initial de Bechtel portait sur un modeste montant de 9 milliards de dollars."

Jubail se situe à 324 miles au nord-est de la capitale de l'Arabie Saoudite, Riyad, avec des températures de plus de 100 degrés la plupart de l'année, une zone désolée de plaines salines baignées par le Golfe Persique. 1600 employés de Bechtel vivent sur le site dans des maisons de ranch de 3 chambres à coucher construites pour 300 000 dollars chacune, dirigeant les activités de 39 000 ouvriers de la construction. Le *Times* précise :

"La ville naissante pourrait devenir une ville fantôme extrêmement coûteuse, car les dunes de sables mouvantes devraient la couvrir d'ici l'an 2000".

Christopher Reid, qui a travaillé pour Bechtel, raconte :

"Jubail est un projet de l'AMP de grande envergure, le plus grand gâchis de l'histoire."

Il prédit que les sables du désert de Dahana se déplaceront et recouvriront Jubail avant la fin de ce siècle. Les responsables saoudiens ont déclaré qu'ils ne savaient pas qui vivra à Jubail, en raison des températures chaudes, de l'isolement de la région et des environs désolés. Historiquement, les dunes du désert du Dahana se déplacent massivement au bout de quelques années. Les ingénieurs s'attendent à ce que la région de Jubail soit entièrement couverte d'ici l'an 2000. Les futurs archéologues seront perplexes devant cette étrange ruine, ne réalisant pas que l'ensemble du projet résulte des énormes augmentations du prix du pétrole infligées au peuple américain, et des pressions obligeant les dirigeants saoudiens à reverser une grande partie de leurs bénéfices à de riches entrepreneurs tels que le groupe Bechtel.

Le *New York Times* a publié un article le 26 juillet 1982 :

"L'envoyé spécial du président Reagan au Moyen-Orient, Philip C. Habib, est également consultant privé pour le groupe Bechtel, Inc. Il avait été engagé par George P. Shultz alors que ce dernier était président de Bechtel. Le porte-parole du Département d'État, Dean Fischer, a déclaré que le maintien de M. Habib par Bechtel ne compromettait pas les efforts diplomatiques américains au Moyen-Orient. "Cela ne me semble pas être plus un problème pour Habib que pour Weinberger ou Shultz", a déclaré M. Fischer."

Le Who's Who montre que Philip C. Habib est un fonctionnaire de carrière du Département d'État depuis les années 1950, qu'il a reçu un prix Rockefeller du service public en 1969, qu'il a été conseiller principal au Département d'État en 1979-80 et qu'il a été membre résident de la Hoover Institution de 1980 à aujourd'hui. La Hoover Institution, Stanford, et le Bohemian Club sont une structure de pouvoir imbriquée qui domine la scène politique de Washington. Ces seigneurs suprêmes arrogants et omnipotents s'inspirent des despotes orientaux d'antan ; comme les magnats de l'Empire indien déchu, ils se caractérisent par un demi-sourire insolent, que l'on retrouve souvent chez des gens comme George Pratt Shultz et David Rockefeller. C'est ce que l'on appelle le "sourire de l'initié".

Le 27 juillet 1982, le *New York Times* a fait l'éloge de Habib de la part du sénateur Alan Cranston de la Maison Blanche et du Département d'État ainsi que d'autres personnalités.

"Un porte-parole du lobby israélien a exprimé aujourd'hui sa confiance dans l'envoyé spécial du président Reagan au Moyen-Orient, Philip C. Habib ; Thomas A. Dine, directeur exécutif du Comité d'action politique américain pour Israël, a déclaré qu'il avait la plus haute estime pour l'intégrité de l'ambassadeur Habib."

Une lettre au *Times* du 27 juillet 1982 du général F. P. Henderson notait que lorsque le comte Bernadotte avait levé des fonds pour les réfugiés palestiniens en 1948, les plus grands contributeurs étaient l'Arabian American Oil Co. avec 200 000 dollars et Bechtel International pour 100 000 dollars. (Dossier de l'ONU n° 11A648).

La révélation des liens de Habib avec Bechtel a alarmé certains dirigeants israéliens, en raison des contrats de Bechtel avec les Arabes, et le sénateur Larry Pressler a demandé sa démission. Le *New York Times* a rapporté :

"Les fonctionnaires britanniques n'ont pas réagi immédiatement à la nouvelle du départ de "Habib" et n'ont fait aucun commentaire sur son remplacement par George Pratt Shultz, dont la réputation d'économiste est bien connue ici. Lord Carrington a déclaré. M. Shultz est connu de tous, et je suis sûr qu'ils travailleront avec lui. Le porte-parole du ministère israélien des affaires étrangères a déclaré : "Israël regrette profondément cette démission. Israël respecte M. Habib en tant qu'homme d'État exceptionnel et ami fidèle de l'État d'Israël !"

Le *Times* n'a pas réussi à recueillir les commentaires des Arabes sur M. Habib.

Le 10 juillet 1982, Shultz, membre des Standard Oil Pratts, aurait promis au *New York Times* qu'il se "départirait" de ses avoirs dans Bechtel en les plaçant dans un blind trust. Bechtel est une société privée, 40% des actions sont détenues par la famille, le reste par ses dirigeants, qui signent un accord selon lequel, lorsqu'ils quittent la société ou décèdent, la société exerce la première option de rachat de leurs actions, option qui est toujours exercée. Le *New York Times* a publié un article le 18 janvier 1979 :

"De plus en plus sensible aux accusations de secret, le groupe privé de sociétés Bechtel a franchi une nouvelle étape dans la mise en œuvre d'une politique de divulgation aujourd'hui lorsqu'il a publié pour la première fois quelque chose qui s'apparente à un rapport annuel. Comme toutes les actions sont détenues par des cadres supérieurs et des membres de la famille Bechtel, cela a pris la forme d'un rapport adressé aux 30 000 employés dans le monde entier plutôt que d'un rapport aux actionnaires."

Le *Times* a commenté en 1982 que "Bechtel ne divulgue pas ses bénéfices". Selon des estimations éclairées, Bechtel a réalisé un bénéfice net de 5% sur ses 11,6 milliards de dollars de revenus en 1982. Stephen D. Bechtel père, aujourd'hui octogénaire, vaudrait 750 millions de dollars. Son fils, Stephen Jr., aujourd'hui à la tête de l'entreprise, vaudrait 250 millions de dollars. À la mort de son père, le jeune Bechtel devrait devenir milliardaire.

Newsweek a publié un article le 29 décembre 1975 :

"Le groupe de sociétés Bechtel n'est pas très connu. En tant que société privée, il opère depuis 77 ans derrière un mur de secret considéré comme inégalement impénétrable dans le monde compétitif de la construction lourde. Ses revenus sont estimés à 2 milliards de dollars par an, ce qui équivaut à ceux de General Mills ou de Standard Oil de l'Ohio. Bechtel a obtenu ce résultat en faisant des affaires non seulement avec des entreprises privées, mais aussi avec les gouvernements eux-mêmes. La société a construit un nouvel immeuble de 34 étages sur Fremont St. à San Francisco. Selon un responsable fédéral de l'énergie, l'entreprise est en train de mettre au point une version moderne d'un complexe militaro-industriel, et elle a une longueur d'avance sur le marché en pleine croissance de l'avenir. Elle s'appellera la nouvelle General Motors avant la fin du siècle."

Bechtel a commencé en 1898 lorsqu'un garçon de ferme du Midwest, Warren (papa) Bechtel, est venu en Californie pour chercher fortune. Il a commencé avec un attelage de mules qui transportait de la terre sur de petits projets de construction. En 1918, avec la prospérité liée à la guerre, ses revenus ont augmenté. Son premier projet important fut la construction d'un chemin de fer pour la Hutchinson Lumber Co. à Orotillo, en Californie. Ses trois fils, Warren, Steve et Ken l'ont rejoint dans cette entreprise en pleine expansion. En 1928, il est élu président de l'Associated General Contractors of America, un puissant groupe de pression. En 1931, papa Bechtel devient président de Six Companies, un consortium formé pour construire le barrage de Boulder, d'une valeur de 49 millions de dollars. Il a été constitué dans le Delaware en février 1931 par H.J. Kaiser père et fils, Felix Kahn de MacDonald and Kahn, Henry W. Morrison de Morrison-Knudsen, la société W. A. Bechtel, J. F. Shea de Los Angeles, qui a construit le pont du Pacifique à Portland, et la société General Construction de Seattle. MacDonald et Kahn avaient construit l'hôtel Mark Hopkins ; Morrison était un administrateur de Stanford et un ami proche de Herbert Hoover et de Leland Cutler.

Entre 1931 et 1936, le consortium a construit le barrage de Bonneville, le San Francisco Bay Bridge et d'autres projets.

Pendant la construction du barrage Hoover (Boulder), un vendeur d'acier, John McCone, a fait appel à Bechtel. Il avait été un ami de Steve Bechtel à l'université de Californie en 1922. Steve était maintenant à la tête de la firme, en raison de la mort mystérieuse de Warren Bechtel à Moscou le 29 août 1933. Papa Bechtel, 61 ans, était venu en Russie pour inspecter le barrage de Magnitogorsk, dans le cadre d'un voyage de 3 jours qui comprenait également le barrage de Dnieprstroy. Il avait été chargé par les autorités soviétiques de venir seul et il a laissé sa femme à Vienne. Pendant son séjour à l'Hôtel National de Moscou, avant de partir en tournée, le père Bechtel est mort subitement d'une "overdose de médicaments". Il n'y a pas eu d'autopsie. Quelqu'un au Kremlin, peut-être Staline, avait changé d'avis sur la possibilité d'autoriser Bechtel à inspecter le barrage.

Stephen Bechtel s'est trouvé un allié de choix grâce au sens des affaires agressif de John McCone. Ils ont formé une société distincte, Bechtel McCone, en temps utile avant que la Seconde Guerre mondiale n'éclate. En décembre 1940, ils obtinrent une commande de 21 millions de dollars pour la construction de soixante cargos britanniques, en alliance avec l'amiral Vickery de Bath Iron Works. McCone et ses partenaires ont ensuite réalisé 44 millions de dollars de bénéfices sur les navires Liberty construits dans leur usine de Sausalito. Ils étaient également propriétaires de California Ship building, un chantier de Los Angeles qui a produit 467 navires pendant la guerre, ainsi que de Marin ship, l'Oregon Shipbuilding Co. Ils possédaient Joshua Hendy Corp., un ferronnier qui construisait les moteurs des navires de la Liberté. En septembre 1943, les commandes de construction navale s'élevaient à plus de 3 milliards de dollars. Les équipages des navires de la Liberty ont fait des blagues sur la propension de ces productions précipitées à se scinder en deux en haute mer. Beaucoup d'entre eux ont été torpillés avant de couler. Le *Times* a rapporté que :

> "Marin ship a produit 460 cargos et 90 pétroliers à une vitesse fulgurante."

Les partenaires ont également construit le colossal centre de modification de l'armée à Birmingham en Alabama pour gérer la sortie des B-24 de Willow Run ; ils ont construit l'autoroute militaire de l'Alaska, et d'autres projets. Pendant cette activité de défense, Bechtel et McCone sont restés prudemment en arrière-plan, permettant à leurs protégés, les Kaisers, d'être présentés comme les personnages importants. *Fortune* a souligné que le Kaiser n'a jamais été qu'un représentant de Bechtel. Kaiser, après avoir été snobé par l'AGC, est devenu président de Associated General Contractors après que les Bechtel l'aient recommandé. À la fin de la Seconde Guerre mondiale, le groupe Bechtel détenait 20% de Kaiser Permanente Metals, qui possédait Richmond Shipbuilding, la société Kaiser. Le plus jeune fils, Ken Bechtel, dirigeait le chantier naval de Marin.

Le programme d'urgence de Bechtel pour la construction des navires Liberty a considérablement antidaté Pearl Harbor. Roosevelt (Dr. Win the War) a émis son ordre de construction navale d'urgence en janvier 1941 ; le 27 septembre, les premiers navires Liberty étaient lancés. FDR, en tant que secrétaire d'État à la Marine en 1916, avait fait la même chose, attribuant des contrats à la Marine bien avant que nous n'entrions dans la Première Guerre mondiale. L'alliance Bechtel-McCone, à court de capitaux, inventa l'ingénieux contrat "cost-plus". En vertu de cette généreuse stipulation, le gouvernement garantissait aux entrepreneurs de guerre tous les coûts de production, plus un profit garanti de 10%. Plus l'entrepreneur dépensait, plus son profit était important. Ce fut une aubaine pour quelques chanceux depuis que le système de la Réserve Fédérale a commencé à imprimer du papier-monnaie sans autre support que des obligations en papier.

Les profits réalisés ont conduit à une connexion inévitable avec les services de renseignement. John McCone devient président du Comité de la pollution atmosphérique en 1947, et en 1948, il devient secrétaire adjoint à la défense. Ralph Casey, du General Accounting Office, a plus tard témoigné du fait que lorsqu'il occupait ce poste, McCone a accordé des contrats à Standard Oil et Kasier, des entreprises dans lesquelles il détenait de gros investissements. McCone est ensuite devenu sous-secrétaire de l'armée de l'air en 1950-51, président de la Commission de l'énergie atomique en 1958-60 et directeur de la

Central Intelligence Agency en 1961-65, ce qui a donné lieu à un lien étroit entre Bechtel et la CIA. Alors que McCone était président de la Commission de l'énergie atomique, Bechtel est devenu le plus grand entrepreneur de centrales nucléaires au monde. Bechtel a achevé la première centrale nucléaire au monde à Ara, dans l'Idaho, en 1951. McCone est ensuite devenu directeur de Pacific Mutual Life, de Standard Oil of California et d'ITT.

Les Bechtel étaient désormais comptés parmi les rouages les plus influents de Washington. Stephen Sr. and Jr. et John McCone étaient des membres clés du petit groupe de millionnaires qui jouaient régulièrement au golf avec le président Eisenhower et Arthur Godfrey à la Mecque de tous les lobbyistes, le Burning Tree Country Club de Washington. Lorsque George Pratt Shultz est devenu fonctionnaire à Washington, il a régulièrement joué au golf avec Stephen Bechtel Jr. au Burning Tree, ce qui lui a valu d'être nommé président du groupe Bechtel.

Les Bechtel avaient parcouru un long chemin depuis les jours angoissants de 1931, lorsque l'on demanda à un petit entrepreneur de sable et de gravier de constituer un fonds de roulement de 8 millions de dollars pour le chantier du barrage de Boulder. Ils ont réussi à trouver 5 millions de dollars, financés par le groupe Schroder-Rockefeller. Leur succès ultérieur est principalement dû à leurs relations avec les financiers internationaux.

Bechtel avait été sauvé par J. Henry Schroder et Avery Rockefeller. John Lowery Simpson, vice-président de J. Henry Schroder, a été placé au conseil d'administration de Bechtel en tant que président de son comité des finances, en charge de l'ensemble des ressources financières de la société. D'énormes contrats gouvernementaux s'en sont suivi ; aussi naturellement que la nuit suit le jour.

Le *New York Times* annonça les débuts de Schroder-Rockefeller le 9 juillet 1936, avec Avery Rockefeller, fils de Percy et filleul de William, tous deux associés dans une nouvelle holding. Le grand-père d'Avery était James Stillman, qui a construit la National City Bank pour en faire une entreprise géante. Avery Rockefeller détenait 42% des actions de Schroder-Rockefeller ; le baron Bruno von Schroder de Londres et le baron Kurt von Schroder de Cologne (qui était le banquier personnel d'Hitler) en détenaient 47%.

Le 3 juin 1954, le *New York Times* annonçait que Stephen Bechtel, président de Bechtel Corp. était devenu partenaire de J.P. Morgan Co. En 1955, *Fortune* rapportait qu'en tant que sous-secrétaire d'État, C. Douglas Dillon avait arrangé d'importants contrats pour Bechtel avec le gouvernement saoudien, qui ont culminé avec l'actuelle opération Jubail de 135 milliards de dollars.

Allen Dulles, directeur de la CIA, a également été directeur de Schroder Co. Le vice-président de Bechtel, des opérations en Arabie Saoudite, C. Stribling Snodgrass, dirigeait également une société de la CIA appelée LSG Associates.

Bechtel a construit le pipeline Trans Arabia de 1100 miles de long pour 100 millions de dollars, le plus gros contrat accordé à cette époque. Une entreprise de construction mondiale, qui a accès à de nombreux pays, peut également servir de relais aux agents de renseignement. En 1980, Bechtel construisait des appartements en Arabie Saoudite, un complexe hydroélectrique au Québec, un projet de centrale électrique alimentée au charbon dans l'Utah, une raffinerie de pétrole en Indonésie, une station touristique de 500 millions de dollars en Malaisie, une mine de cuivre et d'or à Paua, en Nouvelle-Guinée, et un palais de 250 millions de dollars pour le sultan de Brunei. C'était une opération idéale pour la CIA, même sans l'omniprésente connexion Schroder.

Bechtel a obtenu le contrat d'un milliard de dollars pour le nettoyage de la situation à Three Mile Island. En 1979, environ la moitié de ses activités provenaient de l'énergie nucléaire, malgré les nombreuses plaintes concernant sa construction défectueuse dans ce domaine. Bechtel a conclu un accord de 14 millions de dollars suite aux plaintes de la Consumers Power Co. selon lesquelles la centrale nucléaire de Palisades avait laissé échapper de l'eau radioactive dans le système de production de vapeur. À la centrale nucléaire de Midland, Mich, de Bechtel, les joints des barres d'armature se sont avérés défectueux. Bechtel a réglé à l'amiable son différend avec Portland General Electric, qui avait accusé Bechtel de "conception négligente" dans sa centrale nucléaire de Rainier, Oregon, à Trojan. Néanmoins, lorsque Brown & Root a été évincé de la construction du projet nucléaire au sud du Texas, Bechtel a pris le relais. Un commentateur a noté à ce moment-là :

> "Bechtel est politiquement intouchable. Donc, toute personne qui met Bechtel de son côté est assurée d'être protégée."

En janvier 1975, *Fortune* a souligné que Bechtel n'avait jamais été dans le rouge pendant une seule année, car "ses projets d'ingénierie sont invariablement financés par ses clients." Ces clients sont généralement des gouvernements, une leçon qui a peut-être été tirée de l'expérience des Rothschild. L'Export Import Bank intervient fréquemment et propose de financer les grands projets proposés par Bechtel. Le contribuable américain finance de nombreux projets Bechtel par l'intermédiaire de la Banque mondiale et du Fonds monétaire international. On pourrait dire que chaque Américain a une participation dans Bechtel. Le président de l'Export Import Bank, William H. Draper III, réside à Palo Alto, en Californie ; l'adresse du domicile de la Hoover Institution et de Hewlett-Packard Co. et de l'université de Stanford, siège actuel du complexe Reagan-Bechtel. Draper est le commanditaire de l'audit interne pendant la période en question. Il a déclaré que deux audits ont été annulés chez Bechtel en 1980 "sur l'insistance de Cho ; ces audits auraient révélé les importantes avances en espèces non documentées versées à Cho". Au moment de la corruption, le secrétaire d'État Shultz était président de Bechtel, et le secrétaire à la défense Weinberger était vice-président et avocat général de Bechtel. Dans les mois qui ont suivi, le Post et le FBI se sont contentés d'ignorer l'affaire, les contrats de quatre milliards de dollars étant de la "petite monnaie" à Washington.

Newsweek indiquait le 12 juillet 1982 que Kenneth Davis, vice-président de Bechtel en charge de la construction de centrales nucléaires depuis 1974, avait rejoint l'administration de Reagan en tant que secrétaire adjoint à l'énergie impliquant la production nucléaire, devenant ainsi le cinquième membre de

Bechtel à rejoindre l'équipe de Reagan. La plupart des reporters pousseraient des hauts cris si cinq cadres de General Motors rejoignaient une équipe de la Maison Blanche.

Comme la plupart des entreprises familiales, Bechtel a une attitude paternelle envers ses employés. *Fortune* rapporte qu'elle payait des primes de 100% les bonnes années. *Newsweek* a cité un ancien employé, le 18 mars 1968 : "Ce sont tous des robots là-bas. Ils ont tendance à vous cataloguer pendant des années et des années." *Fortune* a noté que Stephen Bechtel Sr. avait quitté la tête de l'entreprise en 1961 à l'âge de 60 ans, cédant la présidence à Stephen Jr :

> "Steve, Ken, and Jr. possèdent la moitié des actions ordinaires et la plupart des actions privilégiées. La société dispose de la première option sur les actions lorsque l'un d'entre eux quitte la société ou décède."

Fortune écrit généralement sur Bechtel avec révérence, mais elle mentionne "des clients parfois insatisfaits" et conclut courageusement : "Un monde tel que le nôtre ne peut guère se passer d'une entreprise comme Bechtel."

En avril 1968, Bechtel a inauguré un nouveau bâtiment de 23 étages en bronze à San Francisco. En février 1951, le magazine *Fortune* a publié un portrait en couleur de Stephen Bechtel père, qui cite certaines des réalisations récentes de la société, un pipeline de 506 miles pour Pacific Gas & Electric, une usine de 25 millions de dollars pour Lever à Los Angeles, et d'autres. En novembre 1952, Bechtel a proposé un pipeline de 2500 miles de l'Arctique à Paris, promettant de livrer du pétrole à 25$ les 1000 pieds cubes, bien moins cher que le charbon. Cette proposition n'aboutit à rien, mais après avoir acquis la plus grande entreprise du pays, Peabody Coal Co., dans un consortium avec Newmont Mining pour 1,2 milliard de dollars, Bechtel s'est associé à Lehman Bros. Energy Transport System pour construire 70% des lignes de transport de charbon du monde. Peabody avait été fondée par Francis Stuyvesant Peabody, de la célèbre famille philanthropique à l'origine du réseau de fondations américaines établies pour contrôler le peuple américain.

Bechtel a alors commencé à faire un lobbying frénétique pour construire des lignes de transport de charbon. Une campagne intensive en Virginie a échoué en 1983, à cause du pouvoir mobilisateur de la Norfolk & Western Railroad, dont 40% des revenus proviennent du transport du charbon. Les législateurs ont été stupéfaits par les sommes d'argent dépensées pour le projet de loi sur l'extraction du charbon, mais n'ont jamais su qu'il s'agissait d'une opération de lobbying de Bechtel. Steven D. White, président de Bechtel Investments, a déclaré dans une lettre à *Forbes*, le 9 avril 1984 :

> "Bechtel reste fortement impliqué dans l'extraction de charbon et en particulier dans son transport par l'ETSI."

En 1982, Bechtel a proposé de construire une ligne de transport de charbon en Russie, mais peut-être à cause de sa célèbre connexion avec la CIA, l'offre a été ignorée. L'UPI a rapporté de Houston le 2 août 1984 qu'une proposition de 3 milliards de dollars pour une ligne de transport partant du Wyoming pour atteindre la côte du Golfe avait été rejetée.

Michael Berryhill a noté dans *Harpers*, en décembre 1983, que Dallas prévoyait un réseau ferroviaire à 8,3 milliards de dollars.

> "La société Bechtel Corp. l'énorme et secrète entreprise de San Francisco, qui entretient des liens étroits avec le parti républicain, a préparé l'étude de faisabilité et obtiendra probablement le contrat de conception."

Bechtel prévoit également de construire un centre de convention de 5 milliards de dollars dans le Hoffman Estates, III. près de Chicago et d'autres projets de grande envergure. Bechtel reste souvent dans les coulisses de ses grands projets. Le projet de missile MX a fait la une des journaux pendant des semaines, mais pas un seul journaliste n'a pris la peine de découvrir que la proposition de MX avait été élaborée par une commission présidentielle composée de John McCone, Richard Helms et Nicholas Brady, ancien sénateur du New Jersey et aujourd'hui président de Dillon Read – ce sont tous de fidèles Bechtelites, un point c'est tout. Mère Jones a souligné en juin 1984 que Stephen Bechtel père faisait partie du comité consultatif de la banque d'import-export, qui finance de nombreux projets Bechtel, et que Bechtel Corp. avait créé un nouveau poste pour John Moore, président de la banque d'import-export, en tant que "vice-président exécutif pour les services financiers", ce qu'il avait sans doute fait. Mère Jones poursuivit :

> "Jamais auparavant une entreprise n'a été aussi visiblement liée à la présidence. Elle a eu des liens étroits avec tous les chefs d'État depuis Eisenhower. Bechtel a largement contribué à la campagne de Reagan en 1980. Peter Flanigan, de Dillon Read, a joué un rôle clé. Shultz et Weinberger ont soutenu Reagan au printemps 1980, rejoints par Walter Wriston de la Citibank, qui fait partie du conseil d'administration de Bechtel, et Robert Quenon, président de Peabody Coal Co. Kenneth Davis, vice-président de Bechtel, est le numéro 2 du département de l'énergie. Casey (CIA) a représenté Pertomina, la compagnie pétrolière géante d'Indonésie qui est un bon client de Bechtel."

Lorsqu'une entreprise place autant d'hommes dans le bureau d'un président, ce n'est plus une question d'"influence", mais de contrôle. Un panel de chefs d'entreprise soutenant Reagan, dont Stephen Bechtel Jr., a récemment recommandé que la nation dépense 3,5 milliards de dollars par an pour reconstruire son "infrastructure", ses routes, ses métros, ses ponts, etc. Bechtel pourrait s'attendre à obtenir une grande part de ces affaires. Le Premier ministre du Canada, John Turner, était le directeur de la société canadienne Bechtel.

CHAPITRE HUIT

LES FONDATIONS

L'Ordre Mondial contrôle les citoyens des États-Unis par le biais des fondations exonérées d'impôts. Ces fondations créent et mettent en œuvre la politique gouvernementale par l'intermédiaire de leur personnel occupant des postes clés dans les départements exécutif, législatif et judiciaire. Les fondations élaborent une politique éducative par l'intermédiaire de leur personnel occupant des postes clés à tous les niveaux du système éducatif. Les fondations contrôlent la doctrine religieuse grâce à leur personnel occupant des postes clés dans les principales confessions religieuses.

"Fondation" est un terme trompeur ; Webster l'appelle une dotation, mais une fondation est en réalité un trust, dont Roget affirme qu'il s'agit d'un "syndicat". Si, au lieu de "Fondation Rockefeller", nous devions dire "Syndicat Rockefeller", nous serions beaucoup plus proches de la vérité. Alpheus T. Mason, dans sa biographie du juge Brandeis, cite Brandeis qui souligne que "le socialisme a été développé en grande partie par le pouvoir des trusts individuels." Ce que nous avons alors, ce sont des syndicats criminels qui se font passer pour des entreprises philanthropiques alors qu'ils infligent l'esclavage du monde socialiste aux nations et aux peuples au profit de l'Ordre Mondial.

Norman Dodd, directeur de recherche du Comité Reece dans sa tentative d'enquêter sur les fondations exonérées d'impôts, a été sollicité par le député B. Carroll Reece en janvier 1954 :

> "Acceptez-vous la prémisse que les États-Unis sont victimes d'une conspiration ? "Oui", répond Dodd. "Alors," a dit le

député Reece, "vous devez mener l'enquête sur cette base." B.E. Hutchinson, président de Chrysler Corp. tout en approuvant les objectifs de l'enquête, a averti Dodd : "Si vous procédez comme vous l'avez indiqué, vous serez tué."

M. Dodd déclarait notamment :

"Le monde des fondations est un système bien coordonné et efficacement dirigé, dont le but est de faire en sorte que la richesse de notre pays soit utilisée pour le séparer des idées qui l'ont fait naître. Les fondations constituent la plus grande influence du collectivisme sur notre nation."

Le rapport de 1975 de la Fondation Rockefeller indique une subvention de 100 000 dollars à l'Institut pour l'Ordre Mondial, dirigé par le professeur Saul Mendlovitz, qui déclare dans la publication de l'Institut intitulée Transition d'octobre 1974 :

"Je plaide pour une nouvelle gouvernance ou la création d'institutions alternatives à celles qui sont actuellement à l'œuvre au sein du concert des nations du monde ; les gens vont exiger un système d'orientation centralisé ; cela signifie qu'une gouvernance est sur le point de voir le jour, dans laquelle les élites politiques des différents États-nations, qui ont l'autorité et la capacité de prendre des décisions, n'auront plus cette prérogative. Il y aura une gouvernance qui dira : vous ne pouvez plus construire une armée. Vous devrez donner une certaine partie de vos revenus économiques à d'autres régions du monde."

En bref, un Ordre Mondial - pas d'armées nationales ; pas de revenus privés ; pas de liberté individuelle. Ironiquement, tout cela est financé par ceux qui ont créé d'énormes richesses par l'exercice de la liberté individuelle aux États-Unis.

Mendlovitz n'utilise pas le mot "gouvernement", qui pourrait impliquer un gouvernement par le consentement du peuple, comme aux États-Unis. Il utilise le mot "gouvernance", la forme impériale, qui signifie un décret dictatorial. Chaque acte des fondations-syndicats, et de leurs maîtres dans l'Ordre Mondial, est destiné à mettre en œuvre un type impitoyable de despotisme oriental. Comme il est de tradition dans ce type de despotisme, les serviteurs de palais les plus efficaces sont les eunuques. Les eunuques travaillent pour un salaire faible ou nul, car ils n'ont pas les moyens d'élever une famille. Dans le monde des fondations, l'eunuque est le type de fonctionnaire prédominant. Les eunuques entrent et sortent des fondations pour occuper des postes importants dans le gouvernement, l'éducation et la religion. Bien qu'ils puissent se marier et avoir des enfants, ils restent psychologiquement des eunuques, ceux qui ont renoncé à leur virilité pour devenir des serviteurs de l'Ordre Mondial. Le chroniqueur Jeffrey Hart a récemment commenté ce type de situation, en faisant référence à la sélection par Mondale de Geraldine Ferraro comme candidate à la vice-présidence : "Mondale aurait dû choisir un homme, afin d'équilibrer le ticket."

On peut se demander, si l'Ordre Mondial est sous contrôle, pourquoi nous avons besoin d'un "Institut pour l'Ordre Mondial". Pourquoi avons-nous besoin des fondations comme Gauleiters du contrôle de l'Ordre ? La réponse est que l'Ordre Mondial règne parce qu'il dissimule son pouvoir ; il nie qu'il existe. Bien que son pouvoir soit évident partout, dans le gouvernement, dans l'éducation, dans les religions, dans les guerres, les révolutions et les famines qui sont si méticuleusement planifiées et exécutées, l'Ordre Mondial, comme la Mafia, refuse de reconnaître sa propre existence. Ses filiales vont et viennent, mais l'Ordre reste constant. Lorsque trop de gens découvrent le Council on Foreign Relations, le pouvoir se déplace vers les Bilderbergers, ou la Commission trilatérale. Le contrôle exercé par l'Ordre reste, lui, constant.

Le *New York Times* rapportait le 29 avril 1984 que 1400 fonctionnaires assistaient à la réunion annuelle du Conseil des fondations. Il existe 21 697 fondations aux États-Unis, qui ont distribué 3,4 milliards de dollars de subventions en 1983. Ces subventions ne sont accordées qu'à ceux qui mettent en œuvre le programme de l'Ordre Mondial et dont le but est l'esclavage mondial généralisé.

Les familles bancaires internationales, dont les origines remontent au Moyen-Âge, ont créé les principales fondations américaines pour protéger les richesses qu'elles avaient amassées dans leurs transactions d'esclaves, de drogue et d'or, et pour perpétuer ces richesses par des moyens qui ne peuvent être décrits que comme des "décrets impériaux", des chartes gouvernementales, afin de neutraliser tous les rivaux ou oppositions potentiels en les contrôlant ou en les soudoyant.

Aucune des chartes des fondations n'indique leur véritable objectif. Elles regorgent d'expressions telles que "le bien-être de l'humanité", "l'élimination de la pauvreté", "l'élimination des maladies", "la promotion de la fraternité mondiale". Compassion, bienveillance, charité, tels sont les mots d'ordre des fondations. Il n'y a aucune allusion aux instincts despotiques qui poussent ces personnes "bienveillantes" à promouvoir les guerres mondiales et l'esclavage mondial, ni aucun avertissement aux subalternes des fondations que s'ils faiblissent à tout moment dans leur dévouement aux objectifs de l'Ordre Mondial, la peine est la mort subite.

Peu de citoyens américains peuvent saisir le fait troublant que le pouvoir en place aux États-Unis n'émane pas d'une agence gouvernementale, ou des lois, ou des partis politiques. Il s'agit plutôt du pouvoir des Assassins, ces personnages de l'ombre qui ont le pouvoir d'ordonner l'assassinat de toute personne qu'ils ne peuvent plus contrôler. Nous avons vu deux présidents des États-Unis, Abraham Lincoln et John Fitzgerald Kennedy, assassinés parce qu'ils avaient ordonné au Trésor américain d'imprimer des bons en dollars non rémunérés, une évolution qui menaçait de priver les banquiers internationaux de milliards de dollars de manque à gagner.

Depuis cinq mille ans, le nom de code des assassins est "Kananites" (voir *La malédiction de Canaan*, d'Eustace Mullins[29].) C'est le nom que se donnaient les assassins eux-mêmes, symbolisé par les initiales KN'N, en araméen, qui en grec signifiait les Kananites. Ils étaient également appelés Zélotes, ou Zélotes, en tant que fanatiques prêts à commettre des meurtres pour leur cause. Pour le monde entier, ils étaient connus sous le nom d'Assassins, à l'origine une secte judéo-chiite fondée par un Persan, Hassan Sabah, en 1090. Il avait été initié à la

---

[29] *La malédiction de Canaan*, Omnia Veritas Ltd, www.omnia-veritas.com.

Grande Loge du Caire, et voyageait à travers la Perse en organisant les groupes d'Assassins comme missionnaire sous la protection d'Abu Mansur Sedakah Ibn Yussuf, qui, bien que juif, s'était élevé au rang d'éminent vizir du calife al-Mustansir. En Inde, les Phansigars, ou étrangleurs, tirent leur nom d'un phansi hindoustani, dont le nom signifie : nœud coulant. Dans le nord de l'Inde, on les appelait Thugs, ou trompeurs. À Tamul, on les appelait Ari Tulucar, ou étrangleurs musulmans ; à Canarese, Tanti Calleru, ou voleurs, qui utilisaient un fil de fer ou un nœud coulant en boyau de chat pour étrangler leurs victimes. Nous mentionnons les correspondants orientaux de nos assassins actuels, ceux qui gouvernent par le terrorisme aux États-Unis, car ils ont les mêmes origines, les mêmes loyautés et le même but, le règne de l'Ordre Mondial.

De nombreux eunuques qui étaient devenus un handicap pour l'Ordre Mondial ont été éliminés sans pitié. Lorsque Hiss, White et d'autres ont fait l'objet d'une enquête du Congrès, nombre de leurs connaissances sont devenues des victimes. Un avocat du nom de Marvin Smith, un ami proche de Hiss, est tombé d'une fenêtre. Laurence Duggan, un intime de Hiss et White, devait témoigner lorsqu'il est tombé d'une fenêtre du douzième étage. Duggan était un fonctionnaire de l'Institut d'éducation internationale, dont son père était fondateur et président, mais ces liens familiaux ne lui offraient aucune protection. Dans sa hâte de se rendre vers la fenêtre, il s'est arraché une chaussure et a quitté son bureau en catastrophe en se frayant un chemin à travers la vitre de son bureau. Le verdict a établi qu'il s'agissait d'un "suicide". Le diplomate canadien Herbert Norman et le professeur F. O. Matthiesen, de Harvard, sont également passés par la fenêtre avant qu'on ne puisse les faire témoigner sur leurs associations. Le phénomène est devenu si courant qu'il a donné naissance à un nouveau terme, la "défenestration", qui signifie l'évitement du témoignage, et un avertissement approprié à ceux qui voudraient parler.

Nous avons lu ad nauseam des information sur des hommes possédant une grande richesse qui, après des carrières d'une impitoyabilité stupéfiante tout en amassant leurs fortunes, se sont soudainement convertis profondément, comme Paul, et sont devenus des hommes de bonne volonté. Il est vrai que les "bienfaits" des Carnegie et des Rockefeller sont les influences les plus puissantes de la vie américaine actuelle.

Ils ponctionnent des impôts toujours plus élevés, augmentent le contrôle du gouvernement sur tous les aspects de la vie humaine et planifient davantage de guerres et de révolutions pour atteindre leurs objectifs. Dès le début, les fondations américaines ont affiché une double image : devant, il y a l'infatigable bienfaiteur qui ne rechigne devant rien si cela sert une bonne cause. Derrière lui, les conspirateurs malfaisants qui s'efforcent de préserver et d'accroître leur richesse et leur pouvoir. La fondation, sous sa forme actuelle, est née du concept d'une famille de Boston, les Peabody. Dans son roman *The Bostonians*, Henry James a ridiculisé une amie de la famille, Elizabeth Peabody, pour ses cinquante années de zèle humanitaire acharné, la dépeignant comme la légendaire Miss Birdseye. George Peabody, après des opérations de traite d'esclaves à Washington et à Baltimore, s'installe à Londres, où il est mis en avant par la famille Rothschild. Il a amassé une fortune en achetant des actions au rabais durant la panique américaine, et a choisi un trader de Boston, Junius Morgan, pour poursuivre ses affaires. En 1865, Peabody a créé la première fondation américaine de grande envergure, le Peabody Educational Fund, en la dotant d'un million de dollars en obligations d'État. En 1867, ce montant était passé à 2 millions de dollars ; en 1869, à 3,6 millions de dollars. Apparemment créée pour éduquer les Noirs du Sud après la guerre civile, cette fondation a été une opération clé dans la stratégie des "carpetbaggers"[30] pour prendre le contrôle des terres du Sud et contrôler les gouvernements de leurs États. Ces États ont dû emprunter lourdement aux banquiers de Wall Street pour reconstruire leurs services, et ils sont restés profondément endettés au cours du siècle suivant.

En raison de ses connexions internationales, le Fonds Peabody a formé un conseil d'administration de premier plan. Le général Ulysses Grant a siégé à son conseil pendant dix-huit ans, Grover Cleveland pendant quatorze ans, McKinley pendant deux

---

[30] Les marchands de tapis, Ndt.

ans et Theodore Roosevelt pendant treize ans. J.P. Morgan a siégé au conseil d'administration pendant 28 ans et n'a jamais manqué une réunion. Son associé, Anthony Drexel, a fait 12 ans. Un fonds ayant des objectifs similaires est le John F. Slater Fund for the Education of Freedmen, créé par John F. Slater (1815-1884), un riche fabricant de textiles du Nord. Créé avec un million de dollars, il était passé à 4 millions de dollars en 1882. Les trois premiers administrateurs étaient le président Rutherford B. Hayes, Daniel Coit Gilman et Morris K. Jesup, trésorier.

Lorsque John D. Rockefeller a découvert que les fondations offraient la voie vers le pouvoir mondial, le Fonds Peabody s'est avéré être son modèle. Avec son "directeur de la charité", Fredrick T. Gates, il a créé le Southern Educational Board, qui a fusionné avec les fonds Peabody et Slater. Ils ont ensuite créé le General Education Board, qui a absorbé ses trois prédécesseurs. Sa charte stipulait que son but était "la promotion de l'éducation aux États-Unis sans distinction de race, de croyance ou de sexe". Ses objectifs étaient la fusion raciale et l'abolition des distinctions entre les sexes. Parmi ses fondateurs, on compte son premier président, William H. Baldwin Jr. Long Island Railroad, anciennement avec l'Union Pacific, l'opération Harriman-Schiff ; Frederick T. Gates, le bras droit de Rockefeller ; Daniel Coit Gilman, vice-président. Peabody Fund et le Slater Fund, président de l'université de Californie 1872-75, président de l'université John Hopkins 1875-1901, et premier président du Carnegie Institute. Gilman a été l'un des fondateurs de la Fondation Russell Sage et du Carnegie Institute. Le fait qu'un seul homme ait été l'un des fondateurs des trois fondations les plus influentes d'Amérique montre à quel point le contrôle de ces fondations soi-disant autonomes a toujours été centralisé par quelques individus impitoyables. Gilman est généralement inscrit sur la liste des membres fondateurs de l'Ordre Mondial, car il a créé, avec Andrew Dickson White et Timothy Dwight, le Russell Trust à Yale en 1856, pour financer l'organisation Skull and Bones, dont les membres sont les principaux hommes de paille en Amérique. W. Averell Harriman, le président George Bush et le propagandiste William Buckley de la *National Review* en sont des membres typiques. Norman Dodd, également un homme de Yale, a déclaré

"Il était bien connu sur le campus que si vous étiez recruté par Bones, vous n'auriez jamais à vous soucier du succès dans votre vie future."

Parmi les trois fondateurs de cet ordre, Dwight devint président de Yale ; White, fils d'un millionnaire des chemins de fer, aurait, selon le *New York Times,* hérité de suffisamment d'argent pour être libéré des contraintes de la vie ; il devint le premier président de l'université Cornell, et donna à l'institution 300 000 dollars pour mettre en place son école de gouvernement ; il devint le premier président de l'American Historical Assn, et fut ambassadeur des États-Unis en Russie de 1892 à 1994, et ambassadeur en Allemagne de 1897 à 1902. Son dernier legs a été de conseiller à Herbert Hoover de créer la Hoover Institution.

Cependant, c'est avec le troisième fondateur, Daniel Coit Gilman, que nous sommes le plus concernés. Gilman a formé John Dewey aux théories collectivistes de l'éducation à l'université Johns Hopkins. Dewey a ensuite dirigé l'école d'éducation de l'université de Chicago, puis le Teachers College de l'université de Columbia, deux des principales écoles socialistes fabiennes du monde. Gilman, par l'intermédiaire de son protégé Dewey, a dominé l'éducation américaine tout au long du XXe siècle. Gilman a également formé Richard Ely au département d'économie de l'université Johns Hopkins. Ely a ensuite enseigné à Woodrow Wilson, qu'il décrit comme "inhabituel, brillant". L'influence de Gilman s'est donc étendue, par l'intermédiaire d'Ely, à Woodrow Wilson, qui nous a donné le système de la Réserve Fédérale, l'impôt sur le revenu et la Première Guerre mondiale.

Bien qu'américains, les trois fondateurs de cet ordre ont été formés à l'université de Berlin, où ils ont été endoctrinés dans la philosophie hégélienne du déterminisme. Cette philosophie de l'éducation et du gouvernement enseigne que chacun peut être contrôlé et doit être contrôlé afin d'atteindre des objectifs prédéterminés. C'est la philosophie du despotisme oriental transférée en Europe et adaptée à la plus grande individualité des peuples européens, dont la plupart des Américains sont issus.

Comme l'a écrit le fondateur Frederick T. Gates dans le General Education Board Occasional Paper n° 1 :

> "Dans nos rêves, nous disposons de ressources illimitées et les gens se soumettent avec une docilité parfaite à nos mains de moulistes. Les conventions éducatives actuelles s'effacent de nos esprits et, sans être gênés par la tradition, nous travaillons de notre propre volonté sur un peuple rural reconnaissant et réceptif."

Les membres de l'Ordre Mondial considèrent tout le monde comme un paysan ; ils n'ont que du mépris pour ceux qui sont trop naïfs pour voir qu'ils sont volés, trompés et réduits en esclavage.

Parmi les autres premiers directeurs du Conseil de l'éducation générale figurait Morris K. Jesup, un banquier qui avait été trésorier des fonds Peabody et Slater. Il était directeur de Western Union, une société contrôlée par Kuhn Loeb, le Metropolitan Trust et l'Atlantic Mutual Insurance ; Robert C. Ogden de John Wanamker Co. qui a été président du Southern Educational Board, du Tuskegee Institute, de l'Union Theological Seminary et du Hampton Institute ; Walter Hines Page, qui, en tant qu'ambassadeur en Grande-Bretagne, a contribué à nous impliquer dans la Première Guerre mondiale ; Sir Roderick Jones, chef de l'agence de presse Reuters à son adresse historique, 24 Old Jewry à Londres, nous relate un bout d'histoire dans son autobiographie, *A Life in Reuters*, à propos d'un déjeuner qu'il a donné pour le général Wanamker. Smuts, Sir Starr Jameson et le Dr. Walter Hines Page (tous trois ayant des liens avec Rothschild).

> "Nous avons dîné dans une salle privée du Windham Club, celui dans lequel, vingt ans plus tard, les termes de l'abdication du roi Edward VII ont été négociés. Nous avons ensuite abordé la question de l'entrée en guerre des États-Unis, que la Grande-Bretagne et la France attendaient si patiemment. Le Dr Page nous révéla alors, sous le sceau du secret, qu'il avait reçu du Président, cet après-midi-là, une communication personnelle sur la base de laquelle il pouvait affirmer que, enfin, les dés étaient jetés. Ce n'est donc pas sans émotion qu'il s'est trouvé en mesure de nous assurer que

les États-Unis seraient en guerre avec les puissances centrales dans la semaine suivant cette date. L'assurance de l'ambassadeur était correcte jusqu'à ce jour. Nous avons dîné le vendredi 30 mars et le 2 avril, le président Wilson a demandé au Congrès de déclarer un état de guerre avec l'Allemagne. Le 6 avril, les États-Unis entraient en guerre."

Comment peut-on ne pas établir un lien entre le directeur d'une institution "charitable" s'employant à contrôler l'éducation de chaque citoyen des États-Unis et son directeur qui a conspiré pour nous impliquer dans une guerre mondiale ?

Un autre membre du Conseil de l'éducation générale était George Foster Peabody, un membre de la famille qui avait créé le Fonds Peabody. Il a épousé Katrina Trask, la fille de Spencer Trask, un riche agent de change spécialisé dans les questions ferroviaires. Leur succession, Yaddo, un magnifique manoir du nord de l'État, a été laissée comme fondation pour fournir aux écrivains et aux artistes un lieu de travail. Les bénéficiaires, il n'est pas nécessaire d'ajouter, ont été unanimement et implacablement "libéraux" dans leur philosophie et leur travail, même s'ils n'ont malheureusement pas apporté de contributions significatives à l'art ou à la littérature américaine. Spencer Trask a été tué lorsque quelqu'un a fait dévier un train de marchandises sur la ligne en transportant sa somptueuse voiture privée. George Foster Peabody s'est rapidement installé à Yaddo avec Katrina, et a vécu dix ans avec elle avant de l'épouser en 1921. Elle mourut peu après et Peabody "adopta" une jeune divorcée, Marjorie White, lorsqu'il apprit que l'église ne lui permettait pas de l'épouser. Il nomma alors sa sœur, Elizabeth Ames, directrice de Yaddo, où elle officia comme dictateur virtuel pendant de nombreuses années. Le salon de musique de Yaddo présente une grande plaque de bronze sur laquelle on peut lire "George Foster Peabody, bienfaiteur de l'humanité". Peabody a été nommé le premier directeur de la Banque de la Réserve Fédérale de New York en 1914, et a servi pendant les années cruciales de la Première Guerre mondiale, jusqu'en 1921. Il a été un partisan enthousiaste de la révolution bolchevique en Russie, et est devenu plus tard directeur de la Fondation Warm Springs de FDR et de l'Institut Hampton. Louise Ware écrit dans sa biographie de Peabody :

> "Il (Peabody) a ajouté que la crise nationale (liée à la première guerre mondiale), prouvait que chaque homme était nécessaire, ce qui devrait assurer tout un tas d'opportunité pour les noirs."

Peabody était président de Combustion Engineering Corp. président de Broadway Realtors, directeur de Mexican Lead Co. de Mexican Coal & Coke, des chemins de fer nationaux mexicains, de Tezuitlan Copper Refining and Smelting, et a été trésorier du parti national démocratique. Malgré son passé "capitaliste", Peabody a toujours été un socialiste déclaré. Ware note qu'il a écrit à Norman Thomas :

> "J'ai toujours été très favorable aux aspirations individuelles des socialistes. J'ai particulièrement observé le système Fabian d'Angleterre avec des anticipations pleines d'espoir."

Cet admirateur du socialisme de Fabian est l'homme qui a contribué à installer le General Education Board comme la force directrice derrière tous les développements éducatifs aux États-Unis depuis 1910.

Le *républicain de Springfield* rapportait en octobre 1866 :

> "Car tous ceux qui connaissent un peu le sujet savent très bien que Peabody et ses partenaires à Londres ne nous ont donné aucune foi et aucune aide dans notre lutte pour l'existence nationale. Ils ont pleinement participé à la méfiance commune des Anglais à l'égard de notre cause et de notre succès, et ont parlé et agi pour le Sud plutôt que pour notre nation. Aucun individu n'a autant contribué à inonder nos marchés monétaires des garanties de notre dette envers l'Europe, à faire baisser leurs prix et à affaiblir la confiance financière dans notre nation, que George Peabody & Co. et aucun n'a gagné plus d'argent grâce à cette opération. Tout l'argent que M. Peabody distribue si généreusement parmi nos institutions d'enseignement a été gagné par les spéculations de sa maison sur nos malheurs."

Cet éditorial a également été reproduit dans le *New York Times* du 31 octobre 1866. L'écrivain ne savait pas que Peabody était une façade pour les Rothschild, ni que la création du Fonds Peabody était destinée à leur donner un contrôle politique et financier sur le Sud appauvri, ni qu'elle inaugurerait l'"ère des fondations" comme facteur de contrôle de la vie américaine.

John D. Rockefeller a utilisé les fonds du General Education Board par l'intermédiaire des représentants de Standard Oil en Russie pour provoquer la révolution russe en 1905. Pas étonnant que les masses soviétiques applaudissent lorsqu'un Rockefeller arrive pour leur rendre visite. Jusqu'à présent, les Rockefeller ont "donné" plus de 5 milliards de dollars provenant des revenus des actions, ce qui signifie que les Américains ont dû avancer des milliards de dollars en impôts qui auraient autrement été des revenus. Le membre du Congrès Wright Patman, président de la commission bancaire et monétaire de la Chambre des représentants, a prouvé lors des auditions de 1967 que 14 fondations Rockefeller détenaient des actifs de plus de 1 milliard de dollars en actions de Standard Oil. Non seulement elles ne payaient pas d'impôts sur ces actions, mais cela leur donnait un contrôle permanent sur l'entreprise familiale. Les financiers rivaux ne pouvaient pas acheter le contrôle de la Standard Oil car ses actions étaient isolées par la propriété de la fondation... Comme l'a souligné Patman, le fait que les Rockefeller aient échappé au paiement d'énormes sommes en impôts leur a donné un avantage de marché inégalé sur les autres entreprises qui devaient payer des taux d'imposition normaux, l'agitation pour une augmentation de la "fiscalité des entreprises" tourne à l'avantage des Rockefeller. Comme Patman l'a déclaré :

> "Les fondations sont les meilleurs investissements que la famille Rockefeller aient fait."

Un membre de la famille, le sénateur Nelson Aldrich, a fait passer la charte du General Education Board au Congrès. La charte de la Fondation Rockefeller s'est avérée plus difficile. Il s'agissait d'un effort flagrant pour échapper aux décrets gouvernementaux contre le monopole de la Standard Oil, mais elle a finalement été adoptée en 1913 par le sénateur Robert F. Wagner de N. Y., réservant 50 millions de dollars en actions de la Standard Oil du New Jersey pour des "œuvres de charité". La charte de la Fondation Rockefeller est signée le 22 mai 1913. Ses fondateurs étaient John D. Rockefeller, John D. Rockefeller Jr ; Henry Pratt Judson, des familles Lyman et Pratt, président de l'université de Chicago ; Simon Flexner, diplômé de l'université de Berlin et de l'université de New York et de Strasbourg, avait été professeur de médecine à l'Institut Rockefeller depuis 1903 ; Starr Jameson, "conseiller personnel de John D. Rockefeller dans ses activités de bienfaisance" ; Jerome D. Greene, secrétaire de Harvard Corp. 1910-11, banquier de Lee Higginson de Londres, 1912-18 ; sec. Commission des réparations à la Conférence de paix de Paris ; Wickliffe Rose, prof. Peabody College, secrétaire du Peabody Educational Fund, administrateur du Slater Fund et du General Education Board ; et Charles W. Eliot, également de la famille Lyman, a épousé Ellen Peabody, éduquée en Allemagne, présidente émérite de Harvard. Le Conseil médical chinois, qui en est issu, a assuré à Standard Oil le marché de "l'huile pour les lampes de Chine" et a permis à la famille de se lancer dans le très lucratif commerce de la drogue en Asie. La percée a été obtenue après qu'ils aient financé la montée en puissance de la famille Soong, qui a créé la Chine moderne.

La liste des dirigeants de la Fondation Rockefeller de 1913 à 1963 en dit long sur cette organisation. Les quatre présidents du conseil d'administration ont été John D. Rockefeller Jr. 1917, 1939, Walter D. Stewart, 1939-50, John Foster Dulles, 1950-52, et John D. Rockefeller 3rd, 1952-63.

Walter D. Stewart a servi avec Bernard Baruch au War Industries Board en 1918, a été au Federal Reserve Board de 1922 à 1925, puis a rejoint le cabinet d'avocats Case, Pomery, un cabinet Rockefeller. Il a été conseiller économique de la Banque d'Angleterre de 1928 à 1930, conseiller spécial de la Banque des règlements internationaux en 1931, membre du Conseil présidentiel des conseillers économiques pour Eisenhower de 1953 à 1956, puis président de l'Institut des études avancées. Dans cette liste de postes juridiques et financiers, on est frappé par l'absence flagrante de toute activité "caritative".

John Foster Dulles, en tant qu'associé principal du cabinet d'avocats Sullivan and Cromwell, a poursuivi l'engagement traditionnel du cabinet dans la promotion des guerres et des révolutions. Peu d'Américains savent que les intrigues de Sullivan & Cromwell ont rendu possible la construction du canal de Panama.

Un volume de 736 pages, *The Story of Panama,* les audiences de la Chambre des représentants des États-Unis sur le Panama en 1913, offre des centaines de pages de documentation prouvant que William Nelson Cromwell, fondateur de la firme et mentor de Dulles, a été l'instigateur et le promoteur de la révolution panaméenne pour le compte de la J.P. Morgan et J & W Seligmap. Morgan a par la suite reçu 40 millions de dollars en or du Trésor américain, le plus gros chèque qu'il ait jamais tiré à cette époque. Sur cette somme, 35 millions de dollars étaient des bénéfices évidents. Le président Theodore Roosevelt a poursuivi le *New York World* en diffamation pour avoir publié certains des faits concernant Cromwell et lui-même. L'affaire a été rejetée à l'unanimité par la Cour suprême.

On trouve dans "The Roosevelt Panama Libel Case Against the N.Y. World" ce qui suit :

"Le 3 octobre 1908, le Comité national démocrate étudiait l'opportunité de rendre publique une déclaration selon laquelle William Nelson Cromwell, en relation avec M. Bunau Varilla, un spéculateur français, avait formé un syndicat à l'époque où il était tout à fait évident que l'U.S. reprendrait les droits des obligataires français sur le canal de Lesseps, et que ce syndicat comprenait entre autres Charles P. Taft, frère de William Howard Taft, et Douglas Robinson, beau-frère du président Theodore Roosevelt. Ces financiers ont investi leur argent en toute connaissance de l'intention du gouvernement américain d'acquérir la propriété française pour un prix d'environ 40 millions de dollars et ont ainsi - grâce aux prétendues informations provenant de sources gouvernementales - pu engranger un énorme bénéfice."

Le 29 août 1908, le Comité national démocrate publia une déclaration depuis son siège de Chicago identifiant Cromwell comme :

"William Nelson Cromwell de New York, le grand avocat de Wall Street, l'avocat du consortium du canal de Panama, la société Kuhn Loeb, les intérêts de Harriman, le sugar trust, le Standard Oil trust et autres."

Ainsi, les dirigeants démocrates ont identifié Cromwell comme l'avocat des sept hommes qui contrôlaient l'Amérique pour le compte des Rothschild. Le rapport indiquait :

> "En septembre 1904, pendant les absences du secrétaire Taft de Washington, M. Cromwell, un particulier qui dirigeait pratiquement tout le département de la guerre, John F. Wallace, ingénieur en chef du canal de Panama, témoigna devant la commission du Sénat le 5 février 1905 : "Cromwell m'est apparu comme un homme dangereux".

Les auditions de la Chambre ont consacré de nombreuses pages aux activités de Cromwell, qui valent la peine d'être lues, y compris le témoignage accablant du membre du Congrès Rainey :

> "Les révolutionnaires étaient à la solde de la Panama Railroad & Steamship Co, une société du New Jersey. Le représentant de cette société était William Nelson Cromwell. C'est le révolutionnaire qui a promu et rendu possible la révolution sur l'isthme de Panama. À l'époque, il était actionnaire de la compagnie de chemin de fer et son directeur juridique aux États-Unis. William Nelson Cromwell - l'homme le plus dangereux que ce pays ait produit depuis l'époque d'Aaron Burr - est un révolutionnaire professionnel."

John Foster Dulles, président du conseil d'administration de la Fondation Rockefeller, a hérité du manteau de Cromwell en tant qu'homme le plus dangereux d'Amérique. Membre de la famille Rockefeller par son mariage avec Janet Pomeroy Avery, il a été secrétaire de son oncle, le secrétaire d'État Robert Lansing, à la Conférence de la paix de Paris. Thomas Lamont, associé de J.P. Morgan, a écrit sur Dulles à cette époque :

> "Nous nous sommes tous beaucoup appuyés sur John Foster Dulles."

Dulles est ensuite arrivé en Allemagne avec le baron Kurt von Schroder pour garantir à Hitler les fonds nécessaires à la prise de contrôle de l'Allemagne. L'ambassadeur des États-Unis en Allemagne, William Dodd, a écrit dans son journal, le 4 décembre 1933 :

> "John Foster Dulles, conseiller juridique de banques américaines associées, a appelé cet après-midi pour rendre compte des réclamations formulées au nom des détenteurs d'obligations contre des villes et des entreprises allemandes, soit plus d'un milliard de dollars. Il a semblé très intelligent et déterminé."

Ron Pruessen, dans sa biographie de Dulles, mentionne les "discussions secrètes de Dulles avec le cabinet allemand en décembre 1933 et janvier 1934 à Berlin." Pruessen énumère les clients bancaires de Dulles dans les années 1920, "J.P. Morgan, la société nationale de la ville, a été créée en 1933, Kuhn, Loeb & Co. Dillon Read, Guaranty Trust, Lee Higginson et Brown Bros Harriman ont été créée en 1934." Dulles jouissait ainsi d'un monopole légal sur Wall Street.

John Foster Dulles n'a jamais perdu son penchant pour les guerres. Combien d'Américains savent que c'est John Foster Dulles qui a envoyé un télégramme de Tokyo aux conseillers du président Truman :

> "S'il apparaît que les Sud-Coréens ne peuvent pas repousser l'attaque, alors nous pensons que la force américaine devrait être utilisée."

Bien que Dulles n'ait jamais révélé qui était derrière ce "nous", ce télégramme a déclenché notre implication dans la guerre de Corée.

Parmi les présidents de la Fondation Rockefeller, on trouve George E. Vincent, qui a été président de l'institution Chautauqua. Il a servi avec Herbert Hoover au sein de la Commission de secours en Belgique ; Max Mason, président de l'Université de Chicago, à laquelle les Rockefeller ont donné quelque 400 millions de dollars ; Raymond Blaine Fosdick, qui a été secrétaire de la Société des Nations en 1919-20, puis le biographe officiel de John D. Rockefeller ; son frère Harry Emerson Fosdick, qui était pasteur de l'église de Rockefeller ; Chester I. Barnard, président d'AT&T, directeur de l'agence téléphonique américaine pendant la Première Guerre mondiale ; Dean Rusk, qui a servi deux présidents en tant que secrétaire d'État ; et J. George Harrar, qui était Andrew D. White professeur à Cornell.

Les secrétaires de la Fondation Rockefeller sont : Jérôme D. Greene, qui a été secrétaire du président de Harvard pour les années 1901-05, et membre du conseil d'administration de Harvard Overseers en 1911-1950, secrétaire de la Commission des réparations sous Bernard Baruch à la Conférence de paix de Paris en 1919, directeur général de l'Institut Rockefeller de recherche médicale en 1910-1939, directeur de la Brookings Institution pendant la période 1928-1945, et président du tristement célèbre Institut des relations pacifiques financé par Rockefeller, dont Laurence Rockefeller était secrétaire, et qui entretenait des relations étroites avec l'espion soviétique Richard Sorge au Japon ; Edwin R. Embree, qui a créé la Fondation Julius Rosenwald en 1917 "pour le bien-être de l'humanité", dont sept administrateurs ont été identifiés comme membres d'organisations communistes.

Parmi les vice-présidents de la Fondation Rockefeller depuis 1913, citons Roger S. Greene, l'organisateur du Comité pour la défense de l'Amérique par l'aide aux Alliés, dont le but était de nous impliquer dans la Seconde Guerre mondiale et qui a servi au Département d'État de 1940 à 1944, et Alan Gregg, qui a servi dans le Corps expéditionnaire britannique de 1917 à 1919.

Tous ces agents sont également inscrits comme directeurs de la Fondation Rockefeller. Parmi les autres administrateurs, on peut citer : The Lord Franks, ambassadeur britannique aux États-Unis pour 1948-52, membre clé de la London Connection qui gère les États-Unis en tant que colonie de l'Empire britannique ; il est administrateur du Rhodes Trust, de la Schroder Bank, professeur invité à l'université de Chicago, président de la Lloyd's Bank et actuellement chancelier de l'université d'East Anglia ; Charles Evans Hughes, gouverneur de New York, candidat à la présidence qui aurait en fait battu Woodrow Wilson en 1916, plus tard président de la Cour suprême, nommé à ce poste par son bon ami Herbert Hoover ; James R. Angell, président du Conseil national de la recherche en 1919-20, président de la Carnegie Corp. président de Yale (sa fille est Mme William Rockefeller) ; il a été directeur de *New York Life* et de

NBC ; Trevor Arnett, président du Conseil international de l'éducation ; Harry Pratt Judson, président de l'université du Minnesota, président de l'université américaine en Chine, directeur du Conseil médical chinois de Rockefeller ; Vernon Kellogg, assistant d'Herbert Hoover à l'université de Californie. Secrétaire de la Food Administration, pendant la Première Guerre mondiale et de l'American Relief Administration en 1919-21, plus tard secrétaire du National Research Council et administrateur du Brookings Instn ; Starr Murphy, qui se présente dans le Who's Who comme "le conseiller personnel et représentant de John D. Rockefeller dans ses bonnes œuvres" ; Wickliffe Rose, directeur de la santé publique pour la Fondation Rockefeller en 1913-23 ; président du Peabody College en 1892-02, agent du Peabody Education Fund sur la période 1907-15, de la Rockefeller Sanitary Commission and Southern Educational Board en 1909-15, de l'International Health Board pour 1913-28, président du General Education Board en 1913-28, de l'International Education Board en 1923-28, directeur du Red Cross et de l'Atlantic Council ; A. Barton Hepburn, surintendant des banques de l'État de N.Y. pour 1880-83, examinateur en chef des banques de N.Y. pour 1888-92, contrôleur de l'armée américaine en 1892-93, vice-président de National City Bank 1897-99, président de Chase Natl Bank 1899-1922, membre du Conseil consultatif fédéral de la Réserve Fédérale, 1918, directeur de N.Y. Life, de Sears, de Woolworth, de Studebaker, de Texas Co. ; Julius Rosenwald, a créé la Fondation Rosenwald pour poursuivre l'agitation du fonds Peabody dans le Sud, "implication totale" ; il a également donné 700 000 dollars à l'université Rockefeller de Chicago, a été administrateur de fonds du Baron de Hirsch, un programme de colonisation sioniste ; Martin A. Ryerson, président du conseil d'administration de l'université de Chicago, administrateur de la Carnegie Institution ; Karl T. Compton, affecté à l'ambassade américaine à Paris en 1918, il a été président de la mission radar américaine en URSS en 1943, représentant spécial et secrétaire de guerre pour 1943-44, spéc., advsr au développement atomique en 1945, a atteint l'immortalité en tant qu'homme qui a dit au président Truman de larguer la bombe atomique sur le Japon, la première utilisation de cette arme d'horreur, également directeur de la Fondation Ford, de l'Institut Sloan Kettering, de la Royal Society of London ; John W. Davis, avocat de Morgan et Rockefeller, ambassadeur en Grande-Bretagne en 1918-21, candidat démocrate à la présidence en 1924 ; John Sloan Dickey, membre du State Dept. durant 1940-45, président de Dartmouth, a fait partie de la Commission présidentielle des droits civils ; Harold W. Dodds, président de Princeton, a été le secrétaire exécutif d'Herbert Hoover puis de la U.S. Food Administration en 1917-19, administrateur de la Brookings Institution et de la Carnegie Foundation, directeur de Prudential Insurance ; Lewis W. Douglas, diplômé d'Oxford, épouse Peggy Zinsser, directrice du budget en 1933-34, président d'American Cynamid, ambassadeur en Grande-Bretagne en 1947, président du conseil d'administration de Metropolitan Life, directeur de General Motors, de Homestake Mining Co. d'Orvil Dryfoos, qui épouse Marion Sulzberger et devient président du *New York Times*, administrateur du Baron de Hirsch Fund ; Lee A. DuBridge, président du California Institute of Technology, administrateur de la Rand Corp. membre de la Commission de l'énergie atomique des États-Unis, a reçu la médaille du Roi pour services rendus à la Grande-Bretagne en 1943 ; David Leon Edsall, doyen de l'École de médecine de Harvard de 1918 à 1935 ; Charles William Eliot, qui a épousé Ellen Peabody, a étudié les méthodes d'enseignement européennes, a été président de Harvard pendant de nombreuses années et a promu l'école hégélienne du déterminisme ; Simon Flexner, qui a étudié à l'Université de Californie à New York, est devenu président de l'Institut de technologie de Californie. de Berlin, à l'Université de Strasbourg, a créé l'Institut Rockefeller de recherche médicale, membre de la Royal Society de Londres, de nombreuses sociétés médicales ; Douglas Freeman, rédacteur en chef du *Richmond News Leader*, directeur de la Woodrow Wilson Foundation, d'Equitable Life ; Herbert S. Gasser, a organisé le Chemical Warfare Service en 1918, membre de la Royal Society de Londres et Edimbourg ; Frederick T. Gates, se présente comme "représentant des affaires et des bienfaits" de John D. Rockefeller 1893-1912 ; Walter S. Gifford, organisateur du Conseil de défense nationale des États-Unis en 1916-18, formé pour nous faire participer à la Première Guerre mondiale, invité par le colonel House à siéger au Conseil interallié des États-Unis en 1918, président de l'ATT, président du conseil d'administration de la Carnegie Institution ; Robert F. Goheen, président de Princeton pour la période 1957-72, Woodrow Wilson Fellowship, membre de la Smithsonian Institution, de l'Institute of International Education, du Dreyfus Fund, membre du conseil d'administration de la Harvard Univ. Carnegie Foundation ; Herbert Spencer Hadley, en tant qu'avocat général du Missouri, a poursuivi Standard Oil, qui l'a ensuite soutenu comme gouverneur, de 1909 à 1903 ; Wallace K. Harrison, architecte du Rockefeller Center et du bâtiment des Nations Unies ; Theodore Hesburgh, président de l'université Notre Dame, membre du Woodrow Wilson Fellowship, de la Carnegie Foundation, de la Ford Foundation, du Rockefeller Bros Fund, de la Hoover Commission ; Ernest M.Hopkins, conseiller auprès du secrétaire général de l'ONU, et le président de la Commission des affaires étrangères en 1918, membre de l'Office of Procurement & Management en 1941, président de Dartmouth en 1916-45 ; Arthur A. Houghton, président de Corning Glass, du bureau de contrôle des prix en 1941-42, conseiller du Federal Reserve System, director du *New York Life,* de l'U.S. Trust, de la J.P. Morgan Library ; Clark Kerr, pres. de l'Univ. de Californie en 1952-73 ; Robert A. Lovett, marié à Adele Brown, héritière de Brown Bros ; il était partenaire de Brown Bros Harriman en 1926-61, spec, asst Sec. of War en 1940-41, Sec. War for Air[31] en 1941-45, sous-secrétaire d'État en 1947-49, a remplacé James A. Forrestal comme secrétaire à la Défense lorsque Forrestal est tombé de la fenêtre de l'hôpital naval, a servi comme Sec. de la Défense en 1945-52, directeur de la Royal Globe Insurance of London, du *N.Y. Life,* de Freeport Sulphur, président de l'Union Pacific, directeur du Carnegie Instn ; son père, le juge Robert S. Lovett était l'avocat de l'UP, il a conseillé à Harriman et Kahn de ne pas répondre aux questions sur leurs transactions boursières, tous les documents ont été brûlés en 1911 ; Benjamin McKelway, rédacteur en chef du *Washington Star ;* Henry Allen Moe, boursier Rhodes, a dirigé la Fondation Guggenheim pendant de nombreuses années, avocat du Inner Temple à

---

[31] Commandant des forces aériennes, Ndt.

Londres, président du Musée d'art moderne créé par la famille Rockefeller, et du Natl Endowment for the Humanities ; William Myers, directeur de la Banque de la Réserve Fédérale de N.Y., président du Committee on Foreign Aid en 1947, directeur de la Carnegie Foundation, d'Arco, de Smith Corona, de Continental Can, de Grand Union, de Mutual Life ; Thomas Parkinson, général adjoint de l'armée américaine durant 1918-19, président de Equitable Life, de Chase Natl Bank, d'ATT, de Borden ; Thomas Parran, chirurgien général des États-Unis en 1936-48 ; Alfred N. Richards, membre du personnel de British Medical Research en 1917-18, a organisé l'U.S. Chemical Warfare Service en 1918 ; Dean Rusk, boursier Rhodes, a rejoint le département de la Défense de l'armée américaine. Girard Trust, directeur de Bell Telephone ; Robert G. Sproull, président de l'Université de Californie, son frère Allan a été président de la Banque fédérale de réserve de N.Y. pendant de nombreuses années, Robert a été directeur de l'Institut d'éducation internationale, de la Fondation Carnegie, de l'American Group on Allied Reparations 1945, du Citizens Committee for the Marshall Plan, de l'Institute of Pacific Relations ; Frank Stanton, OWI en 1942-45, président de CBS pendant de nombreuses années ; Robert T. Stevens, président de l'entreprise familiale J.T. Stevens, entreprise textile géante, directeur de la Federal Reserve Bank of N.Y., de J.P. Morgan, de General Electric, de de General Foods, de New York Telephone, ministre de la défense en 1953-55, impliqué dans les audiences de McCarthy ; George D. Woods, président de First Boston, de Kaiser Steel, état-major général de l'armée américaine 1942-45, directeur du *New York Times* ; Arthur M. Woods, directeur de la firme Rockefeller Colorado Fuel & Iron, organisateur du massacre des ouvriers, du massacre de Ludlow ; Owen D. Young, président de General Electric, directeur de la RCA, d'American Foreign Power, de General Motors, de NBC, de RKO, de la Banque fédérale de réserve de N.Y., agent général pour les paiements de réparations en 1919-24, choisi par Bernard Baruch ; Winthrop Aldrich, membre de la famille Rockefeller, président de la Chase National Bank, directeur de ATT, d'International Paper, de Metropolitan Life, de Westinghouse, de la Banque fédérale de réserve de N.Y. du Rockefeller Center, a été ambassadeur de

Grande-Bretagne de 1953 à 1957 ; Barry Bingham, rédacteur en chef du *Louisville Courier Journal*, a servi en Europe de 1942 à 1945, mission spéciale en France pour la CEA de 1949 à 1950 ; Chester Bowles, a fondé l'agence de publicité Benton & Bowles, a servi avec l'OPA, WPB pendant la deuxième guerre mondiale, ambassadeur en Inde de 1951 à 1953, de la Woodrow Wilson Foundation, partenaire du sénateur William Benton ; Lloyd D. Brace, président de la Commission européenne, a été nommé ambassadeur de l'Union européenne en Inde de 1951 à 1953. Directeur de la First Natl Bank, directeur d'ATT. Gillette, John Hancock, dirigeant de Stone & Webster, de la U.S. Smelting ; Richard Bradfield, diplômé de l'université de Berlin, apparenté à la famille Stillman, boursier Guggenheim, a mené la politique d'Extrême-Orient pour la Fondation Rockefeller en tant que chef de la division de l'agriculture 1955-57 ; Dieter Bronk, président de la Recherche médicale de l'Institut Rockefeller, de l'Institut Sloan Kettering, décoré de l'Ordre de l'Empire britannique ; William H. Claflin, trésorier d'Harvard ; Ralph Bunche, diplomé d'Harvard et de la London School of Economics, membre de la section britannique de l'OSS en 1941-44, du département d'État en 1944-47, de Dumbarton Oaks en 1944, représentant de l'ONU à San Francisco avec Alger Hiss en 1945, envoyé de l'ONU à Londres en 1945, sous-secrétaire de l'ONU en 1947-71, Médiateur de Palestine en 1948 - après l'assassinat du comte Bernadotte par Begin ; C. Douglas Dillon né en Suisse en 1909, directeur de l'U.S. & Foreign Securities en 1937-63, président de Dillon Read en 1946-53, ambassadeur en France durant les années 1953-57, sous Sec. de Bechtel a ensuite racheté l'entreprise familiale, Dillon Read. Secrétaire au Trésor en 1960-65, il est administrateur de la Brookings Instn, de la Hoover Institution, de l'Heritage Foundation, sa fille est la princesse Jeanne de Luxembourg, mariée à un membre de la famille qui est la descendante directe de Guillaume d'Orange qui a créé la Banque d'Angleterre ; Edward Robinson, a travaillé pour Peabody Co. pour Spencer Trask co. trésorier de la Rockefeller Foundation & du General Education Board pour 1938-62 ; Kenneth Wernimont, entré à l'Institute of International Education en 1937, a dirigé le Dept. of Agriculture en 1938-46 en Amérique latine, a effectué de nombreuses missions mexicaines pour Rockefeller ; Charles W. Cole, prés. d'Amherst, ambassadeur au Chili en 1961-64, directeur du Charles E. Merill Trust ; Thomas B. Applegate Jr. exec, secrétaire de John D. Rockefeller en 1942-46, chef de la division d'Extrême-Orient du département d'État ; Edmund E. day, doyen de la Wharton School of Finance en 1912-29, boursier Guggenheim, président en 1933-39 du Natl Bureau of Economic Research créé par Rockefellers.

La liste des administrateurs de la Fondation Rockefeller de 1981 comprend également James C. Fletcher, dont les antécédents "caritatifs" sont répertoriés dans le Who's Who sous le titre "Naval ordinance 1940", et quarante ans d'expérience ultérieure dans le domaine des missiles guidés et des armes stratégiques, avec Hughes Aircraft durant les années 1948-54, les missiles guidés avec Ramo-Wolldridge en 1954-58, Aerojet General en 1960-71, président de Minuteman en 1961, président du Naval Warfare panel en 1967-73, et conseiller de l'American Ordinance Assn. Un autre administrateur de 1981 est James D. Wolfensohn, qui est le président de J. Henry Schroder Banking Corp. N.Y., et de sa société mère, Schroders Ltd. de Londres.

En examinant les membres dominants de la Fondation Rockefeller, nous trouvons des hommes dont la vie a été consacrée à la guerre et à la révolution, à la guerre chimique, au commerce international, à l'intrigue et au meurtre de masse ; nous trouvons que le président du conseil était John Foster Dulles, qui a hérité du titre d'"homme le plus dangereux d'Amérique" selon son mentor, William Nelson Cromwell ; Dulles a négocié un financement crucial pour Hitler et a envoyé le télégramme clé impliquant les États-Unis dans la guerre de Corée, tandis que son frère, directeur de la Schroder Bank, a mis sur pied la CIA ; nous trouvons Karl T. Compton, qui a donné l'ordre de larguer la bombe atomique sur le Japon en 1945 et a déclenché la menace de la guerre atomique sur le monde entier (il était également administrateur de la Ford Foundation) ; nous trouvons Lord Franks, membre clé du Rhodes Trust, de la Schroder Bank ; ce que nous ne trouvons pas, c'est quelqu'un qui s'est jamais engagé dans une entreprise caritative. Les directeurs de ce qui est à proprement parler le "Rockefeller Syndicate" sont liés aux principales banques, sociétés, universités et ministères du pays. C'est ce réseau qui régit illégalement l'Amérique, qui, par son évasion fiscale, fait peser une énorme charge fiscale sur tous les contribuables américains, et qui fait de nos élections une farce parce que ces hommes déterminent toutes les politiques qui sont mises en œuvre aux États-Unis.

Par le biais du Fonds Sealantic, les Rockefeller contrôlent les écoles de théologie américaines et les institutions religieuses d'Amérique ; par le biais du Fonds Rockefeller Bros, ils contrôlent la politique gouvernementale. En 1958, le Rockefeller Bros Fund a réuni les dirigeants américains pour les inciter à accroître les dépenses militaires ; le groupe comprenait le général Lucius Clay de Lehman Bros, ancien chef des forces américaines en Europe, Gordon Dean de la Commission de l'énergie atomique des États-Unis, Deverux C. Josephs de la société J.P. Morgan ; Henry Luce de Time Mag. Thomas B. McCabe, membre du conseil des gouverneurs de la Réserve Fédérale ; Anna M. Rosenberg, secrétaire de Bernard Baruch et Asst. Defense (elle a épousé Julius Rosenberg), a été membre du conseil de la sécurité sociale de 1936 à 1933, membre fondateur de l'administration du New Deal, de la War Manpower Commission de 1942 à 1945, administrateur de la Ford Foundation et de la Rockefeller Foundation, puis a épousé Paul Hoffman, chef de l'ECA ; Dean Rusk de la Rockefeller Foundation ; David Sarnoff, fondateur de la RCA ; Henry Kissinger et Roswell Gilpatrick, und. Sec. de l'armée de l'air en 1951-53. Gilpatric était partenaire du cabinet d'avocats Kuhn, Loeb de Cravath et de Gersdorff Swaine and Wood en 1931-61, du Yale Corp. et de la Woodrow Wilson Foundation ; son frère Chadbourne a été boursier Rhodes, membre de l'OSS en Europe durant la Seconde Guerre mondiale et de la CIA de 1947 à nos jours ; un autre frère, Donald, a fait partie du personnel de la Natl City Bank, du Board of Economic Warfare en 1943-43, conseiller économique au quartier général des Alliés pendant la Seconde Guerre mondiale, membre américain de l'UNRRA, dir. de ECA en 1948, il est aujourd'hui directeur d'Olin Matheson et de Winchester Arms.

Chaque travailleur américain se voit régulièrement rappeler les "bienfaits à l'humanité" de la Fondation Rockefeller lorsqu'il reçoit son chèque de paie mutilé avec la "retenue à la source" qui lui a été confisqué. En 1943, au plus fort de la Seconde Guerre mondiale, le Congrès a adopté une loi fiscale "d'urgence" pour le temps de guerre, la Current Tax Payment Act de 1943. Promulgué le 9 juin 1943, ce projet de loi est connu sous le nom de "Retenue à la source". L'"urgence" a pris fin il y a une quarantaine d'années et, au cours des décennies suivantes, le projet de loi était et est toujours illégal. Il est illégal parce qu'il ne s'agit pas d'une "retenue" et parce qu'il ne s'agit pas d'un impôt. Comme elle n'est pas ce qu'elle prétend être, elle ne peut être appliquée, car elle n'a pas de valeur juridique. En termes juridiques, la retenue à la source est une saisie-arrêt. Webster définit la saisie-arrêt comme un avis juridique accompagné d'un acte de saisie pour saisir le salaire d'un débiteur au nom d'un créancier. Toutefois, la retenue d'impôt n'est pas un avis juridique signifié avec un bref de saisie, ni émis par un tribunal, et n'est pas recouvrable en vertu du droit américain. Deuxièmement, la "dette", ou l'impôt, ne peut être établie que sur la déclaration annuelle d'imposition, comme le prévoit la loi. L'IRS affirme que la retenue à la source établit "l'obligation à la source". Cependant, aucune dette n'a été légalement établie au moment du recouvrement.

La retenue à la source est également illégale parce qu'elle a été promulguée à la suite d'une conspiration de personnes qui ont dissimulé leurs motifs et leurs allégeances. Beardsley Ruml, qui a imposé cette mesure au Congrès, a déclaré à un journaliste du *New Yorker* que le plan de retenue à la source avait été élaboré lors d'un déjeuner d'"intellectuels" au luxueux hôtel Plaza. Il a refusé d'identifier les autres conspirateurs. *Fortune* a déclaré à son sujet :

> "Beardsley Ruml, dont la renommée est basée sur le principe de la rémunération à l'acte (que le membre du Congrès Wright Patman a décrit comme un moyen de protéger la catagorie de millionnaires s'étant enrichis grâce à la guerre), est sans aucun doute l'un des hommes les plus agiles mentalement et les plus populaires de l'histoire américaine. Comme beaucoup d'autres personnalités intéressantes, le

trésorier de Macy's, président de la Banque de la Réserve Fédérale de New York et éminent planificateur fiscal est un personnage complexe. L'ancien doyen des sciences sociales de l'Université de Chicago a ensuite travaillé pour la Carnegie Corp. En 1922, les Rockefeller ont nommé le jeune Ruml, âgé de 28 ans, directeur du Mémorial Laura Spelman Rockefeller (à la dotation de 80 millions de dollars). Le Mémorial avait été fondé pour apporter une aide charitable aux femmes, mais M. Ruml, arguant que le bien-être de l'individu dépend du bien-être de la société toute entière, a soulagé l'organisation de 25 millions de dollars en redistribuant ces fonds pour les consacrer aux sciences sociales."

L'idée de Ruml sur la retenue à la source est suggérée dans son livre. *Government Business and Values*, p. 179 :

"Il est évident que les progrès de la science, de la technologie et de l'éducation entraîneront des changements importants dans nos relations personnelles, sociales et économiques. Pour faire face à ces changements, le gouvernement doit changer et modifier les lois, les règles et les règlements qui régissent notre vie."

Notez que Ruml dit que les "changements" doivent survenir par décret "gouvernemental". C'est tout le programme de base, pour imposer par la force leur volonté à l'électorat américain, dans une conspiration syndicaliste criminelle contre le bien-être de chaque Américain.

La liste des administrateurs de la Fondation Rockefeller de 1971 montre qu'elle continue à être la hiérarchie dirigeante des États-Unis. Elle comprend W. Michael Blumenthal et C. Douglas Dillon, qui ont tous deux été secrétaires au Trésor, Robert F. Goheen, président de Princeton, Vernon Jordan, le noir de service, Robert V. Roosa et Cyrus Vance, secrétaire d'État sous Carter. Roosa est membre fondateur et secrétaire de la commission trilatérale. Alors qu'il faisait partie du personnel de la Federal Reserve Bank of N.Y., Roosa a formé un groupe connu sous le nom de "Roosa Bloc", son principal protégé étant Paul Volcker, qui, en tant que président du conseil des gouverneurs de la Federal Reserve, a déclenché une récession ruineuse aux États-

Unis avec des taux d'intérêt de 20% et une inflation de 25%. Bien sûr, les banques en ont profité largement tout en conduisant des millions d'Américains à la faillite. Le *New York Times* a rapporté que David Rockefeller et Roosa ont "suggéré" à Carter de nommer Volcker comme président du conseil de la Réserve Fédérale. Roosa est un associé de Brown Bros. Harriman, directeur de Texaco, d'American Express, d'Owen Corning Fiberglass, directeur du National Bureau of Economic Research, administrateur de l'Institut Sloan Kettering et président de la Brookings Institution.

La Brookings Institution a été créée en 1927 par Frederic A. Delano, 2244 S. St NW Washington D.C. ; Harold G. Moulton, 3700 Oliver St. NW, Washington, un économiste de l'Université de Chicago ; et Leo S. Rowe, qui avait été secrétaire d'État au Trésor de 1917 à 1919, travaillant en étroite collaboration avec Eugene Meyer et le chef de la division latino-américaine de la War Finance Corp. membre du Département d'État dans les années1919-20, directeur de l'Union panaméricaine en 1920-36.

La Brookings Institution a été fondée par Robert S. Brookings, né en 1850, célibataire, commerçant de Saint-Louis et dirigeant de la Cupples Co. qui a révolutionné la distribution des marchandises dans les gares. Pendant la première guerre mondiale, Brookings était l'assistant de Baruch au War Industries Board, qui disposait de pouvoirs dictatoriaux sur les industriels américains, et président du comité de fixation des prix du WIB[32]. Administrateur de la Carnegie Endowment for International Peace, Brookings a créé la Brookings Graduate School of Economics, qui a fusionné avec l'Institute of Government Research et l'Institute of Economics en 1927 pour former l'actuelle Brookings Institution. Elle est répertoriée comme "n'étant pas une organisation régie par des membres", dont le but est de "fixer des priorités nationales", en bref, de faire de la politique gouvernementale, ce qu'elle fait néanmoins. Elle est arrivée au pouvoir avec le New Deal de Roosevelt, ce qui n'est guère surprenant, puisque son fondateur, Frederic A. Delano, était l'oncle de FDR. Le président actuel, Robert V.

---

[32] War Industries Board, le Bureau de l'Industrie de Guerre, Ndt.

Roosa, a été précédé dans cette fonction par C. Douglas Dillon. Elle a toujours depuis servi de forum des financiers les plus puissants du monde.

En 1984, la Brookings Institution a lancé un nouveau programme pour le gouvernement, rédigé par une équipe d'économistes dirigée par Alice Rivlin, ancienne directrice du budget du Congrès. Rivlin proposait de remplacer ou d'augmenter l'impôt sur le revenu par une taxe à la consommation prélevée sur tous les produits de consommations, les legs et les dons. En bref, la Brookings Institution, traditionnellement de gauche, espère promulguer la technique illégale de l'IRS de la "valeur nette composite", en imposant un impôt sur le revenu aux citoyens en estimant ce qu'ils dépensent ou consomment, une taxe sur les "flux de trésorerie" aussi incontournable que la retenue à la source Rockefeller-Ruml. Leur seul but est de maintenir le travailleur dans une pauvreté désespérée par le biais d'extorsions impitoyables de la part des agents du gouvernement.

En 1978, les entreprises ont donné 95 000 dollars à Brookings ; en 1984, ce chiffre était passé à 1,6 million de dollars. La plus grande partie de leur budget de 13 millions de dollars continue d'être versée par les grandes fondations, Ford, Rockefeller, Carnegie et le Milbank Memorial Fund. Les fondations travaillent ensemble, non seulement en raison de leur étroite imbrication, mais aussi parce qu'elles ont un programme commun. Ce programme a été publié par Karl Marx en 1848 sous le nom de *"Manifeste communiste"* :

> ➢ Abolition de toute propriété foncière.

> ➢ Captation de tous les loyers et revenus fonciers par la puissance publique

> ➢ Un impôt sur le revenu progressif

> ➢ Abolition de tout droit de succession.

> ➢ Confiscation des biens des émigrants et des rebelles.

> ➢ Centralisation du crédit entre les mains de l'État, par le biais d'une banque nationale, le capital de l'État étant un monopole exclusif.

> Extension des usines et des instruments de production appartenant à l'État, mise en culture des terres impropres à la culture, et amélioration du sol en général selon un plan commun.

> Obligation égale de tous à travailler.

> Création de conglomérats industriels, notamment pour l'agriculture.

> Jonction de l'agriculture et des industries manufacturières.

> Abolition progressive de la distinction entre ville et campagne, par une répartition plus équitable de la population sur le territoire.

> L'enseignement gratuit pour tous les enfants dans les écoles publiques.

> Combinaison de l'éducation et de la production industrielle.

> Abolition du travail des enfants sous sa forme actuelle.

Les fondations ne s'opposent ni ne contredisent jamais une seule recommandation du Manifeste communiste. Le programme nous a donné une "formation professionnelle" au lieu de l'éducation, qui est une autre forme de travail des enfants.

Les directeurs actuels de Brookings sont Louis W. Cabot, de Cabot Corp. directeur de la Banque fédérale de réserve de Boston, R.R. Donnelley, Owen Corning Fiberglass, président du conseil d'administration de Harvard Overseers, et le Comité national pour le commerce avec la Chine des États-Unis. Il a travaillé pour l'OPA et le WPB pendant la Seconde Guerre mondiale, puis pour la CEA et le Conseil des Nations Unies pour la FAO ; Barton M. Biggs, avec E. F. Hutton, Morgan Stanley, Rand McNally, aujourd'hui directeur du Lehman Institute ; Edward W. Carter, président de Carter Hawley Hale Stores, administrateur de la James Irvine Foundation en Californie, du Harvard Board of Overseers, du Woodrow Wilson Institute, du ATT, de Delmonte, de Lockheed, de Southern Cal Edison, de Pacific Mutual Life Ins. Frank T. Cary, président d'IBM, directeur J.P. Morgan, d'ABC, de Morgan Guaranty Trust, de Merck, de Texaco, du Rockefeller Univ. Museum of Modern Art ; William T. Coleman Jr, ancien Sec. transportation ; John B Debutts, ancien président d'ATT ; Roger W. Heyns, directeur de Kaiser Steel, de Levi Strauss, de Times Mirror Corp. son mari est président de la SEC, elle est membre du conseil d'administration d'IBM, d'American Airlines, de la Commission trilatérale, de la Woodrow Wilson School, de Stanford et du Norton Simon Museum ; Lane Kirkland, directeur du DPI ; Bruce K. McLaury, président de Brookings, a travaillé à la Federal Reserve Bank of N.Y. en 1958-69, dép. et sec. Treasury for monetary affairs durant 1969-71, président de la Banque fédérale de réserve du Minnesota en 1971-77, membre de la Commission trilatérale ; Robert S. McNamara, ancien secrétaire à la défense, président de la Banque mondiale ; Arjay Miller, a également travaillé chez Ford Motor, directeur du *Washington Post,* de TWA, de la Andrew Mellon Foundation ; Donald S. Perkins ; Eugene R. Black, ancien président de la Banque mondiale ; Wm Mc. Martin Jr. ancien président du conseil des gouverneurs de la Réserve Fédérale ; Robert Brookings Smith ; Sidney Stein Jr. banquier à Chicago, membre du Bureau fédéral du budget en 1941-45, consultant présidentiel sur le budget en 1961-67, membre du comité de l'aide étrangère ; Robert D. Calkins, membre du Stanford Food Research Institute en 1925-32, du General Education Board en 1947-52, président de Brookings en 1952-67, a travaillé pour la NRA et l'administration agricole en 1933-35, directeur de la Federal Reserve Bank of N.Y. en 1943-49, membre du War Labor Board durant 1942-45, de l'OPA et du War Dept. en 1942 ; Warren M. Shapleigh, président de la NRA. Ralston Purina, directeur de J.P. Morgan, de Morgan Guaranty Trust, du Brown Group, de la First Natl Bank de St. Louis ; James D. Robinson III, président d'AMAX, de Bristol Myers, de Coca Cola, d'Union Pacific, de Trust Co. of Ga. De Morgan Guaranty Trust en 1961-68, administrateur de la Rockefeller University.

La forte représentation des directeurs de Morgan et Rockefeller au conseil d'administration de Brookings explique la volonté implacable des "grands riches" d'augmenter les impôts et le contrôle du gouvernement sur le citoyen américain moyen.

Le 15 avril 1984, bien avant l'élection, la section "Business" du *New York Times* a publié un article à la une qui indiquait :

> "Quel que soit le vainqueur en novembre, il y aura toujours une augmentation de 100 milliards de dollars pour les contribuables américains."

Une autre grande fondation américaine, la Russell Sage Foundation, a été constituée en 1907 par Daniel Coit Gilman et Cleveland H. Dodge. Directeur de la National City Bank, Dodge a dirigé la campagne présidentielle de Woodrow Wilson, après avoir subventionné sa carrière universitaire à Princeton avec 5000 dollars par an de sa part et de celle de Moses Pyne, petit-fils du fondateur de la National City Bank.

En 1980, la Fondation Russell Sage disposait d'un actif de 52 millions de dollars et déclarait des dépenses de 2 millions de dollars. Sage était un spéculateur de Wall Street qui a fait fortune dans les actions des chemins de fer. La biographie de Dwight Morror de Nicolson note que :

> "Il a toujours été de tradition que les partenaires de J.P. Morgan s'engagent dans toutes les formes d'activités publiques et caritatives. J.P. Morgan a été administrateur de la Russell Sage Foundation, directeur du Natl Bureau of Economic Research, de la N.Y. Commission of ReEmployment et du Carnegie Endowment for International Peace. Il a été directeur de General Electric et du Bankers Trust."

L'actuelle présidente de la Fondation Russell Sage est Herma Hill Kaye, organisatrice de premier plan pour les droits des femmes, administratrice de la Fondation Rosenberg ; le président est Marshall A. Robinson, également directeur de la Fondation Ford et directeur de la Fondation éducative belgo-américaine d'Herbert Hoover ; les directeurs de Russell Sage sont Robert McCormick Adams - il a récemment été nommé pour remplacer S. Dillon Ripley à la tête du Smithsonian (Ripley était un agent de l'OSS de 1942 à 1945, un boursier Guggenheim, un boursier Fulbright et un boursier de la Natl Science Fndtn) ; la femme d'Adams, Ruth, était l'organisatrice principale des conférences Pugwash d'Eaton qui étaient dirigées par le KGB. Adams emménage dans un nouveau manoir de 485 000 dollars voté par le conseil d'administration de la Smithsonian - la "nouvelle classe" aime bien vivre ; William D. Carey, président du Conseil économique et commercial US-URSS, a reçu un Rockefeller public service award en 1964 ; Earl F. Cheit, doyen de la School of Business Administration, U. Cal à Berkeley - Cheit est également directeur de Mitre corp. Carl Kaysen, économiste au Natl Bureau of Economic Research, a travaillé à l'OSS 1942, il fut professeur à Harvard en 1946-66, à l'Institute for Advanced Study en 1966-70, à la London School of Economics, à l'Institut d'études avancées durant les années 1966-70 et à l'Université de Londres, il fut également assistant du président Kennedy pour la sécurité nationale, membre de la Commission Carnegie, professeur Paley à l'Université hébraïque et directeur de Polaroid (financé par James Paul Warburg), administrateur du German Marshall Fund, boursier Fulbright de la London School of Economics, boursier Guggenheim, boursier de la Fondation Ford ; Frederick Mosteller, spéc. 1942-43, boursier Guggenheim, Myrdal Prize ; John S. Reed, président de Santa Fe Industries, Kraft, de la Northern Trust, de dDart & Kraft, d'Atchison Topeka Santa Fe RR ; Oscar M. Ruebhausen, assistant de la Lend Lease Administration en 1942-44, conseiller général OSRD Washington en 1944-46, associé du cabinet d'avocats Debevoise Plimpton depuis 1937, directeur de Equitable Life, de la Banque internationale de développement, président de l'UN Day NY, puis du Hudson Institute.

Les directeurs des grandes fondations ont été particulièrement actifs dans des postes en temps de guerre, même s'ils semblent avoir peu d'expérience dans les activités caritatives. Beardsley Ruml a été administrateur de la Russell Sage Foundation de 1928 à 1933. Pendant de nombreuses années, la figure la plus importante du conseil d'administration de Sage a été Frederic A. Delano, qui est né à Hong Kong, où son père, le capitaine Warren Delano, était engagé dans le commerce de l'opium. Oncle de Franklin D. Roosevelt, Delano fut l'un des premiers membres du conseil des gouverneurs de la Réserve Fédérale en 1914, et fut ensuite nommé par son neveu gouverneur de la Banque de la Réserve Fédérale de Richmond. Il est l'un des fondateurs de la Brookings Institution, de la Carnegie Institution et de la Carnegie

Endowment for International Peace, directeur du Smithsonian Museum, de la Commission for Relief in Belgium et de la Belgian American Educational Foundation créée par Herbert Hoover pendant la Première Guerre mondiale, président Natl Planning Board 1934-43. La sœur de son épouse a épousé Ed Burling, qui a fondé le cabinet d'avocats Covington & Burling à Washington, dont les associés ont ensuite inclus Dean Acheson et Donald Hiss, frère d'Alger. Frederic A. Delano épouse Mathilda Peasley de Chicago ; Edward Burling épouse sa sœur Louise. Elles sont les filles d'un magnat des chemins de fer, James C. Peasley de la Burlington Railroad, également président de la National State Bank. Le juge J. Harry Covington et Edward Burling fondent le cabinet d'avocats Covington and Burling à Washington en 1919. Covington, membre du Congrès du Maryland, avait été nommé juge en chef de la Cour suprême de Washington, D.C., par Woodrow Wilson en récompense de son vote en faveur de l'adoption de la loi sur la Réserve Fédérale. En 1918, Wilson a nommé Covington en tant que commissaire aux chemins de fer des États-Unis. Covington a été directeur de Kennecott Copper et d'Union Trust. Wilson avait également nommé Edward Burling conseiller juridique en chef de l'U.S. Shipping Board. Il occupe ce poste de 1917 à 1919, travaillant en étroite collaboration avec Herbert Hoover et Prentiss Gray, plus tard de la J. Henry Schroder Co. La sœur de Delano était Mme Price Collier de Tuxedo Park, N. Y. ; son gendre était James L. Houghtaling, qui était attaché spécial à l'ambassade américaine à Petrograd pendant la révolution bolchevique en 1917 (il écrivit plus tard le Journal de la révolution russe) ; administration fédérale d'urgence 1933, commissaire à la naturalisation et à l'immigration durant 1937-40, avant de passer au financement de la guerre puis au ministère du Trésor durant 1944-46 ; président de la Commission du service civil du Fair Employment Board en 1949-52 - sa mère était une Peabody de Boston.

Le premier conseil d'administration de la Fondation Russell Sage était composé de Daniel Coit Gilman, Helen Gould, Margaret Sage et Dwight Morrow.

Bien que le nom d'Andrew Carnegie figure en bonne place sur la liste des fondations américaines, les cinq fondations

Carnegie n'ont été pendant de nombreuses années que des appendices de la Fondation Rockefeller. Carnegie a vendu ses intérêts dans l'acier à J.P. Morgan et aux Rothschild pour un milliard de dollars, mais n'a pas été autorisé à garder l'argent ; comme Cecil Rhodes, Rockefeller et d'autres, il a reçu l'ordre de le placer dans des fondations qui exécuteraient le programme de l'Ordre Mondial. La Carnegie Institution of Washington a été constituée en 1909 par Daniel Coit Gilman, Cleveland H. Dodge, Frederic A. Delano, Andrew Dickson White, et Elihu Root, Darius Ogden Mills et William E. Morrow. Il est à noter que les fondateurs originaux comprennent deux des trois fondateurs du Russell Trust, Gilman et White. En 1921, le Carnegie Endowment for International Peace est constitué en société par Frederic A. Delano, Roberts. Brookings, Elihu Root, qui en devint le premier président, John W. Davis, Dwight Morrow, James T. Shotwell. On voit donc que les grandes fondations ont toutes été organisées par le même petit groupe de personnes, banquiers et avocats, qui font office de façade pour l'Ordre Mondial.

James T. Shotwell a représenté avec compétence les objectifs de l'Ordre Mondial pendant plus de soixante ans. Né au Canada en 1874, il a rejoint le personnel de l'université de Columbia en 1900 en tant que professeur d'histoire. En 1916, il a été invité par le colonel House à créer un groupe d'étude, l'Inquiry, avec Walter Lippmann, pour "étudier les développements historiques et juridiques de l'économie politique de l'après-guerre", bien que nous n'ayons même pas encore participé à la guerre ! Ce fut le noyau de la Commission américaine de négociation de la paix à Versailles qui rédigea le traité de paix. En 1917, Shotwell devient le conseiller personnel du président Woodrow Wilson. Il a été nommé historien officiel de l'ACNP, et a même rédigé les clauses de sécurité sociale du traité de Versailles. Il a écrit une histoire de la Première Guerre mondiale en 150 volumes, publiée par Columbia. Il était devenu un ami proche d'Herbert Hoover pendant la guerre et l'a conseillé pour la création de l'institution Hoover. Shotwell a organisé la Conférence internationale du travail et a rejoint la Carnegie Endowment en 1924. En 1941, Shotwell dirige un comité qui demande la libération du leader du parti communiste Earl Browder. Il rejoint le Département d'État en 1940, et y restera jusqu'en 1944. Lorsque Franklin D. Roosevelt lui demande de rejoindre l'équipe du State Dept. composée d'Alger Hiss, d'Henry Wallace et Sumner Welles pour organiser les Nations Unies, Shotwell est déjà président de la Commission pour étudier l'organisation de la paix, qu'il a mise en place en 1939, avant le début de la guerre, tout comme il l'avait fait en 1916 ! Shotwell était président honoraire de la Conférence de San Francisco pour l'organisation des Nations Unies avec Alger Hiss. Lorsque Hiss fut arrêté, Shotwell lui succéda en tant que président de la Carnegie Endowment for International Peace.

Les administrateurs du CEIP en 1948 énumèrent la clique dirigeante de l'Amérique : John W. Davis, Frederic A. Delano, John Foster Dulles, Dwight David Eisenhower, Douglas S. Freeman, Francis P. Gaines (président de l'université de Washington et Lee), Alger Hiss, Philip C. Jessup, David Rockefeller et Eliot Wadsworth. Membre clé, Philip C. Jessup avait un si long passé d'association avec les groupes communistes de façade que pas un seul sénateur n'osa voter pour sa confirmation en tant que représentant des États-Unis à l'ONU en octobre 1951. Le président Truman refusa obstinément de retirer son nom, mais l'envoya comme délégué "suppléant". Jessup avait été l'assistant d'Elihu Root au tribunal de La Haye ; il était l'assistant général d'Herbert Lehman à l'UNRRA, dont l'adjoint, Laurence Duggan, tomba plus tard par la fenêtre. Jessup avait représenté les États-Unis à la Conférence de Bretton Woods, et était l'assistant d'Alger Hiss chargé de l'organisation judiciaire à la Conférence des Nations Unies à San Francisco. Jessup était président du Conseil du Pacifique de l'Institut des relations du Pacifique, un foyer d'intrigue et d'espionnage communiste. L'IPR avait financé l'espion soviétique, Richard Sorge, lorsqu'il a mis en place son réseau au Japon. Laurence Rockefeller a servi de secrétaire lors des réunions de l'IPR. Le comité McCarran indique dans son rapport :

> "L'IPR a été considéré par le Parti communiste américain et par les responsables soviétiques comme un instrument de la politique, de la propagande et du renseignement militaire communistes."

En juin 1945, le FBI a fait une descente dans les bureaux du magazine Amerasia de l'IPR, a confisqué 1800 documents gouvernementaux confidentiels volés et a arrêté plusieurs espions communistes. L'année suivante, la Fondation Rockefeller a donné 233 000 dollars à l'IPR. Jessup était un membre de la riche famille Stotesbury, partenaire de J.P. Morgan. Son frère John Jessup était un riche banquier, président de la société Equitable Trust, directeur de Coca Cola et de la société Diamond State Telephone. Le CEIP a des bureaux à Washington, et à New York, au 30 Rockefeller Plaza. Il dispose d'une dotation de 45 millions de dollars et ses dépenses annuelles s'élèvent à 3 millions de dollars. Son président est Thomas L. Hughes, qui a présidé le groupe OSS au département d'État après sa dissolution par le président Truman ; boursier de la fondation Rhodes, il a été conseiller législatif de Hubert Humphrey en 1955-58, adm. asst de Chester Bowles en 1959-60, spl. asst du secrétaire d'État au renseignement en 1961-69, spec, ambassadeur, chef de mission au rang d'ambassadeur à Londres en 1969-70 ; il avait auparavant été juge-avocat général d'USAF en 1952-54. Hughes est directeur du German Marshall Fund, de l'Académie de l'USAF, de la Fondation Ditchley, de la School of Foreign Service de Georgetown, de la Woodrow Wilson School, de Princeton, de la Social Sciences Foundation, des affaires publiques de l'Institut Hubert Humphrey ; les directeurs du CEIP sont Larry Fabian, qui a dirigé le Bureau of Intelligence State Dept. en 1962, membre résident du Brookings Instn en 1965-71 ; Larry Fabian est également directeur de l'Institut du Moyen-Orient, de l'Institut Hudson, de l'Institut d'études stratégiques et de la Fondation Rockefeller ; John Chancellor, vice-président de NBC News, correspondant à Moscou en 1960, rédacteur en chef de *Voice of America* pour les années 1966-67 ; Harding F. Bancroft, avocat new-yorkais qui a rejoint l'OPA en 1941, puis la Lend Lease Administration en 1943, a été directeur du département des affaires des Nations Unies de 1945 à 1953, est directeur exécutif et vice-président du *New York Times* depuis 1953 ; Thomas W. Braden, chroniqueur national syndiqué, dont la femme Joan a une liaison avec Robert McNamara depuis trois ans (l'Ordre Mondial autorise un certain degré d'intimité) - un associé de longue date de Rockefeller qui a bénéficié d'un des "prêts" Nelson Rockefeller très médiatisés, Braden est secrétaire exécutif du Museum of Modern Art, a servi dans les King's Royal Rifles of Britain en 1941-44 ; Kingman Brewster, avocat de Wall Street chez Winthrop Putnam Simpson & Roberts, a été président de Yale en 1961-67, ambassadeur en Angleterre en 1977-81, président de la English Speaking Union, du National Endowment for Humanities, de la Kaiser Foundation ; Anthony J. A. Bryan, né au Mexique, naturalisé en 1947, aujourd'hui président de Copperweld, une entreprise appartenant à Rothschilds Imetal Corp. Bryan a servi dans l'ARC en 1914-1955 ; Richard A. Debs, boursier Fulbright, avocat à la Banque fédérale de réserve de N.Y. depuis 1960, président Morgan Stanley 1976, FOMC 1973-76, président du Carnegie Hall ; Hedley Donovan, boursier Rhodes, directeur de la Fondation Ford, de la Commission trilatérale, conseiller principal du président de l'Union européenne en 1979-80, directeur du *Washington Post*, de *Fortune*, du *Time* ; C. Clyde Ferguson, doyen de la faculté de droit de Harvard, conseiller juridique de la NAACP depuis 1962, conseiller personnel du gouvernement. Rockefeller en 1959-64, ambassadeur en Ouganda en 1970-72 ; Lane Kirkland, président du CIO, Wesley Posvar, qui a récemment participé à l'enquête sur les subventions de l'armée de l'air à son école ; il était au siège du groupe de planification stratégique de l'USAF en 1954-57, est directeur de la Rand corp. Norman Ramsey, physicien, a étudié à Harvard et à Oxford, puis au MIT, a travaillé au laboratoire de radiations du MIT et au laboratoire de Los Alamos de 1942 à 1945 sur le développement de la bombe atomique. Il est administrateur du Brookhaven Lab, au département de physique d'Harvard, au Rockefeller U. OTAN ; Benno C. Schmidt, associé gérant de la société J.H. Whitney ; Jean Kennedy Smith ; Donald B. Straus, président de l'American Arbitration Assn., directeur du Planned Parenthood, de l'Institute of Advanced Study ; Leonard Woodcock, UAW, membre à vie de la NAACP ; Charles J. Zwick, directeur du Bureau du budget en 1965-69, directeur de Johns Manville, de ka Southern Bell Telephone, de la Rand Corp.

La Carnegie Corp. de New York dispose d'actifs de 346 millions de dollars, ses dépenses s'élèvent à 13 millions de dollars en 1980. Le président est Alan Pifer, qui a fait ses études à Groton, Harvard et Cambridge en Angleterre. Il est directeur de l'American Ditchley Foundation depuis 1975, et fait partie du conseil d'administration de Harvard, président du groupe de travail présidentiel sur l'éducation, du comité présidentiel des bourses de la Maison Blanche, de l'Institut afro-américain, directeur de la Federal Reserve Bank of N.Y. - il a été secrétaire de l'U.S. Educational Com. à Londres de 1948 à 1953, directeur de McGraw Hill ; le directeur exécutif et vice-président de Carnegie est David Zav Robinson, qui a travaillé à l'Office of Naval Research de Londres en 1959-60, professeur de physique à Princeton en 1970-76, et chercheur dans le domaine atomique.

La Carnegie Corporation a été constituée en 1911 par Andrew Carnegie et Elihu Root, qui avaient été secrétaire à la Guerre sous McKinley et secrétaire à l'Intérieur sous Theodore Roosevelt, avocat de J.P. Morgan, qui a pris en charge la fortune des Carnegie pour le programme de l'Ordre Mondial.

Les directeurs de Carnegie Corp. comprennent Richard H. Sullivan, doyen de Harvard 1941-42, président du Reed College en 1956-57, directeur de la John & Mary Markle Foundation ; John C. Taylor III, président de Paul Weiss Rifkind ; Jack G. Clarke, avocat de Sullivan & Cromwell, conseiller juridique de Standard Oil of New Jersey, représentant au Moyen-Orient de SO, vice-président senior d'EXXON depuis 1975, membre de l'American Ditchley Fndtn. et de l'Aspen Institute ; Thomas R. Donahue, sec. treas. de l'AFL-CIO, de la Natl Urban League ; David A. Hamburg, psychologue de l'U.S. Army med. serv. depuis 1950, membre du Natl Institute of Mental Health, directeur du département psychiatrique de la Stanford Univ en 1961-72, rédacteur d'une étude publié par Harvard sur les agressions ; Helene L. Kaplan, avocate chez Webster & Sheffield, directrice de Brandeis, du Barnard College, du Mitre Corp. de la John F. Guggenheim Fndtn, de l'American Arbitration Assn - son mari Mark Kaplan, président de Drexel Burnham & Lambert, contrôlé par le groupe belge des Rothschilds, président d'Engelhard Chemical, maintenant avocat chez Skadden Arps Slate Meagher & Flom, directeur de Philbro, Elgin, de Grey Advertising, du DFS Group Ltd. Conseiller du Center for Natl Policy Review, d'Unimax Corp. du Marcade

Group, à Hong Kong ; Carl F. Mueller, membre du Bankers Trust ; Carl Loeb Rhoades, membre de Cabot Corp. de Macmillan, de la John S. Guggenheim Fndtn ; John C. Whitehead, banquier chez Goldman Sachs depuis 1947, directeur de Pillsbury, de Crompton, de HouseHold Finance, d'Equitable Life, de Loctite Corp. de Dillard Dept. Stores, est également membre du Georgetown Center for Strategic Studies, et du Republican Natl Finance Committee.

En tant que président de la Carnegie Corp. Alan Pifer est en relation avec de nombreuses institutions bancaires de premier plan, selon un tableau spécial qui lui est consacré dans les *Federal Reserve Directors: A Study of Corporate Influence*, un rapport d'août 1976 du House Banking & Currency Committee, qui montre ses relations avec le Rockefeller Center, la J. Henry Schroder Banking Corp. la J.P. Morgan, Equitable Life, la Federal Reserve Bank of Boston et la Cabot Corp.

Les fondations Carnegie sont également liées à la Fondation John et Mary Markle, créée en 1927 et doté de 50 millions de dollars. Elle distribue des largesses aux journalistes qui épousent les objectifs de l'Ordre Mondial. Markle était le plus grand exploitant de charbon aux États-Unis, partenaire de la famille Roosevelt et Delano dans la Kentania Coal Corp. qui obtenait des millions d'acres acheté quelques cents l'acre aux habitants pauvres du Kentucky et du Tennessee, et tirait des milliards de dollars de charbon de leurs exploitations. En 1933, Roosevelt fait appel à Markle pour l'aider à régler la grève du charbon. Le premier président de la fondation Markle fut Frank C. Vanderlip, membre de l'équipe de l'île Jekyll qui rédigea la loi sur la Réserve Fédérale en 1910. Lloyd N. Morrissette est aujourd'hui président ; il a été vice-président de la Carnegie Corp. depuis 1967, ancien président de la Rand Corp. directeur du Conseil américain sur l'Allemagne ; les directeurs sont Daniel Pomeroy Davison, fils de F. Trubee Davison et Dorothy Peabody - il est président de U.S. Trust, directeur de J.P. Morgan, de Morgan Guaranty Trust et de Scovill ; Joel L. Fleishman qui est également directeur de la Fondation Fleishman, de la Fondation Ford et de la Fondation Alfred P. Sloan ; Barbara Hauptfuhrer, épouse de Robert P. (Schoenhut) Hauptfuhrer, il est vice-président de Sun Oil ; F. Warren Hellman, président de Peabody International Co. depuis 1959 ; Maximilian Kempner, avocat, né à Berlin, membre de la famille bancaire historique von Mendelsohn, est directeur de l'American Council on Germany ; Gertrude Michelson, vice-présidente de Macy's depuis 1947, directrice de Chubb, de Quaker Oats, d'Harper & Row, de la Federal Reserve Bank of N.Y., et du Spelman College ; Richard M. Stewart, président de l'Anaconda.

Les fondations Carnegie et Markle sont également liées au Conseil américain sur l'Allemagne, fondé en 1952, qui exerce un contrôle sur la nation "libre" d'Allemagne de l'Ouest. Son directeur est David Klein, qui est au service des affaires étrangères des États-Unis depuis 1947, spécialiste de la Russie au département d'État depuis 1950, a servi à Moscou de 1952 à 1954, agent politique à Bonn de 1957 à 1960, ministre américain à Berlin de 1971 à 1974. Avec le German Marshall Fund, il exerce un contrôle étroit sur le gouvernement allemand, la vie universitaire et les communications dans ce pays militairement occupé. Le German Marshall Fund, une branche de la CIA, doté de 21 millions de dollars, a son siège à Washington et consacre 5 millions de dollars par an à la supervision des affaires allemandes. Son président est Frank Loy, né à Nuremberg. Son père s'appelait Loewi, qu'il a anglicisé à l'orthographe actuelle. (Loy) est arrivé aux États-Unis en 1939, a étudié à Harvard, a rejoint l'influent cabinet d'avocats de la côte ouest O'Melveny & Myers en 1954-65, directeur et spécialiste politique, économiste au sein de l'AID en 1965-70, président de la Pennsylvania Co. en 1978-79, vice-président de PanAm Airways en 1970-73, directeur de Arvida Corp. (filiale de Penn Central), de Buckeye Pipeline Co. et de Edgewater Oil Co. Le président du conseil d'administration du German Marshall Fund est Eugene B. Skolnikoff, boursier Rhodes, directeur du CEIP, de la Fondation Ford, de la Fondation Rockefeller en 1963-65, président du Centre d'études internationales, spéc, asst du président des États-Unis en 1958-63 et en 1977-81, président de la Fédération des agences juives, de l'Hebrew Union College ; d'Irving Bluestone ; Harvey Brooks, professeur de physique à Harvard depuis 1950, directeur de Raytheon ; Marion Edleman, chef de la division juridique, conseillère du NAACP, de la Martin Luther

King Fndtn, de l'Institut Eleanor Roosevelt, de Yale Univ. Corp. elle a reçu le prix Whitney Young. Son mari Peter Edleman a été assistant juridique du juge Arthur Goldberg membre de la Cour suprême, le juge Henry Friendly, spéc. asst. Juridique de Robert F. Kennedy en 1964-68, aurait été nommé Atty. Gen. dans une administration de RFK, est directeur du RFK Memorial, a dirigé la campagne présidentielle d'Edward Kennedy, a été boursier de la Fondation Ford ; Robert Ellsworth, partenaire de Lazard Frères, asst. du président des États-Unis en 1969, ambassadeur à l'OTAN, en 1969-70, adjoint au Sec. de la défense en 1976-77, membre de l'Institut d'études stratégiques, de l'Institut atlantique, du Conseil atlantique ; Guido Goldman ; Carl Kaplan ; John E. Kilgore Jr. banquier chez J.H. Whitney Co. Paine Webber, aujourd'hui président de Cambridge Royalty Co. de Houston (dont les directeurs sont Frederic A. Bush, H. Haslam, Francis J. Rheinhardt Jr.). Les autres directeurs du German Marshall Fund sont Joyce Dannen Miller, dir. d'Amalgamated Clothing Workers Union depuis 1962, du Planned Parenthood, de l'ACLU, A. Philip membre du Randolph Institute, de la Sidney Hillman Foundation, de l'AFL-CIO, du NAACP, du Jewish Labor Committee, de l'American Jewish Committee ; Steven Muller, né à Hambourg, naturalisé en 1949, boursier Rhodes, président de la Johns Hopkins Univ., du Center for International Studies, du CSX Corp. vice-président de la Banque fédérale de réserve de Richmond ; John L. Siegenthaler, éditeur du *Nashville Tennessean* ; Richard C. Steadman, associé de J.H. Whitney Co., analyste des renseignements du gouvernement américain en 1957-59, membre de l'American Ditchley Foundation, Russell C. Train, juge à la Cour fiscale américaine en 1957-65, avocat en chef du House Ways & Means Committee en 1953-54, EPA en 1973-77, président du Fonds mondial pour la nature, directeur de Union Carbide, de la Commission trilatérale, de la Commission américaine pour l'UNESCO.

Ces groupes allemands associés ont leur origine dans le plan Morgenthau, qui a décidé de se débarrasser des dissidents Allemands après la Seconde Guerre mondiale. Ils maintiennent une censure de fer en Allemagne, afin de protéger les frontières de l'Union Soviétique (une préoccupation majeure), avec une exploitation économique impitoyable du peuple allemand aux mains de l'Ordre Mondial, et extorquent d'énormes réparations aux travailleurs allemands, qui ont déjà versé plus de 30 milliards de dollars.

Les victimes les plus tragiques du réseau de fondations et d'universités de l'Ordre Mondial sont les jeunes de la nation. Remplis d'espoir et d'ambition, ils fréquentent des universités pour préparer leur carrière, où leurs conseillers principaux constituent l'armé d'eunuques des fondations. Ils sont soigneusement examinés pour voir s'ils peuvent être utiles à l'Ordre Mondial, auquel cas ils peuvent recevoir des subventions ou des bourses, mais le fait cruel est qu'à moins d'avoir la chance de naître dans un milieu familial en lien avec des membres de l'Ordre Mondial, ou de devenir le protégé d'un eunuque, la plupart des portes leur resteront à jamais fermées. En dépit de leurs talents ou de leurs capacités, ils seront relégués aux rôles de coupeurs de bois et de puisatiers pour le reste de leur vie. À aucun moment de leur éducation, ils ne seront informés du fait qu'ils sont victimes d'un cruel canular, que le succès dans les affaires, le théâtre, l'art ou la littérature leur sera refusé parce qu'ils n'ont pas le lien requis avec l'Ordre Mondial. La scène artistique est dominée par les marchands d'art de New York, qui sont à leur tour dominés par le Musée d'art moderne, fondé et contrôlé par la famille Rockefeller. Les fondateurs sont Nelson Rockefeller, Abby Aldrich Rockefeller (épouse de John D. Jr.), Blanchette Hooker, épouse de John D. 3rd, et Lizzie Bliss. Leur pouvoir est tel qu'ils peuvent déclarer que des canettes de bière vides ou des piles de cordes ou de pierres sont du grand art, d'une valeur de plusieurs milliers de dollars. Ils atteignent un double objectif : détruire la vie créative du peuple tout en promouvant le travail de leurs propagandistes favoris. La nouvelle trésorière du Smithsonian Museum, Ann Leven, était auparavant trésorière du Museum of Modern Art, également vice-présidente senior de la planification d'entreprise à la Chase Manhattan Bank.

En novembre 1955, *Fortune* a publié un article de William H. Whyte, "Where the Foundations Fall Down", qui souligne que les fondations n'accordent des fonds qu'à des projets issus de "grandes équipes" au sein d'institutions qui sont sous leur contrôle. Whyte affirme que 76% de toutes les subventions des fondations sont accordées à ces projets "d'équipe", citant les sommes énormes versées par Carnegie au Centre de recherche russe à Harvard, et les subventions de Ford au Centre d'études avancées en sciences du comportement à Stanford. Les subventions des fondations sont rarement accordées à des particuliers, et la plupart peuvent être attribuées à une campagne de propagande sous-jacente, comme les 200 000 dollars que la Fondation Rockefeller a donnés pour créer le Bureau national de la recherche économique, dont les "études" dominent effectivement le monde des affaires américain aujourd'hui.

L'implication des grandes fondations dans le travail militaire et d'espionnage est démontrée par la composition de deux puissants "think tanks", le Rand corp. et le Mitre Corp. Le président de la Mitre corp., qui représente 180 millions de dollars, est Robert Charpie, président de la Cabot Corp. le directeur de la First Natl de Boston, Champion et Honeywell. Le président de Mitre est Robert Everett, qui siège au conseil consultatif scientifique de l'USAF, et de la Northern Energy Corp. les directeurs sont William T. Golden de la société Altschul, de General American Investors, du Block Drug, de la Verde Exploration Ltd. et le secrétaire de la Carnegie Instn. À Washington ; William J. McCune Jr. président de Polaroid ; Teddy F. Walkowicz, président de Natl Aviation & Technology Corp. et Robert C. Sprague, vice-président de son entreprise familiale, Sprague Electric, qui est en relation avec la société de défense GK Technologies, dont l'ancien président Ford est directeur.

Le président de la Rand Corp. (budget de recherche de 50 millions de dollars par an) est Donald Rumsfeld, le bras droit du président Nixon à Washington depuis de nombreuses années ; le président est Donald B. Rice, Jr. Secrétaire à la défense en 1981-84, aujourd'hui président de Sears World Trade Corp ; Carla Hills, ancien secrétaire du HUD ; Walter J. Humann, directeur exécutif et vice-président. De Hunt Oil Co. depuis 1976, président de Hunt Investment Corp. président du White House Fellows Institute ; Walter E. Massey, physicien, spécialiste des armes atomiques, d'Argonne Natl Lab, de la Natl Science Fndtn, de la Natl Urban League ; Newton Minow, associé d'Adlai Stevenson, président du FCC durant 1961-63, directeur de la Mayo Fndtn, de la Wm. Benton Fndtn, président du conseil d'administration du Jewish Theological Seminary, a reçu le prix George F. Peabody ; Paul G. Rogers, membre du Congrès de Floride, aujourd'hui associé de l'influent cabinet d'avocats Hogan & Hartson à Washington ; Dennis Stanfill, boursier Rhodes, président du Fonds du XXe siècle, a travaillé pour Lehman Brothers, il est aujourd'hui trésorier de Times Mirror Corp. Los Angeles, a été officier politique, chef des opérations navales de 1956 à 1959 ; Solomon J. Buchsbaum, physicien venu aux États-Unis en 1953, naturalisé en 1957, prés. du Comité consultatif scientifique, Bell Labs, président d'Energy Research Board ; de la recherche navale au MIT, de l'Argonne Lab, boursier IBM ; William T. Coleman Jr ; Edwin E. Huddleson Jr. assistant juridique du juge Hand, du juge Frank Murphy et du département d'État ; avocat général de la Commission de l'énergie atomique, président de la Harvard Law Review ; Charles F. Knight, président d'Emerson Electric, entreprise de défense contrôlée par la famille Symington, directeur de Standard Oil of Ohio, McDonnell Douglas ; Michael E. May, né en France, physicien au laboratoire nucléaire de Livermore, membre du Conseil national de sécurité en 1974 ; Lloyd B. Morrissette, aujourd'hui président de la Markle Fndtn, vice-président. du Carnegie Corp. directeur de l'American Council on Germany ; Don W. Seldin, qui était chef des services médicaux au Parkland Hospital de Dallas lorsque le corps de Kennedy a été amené ; et George W. Weyerhauser, directeur de SoCal, de Boeing, de la Banque de la Réserve Fédérale de San Francisco, membre de la famille Lumber.

En raison du tollé croissant du Congrès contre les vastes dépenses des grandes fondations en faveur des causes révolutionnaires communistes, l'Ordre Mondial a décidé de donner au peuple américain quelques fondations "anticommunistes", basées dans la Hoover Institution on War, Peace and Revolution. Le groupe Hoover est généralement considéré comme conservateur, mais en examinant son personnel et ses directeurs, on retrouve la même vieille clique internationale de bolcheviks et de financiers.

La Hoover Institution a été fondée à l'université de Stanford, à Palo Alto, en Californie, en 1919 grâce à un don de 50 000 dollars d'Herbert Hoover. Il avait fait partie de la première promotion de diplômés de Stanford, fondée grâce à un legs de Leland Stanford, le magnat des chemins de fer du Pacifique Sud. Son fils unique, Leland Stanford Jr., est mort dans une chambre d'hôtel à Florence, en Italie, à l'âge de quinze ans. Sa mère en deuil est devenue la proie de plusieurs spiritualistes, dont l'un l'a persuadée de fonder une université spiritualiste, fondée sur des enseignements orientaux mystiques tels que :

> "L'équilibre entre le jour et la nuit est l'équilibre du monde", et "Le ressort principal du mouvement du monde". "La vie et la mort est le grand secret de l'immortalité".

En raison de la difficulté d'organiser ces doctrines en un programme académique cohérent, Mme Stanford a été dissuadée de l'idée de créer une université "spiritualiste", et l'actuelle université de Stanford a alors vu le jour. Réputée "conservatrice", elle a en fait été dominée par les libéraux de Harvard pendant de nombreuses années.

Herbert Hoover a fondé la Hoover Institution sur la suggestion de trois hommes, Andrew Dickson White, Daniel Coit Gilman et Ray Lyman Wilbur, président de Stanford. Le magazine *Newsweek* du 7 juin 1954 rapportait que Hoover avait déclaré :

> "En 1915, alors que je dirigeais le Comité des secours en Belgique, j'ai lu par hasard quelques remarques du président Andrew White de Cornell lors d'une conférence sur la disparition des documents contemporains et de la littérature éphémère."

Hoover dit qu'il a décidé d'instituer une recherche sur l'Europe après la guerre pour obtenir des documents et les conserver dans un cadre universitaire. Gilman et Wilbur l'ont aidé à planifier ce programme. White et Gilman étaient tous deux les fondateurs du Russell Trust, qui a dominé l'éducation américaine pendant un siècle. Wilbur a demandé à Hoover d'installer cette collection à Stanford. Wilbur a été directeur de la Fondation Rockefeller en 1923-1940, et du Conseil général de l'éducation en 1930-1940. Son neveu et successeur à la présidence de Stanford, Richard Lyman, est aujourd'hui président de la Fondation Rockefeller. Wilbur a également été secrétaire de l'intérieur dans le cabinet de Hoover en 1929-33. Pendant cette période, il a signé les contrats du barrage Hoover, ayant imaginé ce nom. Le barrage n'a été achevé qu'après l'entrée en fonction de FDR ; il a malicieusement ordonné à son ministre de l'intérieur, Harold Ickes, de changer le nom en Boulder Dam. Hoover souligne dans ses Mémoires que :

> "les deux tiers des travaux avaient été effectués pendant l'administration Hoover, tous les contrats étaient passés sous le nom de barrage Hoover, comme il était d'usage pour de nombreux présidents de donner leur nom à des ouvrages lorsque ces travaux étaient effectués pendant leur administration ; le 8 mai 1933, le secrétaire Ickes, sur ordre de Roosevelt, changea le nom en barrage Boulder."

Roosevelt a inauguré le barrage le 30 septembre 1933 sans mentionner Hoover ni le fait que la plupart des travaux avaient été effectués sous l'administration Hoover. Le 10 mars 1947, la Chambre a voté à l'unanimité le changement de nom pour revenir au barrage Hoover. Hoover écrivit au membre du Congrès Jack Z. Anderson, qui avait parrainé le projet de loi :

> "Lorsqu'un président des États-Unis renie son propre nom, c'est une diffamation publique et une insulte. Je vous suis reconnaissant de l'avoir supprimé."

En raison de l'importance de la Hoover Institution dans l'administration Reagan, il est important de retracer la carrière de l'homme qui l'a fondée. En tant que promoteur de valeurs minières à Londres, Hoover s'était vu interdire de négocier à la Bourse de Londres, et son associé, qui a apparemment été condamné, a été emprisonné pendant plusieurs années. L'incident a attiré l'attention favorable des Rothschild sur Hoover, qui l'ont nommé directeur de leur société, la Rio Tinto. Le président était Lord Milner, le fondateur de la Table Ronde, qui sont devenues plus tard l'Institut Royal Des Affaires Internationales et sa filiale, le Conseil des Relations Étrangères.

En 1916, les promoteurs de la Première Guerre mondiale ont été consternés lorsque l'Allemagne a insisté sur le fait qu'elle ne pouvait pas poursuivre la guerre, en raison de la pénurie de vivre et d'argent. Le médecin du tsar, Gleb Botkin, a révélé en 1931 que le conseiller militaire en chef du Kaiser, et chef de ses armées à la frontière russe, le grand-duc de Hesse-Darmstadt, a risqué sa vie lors d'une mission secrète en Russie à Czarskoe Selo, le siège du palais impérial, où il a demandé à sa sœur, l'impératrice Alexandra, de le laisser parler au tsar afin de le convaincre de signer une paix séparée avec l'Allemagne. L'impératrice, craignant les critiques, refusa de le recevoir, et après avoir passé la nuit au palais, il fut escorté jusqu'aux lignes allemandes.

Pour maintenir l'Allemagne dans la guerre, Paul Warburg, chef du système de la Réserve Fédérale, s'est empressé d'acheminer les crédits à son frère, Max Warburg, via Stockholm à la société M.M. Warburg Co. de Hambourg. La nourriture posait un problème plus difficile. Il a finalement été décidé de l'expédier directement en Belgique pour "soulager les Belges affamés". Les vivres pouvaient ensuite être expédiés en Allemagne par les lignes ferroviaires de Rothschild. Les Rothschild ont choisi Herbert Hoover comme directeur de cette "opération de secours". Son partenaire au sein de la Commission de secours était Émile Francqui, choisie par le Baron Lambert, chef de la branche belge des Rothschild. Le plan a connu un tel succès qu'il a permis de prolonger la Première Guerre mondiale pendant deux années supplémentaires, permettant aux États-Unis de s'engager dans la "guerre pour mettre fin à toutes les guerres". John Hamill, auteur de *The Strange Career of Herbert Hoover*, déclare qu'Émile Francqui, directeur de la Société Générale, une banque jésuite, a ouvert un compte dans sa banque sous le nom de National Relief and Food Committee, avec une lettre d'autorisation du gouverneur allemand, le général von der Goltz. Francqui se rendit ensuite à Londres avec cette lettre, accompagné du baron Lambert, chef des Rothschild belges, et de Hugh Gibson, secrétaire de la légation américaine à Bruxelles.

Le rapport du Comité national indique que :

> "Le Comité national et ses organisations subsidiaires n'étaient pas soumis au contrôle de l'administration publique

belge et n'étaient pas non plus responsables devant le public en tant qu'autorité publique. Le Comité national existait par lui-même selon la volonté de ses fondateurs et de ceux qui lui avaient apporté leur soutien. C'est pourquoi il était souverain dans les décisions qu'il prenait et excluait tout contrôle de ses actions par le public."

Hamill poursuit :

"Dès le début, la division alimentaire a été organisée et conduite sur une base commerciale. La Commission de secours en Belgique a augmenté ses prix de vente au Comité national d'un montant équivalent au profit qu'elle en retirait auparavant. Hoover appelle cela de la "bienveillance"."

Francqui avait déjà été partenaire de Hoover dans l'escroquerie de la mine de charbon de Kaipeng en Chine, qui a déclenché la rébellion des Boxers, les Chinois ayant juré de tuer tous les "diables blancs" en Chine ; et les atrocités du Congo, où Francqui était désigné par le sobriquet, "le boucher du Congo". Il était donc un choix idéal comme partenaire dans une entreprise de bienfaisance.

Le rapport du Comité national publié en 1919 montre qu'au 31 décembre 1918, le Comité avait dépensé 260 millions de dollars. En 1921, en essayant d'équilibrer les comptes, ce chiffre a été révisé à la hausse et s'élève à 442 millions de dollars, comme indiqué pour la même période. Cependant, 182 millions de dollars n'ont pas été comptabilisés. En décembre 1918, Francqui indiquait des dépenses de secours de 40 millions de dollars, soit quatre fois plus que pour tout mois précédent, bien que la guerre soit maintenant terminée. Le 13 janvier 1932, le *New York Times* rapporte dans la presse belge des attaques généralisées contre Hoover :

"que le président Hoover, pendant ses jours de secours en Belgique, avait manifestement participé à un plan visant à faire de l'argent en Belgique."

Hoover a ensuite été nommé administrateur américain de l'alimentation à Washington. Bien que l'opération soit principalement dirigée par Lewis L. Strauss de la société Kuhn, Loeb, Hoover dépend toujours fortement de son associé de longue date, Edgar Rickard. Le 13 novembre 1918, Hoover envoie une lettre au président Wilson pour demander l'autorisation d'Edgar Rickard "d'agir à ma place" pendant son séjour en Europe. Wilson a signé la lettre le 16 novembre 1918 :

> "Attendu qu'en vertu de l'ordonnance d'exécution du 16 novembre 1918, Edgar Rickard exerce désormais tous les pouvoirs jusqu'alors délégués à Herbert Hoover en tant qu'administrateur alimentaire des États-Unis."

Rickard a pris le titre d'"administrateur intérimaire de l'alimentation à Washington" selon une lettre de Herbert Hoover du 17 janvier 1919, "depuis mon départ pour venir à la conférence à Paris."

L'administration alimentaire américaine a ensuite été divisée en quatre branches, à savoir le Sugar Equalization Board, le Belgian Relief, l'U.S. Grain Corp. et l'U.S. Shipping Board. Le 16 décembre 1918, Wilson a envoyé une lettre au Département d'État, un décret : "Veuillez verser immédiatement à l'U.S. Food Administration Grain Corp. 5 millions de dollars provenant de mon fonds pour la sécurité et la défense nationales." L'ordre a été transmis au secrétaire du Trésor pour paiement et approuvé.

La biographie de Justice Brandeis par Mason indique :

> "Norman Hapgood a écrit à Brandeis depuis Londres le 10 janvier 1917 : "Herbert Hoover est l'homme le plus intéressant que je connaisse. Vous apprécierez son expérience en matière de diplomatie, de finances, etc. en Angleterre, en France, en Belgique et en Allemagne !"

Début février, il s'est entretenu avec le juge Brandeis, qui lui a permis de rencontrer le sénateur McAdoo, le gendre de Wilson, ce qui a conduit à la nomination de Hoover au poste d'administrateur des denrées alimentaires aux États-Unis.

Le 21 janvier 1919, le *New York Times* a rapporté le débat du Sénat au cours duquel Hoover a été attaqué pour sa proposition de demande d'aide à l'Europe de 100 millions de dollars. Le projet a été critiqué par les sénateurs Penrose et Gore comme étant un plan qui permettrait de décharger le surplus des emballeurs de viande américains en Europe. Le sénateur Penrose a demandé au sénateur Martin, chef de file du parti démocrate, si Hoover "est un citoyen américain et a déjà voté lors d'une élection américaine ?" Martin a répondu : "Je ne m'abaisserai pas à répondre". Penrose a ensuite déclaré : "Je ne crois pas qu'il soit un citoyen des États-Unis, il n'a pas prêté serment et ses allégeances sont douteuses." La critique a tellement fâché Hoover qu'il a signé une lettre de démission citant ses "quatre années de service public sans rémunération". Elle n'a jamais été présentée et a été retrouvée plusieurs années plus tard dans les papiers personnels de son assistant, Lewis L. Strauss.

Le *New York Times* rapportait le 4 septembre 1919 qu'Edgar Rickard avait fait un discours à l'Université de Stanford pour promouvoir vigoureusement la Société des Nations. Hoover et le colonel House travaillaient également ensemble pour obtenir l'approbation du Sénat et l'approbation publique du plan de Wilson concernant l'entrée des États-Unis au sein de la Société des Nations.

Les membres de l'équipe de la Commission de secours en Belgique ont par la suite joué un rôle très important dans l'histoire des États-Unis. Hoover est devenu secrétaire au commerce puis président des États-Unis. Une équipe de la Hoover Institution s'est installée à Washington en 1980 en tant qu'avant-garde d'une administration "conservatrice". Prentiss Gray, l'assistant de Hoover au sein de l'administration alimentaire américaine, devient président de la J.Henry Schroder Banking Corp. en 1922. Julius H. Barnes, autre associé de Hoover, devient président de la J.Henry Schroder Bank. Peut-être qu'un surplus de "fonds de secours" a ensuite acheté un certain nombre de sociétés américaines. Barnes devint président de Pitney Bowes, de Pejepscot Paper, de General Bronze, de Barnes-Ames Corp. de Northwest Bancorporation, et Erie & St. Lawrence Corp. Edgar Rickard, partenaire de Hoover depuis qu'ils ont lancé un magazine en 1909 pour promouvoir leurs actions minières, avait été secrétaire honoraire de la Commission de secours en Belgique ; il est maintenant président de Androscoggin Water Power Co. président de la société Belgo-American Trading Co., vice-président de la société Erie & St. Lawrence Corp. président de la société Hazard Wire Rope Co.

président de la société Hazeltine Corp. vice-président de la société Intercontinental Development Corp. président de Latour Corp. président de Pejepscot Paper Co. et vice-président de Pitney Bowes Co. président de Wood Fibre Board Corp. Robert Grant, de l'administration alimentaire américaine, est devenu directeur de l'U.S. Mint à Washington. Prentiss Gray devient vice-président de la British American Continental Corp. d'Electric Shareholdings Corp. d'Hydroelectric Securities Corp. de Manati Sugar Corp. de Regis Paper, de Swiss American Electric Prudential Investors, d'International Holdings and Investment Corp. les deux dernières étant des sociétés contrôlées par la Société Générale et Francqui. Ces sociétés d'investissement ont été organisées par le financier belge Alfred Loewenstein, qui a mystérieusement disparu de son avion alors qu'il survolait la Manche.

Alors que ses plus proches conseillers poursuivent leur carrière à plusieurs millions de dollars, Herbert Hoover reste fidèle à ses idéaux de service public. Il devint secrétaire au commerce et choisit comme assistant Christian A. Herter, qui avait été son secrétaire à la Commission belge de secours, en 1920-21, et avait également été secrétaire de la Commission américaine de négociation de la paix. Il a été secrétaire de Hoover en 1919-24 au Commerce ; il a épousé une membre de la famille Pratt de la Standard Oil, qui a donné son manoir de Manhattan comme siège au CFR, il a été nommé plus tard secrétaire d'État.

Charles Michelson a écrit sur la carrière de Hoover au ministère du Commerce, dans *The Ghost Talks*, 1944 :

> "Officiellement, M. Hoover a toujours été un promoteur. Lorsqu'il a repris le ministère du commerce, c'était une organisation raisonnablement moderne. Il s'est emparé du Bureau des Mines de l'intérieur. Il a recomposé le Département d'État en organisant les agents de l'étranger, pour laisser les anciens attachés de nos légations sans emploi. Ce n'est pas par hasard s'il construisit pour son ministère le palais le plus vaste et peut-être le plus somptueusement meublé qui abritait une branche du gouvernement."

L'une des actions les plus remarquables de Hoover, en tant que secrétaire au commerce, a été l'attribution des brevets de la radio Hazeltine à son partenaire depuis 1909, Edgar Rickard, un cadeau dont la valeur était estimée à l'époque à un million de dollars. Lorsque Hoover a organisé sa campagne pour la présidence, il a donné comme adresse personnelle la Suite 2000. Le 42 Broadway N.Y. Suite 2000 était également le bureau d'Edgar Rickard. C'était également l'adresse de l'ancien complice de Hoover au sein de l'administration alimentaire américaine, Julius H. Barnes, président de la banque Schroder, qui allait bientôt acquérir la notoriété comme banque personnelle de Hitler.

Bien que "Wild Bill" Donovan ait fidèlement servi Hoover pendant quatre ans alors qu'il cherchait à être nommé à la présidence, Hoover n'a pas hésité à le mettre de côté lorsqu'il est devenu un handicap politique en raison de sa religion catholique. Le *New York Times* du 17 juin 1928 indique :

> ""W. A. Bechtel de San Francisco a envoyé un télégramme de félicitations au candidat. Au nom de l'industrie de la construction, nous félicitons le parti républicain pour sa sélection d'un candidat au poste d'ingénieur en chef de la plus grande entreprise du monde pour les quatre prochaines années, un de nos compatriotes californiens qui s'est montré digne de ce grand honneur."

Hoover préparait bientôt les contrats du plus grand ouvrage public de l'époque, le barrage Hoover, dont Bechtel allait devenir le principal entrepreneur.

Malgré ses préoccupations charitables, Hoover s'est toujours engagé dans la libre entreprise. Le 7 décembre 1919, lui et son associé Julius H. Barnes avaient acheté le *Washington Herald* ; celui-ci fut ensuite acquis par la famille Patterson McCormick, puis par Eugene Meyer, qui le ferma rapidement. Barnes a également acheté la Penobscot Paper Co. pour 750 000 dollars en 1919 ; il se trouve qu'il avait de l'argent en réserve. Le *New York Times* du 28 janvier 1920 rapporte que le colonel House est en train de lancer la campagne de président d'Hoover à Austin, au Texas, avec l'aide de quelques amis britanniques. Le *Times* note également le 28 janvier 1920 que le gouvernement britannique nie que Lord Grey ait participé au boom de Hoover.

Lors d'un dîner à l'hôtel Commodore, le 23 avril 1920, Julius Barnes et Herbert Hoover sont les invités d'honneur. L'orateur principal annonçait que le nom d'Herbert Hoover était "connu dans le monde civilisé".

À partir du moment où White, Gilman et Wilbur ont persuadé Hoover de rassembler des documents pour la bibliothèque Hoover, beaucoup de soutien a été apporté par des sources officielles. Même à cette époque, personne ne savait exactement comment la Première Guerre mondiale avait commencé. Il était dans l'intérêt de quelqu'un de veiller à ce qu'autant de documents pertinents et secrets des puissances belligérantes soient rassemblés en un seul endroit, passés en revue et, si nécessaire, mis à l'abri des regards indiscrets. Hoover a demandé au général Pershing de lui fournir des centaines d'officiers de l'armée pour l'aider dans sa quête. Dans son avant-propos à la collection spéciale de la bibliothèque Hoover, Hoover dit avoir recruté 1500 officiers de l'armée américaine et du Conseil économique supérieur pour les envoyer dans toute l'Europe. Le *New York Times* du 5 février 1921 indique que Hoover disposait de 4000 agents en Europe, allant de pays en pays pour rassembler ces documents. Même en ces temps pré-inflationnistes, le coût du maintien de 4000 agents en Europe devait être prohibitif. Personne n'a jamais découvert qui les payait. De plus, de nombreux documents ont été achetés d'emblée. La seule dépense que Hoover ait jamais rendue publique est constituée des 50 000 dollars qu'il avait donnés à l'origine en 1919 pour créer la bibliothèque. Qui a dépensé des millions de dollars pour constituer cette collection ? Il est très peu probable que Hoover ait lui-même avancé ces sommes, mais personne n'a jamais révélé avoir mis de l'argent dans ce projet.

Le *Times* indiquait dans l'article de l'Hotel Commodore que Hoover, membre de la première promotion de Stanford, avait présenté à l'école une collection de 375 000 volumes. Elle comprenait la plus précieuse collection de documents secrets bolcheviques existante, parmi lesquels les listes des premiers soviétiques de district, qui avaient été achetés à un portier pour 200 dollars. Le *Times* a rapporté que le gouvernement soviétique ne détenait aucune copie de ces archives rares ! Le 30 juin 1941, le *Time* indiqua que les bolcheviks avaient autorisé Hoover à retirer 25 wagons de matériel, à une époque où les réfugiés russes n'étaient autorisés à partir qu'avec les vêtements qu'ils portaient sur le dos. La sollicitude à l'égard de la collection de Hoover s'explique peut-être par le fait qu'il avait sauvé le régime bolchevique naissant de l'extinction en leur envoyant rapidement de grandes quantités de nourriture.

La collection de Hoover comprenait également les dossiers secrets complets du Conseil de guerre allemand pendant la Première Guerre mondiale, un cadeau du président Ebert, le journal de Mata Hari et soixante volumes rares de la bibliothèque personnelle du tsar. Nombre de ces collections étaient scellées de façon permanente. Le *Time* indiquait que la Hoover Institution contenait 300 collections scellées, que personne n'a jamais été autorisé à examiner.

On ne peut que se demander si les parties intéressées, peut-être les Rothschild, les employeurs de Hoover, ont décidé, à la fin de la Première Guerre mondiale, de déplacer les documents secrets des nations belligérantes d'Europe vers un endroit éloigné, comme la côte ouest de l'Amérique, afin d'alléger leur responsabilité politique, en dissimulant les preuves de divers actes de collusion. L'organisation initiale des archives a été réalisée par un professeur d'histoire de Stanford, Ephraim D. Adams (1865-1930). Adams et sa femme furent installés dans un bureau à Paris le 22 mai 1919 pour recevoir les premiers envois de documents. D'autres bureaux furent ouverts à Berlin, Londres et New York. Plusieurs autre participants aidèrent les Adams : Alonzo Engelbert Tyler, qui avait fait ses études à l'université de Berlin, a siégé au War Trade Board 1917-19 et a été membre du personnel du Stanford Food Research Institute ; le Dr. Carl Baruch Alsberg, qui avait également fait ses études à l'université de Berlin, a travaillé pour le département de l'agriculture ; et le Dr. Joseph Stancliffe Davis, professeur d'économie à Harvard.

Le comité consultatif de la première bibliothèque Hoover était composé du Dr James R. Angell, président de Yale et président de Carnegie Corp ; du Dr J.C. Merriam, formé à l'Université de Munich, président du Conseil national de la recherche et de la Carnegie Institution ; de Herbert Hoover et de Julius H. Barnes.

Le professeur Adams a été directeur de la bibliothèque Hoover de 1920 à 25. Il a été remplacé par Ralph H. Lutz, qui a dirigé la bibliothèque de 1925 à 1944. Lutz avait siégé au Conseil économique supérieur, à Paris, sous la direction de Bernard Baruch en 1918-19. En 1910, il a obtenu un doctorat de l'université de Heidelberg. Il avait obtenu son diplôme de premier cycle à Stanford en 1906. Il avait été directeur adjoint de la bibliothèque Hoover sous Adams pour les années 1920-25. Harold H. Fisher était directeur de la bibliothèque Hoover en 1944-52. Il avait été directeur adjoint de l'American Relief Administration et son historien en chef sous Hoover pour 1920-24. Il a été professeur d'histoire à l'université de Stanford à partir de 1933 et est devenu émérite en 1955, directeur de la Fondation éducative belgo-américaine de Hoover en 1943-64, et président du Conseil du Pacifique de l'IPR en 1953-61 pendant la période où le FBI a arrêté un certain nombre de cadres de l'IPR et les a accusés d'espionnage. Alors qu'il était président de l'IPR, Fisher continuait à donner son adresse postale de la Hoover Institution, à l'Université de Stanford. Le *New York Times* indiquait le 29 octobre 1929 que Hoover, en tant que président des États-Unis, avait adressé une missive à la réunion de l'IPR : "Mes meilleurs vœux et salutations".

Le directeur suivant de la Hoover Institution fut C. Easton Rothwell, 1952-60 ; il avait été président de la recherche à la Hoover Institution sur la période 1947-52. De 1941 à 1946, il a été chef du service des spécifications, de la recherche et des affaires politiques du département d'État ; il a été secrétaire exécutif de la Hoover Institution en 1947-52. Il a également participé à la Conférence des Nations Unies à San Francisco en 1945 sous la direction d'Alger Hiss ; il a fait partie du personnel de la Brookings Institution en 1946-47, ainsi que du personnel du Natl War College de 1951, délégué à la Conférence Fulbright, Cambridge Angleterre en 1954.

En 1960, la bibliothèque, aujourd'hui connue sous le nom de Hoover Institution on War, Revolution and Peace, était dirigée par Wesley Glenn Campbell, qui en est toujours le directeur. Né en Ontario, Campbell a obtenu son diplôme de Harvard en 1946, son doctorat en 1948, et y a enseigné pendant cinq ans au département d'économie. Il est devenu économiste pour la Chambre de commerce durant les années 1951-54, membre de l'American Enterprise Institute en 1954-60, lorsqu'il est devenu directeur de la Hoover Institution. Il est directeur de la Hoover's Belgian American Education Foundation, et de la société super-secrète du Mont Pèlerin, qui ne publie aucune information sur ses réunions. Campbell a épousé Rita Ricardo, qui continue à utiliser son nom de jeune fille. Elle est une descendante directe du célèbre économiste David Ricardo, dont la théorie du loyer a été reprise par Karl Marx. Ricardo est également à l'origine de la "loi des salaires", qui stipule que le revenu des travailleurs doit être limité à un salaire garantissant la subsistance, dont le montant doit être contrôlé par la "fiscalité". Ricardo considérait également les travailleurs comme de simples producteurs de "temps de travail", une théorie que Marx a adoptée comme base de sa conception du travail. Elle incarne la vision parasitaire classique selon laquelle l'hôte n'existe que pour produire de la nourriture pour le parasite, et n'a aucun droit sur les produits et les gains de son propre travail. Un article paru dans "CHANGE", en octobre 1981, affirme que Rita Ricardo "a contribué à façonner la pensée de Reagan sur la sécurité sociale et l'assurance maladie nationale", qui sont toutes deux appliquées à travers l'imposition sur le revenu du travailleur.

En 1964, Campbell et d'autres membres du personnel de Hoover étaient les principaux conseillers de la campagne Goldwater ; en deux décennies, ils étaient devenus les décideurs politiques les plus influents de la Maison Blanche.

Le *New York Times* Index pour la période de la présidence de Hoover, 1929-33, ne contient aucune référence à Stanford ou à la Hoover Library. Le 23 juin 1933, le *Times* indiquait que l'ancien président conserverait un bureau à Stanford. Au lieu de cela, il prit une suite au Waldorf Astoria de New York, et y passa le reste de sa vie. Bien qu'on le voyait rarement à la Hoover Institution, il présidait les réunions annuelles du gotha de la côte ouest, Bohemian Grove, et était considéré comme son animateur principal.

Le *New York Times* du 24 mars 1935 parle du "Palo Alto Brain Trust" de Hoover, bien que le Brain Trust n'ait pris le pouvoir à Washington qu'en 1980. Le 30 juin 1941, un nouveau bâtiment de 14 étages et long de 210 pieds, d'un coût de 1,2 million de dollars, a été inauguré pour la Hoover Institution à Stanford par le président Seymour de Yale, une tour romane abritant quelque 5 millions de documents, dont beaucoup sont scellés. Le *Saturday Evening Post* du 11 mars 1950, note qu'Edgar Rickard, directeur de la Hoover Institution, a collecté 600 000 dollars en 1937 pour l'entretien de ce nouveau bâtiment.

Hoover a déclaré que le but de la bibliothèque était "d'exposer par la recherche les inégalités du communisme", bien qu'il l'ait initialement écrite comme "pour démontrer les maux de la doctrine de Karl Marx". Un président ultérieur de Stanford, Wallace Sterling, l'a réédité en 1960 afin "d'étendre la connaissance humaine, afin que le bien-être de l'homme soit ainsi amélioré", un exemple classique de la "double pensée" d'Orwell. Sterling a expliqué cet acte de censure en affirmant : "Nous ne pouvons pas poursuivre des recherches dont la conclusion est prédéterminée". Sterling, également né en Ontario, avait fait partie du personnel de recherche de Hoover de 1932 à 1937, et a reçu la médaille Hoover. Il a travaillé pour la Ditchley Foundation de 1962 à 1976, et a fait partie du personnel de HEW et du Natl War College.

Le 21 juillet 1957, la bibliothèque Hoover a officiellement changé de nom pour devenir la Hoover Institution on War, Peace and Revolution. Elle reçoit des fonds de Lilly, Pew, et du Volker Funds, ainsi que de la Fondation Sarah Mellon Scaife. La Fondation Ford lui a donné 255 000 dollars en 1953. Le 6 juillet 1943, le Lilly Fund avait financé une conférence de trois jours à l'institution pour Bertram Wolfe à New York, Raymond Aron en France, et Richard Lowenstein à Berlin. Tous ces bénéficiaires étaient des libéraux de la vieille école.

En 1927, en raison de la fonction de directeur de Wilbur, la Fondation Rockefeller a donné à la Hoover Library 200 000 dollars pour les études slaves. La Carnegie Corp. a également donné 180 000 dollars. Le 7 janvier 1975, le président Ford a signé une loi sur les bourses d'études de 30 millions de dollars, à laquelle a été ajoutée une subvention de 7 millions de dollars à la

Hoover Institution. Le ministère de la Justice a donné 600 000 dollars à la Hoover Institution pour étudier la criminalité.

Le campus de l'université de Stanford est le siège mondial de Hewlett-Packard et de l'industrie électronique, qui représente plusieurs milliards d'euros. Les 8800 acres du campus de Stanford étaient à l'origine l'élevage de Palo Alto de Leland Stanford, qu'il a doté de quelque 20 millions de dollars. Le campus abrite un laboratoire de 105 millions de dollars de la Commission de l'énergie atomique, construit grâce à l'influence de L.L. Strauss, président de l'AEC et directeur de la Hoover Institution. Deux mille acres ont été réservés pour des unités de location. Un centre commercial situé sur le campus paie un loyer annuel de 500 000 dollars. Le parc de recherche de Stanford, d'une superficie de 300 acres, abrite le siège mondial de Hewlett-Packard. En 1912, Lee de Forest a inventé le tube électronique à Palo Alto, lançant ainsi l'industrie de la radio. Le professeur Louis Term de Stanford a inventé le test de QI Stanford-Binet ; son fils Fred est devenu professeur d'ingénierie électrique à Stanford et a persuadé deux de ses étudiants, Bill Hewlett et Dave Packard, de créer une entreprise d'électronique. Hewlett-Packard a aujourd'hui un chiffre d'affaires annuel de 4,4 milliards de dollars et emploie 68 000 personnes. *Fortune* indique que Bill Hewlett vaut 1,045 milliards de dollars, Dave Packard 2,115 milliards de dollars.

Le professeur William Shockley a inventé le transistor ici, lançant le complexe de la Silicon Valley. Son invention a ensuite été reprise par Fairchild Semiconductor, qui appartient maintenant à Schlumberger Inc. Shockley a très peu reçu pour sa découverte.

Stanford a reçu 3 millions de dollars de la Fondation Ford pour un centre médical, et en septembre 1959, la Fondation Ford a donné à Stanford 25 millions de dollars, son plus gros don à un établissement d'enseignement. Le 10 octobre 1977, le *New York Times* a rapporté que Stanford, "connu comme le Harvard de l'Ouest", avait mené à bien une campagne de collecte de fonds de 300 millions de dollars dirigée par Arjay Miller, ancien président de Ford Motor Co. L'influence de Harvard a toujours été forte à Stanford et à la Hoover Institution. Donald Kennedy, qui est devenu président de Stanford en 1980, a épousé Jeanne Dewey, puis obtenu son MBA et son doctorat à Harvard, et a siégé au conseil des superviseurs de Harvard de 1970 à 1976. Il a été commissaire à l'alimentation et aux produits pharmaceutiques sous le président Carter de 1977 à 1979, avant de devenir président de Stanford.

Stanford possède d'autres biens immobiliers importants. Le *Time*, a rapporté le 14 janvier 1966, que Stanford possède un château allemand à Beutelsbach, une villa à Florence, un hôtel à Tours, et occupe le Harlaxton Manor, un manoir en pierre de 365 chambres dans le Lincolnshire, loué à Stanford par les Jésuites.

Le *Guide to the Hoover Institution*, publié en 1980, indique que Rita Campbell est archiviste ; Robert Hessen est son adjoint. La collection est composée de 24% d'ouvrage provenant d'Amérique du Nord, 26% de Russie et d'Europe de l'Est, 27% d'Europe de l'Ouest et 1,8% d'Amérique latine. La page 5 du guide indique que la collection a été inspirée par deux historiens, Andrew D. White, président de Cornell, et Ephraim Adams de Stanford. Le n° 2358 de la collection est constitué des dossiers parisiens de la police secrète tsariste ; le n° 2373, des dossiers de la Okhrana russe impériale (police secrète) ; le n° 2382, une liste des atrocités commises par les agents politiques soviétiques à Kiev.

Le 25 juin 1962, Alfred Kohlberg (connu comme le chef du Lobby chinois) meurt ; il laisse 15 caisses de papiers qui sont scellées jusqu'en 1991. Max. E. Fleischmann a dépensé 250 000 dollars pour la collection de documents russes de Boris Nikolaïevsky, qui a été conservée pendant 40 ans et qui a ensuite été cédée à la Hoover Institution. La collection Hoover comprend également les journaux intimes de Joseph Goebbels et Heinrich Himmler, les dossiers de Basil Malakoff, l'ambassadeur soviétique à Washington de 1919 à 1926, les dossiers de la Banque des règlements internationaux et les documents officiels japonais de l'attaque de Pearl Harbor.

En 1966, Alan H. Belmont rejoint le Hoover en tant qu'exécuteur testamentaire du directeur. Il avait auparavant travaillé pour le FBI de 1936 à 1965, en tant qu'assistant personnel de J. Edgar Hoover. Stefan Possony, formé à l'université de Vienne, est venu aux États-Unis en 1940, a été conseiller au département de la guerre de 1943 à 1946 et a été nommé directeur des études politiques internationales de l'Hoover en 1961.

En 1963, les directeurs de la Hoover Institution comprenaient Richard Amberg, éditeur du St. Louis Post-Dispatch ; Clarence Bamberger, ingénieur des mines ; William J. Baroody, qui avait fondé l'American Enterprise Institute et était président du Woodrow Wilson International Center for Scholars ; Karl R. Bendetsen, président de Champion Paper, était représentant spécial du ministère de la Guerre auprès du général MacArthur en 1941, conseiller du secrétaire de l'Armée, ancien secrétaire à la Défense en 1948-52, président de la Compagnie du canal de Panama et ambassadeur en Allemagne de l'Ouest et aux Philippines ; James B. Black Jr. de Lehman Bros ; Arthur Curtice, président de General Motors ; Paul L. Davies Jr. qui a dirigé l'évacuation des Japonais de la côte ouest vers les camps de concentration en 1941, dirige le cabinet d'avocats Pillsbury Madison & Sutro, c'est un partenaire de Lehman Bros. qui dirige IBM, Southern Pacific and Caterpillar ; Northcutt Ely Washington a représenté le Sec. Wilbur dans la négociation des contrats du barrage Hoover en 1930-33 ; Richard E. Guggenheim, président de la Fondation Rosenberg ; Harold H. Helm, président de la Chemical Bank, directeur de Westinghouse, d'Uniroyal, de Colgate, de Woolworth, de Bethlehem Steel, d'Equitable, de McDonnell Douglas et Cummins Engine ; John A. McCone directeur de Bechtel-McCone 1937-45, Und. Sec. AF 1950-51, Président d'AEC en 1958-60, directeur de la CIA sur la période 1961-65 ; N. Loyall McLaren, président de la Fondation James Irvine, milliardaire, a été trésorier de la Conférence des Nations Unies à San Francisco 1945 sous Alger Hiss, a également été nommé à la Commission alliée des réparations en 1945 ; Jeremiah Milbank, financier de New York, chef de la Fondation Milbank et directeur de la Chase Manhattan Bank ; George C. Montgomery, président de la Kern County Land Co. ; William I. Nichols, éditeur de *This Week*, a servi au War Production Board durant les années 1942-45 ; David Packard, président de Hewlett-Packard - sa fortune personnelle a augmenté d'un milliard de dollars en 1983 ; Richard M. Scaife, vice-président de Mellon Natl Bank ; l'administrateur L.L. Strauss, de la société Kuhn, Loeb, président d'AEC en 1946-50, se présente dans le Who's Who comme "conseiller financier de M. Rockefeller" ; R. Douglas Stewart, Ford, Rockefeller et Guggenheim ; Thomas Gale Moore était l'expert de Reagan en matière de politique énergétique ; Paul Craig Roberts est devenu secrétaire d'État au Trésor ; Richard V. Allen, qui faisait partie du personnel de la Hoover Institution depuis 1966, a été membre du Conseil national de sécurité en 1969, adjoint au président en 1969-70, et est devenu l'adjoint de Reagan pour les affaires de sécurité nationale ; Martin Anderson, chercheur principal à la Hoover Institution de 1971 à 1981, est devenu l'adjoint de Reagan pour le développement de sa politique ; il a imaginé le ridicule gâchis des "zones d'entreprises urbaines".

L'une des "pointures Hoover" de l'équipe de Reagan a été décrite dans le *Omni Mars* de 1984 :

> "L'assistante de presse Barbara Honegger a été engagée par Martin Anderson à la Hoover Institution alors qu'elle écrivait un livre sur le projet ; elle portait un collier de scarabée et a été la première diplômée en psychologie expérimentale à l'Université John F. Kennedy, Olinda, Californie ; elle avait conseillé à Reagan de se prononcer contre les obus souterrains de missiles MX parce que les médiums les viseraient ; elle lui a fait mettre 5500 ogives supplémentaires sur nos 33 sous-marins nucléaires parce que les ondes cérébrales des médiums sont absorbées par la mer tourbillonnante. Malgré les protestations d'Anderson, elle a finalement été expulsée de la Maison Blanche."

Tant pis pour "l'extrême droite" qui porte des colliers de scarabées et pratique la manipulation par les ondes psychiques du cerveau.

L'équipe de transition présidentielle de Campbell a dépensé un million de dollars provenant de donateurs, plus deux millions de dollars fournis par le Congrès, mais n'a pas pu faire installer un seul membre de "droite" dans le personnel de Reagan. Le paiement le plus important est allé au libéral de longue date

Joseph Califano, qui a été payé 86 047,93 dollars pour avoir représenté Alexander Haig lors de ses audiences de confirmation au Sénat en tant que secrétaire d'État. Le "droitard" Haig a déclaré que Califano était un ami de longue date. Le directeur adjoint de l'équipe de transition, Verne Orr, a été contrôleur de la campagne Reagan, et est maintenant secrétaire de l'armée de l'air.

Seymour Martin Lipset, qui a voté pour John Anderson en 1980, a réalisé un sondage auprès des 25 boursiers Hoover en 1984 ; il a trouvé 11 démocrates, 10 républicains, 3 indépendants et un qui n'était même pas citoyen américain. Les trois membres honoraires de l'institution Hoover sont Ronald Reagan, Alexander Solzhenitsyn et Frederick von Hayek. Reagan est à Washington, Solzhenitsyn vit dans le Vermont ; von Hayek est à la retraite à Salzbourg. Aucun d'entre eux n'a de lien avec l'administration de la Hoover Institution. Reagan a déjà fait don de ses papiers personnels à la Hoover Institution.

En juin 1981, la Hoover Institution a organisé une réception de gala au Sheraton Carlton à Washington, en présence de nombreux fonctionnaires de la Maison Blanche. Ils ont effectivement court-circuité toutes les promesses de campagne de Reagan pour la réduction des impôts, la diminution des dépenses publiques et l'objectif annoncé de "se débarrasser du gouvernement sur notre dos".

La vedette actuelle de la Hoover Institution est Milton Friedman, qui est crédité d'avoir apporté le désastre économique au Chili, en Israël, aux États-Unis et dans d'autres pays où ses théories "monétaristes" ont été introduites. Le "monétarisme" de Friedman est la même vieille escroquerie des banquiers qui consiste à créer sans cesse de nouveaux emprunts portant intérêts, exigeant des taxes toujours plus élevées simplement pour couvrir les paiements d'intérêts. Lui et Jack Kemp font maintenant pression pour un "impôt forfaitaire" afin d'enfermer les Américains dans un enclos fiscal duquel ils ne pourront jamais espérer s'extraire. Friedman est arrivé à la Hoover en 1977 en tant que chercheur principal, acceptant simultanément un poste de consultant économique à la Banque de la Réserve Fédérale de San Francisco. Lui et son compagnon, Murray Rothbard, dominent un réseau étroitement imbriqué de groupes "conservateurs" immensément riches, qui comprend la Heritage Foundation, la Mont Pèlerin Society, le Cato Institute, le Ludwig von Mises Institute et l'American Enterprise Institute, qui organisent des réunions et de somptueux banquets, toujours sans aucun résultat visible. Leur mentor est feu Ludwig von Mises, né en Autriche et fondateur de "l'école autrichienne d'économie", qui a enseigné à l'université de New York de 1946 jusqu'à sa mort. L'Institut est désormais dirigé par sa veuve, Margit Herzfeld, à qui le président Reagan a dit, lors d'un dîner en l'honneur de son mari : "Vous ne savez pas combien de fois je consulte les livres de votre mari avant de prendre une décision." Elle ne le sait probablement toujours pas.

À l'âge de 16 ans, Milton Friedman devient le protégé d'Arthur Burns chez Rutgers et Columbia. Leurs principes économiques sont issus de l'"école viennoise" fondée par Karl Menger et Eugen Böhm von Bawerk : président de Quaker Oats ; de Gardner Simonds, président de Tenneco, Kern County Land Co ; Robert C. Tyson, président de U.S. Steel, directeur de la Chemical Bank, d'Uniroyal ; de Thos. J. Watson Jr. président d'IBM, directeur de la Rockefeller Foundation ; Stephen Duggan président de l'Institut émérite de l'éducation internationale - père de feu Laurence Duggan, membre de la Fondation pour la paix mondiale ainsi que de l'Association de la Société des Nations, mort mystérieusement ; de John Foster Dulles ; d'Anson Phelps Stokes, de l'Institut de l'éducation internationale, directeur du Conseil général de l'éducation ; d'Harold H. Swift, président de Swift Packing Co. président du War Finance Committee Dept. of Treasury en 1941-44 ; d'Augustus Trowbridge, directeur du renseignement de l'American Expeditionnary Force sous Pershing pendant la Première Guerre mondiale.

En 1980, les directeurs de la Hoover Institution comprenaient Bendetsen, Black, Philip Habib, de Bechtel, et l'ambassadeur spécial de Reagan au Moyen-Orient ; Henry T. Bodman, président de la Natl Bank de Detroit, directeur et vice-président de l'American Enterprise Institute - son fils Richard a travaillé au département du Trésor, a été ministre de l'Intérieur, aujourd'hui président de COMSAT ; David Tennant Bryan, marié à une membre de la famille Harkness, président de Media General ; Willard C. Butcher, ancien président de la Chase Manhattan, aujourd'hui directeur de l'American Enterprise Institute ; Joseph Coors, directeur de la Heritage Foundation ; Charles A. Dana Jr, directeur du Manufacturers Hanover Trust, Dana Foundation ; Shelby Cullon Davis, a travaillé pour CBS en 1932-34, conseiller économique de Dewey lors de ses campagnes présidentielles, ambassadeur en Suisse en 1969-75, administrateur de Princeton, de l'Heritage Foundation ; Maurice Greenberg, président de l'American International Group ; Alan Greenspan, président de Economics Advisers depuis 1981, consultant auprès de l'Université de Californie. S. Treasury au Federal Reserve Board en 1971-74, directeur de *Time*, de General Foods, de la J.P. Morgan, du Morgan Guaranty Trust ; Bryce Harlow, asst. au président des États-Unis en 1959-61, et 1969-70, aujourd'hui lobbyiste à Washington pour Proctor & Gamble ; A. Carol Kotchian, président de Lockheed ; J. Claybum La Force, doyen de la Graduate School of Management Univ. de Californie, boursier Fulbright, directeur du Natl Bureau of Economic Research, de la Mont Pèlerin Society ; William B. Macomber Jr, président du Metropolitan Museum, a travaillé à la CIA de 1951 à 1953, en tant qu'expert du renseignement au département d'État de 1953 à 1954, en tant qu'expert du secrétaire d'État Herbert Hoover Jr. et du secrétaire d'État John Foster Dulles de 1955 à 1957, ambassadeur à Téhéran et en Jordanie ; Emil Mosbacher Jr. connu sous le nom de "faiseur de rois", a été chef du protocole du State Dept. en 1969-72, directeur de Chubb, de Chemical Bank, d'Avon, d'AMAX - son frère Robert a été le président du comité Bush pour la présidence, assistant du président Gerald Ford pour sa campagne électorale infructueuse, président du Comité national républicain ; David Packard, de Hewlett Packard et de l'American Enterprise Institute ; Donald Rumsfeld, pres. de Rand Corp., pres. de G.D. Searle, conseiller du président Nixon en 1969-73, représentant permanent auprès de l'OTAN sur la période 1973-74, directeur de Sears et de l'Institut d'études stratégiques de Londres.

Bien que des hebdomadaires tels que *The Nation* lancent de sombres avertissements sur le fait que la Hoover Institution est profondément engagée dans la pratique de "l'anticommunisme de la guerre froide", le *New York Times* rapporte que la Hoover est étonnamment libérale. Son principal collaborateur est Sidney Hook, socialiste de longue date qui garde un portrait de George Meany sur le mur de son bureau ; Seymour Martin Lipset, libéral de longue date étroitement lié aux bureaux des sénateurs démocrates Henry Jackson et Daniel Moynihan, a enseigné à Harvard, à l'Université de Californie, à Harvard et a reçu le prix Gunnar Myrdal en 1970, il est également président du B'Nai B'Rith et de United Jewish Appeal ; John Bunzel, libéral démocrate aujourd'hui associé au parti libertaire ; Stanley Fischer, libéral du MIT ; Joseph Pechman, expert fiscal résident de la Hoover Institution - il avait été expert fiscal à la Brookings Institution Washington pendant de nombreuses années avant de rejoindre la Hoover Institution ; les autres libéraux résidents sont Dennis J. Dollin, Theodore Draper et Peter Duignan. Lipset a été cité dans une interview du *New York Times* :

> "Plus de la moitié des boursiers seniors ici ne sont pas de droite, ni même conservateurs ; ce sont des démocrates et des socialistes de gauche."

Tels sont les architectes de l'administration de "droite" de Reagan, l'habituelle petite clique de vieux marxistes fatigués sont mis en avant comme les libertaires inspirés d'un monde dirigé par la "droite dure" ! Le chef de l'équipe de transition présidentielle de Reagan lors des nominations au cabinet en 1980 était W. Glenn Campbell, diplômé de Harvard et directeur de la Hoover Institution ; le conseiller de Reagan en matière de sécurité sociale était sa femme, Rita Ricardo Campbell. Plus de la moitié du personnel de la Hoover Institution a intégré l'administration Reagan à Washington. Richard Starr et Peter Duignan étaient ses conseillers en matière de politique étrangère ; Duignan avait reçu des bourses de Bauwerk. Mengertaught von Hayek, Eric Voegelin et Fritz Machluys. À cette époque, Vienne était dominée par la Maison de Rothschild, qui contrôlait la dette nationale de l'Autriche depuis le Congrès de Vienne en 1815. Les mines d'argent du Tyrol étaient la propriété des Rothschild, tout comme les chemins de fer. L'amie la plus proche de l'impératrice Elizabeth était Julie de Rothschild, sœur du baron Albert, chef de la maison d'Autriche.

Le comte Richard Coudenhove-Kalergi,[33] qui a fondé l'Union paneuropéenne, a été nommé d'après Richard Wagner, dont l'un des étudiants était Gustav Mahler. Les études de Mahler avec Wagner ont été financées par le baron Albert de Rothschild. Le père de Coudenhove Kalergi était un ami proche de Theodor Herzl, le fondateur du sionisme. Coudenhove-Kalergi écrit dans ses Mémoires :

> "Au début de 1924, nous avons reçu un appel du baron Louis de Rothschild ; un de ses amis, Max Warburg de Hambourg, avait lu mon livre et voulait faire notre connaissance. À ma grande surprise, Warburg nous a spontanément offert 60 000 marks d'or, pour accompagner le mouvement pendant ses trois premières années. Max Warburg, qui était l'un des hommes les plus distingués et les plus sages que j'aie jamais rencontrés, avait pour principe de financer ces mouvements. Toute sa vie, il s'est sincèrement intéressé à la Pan-Europe. Max Warburg a organisé un voyage aux États-Unis en 1925 pour me présenter Paul Warburg et le financier Bernard Baruch."

À Chicago, Jane Adams de Hull House avait été pendant cinq ans la protégée de Beatrice Webb, fondatrice de la Fabian Society. En 1892, l'université de Chicago a été organisée comme le centre du programme socialiste Fabian en Amérique, avec J. Laurence Laughlin, porte-parole du programme de "libre-échange" du Cobden Club en Angleterre ; Laughlin est devenu par la suite le principal propagandiste de Paul Warburg pour obtenir l'adoption du Federal Reserve Act. John Dewey est devenu chef du département de sociologie à l'université de Chicago ; Wesley Clair Mitchell a été chef du département d'économie. En 1913, ils s'installent à l'université de Columbia. Ils ont ensuite été engagés par Baruch au War Industries Board, et ont préparé toutes les statistiques pour les représentants américains à la Conférence de paix de Versailles. En février 1920, Mitchell a rencontré le reste du personnel du War Industries Board de Baruch à New York avec un représentant du groupe de la Table Ronde financé par Kuhn Loeb & Co. et Lazard

---

[33] Voir *Idéalisme pratique, le plan Kalergi pour détruire les peuples européens*, Omnia Veritas Ltd, www.omnia-veritas.com.

Frères, pour fonder le Natl Bureau of Economic Research, dont Mitchell est devenu directeur. Son protégé était Arthur Burns, plus tard président du Natl Buro, président du conseil des Gouverneurs de la Réserve Fédérale, partenaire de Lazard Frères, et ambassadeur des États-Unis en Allemagne de l'Ouest.

Burns a ensuite fait appel à son protégé, Milton Friedman, qui a proposé de légaliser la vente de la drogue afin de récolter 100 milliards de dollars par an pour doper le PNB.

La carrière de Wesley Clair Mitchell a été consacrée à réunir les écoles d'économie autrichienne et britannique en une seule force pour diriger l'économie américaine. Il a réussi grâce à la carrière de ses protégés, Burns et Friedman, qui nous ont offert l'impôt "à taux fixe" pour payer les intérêts sur les emprunts de l'argent-dette créée par les banques. Il s'agit bien de l'ancien système européen introduit par la Maison de Rothschild pour piller les économies nationales par le système rentier de la dette nationale.

L'une des clés de voûte du réseau Friedman-Burns est la Société du Mont Pèlerin, un groupe secret d'économistes qui se réunit tous les deux ans, mais qui n'émet aucune conclusion ou recommandation. Ces économistes stipendiés, soi-disant conservateurs, se sont réunis pour la première fois au Mont Pèlerin, en Suisse, en 1947, pour s'opposer aux économistes étatiques de gauche qui avaient dominé le secteur pendant cinquante ans. Ils étaient dirigés par Frederick von Hayek, un diplômé de l'école d'économie de Vienne, qui est devenu citoyen britannique en 1938. Il était professeur d'économie à l'université de Londres en 1931-50, professeur de sciences sociales et morales à l'université de Chicago en 1950-62 et professeur d'économie à l'université de Fribourg en 1926-69, puis il se retira à Salzbourg. Il était un disciple de Ludwig von Mises, qui a formé Henry Hazlitt, un autre membre fondateur du Mont Pèlerin. Hazlitt rapporta la réunion de fondation à *Newsweek*, le 25 septembre 1961, énumérant parmi les personnes présentes Jacques Rueff, directeur économique pour la France, Pedro Beltran, président du Pérou, le sénateur Luigi Einaudi, professeur d'économie à Turin 1901-35, gouverneur de la Banque d'Italie 1945-48, président d'Italie 1948-55 ; le Dr. Ludwig Erhard, ministre allemand de l'économie, directeur de la Banque mondiale ; Wilhelm Roepke, conseiller économique d'Erhard ; Trygve Hoff, pour la Norvège ; Muller-Armack et William Rappard pour l'Allemagne ; Ludwig von Mises ; Frank Knight ; Milton Friedman et Henry Hazlitt.

En 1962, la Société du Mont Pèlerin s'est réunie à Knokke, en Belgique, et a annoncé que :

> "La Société du Mont-Pèlerin ne prend aucune mesure officielle, n'adopte aucune résolution et ne cherche aucune publicité."

En 1970, la Société s'est réunie à Munich, où Milton Friedman a été élu président. Wesley Campbell et Martin Anderson, de la Hoover Institution, étaient présents. En 1974, 300 membres de la Société se sont réunis à Bruxelles, où Milton Friedman et son protégé Murray Rothbard se sont adressés à eux. Rothbard était parrainé par le Cato Institute, un groupe "conservateur" dont le directeur, Earl C. Ravenel, est également directeur de l'Institute for Policy Studies, l'organisation politique de gauche fondée par James Paul Warburg. Cato est financé par Charles Koch du Kansas, directeur de Koch Industries, qui a amassé une fortune de 700 millions de dollars. Il finance également le Parti Libertarien, qui appelle à l'ouverture des frontières américaines à tous les immigrants illégaux, à la légalisation des drogues et à d'autres recommandations alarmantes. Koch finance ces groupes par l'intermédiaire de sa banque, le Morgan Guaranty Trust de N.Y. Cato a accordé une subvention de deux ans à Rothbard pour écrire un livre, *For a New Liberty*, qui déclare :

> "Avant la Seconde Guerre mondiale, Staline était si dévoué à la cause de la paix qu'il n'a pas pris de dispositions adéquates contre les attaques nazies."

Rothbard aurait dû dire :

> "Staline était si dévoué au meurtre qu'il a tué la plupart des officiers de son armée, la laissant vulnérable aux attaques nazies."

Rothbard affirme que les États-Unis sont impérialistes et bellicistes, tandis que l'Union Soviétique est pacifique, rationnelle et incomprise ! Le magazine *Inquiry* du Cato Institute recense 9 rédacteurs, parmi lesquels Natl Hentoff du *Village Voice*, Marcus Raskin, directeur de l'Institute for Policy Studies, et Penny Lernoux, correspondante du journal *Nation,* qui seraient tous blessés s'ils n'étaient pas décrits comme des libéraux extrêmes.

En 1975, George Roche III, qui était devenu membre de la Société en 1971, a accueilli la réunion au Hillsdale College, dont il est président. William Buckley, également membre, s'est adressé au groupe en prononçant un discours de routine pour von Hayek.

En 1980, la Société du Mont Pèlerin s'est réunie à l'Hoover Institution, en présence de 600 membres et invités. Ralph Harris était l'orateur invité. En tant que conseiller économique de Margaret Thatcher, il avait été nommé baron Harris de High Cross en 1979. Le comte Max Thurn, secrétaire permanent de la Société, s'est également adressé à l'assemblée. Il est membre de la riche famille Thurn und Taxis, étroitement liée à la famille royale britannique.

L'Encyclopédie des associations donne l'adresse de la Société du Mont Pèlerin c/o Edwin Feulner, trésorier, Box 7031, Alexandria, Va ; secrétaire Dr. Max Thurn, Elizabethstrasse 4, Vienne. Feulner est président de l'Heritage Foundation, il a été l'assistant confidentiel du secrétaire à la défense en 1969-70 ; l'assistant Phil Crane en 1940-44, membre de la Hoover Institution pour les affaires publiques en 1965-67, puis président de l'Institut de stratégie européenne et d'études de défense à Londres depuis 1979.

La Heritage Foundation, qui fait partie du réseau des groupes "conservateurs", a parrainé l'attribution posthume par Reagan de la médaille de la liberté à Whittaker Chambers en mars 1984. Ses directeurs sont Shelby Cullom Davis, directrice de Hoover ; Joseph Coors, directeur de Hoover ; Midge Decter, directeur exécutif, directeur du Comité pour un monde libre ; son mari est le "néoconservateur" Norman Podhoretz, rédacteur en chef du magazine *Commentary* ; Robert Dee, président de la firme pharmaceutique Smith Kline, directeur de United Technologies avec William Simon ; William Simon, directeur de Citibank, ancien secrétaire au Trésor ; Lewis E. Lehman, directeur de l'Institut Lehman ; John D. Wrather, héritier d'une fortune pétrolière, directeur du conglomérat de divertissement Wrather Inc. et directeur de Hoover.

Feulner affirme que Heritage coopère avec plus de 400 groupes aux États-Unis et 100 à l'étranger. Le président honoraire est Frank Shakespeare. Le président du comité de rédaction est David Meiselman de la Société du Mont Pèlerin. Richard Reeves est mentionné dans le *N.Y. Times Magazine* le 15 juillet 1984 :

> "Edwin J. Feulner est président de la Heritage Foundation, l'une des usines à idées les plus productives de la droite."

Il a omis de citer une seule "idée" produite par cette usine. La vedette de Heritage et de l'American Enterprise Institute qui lui est étroitement affilié est Jeane Kirkpatrick, ambassadrice des États-Unis à l'ONU. Elle est régulièrement citée en termes élogieux, semblables à ceux que le Parti communiste réservait à Staline ; le *National Review* s'enthousiasme pour elle, et fait également l'éloge du "toujours galant, charmant et amoureux de la liberté, Friedman" dont "l'énergie, la lucidité et la patience" impressionnent les propagandistes de Buckley.

Jeane Kirkpatrick est professeur à l'Université de Georgetown depuis 1967, chef de la recherche à l'American Enterprise Institute depuis 1977, directrice du Centre d'études stratégiques et internationales de Georgetown. Elle est l'épouse du vétéran Evron Kirkpatrick, membre de l'OSS en 1945, spécialiste du renseignement au Département d'État de 1946 à 1954, en tant que chef du personnel du département de recherche en psychologie spécialisé dans les sciences du comportement (c'est-à-dire du contrôle des personnes). Il dirige l'Association américaine de science politique depuis 1954, et est président de la Société américaine pour la paix qui publie un trimestriel intitulé *World Affairs*.

Jeane Kirkpatrick est connue comme "la reine de la droite américaine". Pendant son service en tant qu'ambassadrice américaine aux Nations Unies, elle a défendu Israël avec une telle fureur qu'elle a reçu un cadeau de 100 000 dollars de Raymond et Miriam Klein en récompense de son "engagement personnel envers Israël". Nous ne connaissons aucune récompense qui lui ait été donnée pour son engagement envers les États-Unis. En raison de sa loyauté envers Israël, elle est régulièrement payée 25 000 dollars pour parler devant des groupes pro-sionistes. Pendant des années, elle a été conseillère apolitique auprès du Comité national démocrate, mais en 1985, elle est soudainement devenue républicaine. Elle siège au conseil d'administration d'un groupe trotskiste connu sous le nom de Ligue pour la démocratie industrielle, qui est financé par les Rockefeller et constitue le dernier rejeton de l'ancien Parti socialiste des travailleurs. Des personnalités politiques aux multiples facettes comme Kirkpatrick laissent perplexes de nombreux observateurs, qui ne comprennent pas qu'elle est de cette étrange race connue sous le nom de "néoconservateurs". Ils se distinguent des vrais conservateurs américains par un certain nombre de signes avant-coureurs, mais laissons Peter Steinfels, dans son ouvrage définitif, *The Neoconservatives*, l'expliquer :

> "Les principaux néoconservateurs qui étaient socialistes à cette époque (les années 1930) étaient pratiquement tous des antistaliniens (trotskistes). Bien imprégnés des textes marxistes et de l'histoire socialiste ensanglantée par les guerres tribales entre communistes, socialistes démocratiques et cinquante-sept variétés de trotskystes, ils étaient déjà formés et en mouvement lorsque la guerre froide a mis leurs compétences à l'épreuve."

Steinfels poursuit en soulignant (p. 50) que :

> "Les néoconservateurs ont toujours été de fervents partisans d'Israël."

Jeane Kirkpatrick écrit périodiquement des articles qui pourraient facilement être rédigés par le Mossad, comme son article du 20 janvier 1992 dans le *Washington Post*, dans lequel elle sanglote qu'Israël est ostracisé à Washington et que l'administration Bush est anti-Israël. "Cela fait-il partie du nouvel Ordre Mondial ?" gémit-elle, tourmentée par la vision d'un autre Holocauste. Steinfels cite un néoconservateur de premier plan, Irving Kristol, selon lequel "le néoconservatisme n'est pas du tout hostile à l'idée de l'État-providence." En fait, les néoconservateurs sont tous des statisticiens, ce qui en fait des serviteurs idéaux de l'Ordre Mondial. Ils disposent d'un certain nombre de publications de réflexion, telles que *Commentary*, financé par l'American Jewish Committee, *Partisan Review*, le *New Leader* et *Public Interest*, dont beaucoup sont financées par des fonds de la CIA.

L'Église d'unification du révérend Sun Moon est une autre institution de façade des néoconservateurs, financée par la branche coréenne avec nos propres fonds de la CIA. Elle dépense des milliards de dollars pour des publications "conservatrices" comme le *Washington Times*, qui est édité par Arnold de Borchgrave, un parent des Rothschild. Au FBI, J. Edgar Hoover s'est également entouré de "néoconservateurs" en engageant Roy Godson, un soi-disant "social-démocrate", pour éduquer les agents du FBI sur l'idéologie marxiste. Il était le fils de Joseph Godson, qui a aidé Jay Lovestone à fonder le Parti communiste américain. Roy Godson est aujourd'hui consultant auprès du Conseil national de sécurité, engagé à la demande d'Henry Kissinger. J. Edgar Hoover était fasciné par les communistes ; il a engagé Jay Lovestone, fondateur du Parti communiste américain, pour écrire son best-seller *Masters of Deceit*. C'était en effet un chef-d'œuvre de tromperie, car personne ne savait qu'il avait été écrit par un communiste.

La *National Review* est une force majeure de la propagande de la CIA, de la promotion de l'État d'Israël et de l'agitprop chère aux "néoconservateurs". Elle a été créée pour William Buckely en 1955 par William Casey, plus tard directeur de la CIA, et a fait partie du réseau de fausses organisations "de droite" aux États-Unis qui promeuvent le mouvement trotskiste, comme la Heritage Foundation, dirigée par un socialiste britannique Fabian avec les bénéfices de la bière Coors, l'American Enterprise Institute, et bien d'autres institutions trompeuses issues de l'Ordre Mondial. Parce que les néoconservateurs vantent toujours la "démocratie" tout en s'adressant bruyamment au public, un de leur coup de maître fut un gâchis appelé Projet Démocratie. Les néo-conservateurs ont convaincu le Congrès qu'ils devaient financer un projet qui favoriserait la démocratie dans tous les pays du monde. C'était une idée de Lane Kirkpatrick, vétéran du socialisme, avec Jay Lovestone, le père jésuite Edmund Walsh de l'université de Georgetown et le sévère sénateur Orrin Hatch, évêque de l'église mormone. Orrin Hatch a fait adopter la loi sur la dotation nationale pour la démocratie par le Congrès en 1983. Carl Gershman, directeur de l'Anti-Defamation League, a été choisi comme président. Il a financé un certain nombre de groupes néoconservateurs de prédilection, qui se sont tous révélés être des catastrophes. En 1990 et 1991, le National Endowment for Democracy a distribué des pots-de-vin à des fonctionnaires russes pour "encourager la démocratie" et des sommes énormes, dont on ne peut retracer l'origine, à divers groupes russes, dont aucun n'a joué un rôle dans la chute du système communiste.

Le parrain des néoconservateurs est Henry Kissinger. De nationalité allemande, Kissinger était retourné dans son pays natal en tant que sergent dans l'armée américaine, bientôt identifié comme une recrue du KGB avec le nom de code "Bor". Il devient étudiant à l'université de Harvard, et fut engagé par les Rockefeller comme le protégé d'un personnage encore plus mystérieux, un certain Helmut Sonnenfeldt, qui reste un initié de Washington. Il a fait campagne pour la candidature de Nelson Rockefeller à la présidence et, lorsque Nixon l'a emporté, Kissinger lui a publiquement reproché d'être un ignorant. Quelques jours plus tard, Nixon, agissant sur ordre, le nomme secrétaire d'État. L'ambassadeur israélien aux États-Unis, Abba Eban, a cité le terroriste Menachem Begin :

> "La nomination du Dr Kissinger au poste de secrétaire d'État a autant d'importance que le vote des Nations Unies pour la création de l'État d'Israël."

Kissinger est ensuite intervenu comme conférencier lors de plus de vingt-cinq événements de la Ligue anti-diffamation au cours de son mandat. Il a placé des sionistes de premier plan dans de nombreuses agences gouvernementales, a développé le soutien de l'ADL dans des groupes évangéliques clés tels que

Jerry Falwell et Pat Robertson, et a persuadé Sheldon Cohen, ancien commissaire de l'Internal Revenue Service, de réécrire les règlements de l'IRS qui garantissaient que l'ADL et des centaines d'autres organisations sionistes auraient un statut permanent d'exonération fiscale. Il a conçu le Projet Démocratie comme un projet trotskiste et l'a fait passer au Congrès. Cependant, son principal engagement a été envers les services secrets britanniques, comme il s'en est vanté dans un discours prononcé à Chatham House, siège du Royal Institute of International Affairs, à Londres, le 10 mai 1982 :

> "De mon poste à la Maison-Blanche à l'époque, je tenais le ministère britannique des affaires étrangères mieux informé et plus étroitement engagé que le département d'État américain."

Pourquoi Kissinger, le sioniste, a-t-il travaillé en si étroite collaboration avec le ministère britannique des affaires étrangères ? La réponse se trouve à l'origine de l'Anti-Defamation League, qui est généralement considérée comme une opération strictement juive. Il s'agit en fait d'une branche du SIS, qui a été fondée par Henry Lord Palmerston, le ministre britannique des affaires étrangères, qui a également créé l'ensemble du mouvement sioniste comme arme d'espionnage britannique de 1843 à 1860. L'ADL a débuté sous le nom de B'Nai B'Rith, et a été modelée sur le culte de la mort d'Isis en Égypte ptolémaïque. Palmerston l'a organisé comme une branche des services de renseignement britanniques qui avait pour mission spécifique de subvertir et de détruire la République américaine. C'est encore sa mission aujourd'hui. Palmerston a été assisté dans le développement du B'Nai B'Rith en tant que puissance mondiale par Baruch Rothschild. Il a ensuite dirigé le mouvement abolitionniste dans le nord des États-Unis, la Sécession du Sud et la guerre civile, qui fut couronnée par l'assassinat du président Abraham Lincoln. L'arme favorite de l'ADL pour discréditer ses opposants est l'accusation d'antisémitisme, qu'elle a récemment proféré à l'encontre du chroniqueur Pat Buchanan en raison de sa candidature à la présidence. Il est ridicule qu'une branche des services secrets britanniques dénonce quelqu'un comme étant "antisémite".

Le B'Nai B'Rith a lancé son objectif de déstabilisation permanente du Moyen-Orient avec une lettre du secrétaire Balfour à Lord Rothschild le 2 novembre 1917, pendant la Première Guerre mondiale :

> "Cher Lord Rothschild : J'ai le grand plaisir de vous transmettre, au nom du gouvernement de Sa Majesté, la déclaration de sympathie suivante à l'égard des aspirations sionistes juives, qui a été soumise au cabinet et approuvée par celui-ci. Le gouvernement de Sa Majesté est favorable à l'établissement en Palestine d'un foyer national pour le peuple juif, et fera tout son possible pour faciliter cet objectif, étant clairement entendu que rien ne sera fait pour porter préjudice aux droits civils et religieux des communautés non juives existantes en Palestine ou aux droits et au statut politique dont jouissent les Juifs dans tout autre pays."

En tant qu'agent de ces intérêts, Kissinger est l'auteur du programme du nouvel Ordre Mondial de Bush, affirmant qu'il est l'héritier de la politique de "balance of power"[34] de Lord Castlereagh, qu'il a initiée au Congrès de Vienne en 1815. Cependant, Pat Buchanan note que l'équilibre des pouvoirs a fait entrer l'Angleterre dans la Première et la Deuxième Guerre mondiale (ce qui était, après tout, le programme), et que cet Ordre Mondial arrive maintenant à son terme. Après avoir quitté ses fonctions, Kissinger installe ses protégés à des postes clés à Washington. Il a créé une société appelée Kissinger Associates avec un parent de Rothschild, Lord Carrington, et a engagé les plus grandes sociétés américaines pour promouvoir leurs intérêts internationaux. En tant que président, il a nommé Lawrence Eagleburger, qui est maintenant le secrétaire d'État par intérim de Bush, et en tant que président, le général Brent Scowcroft, qui est le directeur du Conseil national de sécurité de Bush. Les autres protégés de Kissinger à Washington sont le colonel Oliver North et le général Alexander Haig. Kissinger est engagé dans de vastes intérêts commerciaux en Chine communiste, avec un groupe appelé China Ventures. Lui et Bush ont vaillamment défendu le massacre chinois d'étudiants non armés sur la place

---

[34] Équilibre des puissances, Ndt.

Tiananmen à Pékin, et ont plaidé pour que cela n'interfère pas avec des entreprises commerciales telles que l'offre de Prescott Bush de construire des biens immobiliers de luxe en Chine. Il est le frère du président. Deng Ziaoping, le dictateur chinois, a expliqué les massacres d'étudiants :

> "Les récentes émeutes nous ont beaucoup éclairés et ont rafraîchi nos esprits. Sans la voie socialiste, la Chine n'a pas d'avenir, et sans elle il n'y aurait pas le grand triangle Chine-États-Unis-Russie de la puissance mondiale. Je le dis aux Américains, le plus grand atout de la Chine est sa stabilité."

L'objectif de la trilatérale est peut-être le triangle de ce qui deviendrait les trois grandes puissances communistes du monde.

L'American Enterprise Institute a été fondé par William J. Baroody et Milton Friedman en 1943 ; Baroody l'a quitté en 1978 pour prendre la tête du Center for Strategic and International Studies de Georgetown, doté de 7 millions de dollars par an. Son fils, William Jr., ancien conseiller du président Nixon, a repris l'AEI et son personnel. Jr. a été adm. en tant que membre du Congrès Melvin Laird en 1961-68, puis est ensuite devenu secrétaire à la défense ; Baroody a été conseiller à la défense en 1969-73, conseiller du président de l'U.S.I pour 1973-74, et est président du Woodrow Wilson International Center for scholars. Les directeurs de l'American Enterprise Institute sont Edward Bernstein ; James S. Duesenberg, membre du Presidential Council of Economic Advisers en 1966-68, professeur à Harvard, directeur de la Federal Reserve Bank of Boston, Fulbright fellow de Cambridge en Angleterre pendant les années 1954-55 ; Frederick A. Praeger, émigré de N.Y., éditeur qui a publié un certain nombre d'ouvrages de propagande pour la CIA ; Herbert Stein, A. Willis Robertson, professeur d'économie à Univ. de Va. directeur de publication de *The Economist* de l'AEI depuis 1977, membre du War Production Board de 1941 à 1944, membre de la Brookings Institution de 1967 à 1969, membre du Council of Economic Advisers depuis 1969, président de 1972 à 1974 ; Robert H. Bork, professeur de droit à Yale, ancien solliciteur général et procureur général des États-Unis par intérim pour la période 1973-77 ; Kenneth W. Daum, ancien associé de Cravath Swaine & Moore, cabinet d'avocats de

Wall Street, aujourd'hui professeur de droit à l'université de Chicago ; D. Gale Johnson, professeur d'économie à l'université de Chicago depuis 1944, économiste à l'OPA en 1942, accède au département d'État en 1946, gère l'économie de l'armée américaine à partir de 1948, conseiller au Congrès sur la période 1974-76, consultant auprès de TVA, de la Rand Corp. et de l'AID, directeur de la William Benton Fndtn ; Robert Nisbet, professeur à la John Dewey Society, boursier de la Fondation Rockefeller en 1975-78, chercheur à l'AEL depuis 1978 ; James D. Wilson, professeur à Harvard ; Richard B. Madden, Président du comité exécutif de la AEI, président de Socony Mobil depuis 1956, directeur de Pacific Gas & Electric, de Del Monte et Weyerhauser ; Willard. Butcher, ancien président de Chase Manhattan Bank ; Charles T. Fisher III, président de la Natl Bank of Detroit, directeur de General Motors, de Detroit Edison ; Richard D. Wood, président de Eli Lilly drugs depuis 1961, directeur de Standard Oil of Indiana, et de Chemical Bank.

Ainsi, le conseil d'administration de la "Droite Dure" supposément incarné par l'American Enterprise Institute, bien financé, ressemble beaucoup à celui de la Fondation Rockefeller ou de la Hoover Institution, aux banques habituelles de New York, à la Standard Oil ou aux administrateurs de General Motors. L'Ordre Mondial garde ainsi le contrôle.

Lewis Lehman, directeur de la Heritage Foundation, et fondateur de la chaîne de magasins Rite Aid, a créé sa propre fondation en 1978. Après s'être acharné sur un nom qui attire l'attention, il a choisi l'évidence, "Lewis Lehman Institute". Son président est Robert W. Tucker, membre du Council on Foreign Relations, professeur à la John Hopkins School of International Studies, rendue célèbre par le mandat d'Owen Lattimore, dénoncé par le sénateur McCarthy comme un agent soviétique de premier plan. Le directeur de l'Institut Lehman est Barton Biggs de la Brookings Institution. Lehman a dépensé 13,9 millions de dollars en frais de campagne pour être élu gouverneur de New York, mais il a été facilement battu par Mario Cuomo, qui n'a dépensé que 4,8 millions de dollars. Le 5 décembre 1983, The

New Republic a publié un article de Sidney Blumenthal, "How Lewis Lehman Plans to Take Over America."[35]

Après avoir examiné le réseau de fondations de pseudo-droite abondamment financées, c'est presque un soulagement de revenir à la partialité marxiste directe du mouvement des fondations, comme l'illustre la Fondation Ford. Le Comité spécial d'enquête sur les fondations exonérées d'impôts a présenté son rapport en 1954 :

> "La Fondation Ford offre un bon exemple de l'utilisation d'une fondation pour résoudre le problème des droits de succession et, en même temps, le problème de savoir comment conserver le contrôle d'une grande entreprise entre les mains d'une famille. Quatre-vingt-dix pour cent de la propriété de la Ford Motor Co. a été transférée à la Fondation Ford, créée à cet effet. Si cela n'avait pas été le cas, il était presque certain que la famille aurait perdu le contrôle."

La famille Ford a payé un prix terrible pour sauver la compagnie. Pour éviter qu'elle ne se scinde, ils ont dû la remettre aux éléments les plus à gauche des États-Unis. Norman Dodd déclare que, lors de son enquête sur les fondations exonérées d'impôts, il a interrogé H. Rowan Gaither, président de la Fondation Ford. Gaither s'est plaint de la "mauvaise presse" que recevait la Fondation Ford, et l'a expliqué à Dodd :

> "La plupart d'entre nous ont été, à un moment ou à un autre, actifs dans l'OSS ou le Département d'État ou l'Administration économique européenne. À cette époque, et sans exception, nous fonctionnions selon les directives de la Maison Blanche, dont l'essentiel était que nous devions faire tous les efforts possibles pour modifier la vie aux États-Unis afin de rendre possible une fusion confortable avec l'Union Soviétique."

Il s'agit toujours de l'objectif de toutes les fondations actuelles.

En 1953, la Fondation Ford a créé le Fonds de 15 millions de dollars pour la République, avec Paul Hoffman, ancien chef de

---

[35] « Comment Lewis Lehman prévoit de s'emparer de l'Amérique », Ndt.

l'ECA, marié à la secrétaire de Baruch, Anna Rosenberg. Les directeurs du Fonds étaient l'ancien sioniste et dirigeant syndical Arthur Goldberg, et Henry Luce, dont H.L. Mencken a déclaré : "Je sais pourquoi Henry engage tant de communistes dans ses magazines. C'est parce qu'ils travaillent à bas prix."

Le Fonds pour la République a engagé Earl Browder, chef du parti communiste, "pour étudier l'influence du communisme dans l'Amérique contemporaine". En 1968, le Fonds a accordé 215 000 dollars pour "promouvoir aux États-Unis la connaissance contemporaine de Cuba". Les fonds financeront les dépenses des personnes invitées par le gouvernement de Castro à faire des recherches à Cuba. Le 13 janvier 1968, le *National Guardian* a souligné que "la Fondation Ford joue un rôle clé dans le financement et l'influence de presque tous les grands groupes de défense des droits civiques, y compris le Congrès pour l'égalité raciale, le Southern Christian Leadership, la National Urban League et la NAACP"."

La Fondation Ford a dépensé plusieurs millions pour promouvoir l'agitation raciale et une possible guerre civile en Amérique, en polarisant complètement les races. Dans cet effort, elle ne fait que poursuivre le plan inauguré par les Rothschild en 1865 avec le Peabody Fund, le Slater Fund, puis le General Education Board, qui est aujourd'hui la Fondation Rockefeller. Il faut de l'argent pour promouvoir une guerre civile. La Fondation Ford est entrée dans le domaine hispanique en donnant 600 000 dollars au Conseil du Sud-Ouest de La Raza, ouvertement révolutionnaire, en 1968, et 545 717 dollars supplémentaires en 1969. Le membre du Congrès Henry Gonzalez, lui-même hispanique, a dénoncé La Raza comme fomentant une "haine aveugle et stupide".

L'argent de Ford a soutenu de nombreux groupes révolutionnaires aux États-Unis qui se sont engagés à dynamiter et à brûler des bâtiments, à provoquer des émeutes, à kidnapper et à assassiner. Tous ces actes sont des délits criminels, mais personne n'est jamais arrêté. La Ford Motor Co. a également construit l'énorme usine de camions de la rivière Kama en Russie soviétique, qui a fourni les camions à l'Armée rouge pour attaquer l'Afghanistan. Ils sont entrés dans le pays presque sans défense sur une autoroute moderne, qui avait été construite par l'AID avec l'argent des contribuables américains.

La Fondation Ford a de nombreux liens avec les capitalistes et la CIA. Stephen Bechtel et John J. McCloy, avocat de Chase, sont membres du conseil d'administration depuis des années, ainsi que Frank Abrams, de la président Standard Oil Co. du New Jersey. Le président de la Fondation Ford est Franklin Thomas, un noir de service ; il est également directeur de la Fondation John Hay Whitney, dotée de 348 millions de dollars. Whitney a été ambassadeur en Angleterre 1956-61, décoré de l'Ordre de l'Empire britannique, président de Freeport Sulphur, éditeur du *N.Y. Tribune* ; il a épousé Betsy Cushing Roosevelt. Sa fille Kate a épousé William Haddad du *New York Post*, qui a créé le Peace Corps pour Kennedy en 1961, est gouverneur du Congrès juif américain, de la Yale Corp. et du Musée d'art moderne ; les autres directeurs de la Fondation J.H. Whitney sont Harold Howe, également directeur de la Fondation Ford, Vernon Jordan, directeur de la Fondation Rockefeller, et James F. Brownlee, associé de la J.H. Whitney Co. et directeur de la Chase Manhattan Bank, de la R.H. Macy Co. et de la président Minute Maid Corp.

Parmi les autres directeurs de la Fondation Ford figure son directeur européen, Ralf Dahrendorf, admirateur des politiques "utopiques" de Marx. Dans son œuvre, *Marx in Perspective*, il affirme que Marx est le plus grand facteur de l'émergence de la société moderne. Dahrendorf a été boursier du Center of Advanced Study en 1957-58, professeur de sociologie à Hambourg en 1958-60, à l'Université de Columbia en 1960, à l'Université de Tubingen en 1960-64, Secrétaire d'État aux affaires étrangères en Allemagne pour 1969-70. En tant que professeur de sociologie, il a créé le concept d'un "homme nouveau", qu'il a appelé "homo sociologicus", un homme transformé par le socialisme, dans lequel toutes les distinctions de race, et vraisemblablement, toutes les autres distinctions, ont disparu. Dahrendorf nie qu'il y ait des différences entre les races de l'humanité et dénonce toute idée de "supériorité" ou de compétences différentes comme une "distorsion idéologique". L'"Homo Sociologicus" est la créature des sciences sociales, l'homme socialisé qui peut être complètement contrôlé par les forces de la société.

La Fondation Ford a introduit le "behaviorisme" ou le contrôle des personnes dans les programmes de la Harvard Business School par l'intermédiaire de son directeur, Donald K. David, en 1956. David a reçu une subvention de 2 millions de dollars de la Fondation Ford pour ce programme, alors qu'il était directeur de la fondation. En 1970, la Fondation Ford a créé la Fondation de la police, dirigée par Pat Murphy, pour former la police au comportementalisme et aux "relations humaines".

Les autres directeurs de la Fondation Ford sont Harriet S. Rabb, asst. doyenne de la faculté de droit de l'Université de Columbia, directrice du Fonds juridique de la NAACP depuis 1978. Son mari Bruce Rabb est partenaire du cabinet d'avocats de Wall Street, Stroock Stroock & Lavan, qui a organisé l'Institut Lehrman et en est le secrétaire depuis 1978 ; son père, Maxwell Rabb, est également partenaire de ce cabinet d'avocats - il a été l'assistant administratif du sénateur Henry Cabot Lodge en 1937-43, secrétaire du cabinet pour la période 1953-58 sous Eisenhower, a rejoint Stroock Stroock & Lavan en 1958, il est aujourd'hui ambassadeur en Italie, président de la délégation américaine à l'UNESCO. Les autres associés de ce cabinet sont William J. van den Heuvel, ancien associé du général Donovan, et son assistant lorsqu'il était ambassadeur en Thaïlande, directeur de campagne de Jimmy Carter en 1976 ; Rita Hauser, directrice de la Brookings Institution ; et Robert B. Anderson, ancien secrétaire à la marine et secrétaire au trésor. Stroock Stroock & Lavan est spécialisé dans la gestion des finances familiales de familles juives anciennes et fortunées, et est administrateur des trois fondations Warburg.

Le président de la Fondation Ford est Alex Heard, qui a travaillé au War Dept. en 1939-43, conseiller spécial du président des États-Unis en 1970, directeur du *Time* depuis 1968 ; les autres directeurs sont Hedley Donovan, rédacteur en chef du *Time*, directeur de la Commission trilatérale ; Walter A. Haas, président de Levi Strauss, directeur de la Bank of America, du NAACP Legal Fund, président du United Jewish Appeal et de l'Alliance israélite universelle ; Donald S. Perkins, de J.P.

Morgan ; Irving S. Shapiro, ancien président de DuPont, directeur de Citicorp et de Citibank, d'IBM, directeur du Conseil économique et commercial de l'USUSSR ; Glen E. Watt, de l'AFL-CIO, membre du Club de Rome, de la Commission trilatérale et de l'Institut Aspen.

L'Union paneuropéenne, fondée par le comte Coudenhove-Kalergi et financée par les Rothschild et les Warburg, avait pour but de rétablir le contrôle oligarchique sur l'Europe. Pour atteindre ce but, il était nécessaire d'émasculer et de vaincre les puissants courants républicains qui avaient leur origine dans la Renaissance du 14ème siècle, qui, en mettant l'accent sur la liberté de l'esprit humain, a produit le plus grand épanchement culturel de l'histoire de l'humanité. Cet individualisme s'est immédiatement exprimé dans le nationalisme ; son esprit républicain s'est consacré à mettre fin au contrôle héréditaire et arbitraire et à la dictature sur la vie du peuple, atteignant sa plus grande expression dans la Constitution des États-Unis, qui était le résultat d'une rébellion contre la tutelle de la couronne britannique et de l'oligarchie bancaire qui la chapeaute.

Parce que les familles dirigeantes de l'Europe sont les descendants directs de Guillaume d'Orange, qui a créé la Banque d'Angleterre en 1694, le mouvement de destruction du nationalisme et de l'individualisme a été dirigé depuis l'Angleterre, il a trouvé sa pleine expression dans le mouvement communiste. L'Ordre Mondial a planifié et exécuté deux guerres mondiales pour rétablir la domination de l'oligarchie, une domination mondiale appelée diversement le bolchevisme, la Société des Nations ou les Nations Unies, mais jamais l'Ordre Mondial.

L'idéologie des fondations américaines, créées par le Tavistock Institute of Human Relations de Londres, témoigne de la mainmise des Anglais sur ce mouvement mondial. En 1921, le 11ème Duc de Bedford et Marquis de Tavistock, a donné un bâtiment à l'Institut pour étudier l'effet du choc des obus sur les soldats britanniques qui ont survécu à la Première Guerre mondiale. Son but était d'établir le "point de rupture" des hommes en situation de stress, sous la direction du Bureau de la guerre psychologique de l'armée britannique, commandé par Sir John Rawlings-Reese.

L'Institut Tavistock a son siège à Londres, parce que son prophète, Sigmund Freud, s'est installé ici, dans les jardins de Maresfield, lorsqu'il a emménagé en Angleterre. La princesse Bonaparte lui a offert un manoir. Le travail de pionnier de Tavistock dans le domaine des sciences du comportement selon les principes freudiens de "contrôle" des humains l'a établi comme le centre mondial de l'idéologie fondatrice. Son réseau s'étend maintenant de l'université du Sussex aux États-Unis par l'intermédiaire du Stanford Research Institute, d'Esalen, du MIT, de l'Hudson Institute, de la Heritage Foundation, du Center of Strategic and International Studies de Georgetown, où sont formés les personnels du département d'État, des services de renseignement de l'armée de l'air américaine et des sociétés Rand et Mitre. Le personnel des fondations est tenu de suivre un endoctrinement dans une ou plusieurs de ces institutions contrôlées par Tavistock. Un réseau de groupes secrets, la Société du Mont Pèlerin, la Commission trilatérale, la Fondation Ditchley et le Club de Rome, est chargé de transmettre les instructions au réseau Tavistock.

L'Institut Tavistock a développé les techniques de lavage de cerveau de masse qui ont été utilisées pour la première fois à titre expérimental sur des prisonniers de guerre américains en Corée. Ses expériences sur les méthodes de contrôle des foules ont été largement utilisées sur le public américain, ce qui représente une attaque subreptice mais néanmoins scandaleuse contre la liberté humaine en modifiant le comportement individuel par le biais de la manipulation psychologique en fonction de l'actualité. Un réfugié allemand, Kurt Lewin, est devenu directeur de Tavistock en 1932. Il est venu aux États-Unis en 1933 en tant que "réfugié", le premier de nombreux infiltrés, et a créé la clinique de psychologie de Harvard, à l'origine de la campagne de propagande visant à retourner le public américain contre l'Allemagne et à nous impliquer dans la Seconde Guerre mondiale. En 1938, Roosevelt exécuta un accord secret avec Churchill qui, en fait, cédait la souveraineté américaine à l'Angleterre, car celle-ci acceptait de laisser le Special

Operations Executive contrôler les polices américaines. Pour mettre en œuvre cet accord, Roosevelt a envoyé le général Donovan à Londres pour l'endoctrinement avant de mettre en place l'OSS (aujourd'hui la CIA) sous l'égide du SOE-SIS. L'ensemble du programme OSS, ainsi que la CIA, a toujours travaillé selon les directives établies par l'Institut Tavistock.

L'Institut Tavistock est à l'origine des bombardements massifs de civils effectués par Roosevelt et Churchill dans le seul but de mener une expérience clinique de terreur de masse, en gardant une trace des résultats alors qu'ils observaient les "cobayes" réagir dans des "conditions de laboratoire contrôlées". Toutes les techniques de Tavistock et de la fondation américaine ont un seul but : briser la force psychologique de l'individu et le rendre impuissant à s'opposer aux dictateurs de l'Ordre Mondial. Toute technique qui contribue à briser la cellule familiale, et les principes de religion, d'honneur, de patriotisme et de comportement sexuel inculqués par la famille, sont utilisés par les scientifiques de Tavistock comme des armes de contrôle de la foule. Les méthodes de la psychothérapie freudienne induisent une maladie mentale permanente chez ceux qui subissent ce traitement en déstabilisant leur caractère. Il est alors conseillé à la victime d'"établir de nouveaux rituels d'interaction personnelle", c'est-à-dire de se livrer à de brèves rencontres sexuelles qui, en fait, mettent les participants à la dérive sans relations personnelles stables dans leur vie, détruisant leur capacité à fonder ou à entretenir une famille.

L'Institut Tavistock a développé un tel pouvoir aux États-Unis que personne n'atteint la célébrité dans aucun domaine sans avoir été formé aux sciences du comportement chez Tavistock ou dans l'une de ses filiales. Henry Kissinger, dont la montée fulgurante au pouvoir est par ailleurs inexplicable, était un réfugié allemand et l'élève de Sir John Rawlings Reese au SHAEF. Le Dr Peter Bourne, psychologue à l'Institut Tavistock, a choisi Carter comme président des États-Unis uniquement parce que Carter avait subi un programme intensif de lavage de cerveau administré par l'amiral Hyman Rickover à Annapolis. La Fondation Old Dominion de Paul Mellon a donné à Tavistock 97 000 dollars en 1956, et 12 000 dollars au cours de chacune des trois années suivantes. L'Old Dominion a également donné à la Fondation Anna Freud 8000 dollars par an. Tavistock maintient deux écoles à Francfort, lieu de naissance des Rothschild, l'école de Francfort et l'Institut Sigmund Freud.

L'"expérience" d'intégration raciale obligatoire aux États-Unis a été organisée par Ronald Lippert, de l'OSS et du Congrès juif américain, et directeur de la formation des enfants à la Commission des relations communautaires. Le programme a été conçu pour briser le sentiment de connaissance personnelle de l'individu dans son identité par son héritage racial. Par l'intermédiaire du Stanford Research Institute, Tavistock contrôle la National Education Association. L'Institut de recherche sociale du Natl Training Lab lave le cerveau des principaux cadres des entreprises et du gouvernement. La puissance de Tavistock est telle que tout notre programme spatial a été abandonné pendant neuf ans pour que les Soviétiques puissent le rattraper. L'interruption a été demandée dans un article écrit par le Dr Anatol Rapport, et a été rapidement accordée par le gouvernement, à la mystification complète de tous ceux qui sont liés à la NASA. Une autre opération importante de Tavistock est la Wharton School of Finance.

Un seul dénominateur commun identifie la stratégie de Tavistock : l'utilisation de la drogue. Le tristement célèbre programme MK Ultra de la CIA, dirigé par le Dr Sidney Gottlieb, dans lequel des fonctionnaires de la CIA sans méfiance ont reçu du LSD comme des cobayes pour mieux étudier leur réaction, a entraîné plusieurs décès. Le gouvernement américain a dû payer des millions de dollars de dommages et intérêts aux familles des victimes, mais les coupables n'ont jamais été inculpés. Le programme a vu le jour lorsque Sandoz AG, une société pharmaceutique suisse, appartenant à la société S.G. Warburg Co. de Londres, a développé l'acide Lysergique. Le conseiller de Roosevelt, James Paul Warburg, fils de Paul Warburg qui a rédigé le Federal Reserve Act, et neveu de Max Warburg qui avait financé Hitler, a créé l'Institute for Policy Studies pour promouvoir la drogue. Le résultat fut la "contre-culture" du LSD des années 1960 et la "révolution étudiante", qui fut financée par 25 millions de dollars sur les fonds de la CIA.

Le Fonds pour l'écologie humaine faisait partie du projet MK Ultra ; la CIA a également payé le Dr Herbert Kelman de Harvard pour mener d'autres expériences sur le contrôle des esprits. Dans les années 1950, la CIA a financé de vastes expériences sur le LSD au Canada. Le Dr D. Ewen Cameron, président de l'Association canadienne de psychologie et directeur de l'hôpital Royal Victorian de Montréal, a reçu d'importants paiements de la CIA pour administre de fortes doses de LSD à 53 patients et enregistrer leurs réactions ; les patients ont été drogués pendant des semaines dans leur sommeil, puis ont reçu des traitements par électrochocs. Une des victimes, l'épouse d'un membre du Parlement canadien, poursuit maintenant les sociétés américaines qui ont fourni le médicament à la CIA. Dans sa biographie de Helms, Powers déclare que dans les derniers jours de son mandat, Helms a ordonné au Dr Sidney Gottlieb, directeur du programme MK Ultra, de détruire tous les dossiers du programme de dépistage des drogues de la CIA. Au 14 janvier 1973, Helms avait détruit cinq mille pages de notes prises dans son bureau pendant ses six ans et demi de directeur de la CIA !

Comme tous les efforts de l'Institut Tavistock visent à produire un effondrement cyclique, les effets des programmes de la CIA sont tragiquement apparents. R. Emmett Tyrell Jr, écrivant dans le *Washington Post* du 20 août 1984, cite les "conséquences sordides des radicaux des années 60 dans le SDS" comme ayant pour résultat "le taux croissant de naissances illégitimes, d'anarchie rampante, de toxicomanie, de laisser-aller, de maladies vénériennes et mentales". C'est l'héritage des Warburgs et de la CIA. Leur principale agence, l'Institute for Policy Studies, était financée par James Paul Warburg ; son co-fondateur était Marcus Raskin, un protégé de McGeorge Bundy, président de la Ford Foundation. Bundy a fait nommer Raskin au poste de représentant personnel du président Kennedy au Conseil national de sécurité et, en 1963, a financé Students for Democratic Society, par l'intermédiaire duquel la CIA a répandu la culture de la drogue.

Aujourd'hui, l'Institut Tavistock gère un réseau de fondations aux États-Unis, dont le budget s'élève à 6 milliards de dollars par an et qui est entièrement financé par l'argent des contribuables américains. Dix grandes institutions sont sous son contrôle direct, avec 400 filiales, et 3000 autres groupes d'étude et de réflexion qui sont à l'origine de nombreux types de programmes visant à accroître le contrôle de l'Ordre Mondial sur le peuple américain. L'Institut Hudson, une entreprise de 5 millions de dollars par an et 120 employés, fondée en 1965 par Herman Kahn de la Rand Corp. et du Stanford Research Institute, est un exemple typique ; ses directeurs sont Alexander Haig, président de United Technologies ; Frank Carlucci, secrétaire adjoint à la Défense, et maintenant président de Sears World Trade Corp. ; Daniel C. Searle, président de G.D. Searle Drug Co. et le gouverneur du Delaware Pierre DuPont. Le principal architecte de l'Hudson était Frank Altschul, directeur de la Fondation Ford, partenaire de Lazard Frères, qui a épousé une membre de la famille Lehman, président de General American Investors, directeur de U.S. Leather, de la Banque internationale d'Amsterdam, de l'American Eagle Fire Insurance, de la Yale Corp. de l'Institute of International Studies, du China Institute in America, dont la nécrologie du *Times* en 1981 le qualifiait d'"homme de la Renaissance", qui a enrichi la bibliothèque de Yale et la Overbrook Press. Les autres associés de Hudson sont Leo Cherne, du Foreign Advisory Intelligence Board, et Sidney Hook, de la Hoover Institution.

L'Institut de recherche de Stanford, attenant à la Hoover Institution, est un établissement coutant 150 millions de dollars par an qui emploie 3300 personnes. Il assure un programme de surveillance pour Bechtel, Kaiser et 400 autres sociétés, ainsi que des opérations de renseignement de grande envergure pour le compte de la CIA. C'est la plus grande institution de la côte ouest à promouvoir le contrôle des esprits et les sciences du comportement.

L'une des principales agences qui servent de relais aux instructions secrètes de Tavistock est la Fondation Ditchley, fondée en 1957 par Sir Philip Adams. Longtemps fonctionnaire des affaires étrangères, Adams a été ministre à Khartoum en 1954, ambassadeur en Jordanie en 1966-70, et en Égypte en 1973-75 ; il a épousé la fille du baron Trevethin (la famille

Lawrence, qui comprend plusieurs Lord Chief Justice[36] de Grande-Bretagne).

La Ditchley Foundation a son siège à Ditchley Park, près d'Oxford, dans un château construit pour le comte de Lichfield au XVIe siècle ; l'actuel comte de Lichfield est un cousin de la reine Elizabeth, et est connu comme un photographe de belles femmes. Ditchley Park a été donné à la fondation par Ronald et Marietta Tree. Ronald Tree, filleul de Marshall Field, a été pendant de nombreuses années un haut fonctionnaire des services de renseignement britanniques. Il a été nommé secrétaire parlementaire du ministre des pensions, du ministre de l'information et du ministre de la planification. Il est d'abord marié à Nancy Moncure Perkins, issue d'une vieille famille de Virginie. Ils divorcent et il épouse Marietta Peabody, petite-fille d'Endicott Peabody, directeur de Groton, où est formée l'élite américaine. Sa carrière a donné naissance à l'expression "beautiful people", le brillant ensemble international consacré aux causes de gauche. Elle a commencé sa carrière comme une jeune et belle "hôtesse" pour Nelson Rockefeller en 1942, puis est devenue déléguée syndicale pour la Newspaper Guild du *Life Magazine*, elle a intégré le Comité des pratiques de logement équitable pour New York, les Volontaire pour Stevenson en 1958, la Commission des droits de l'homme des Nations Unies en 1959-64, avant d'être nommée Ambassadrice aux Nations Unies pour la période 1961-64. Les articles du magazine donnaient des comptes rendus élogieux de la vie d'une "belle personne" à New York, de sa maison de ville au 123 E. 79th St. remplie de meubles anciens et de trésors artistiques de Ditchley Park, de la maison dirigée sans faille par un majordome anglais, ainsi que de leur maison d'été à la Barbade, où ils ont reçu Winston Churchill en 1960. La branche américaine de la Ditchley Foundation est dirigée par Cyrus Vance, ancien secrétaire d'État et directeur de la Rockefeller Foundation ; Alan Pifer, président de la Carnegie Foundation, et Winston Lord, président du Council on Foreign Relations. Lord a été officier politique et militaire au Département d'État de 1961 à 1964, officier de

---

[36] Chef de la magistrature au Royaume-Uni, Ndt.

sécurité internationale au Département de la défense de 1969 à 1973, conseiller spécial du président des États-Unis de 1970 à 1973, directeur de la planification politique au Département d'État de 1973 à 1977, membre du Conseil atlantique et de l'Institut atlantique. Les autres membres de Ditchley ont été Wallace Sterling, président de l'université de Stanford, Richard Steadman du German Marshall Fund, et Donald Perkins de la Brookings Institution. Perkins est directeur de *Time*, de Thyssen Bornemitza, d'ATT, de Corning, de Cummins Engine, de Freeport Moran, de G.D. Searle et de la Morgan Guaranty Trust Bank, et président de Jewel Tea Co.

L'une des opérations principales mais peu connues de la Fondation Rockefeller concerne ses techniques mises en place pour contrôler l'agriculture mondiale. Son directeur, Kenneth Wernimont, a mis en place des programmes agricoles contrôlés par Rockefeller dans tout le Mexique et l'Amérique latine. L'agriculteur indépendant est une grande menace pour l'Ordre Mondial, parce qu'il produit pour lui-même et que sa production peut être convertie en capital, ce qui lui assure son indépendance. En Russie soviétique, les bolcheviks croyaient avoir atteint un contrôle total sur le peuple ; ils étaient consternés de voir leurs plans menacés par l'indépendance obstinée des petits agriculteurs, les koulaks. Staline a ordonné à l'OGPU de saisir toutes les vivres et les animaux des koulaks, et de les affamer. Le 25 février 1935, le *Chicago American* publiait à sa une : SIX MILLIONS D'UKRAINIENS PÉRISSENT PAR LA FAMINE SOVIÉTIQUE : Les récoltes des paysans saisies, eux et leurs animaux meurent de faim. Pour attirer l'attention sur cette atrocité, il fut plus tard allégué que les Allemands, et non les Soviétiques, avaient tué six millions de personnes, chiffre repris de la manchette de l'*American Chicago* par un publicitaire de Chicago.

Le Parti communiste, le Parti des paysans et des ouvriers, a exterminé les paysans et réduit les ouvriers en esclavage. De nombreux régimes totalitaires ont trouvé dans le petit paysan leur plus grande pierre d'achoppement. Le règne français de la terreur était dirigé, non pas contre les aristocrates, dont beaucoup lui étaient sympathiques, mais contre les petits paysans qui refusaient de remettre leur grain aux tribunaux révolutionnaires en échange d'assignats sans valeur. Aux États-Unis, les fondations sont actuellement engagées dans le même type de guerre d'extermination contre le fermier américain. La formule traditionnelle de la terre plus le travail pour le fermier a été modifiée en raison du besoin de pouvoir d'achat du fermier, pour acheter les biens industriels nécessaires à ses activités agricoles. En raison de ce besoin de capital, l'agriculteur est particulièrement vulnérable à la manipulation des taux d'intérêt par l'Ordre Mondial, qui le met en faillite. Tout comme en Union Soviétique, au début des années 1930, lorsque Staline a ordonné aux koulaks d'abandonner leurs petites parcelles de terre pour vivre et travailler dans les fermes collectives, le petit agriculteur américain est confronté au même type d'extermination, étant forcé d'abandonner sa petite parcelle de terre pour devenir un ouvrier à louer pour les grands Soviets agricoles ou les trusts. La Brookings Institution et d'autres fondations sont à l'origine des programmes monétaires mis en œuvre par le système de la Réserve Fédérale pour détruire le fermier américain, une répétition de la tragédie soviétique en Russie, à la seule condition que le fermier sera autorisé à survivre s'il devient un travailleur esclave des grands trusts.

Une fois que le citoyen prend conscience du véritable rôle des fondations, il peut comprendre les taux d'intérêt élevés, les impôts élevés, la destruction de la famille, la dégradation des églises pour les changer en forums de révolution, la subversion des universités en cloaques de toxicomanie par la CIA et l'état des coulisses du gouvernement, sorte d'égouts d'espionnage et d'intrigues internationales. Le citoyen américain peut maintenant comprendre pourquoi tous les agents du gouvernement fédéral sont contre lui ; les agences de l'alphabet, le FBI, l'IRS, la CIA et le BATF doivent faire la guerre au citoyen afin de réaliser les programmes des fondations.

Nous avons vu l'étroite imbrication des fondations avec les banques et les sociétés internationales, toutes issues du Peabody Fund de 1865, et du War Industries Board de Bernard Baruch pendant la première guerre mondiale. Les agissements des fondations sont en violation directe de leurs chartes, qui les engagent à faire un travail "charitable", car elles n'accordent pas de subventions qui s'inscrivent dans un but apolitique. L'accusation a été faite, et jamais démentie, que le réseau Heritage AEI compte au moins deux taupes du KGB parmi son personnel. L'emploi d'agents de renseignements professionnels comme travailleurs "charitables", comme cela a été fait dans la mission de la Croix-Rouge en Russie en 1917, révèle les sinistres objectifs politiques, économiques et sociaux exigés par l'Ordre Mondial pour que les fondations s'y conforme aux moyens de leurs "legs".

Non seulement il s'agit d'une fraude fiscale, car les fondations bénéficient d'une exonération fiscale uniquement pour leurs activités caritatives, mais il s'agit également de syndicalisme criminel, de conspiration pour commettre des délits contre les États-Unis d'Amérique, tombant sous le coup de la loi constitutionnelle 213, du Corpus Juris Secundum 16. Pour la première fois, l'étroite imbrication du "syndicat" des fondations a été révélée par les noms de ses principaux fondateurs - Daniel Coit Gilman, qui a constitué le Peabody Fund et le John Slater Fund, et est devenu un des fondateurs du General Education Board (aujourd'hui la Rockefeller Foundation) ; Gilman, qui a également constitué le Russell Trust en 1856, est devenu plus tard un des fondateurs de la Carnegie Institution avec Andrew Dickson White (Russell Trust) et Frederic A. Delano. Delano a également été l'un des fondateurs de la Brookings Institution et de la Carnegie Endowment for International Peace. Daniel Coit Gilman a créé la Russell Sage Foundation avec Cleveland H. Dodge de la National City Bank. Les fondateurs de ces fondations ont été étroitement liés au système de la Réserve Fédérale, au War Industries Board de la Première Guerre mondiale, à l'OSS de la Seconde Guerre mondiale et à la CIA. Elles ont également été étroitement liées à l'American International Corporation, qui a été créée pour être l'instigatrice de la révolution bolchevique en Russie. Delano, un oncle de Franklin Delano Roosevelt, faisait partie du premier conseil des gouverneurs du système de la Réserve Fédérale en 1914. Son beau-frère a fondé l'influent cabinet d'avocats Covington and Burling à Washington. Les Delano et les autres familles dirigeantes de l'Ordre Mondial remontent directement à

Guillaume d'Orange et au régime qui a accordé la charte de la Banque d'Angleterre. Sa Majesté la reine mère Elizabeth, Lady Elizabeth Bowes-Lyon, est la fille du 14ème comte de Strathmore. Lorsque Guillaume d'Orange envahit l'Angleterre en 1688, les seigneurs écossais, qui avaient été fidèles à Jacques II, furent les derniers à capituler. Patrick Lyon prêta le serment d'allégeance à Guillaume en 1690, et devint le premier comte de Strathmore. La famille réside au château de Glamis, qui a été rendu célèbre par la pièce de Shakespeare, *Macbeth*. L'actuel Lord Glamis est Michael Fergus Bowes-Lyon, héritier du 17ème comte de Strathmore, qui détient d'autres titres de comte de Kinghorne, vicomte de Lyon, Farnedyce, Sydlaw et Strathdichtie.

ANNEXE I

A près avoir pris le contrôle du gouvernement national, la Fondation Rockefeller a décidé de prendre le contrôle des assemblées législatives des États. Le mouvement a commencé dans le Colorado, où les Rockefeller avaient perpétré le tristement célèbre "massacre Ludlow" des travailleurs de leur usine Colorado Fuel & Iron. Le sénateur d'État Henry Wolcott Toll, un avocat de Denver et diplômé de la faculté de droit de Harvard, a été le fer de lance de l'organisation de l'Association des législateurs américains en 1925.

Le *Time* du 27 avril 1936, note que Toll a obtenu en 1930 une aide financière du Fonds Spelman Rockefeller et a déplacé l'organisation sur le campus de l'Université Rockefeller de Chicago. Le *Time* indiquait :

> "Aujourd'hui, le Capitole des États-Unis est toujours à Washington, mais pour autant que les États aient individuellement un point de contact, il s'agit de l'immeuble de bureaux de M. Toll à Chicago. Actuellement, l'argent de Rockefeller doit permettre d'ériger un bâtiment de 500 000 dollars sur le Midway de Chicago pour abriter ces secrétariats, une sorte de Palais de la Société des Nations pour les gouvernements locaux des 48 États."

Ce dernier est devenu le Council of State Governments au 1313 60th St. à Chicago, d'où la Fondation Rockefeller contrôlait les législatures des États et faisait passer leurs programmes par des organismes d'État pour la plupart peu regardant.

Le *Time* indique également que les plans de Toll ont été approuvés par un personnage principal de cette histoire, Frederick A. Delano :

> "Ses projets ont été approuvés par l'oncle de Franklin Roosevelt, Frederick A. Delano, qui, en tant que président du

Comité présidentiel des ressources nationales, était là pour donner son avis."

Ainsi, le fondateur de la Brookings Institution guide le contrôle des fondations des législatures des États. Le Council of State Governments s'est maintenant installé à Lexington, dans le Kentucky, où il comprend actuellement la Conference of Chief Justices, la Conference of State Court Administrators et les National Associations of Attorney Generals, les secrétaires d'État et les commissaires aux comptes, les bureaux d'achat des États, les lieutenants-gouverneurs et les législateurs des États. Les gouverneurs des 50 États sont membres du Conseil des gouvernements des États.

CHAPITRE NEUF

LA RÈGLE DE L'ORDRE

> *"Au temps du soir, voici la consternation ; avant le matin*
> *ils ne sont plus. Voilà le partage de ceux qui nous pillent*
> *et le sort de ceux qui nous dépouillent."*- Isaïe 17 ; 14.

Cinq hommes dirigent le monde. Ce Conseil des cinq est composé du baron Guy de Rothschild, d'Evelyn de Rothschild, de George Pratt Shultz, de Robert Roosa (de l'entreprise familiale de Bush, Brown Brothers Harriman) et d'un poste vacant, au moment de la rédaction du présent document. Au cours des dernières années, les membres du Conseil qui sont décédés comprennent Averill Harriman, Lord Victor Rothschild et le Prince Thurn und Taxis de Ratisbonne, en Allemagne. Aucun d'entre eux n'occupe de fonction publique, mais ils choisissent qui occupera un poste au sein de toutes les nations. Ces cinq hommes constituent le sommet de la pyramide du pouvoir, l'Ordre Mondial. On peut se demander pourquoi il devrait y avoir un Ordre Mondial. Ne suffit-il pas de détenir un pouvoir absolu dans une seule nation ou dans un groupe de nations ? La réponse est non, en raison de la nature des voyages internationaux, du commerce international et de la finance internationale. Les voyages internationaux exigent qu'une personne puisse voyager en paix d'une nation à l'autre, sans être molestée. Sauf en cas d'anarchie, de révolution ou de guerre, cette condition peut généralement être remplie. Le commerce international exige que les commerçants d'un pays puissent se rendre dans un autre pays, y faire des affaires et en revenir avec leurs marchandises ou leurs bénéfices. Cette exigence est généralement satisfaite elle aussi. Sinon, la nation offensée peut exercer la force militaire, comme l'a fait la Grande-Bretagne dans ses guerres de l'opium.

C'est la troisième exigence, la finance internationale, qui a donné naissance à l'Ordre Mondial. Autrefois, lorsque le commerce international était basé sur le troc, le paiement en or ou en argent ou sur la piraterie, ou encore la saisie de marchandises par la force, il n'était pas nécessaire de recourir à un arbitre mondial pour déterminer la valeur des instruments du commerce. Le développement du papier-monnaie, des actions, des obligations, des effets de commerce et autres instruments négociables nécessitait un pouvoir, capable d'exercer une influence partout dans le monde, de déclarer qu'un morceau de papier représentait un milliard de dollars de richesse réelle, voire un dollar de richesse réelle. Une entrée sur un ordinateur, tapée de Londres à New York, déclare qu'une personne doit cinq milliards de dollars à une autre. Sans un véritable soutien du pouvoir, une telle somme ne pourrait jamais être perçue, quelle que soit la réalité ou la moralité de la dette. Comme n'importe quel membre de la mafia peut vous le dire, on ne recouvre pas les sommes dues à moins d'être prêt à casser les jambes du débiteur. L'Ordre Mondial est toujours prêt à casser des jambes, et il le fait par millions.

Que seraient devenus les premiers colons d'Amérique s'ils étaient allés voir les Indiens et leur avaient dit :

> "Donnez-nous vos biens et les titres de vos maisons et de vos terres. En retour, nous vous donnerons ce papier magnifiquement imprimé."

Les Indiens les auraient attaqué, et c'est ce qu'ils ont fait. Lorsque les colons sont arrivés avec une armée dirigée par un Pizaro ou un Cortez, ils ont pris les terres sans même leur laisser un morceau de papier.

L'Ordre Mondial règne avec ses morceaux de papier, mais derrière chaque papier se cache une force qui peut être employée partout dans le monde. Cette force peut être déguisée par divers subterfuges comme des accords internationaux, des associations ou d'autres camouflages, mais sa base est toujours la force.

L'Ordre Mondial règne grâce à une technique simple : Diviser et Conquérir (*Divide et Impera*). Toute division naturelle ou contre nature entre les peuples, toute occasion de haine ou d'avidité, est exploitée et exacerbée jusqu'à la limite. La polarisation des groupes raciaux et ethniques aux États-Unis est accélérée par un flot de décrets gouvernementaux, issus d'"études" de fondation, qui visent uniquement à dresser les Américains les uns contre les autres. Ce n'est que de cette manière que l'Ordre Mondial peut maintenir son emprise sur la vie quotidienne des gens. L'Ordre Mondial est également régi par le principe de *1984* : aucun groupe de deux personnes ou plus n'est autorisé à se réunir sans la présence d'un représentant de l'Ordre Mondial. Si vous créez un club d'amateurs de pissenlits, l'Ordre enverra quelqu'un qui vous aidera discrètement, en évitant de prendre la position de tête, et qui vous proposera de payer la location d'un lieu de réunion ou l'impression des procès-verbaux. Dans les groupes plus radicaux, le représentant de l'Ordre sera le premier à proposer de dynamiter un bâtiment, d'assassiner un fonctionnaire ou de mener toute autre action violente.

Le terrorisme international du Parti communiste a pris naissance dans un petit club de travailleurs allemands et français à Paris, consacré à la lecture tranquille et à la discussion, jusqu'à ce que Karl Marx y adhère. Il a ensuite été transformé en groupe révolutionnaire. Ce seul exemple explique la détermination de l'Ordre à ne laisser aucun groupe, aussi insignifiant soit-il, sans surveillance. L'Ordre Mondial a adopté la dialectique hégélienne, la dialectique du matérialisme, qui considère la vie comme une puissance et le monde comme une réalité. Il nie toutes les autres puissances et toutes les autres réalités. Il fonctionne sur le principe de la thèse, de l'antithèse et d'une synthèse qui résulte lorsque la thèse et l'antithèse sont jetées l'une contre l'autre pour un résultat prédéterminé. Ainsi, l'Ordre Mondial organise et finance des groupes juifs ; il organise et finance ensuite des groupes antijuifs ; il organise des groupes communistes ; il organise et finance ensuite des groupes anticommunistes. Il n'est pas nécessaire que l'Ordre monte ces groupes les uns contre les autres ; ils se cherchent mutuellement comme des missiles à tête chercheuse brulante et tentent de se détruire mutuellement. En contrôlant la taille et les ressources de chaque groupe, l'Ordre Mondial peut toujours prédéterminer le résultat.

À travers cette technique, les membres de l'Ordre Mondial sont souvent identifiés d'un côté ou de l'autre. John Foster Dulles a arrangé le financement pour Hitler, mais il n'a jamais été un nazi. David Rockefeller est peut-être acclamé à Moscou, mais il n'est pas communiste. Cependant, l'Ordre se présente toujours du côté des vainqueurs. Un trait distinctif d'un membre de l'Ordre Mondial, bien qu'il ne puisse être admis, est qu'il ne croit en rien d'autre qu'en l'Ordre Mondial. Un autre trait distinctif est son mépris absolu pour toute personne qui croit réellement aux principes du communisme, du sionisme, du christianisme ou de tout groupe national, religieux ou fraternel, bien que l'Ordre ait des membres qui occupent des postes de contrôle dans tous ces groupes. Si vous êtes un chrétien, un sioniste ou un musulman sincère, l'Ordre Mondial vous considère comme un imbécile indigne de respect. Vous pouvez être et serez utilisé, mais vous ne serez jamais respecté.

Il a fallu des siècles d'efforts patients pour que l'Ordre Mondial atteigne le pouvoir qu'il exerce aujourd'hui. Ses origines en tant que force internationale remontent aux trafiquants d'esclaves phéniciens, se poursuivent à travers les familles de Phanariotes de l'Empire byzantin, puis les commerçants et banquiers vénitiens et génois du Moyen Âge, qui se sont installés en Espagne et au Portugal, et plus tard en Angleterre et en Écosse. Au XIVe siècle, les Génois contrôlaient les propriétaires écossais. La famille impériale de l'Empire byzantin, les Paléologues (qui signifie "le Verbe"), a été attaquée par la faction gnostique, dont la philosophie matérialiste aristotélicienne était le précurseur de la dialectique hégélienne et du marxisme. Les Paléologues croyaient pieusement en la foi chrétienne, telle qu'elle est exprimée par le rite orthodoxe. Les armées matérialistes vénitiennes et génoises, avec l'aide des "infidèles" turcs, conquirent et pillèrent Constantinople, la légendaire "Cité de Dieu". Les survivants byzantins ont recréé leur culture en Russie, avec Moscou comme "la troisième Rome". Le plan de destruction de l'Église orthodoxe et de son chef Romanov (nouvelle Rome) était le but caché de la Première Guerre mondiale. Les vainqueurs sont repartis avec un milliard de dollars de la fortune des Romanov, après avoir réussi à vaincre le protecteur de leur ennemi juré : l'Église orthodoxe.

Au cours du Moyen Age, les centres de pouvoir européens se sont regroupés en deux camps, les Gibelins, ceux qui soutenaient la famille de l'empereur Hohenstaufen, (une adaptation italienne de Weinblingen, le nom du domaine des Hohenstaufen), et les Guelfes, de Welf, le prince allemand qui était en concurrence avec Frédéric pour le contrôle du Saint Empire romain. Le pape s'est ensuite allié aux Guelfes contre les Gibelins, ce qui a permis leur victoire. Toute l'histoire moderne découle directement de la lutte entre ces deux puissances. Les Guelfes, également appelés Neri, ou Guelfes noirs, issus de la noblesse noire, sont les descendants des Normands qui ont conquis l'Angleterre au 11ème siècle ; les Génois qui ont soutenu Robert Bruce dans sa conquête de l'Écosse, et qui ont soutenu Guillaume d'Orange dans sa prise du trône d'Angleterre. La victoire de Guillaume a entraîné la formation de la Banque d'Angleterre et de la Compagnie des Indes orientales, qui dirigent le monde depuis le XVIIe siècle. Tous les coups d'État, les révolutions et les guerres qui ont suivi se sont concentrés sur la bataille des Guelfes pour maintenir et renforcer leur pouvoir, qui est maintenant l'Ordre Mondial.

Le pouvoir des Guelfes s'est accru grâce à leur contrôle des banques et du commerce international. Il s'est étendu grâce aux maisons bancaires italiennes au nord de Florence, en Lombardie, qui sont devenus de grands centres financiers. Tous les banquiers italiens, y compris les Génois, les Vénitiens et les Milanais, étaient appelés "Lombards" ; Lombard, en allemand, signifie "banque de dépôt" ; les Lombards étaient les banquiers de tout le monde médiéval. L'histoire moderne commence avec le transfert de leurs opérations vers le nord, à Hambourg, Amsterdam et enfin Londres.

Les grandes fortunes américaines sont nées de la traite des esclaves des Guelphes vers les colonies. Beaucoup de marchands d'esclaves ont devancé la piraterie en richesses issues du pillage et de l'exploitation. L'église de la Trinité, dont le chef fut plus tard J.P. Morgan, était à l'origine connue comme "l'église des pirates". Le capitaine William Kidd a fourni les matériaux nécessaires à sa construction en 1697, et un banc lui a été réservé. Il a été arrêté l'année suivante et pendu enchaîné à Newgate. En 1711, un marché aux esclaves fut installé sur Wall Street près de l'église, et y fonctionna pendant de nombreuses années.

Deux des influences les plus puissantes dans le monde d'aujourd'hui sont le commerce international de la drogue, qui a commencé avec la Compagnie des Indes orientales, et l'espionnage international, qui a commencé avec la Banque d'Angleterre. La Compagnie des Indes orientales a reçu une charte en 1600, dans les derniers jours du règne de la reine Elizabeth. En 1622, sous Jacques Ier, elle est devenue une société par actions. En 1661, dans une tentative de conserver son trône, Charles II accorda à la East India Co. le pouvoir de faire la guerre. De 1700 à 1830, la East India Co. a pris le contrôle de toute l'Inde et a arraché le monopole historique de l'opium aux Grands Mogols.

La Couronne s'efforçait périodiquement de garder le contrôle du monstre qu'elle avait déchaîné. Les State Papers (Domestic) Interregnum, xvi, n° 97 (1649-51) déclare :

"Attendu que plusieurs mandats ont été obtenus par la Compagnie des Indes orientales, pour le transport de plusieurs grandes quantités d'or et d'argent, les timbres d'Ilksom sont accordés à plusieurs marchands et autres sur leur demande et leurs suggestions, et que, en vertu de ce mandat, d'autres grandes sommes d'argent sont également garanties, l'or et l'argent anglais sont tous deux transportés hors de la nation, ce qui pourrait être empêché par l'État qui désignerait une personne assermentée et contrôlée compétente dans ce domaine, pour examiner et fouiller tous les insignes et les caisses de trésor transportés hors de la nation, et pour veiller à l'emballage et à la composition dudit trésor, et qu'il ne soit plus envoyé hors ce pour quoi la loi donne une autorisation, tant en quantité qu'en qualité, et enregistré, et renvoyé chaque année au Conseil d'État, et que le contrôleur, pour sa surveillance, sa recherche, ses scellés et son marquage, exige et fasse remorquer des shillings tous les cent livres sterling, par voie maritime, ou la valeur de chaque cent livres sterling, si l'or ou l'argent est en lingots ou en barils, pour tout l'or et l'argent qui seront exportés sous licence, soit par la Compagnie des Indes orientales, soit par toute autre personne, et qu'il ne sera pas permis à un homme de transporter de l'or ou de l'argent avant qu'il ne soit vu et examiné par Tho. Violet ou son débit jugé suffisant, et enregistré."

La supervision gouvernementale du contrôle des mouvements internationaux d'or et d'argent est un problème national depuis que Cicéron s'y est opposé au Forum romain. Sir Walter Raleigh a souligné, dans ses *Select Observations of the Incomparable Sir Walter Raleigh*, MDCXCVI p.6 :

1. Une nation ne peut être prospère qu'au sein d'un État qui possède une quantité proportionnelle d'argent ou d'or pour équilibrer sa force et pratiquer le commerce avec les nations voisines.

2. Que, bien que l'argent liquide actuel de ce Royaume puisse être converti en lingots et devenir ainsi une matière première commerciale (comme cela a été pratiqué depuis cent ans), il sera soit acheminé vers le meilleur marché, soit forgé dans des assiettes chez nous, malgré la plus grande rigueur et vigilance, au détriment de la grande consommation quotidienne de la monnaie et de la nation. L'augmentation de la valeur de notre monnaie est le seul moyen certain de la conserver dans la nation pour faire de nous un État riche et prospère, pour récupérer notre commerce perdu et pour constituer le meilleur rempart et la meilleure défense contre toutes les attaques de nos ennemis. Contrairement à la politique des nations, notre monnaie standard a une plus grande valeur dans tous les endroits que chez nous (sauf en Espagne), c'est pourquoi nous apportons l'argent espagnol ici, et pour la même raison notre argent est transporté dans d'autres endroits, au grand appauvrissement de la nation."

Sir Walter Raleigh, un patriote, a vu que les machinations des trafiquants d'argent internationaux ruinaient de nombreux Anglais et a essayé de les arrêter. Ils conspirèrent à leur tour contre lui, et le firent décapiter. L'Ordre recours invariablement à la "loi" contre ses ennemis.

La East India Co. a été créée sous le nom de London Staplers, puis connue sous le nom de London Mercers Co. des guildes de marchands qui détenaient le monopole sur certaines voies de commerce. Elle était une émanation directe des établissements bancaires commerciaux du nord de l'Italie, de Venise et de Gênes. Les sociétés apparentées étaient la Hansa allemande et la Hanse des Pays-Bas, dont le siège se trouvait à Bruges. Elle était également alliée à la Levant Co. et à l'Anglo-Muscovy Co. Sebastian Cabot, dont les descendants sont très connus dans le secteur bancaire et le renseignement américain, a réuni les fonds de départ pour la création de l'Anglo-Muscovy en Italie et à Londres. La compagnie exploitait des routes commerciales terrestres du nord de la Baltique vers l'Inde et la Chine. D'autres entreprises apparentées sont la London Company, qui a reçu une charte en 1606 pour établir la Virginian Plantation sur une base communiste, et la Plymouth Company, dont les descendants contrôlent le monde des affaires de la Nouvelle-Angleterre.

Les banques estampillées "City", qui dominent la finance et la politique américaines (nom de code des banques pour la "City", le quartier financier de Londres), descendent directement des opérations de l'East India et de la Bank of England. L'empire Rockefeller est le descendant le plus important de cette dynastie.

Pour faciliter leur contrôle des finances et de la politique, les Guelfes perpétuent la pratique d'une série de cultes dérivés des manichéens, qui à leur tour dérivent des cultes de Babylone et d'Ira, du culte d'Atys de la région du Caucase et du panthéisme hindou. Parmi leurs ramifications, on trouve les Bogomiles des Balkans, les Pauliciens d'Asie Mineure, les anabaptistes, les communistes et les antinomistes, centrés sur les Cathares, les Albigeois du sud de la France, les patarins du nord de l'Italie et les Savoyards anglais. Ces religions gnostiques se sont développées au sein des Rose-Croix, les Swedenborgiens, les Unitariens, la Société Fabienne et le Conseil œcuménique des Églises. Les Savoyards anglais ont participé activement à la construction des manufactures de Londres et à l'essor du commerce océanique, en utilisant la flotte de la Flandre vénitienne, qui a fait entrer en Europe la navigation à voile en provenance d'Asie du Sud-Est. Les Savoyards forment un parti d'extrême gauche, dirigé par John Ball, qui appelle à la nationalisation de toutes les terres. Les Wycliffe-Lollards-Savoyards ont formé le Parti du Roi contre la noblesse terrienne (républicanisme) et le Parlement. À l'époque comme aujourd'hui, la gauche cherchait à obtenir la propriété de toutes les terres par le biais d'un souverain absolu et d'un gouvernement totalitaire centralisé.

Cette alliance de gauche a culminé à l'Université de Londres. L'Université de Londres, qui a reçu une subvention de 2 millions de dollars en 1924 de Beardsley Ruml à la tête du Fonds Laura Spelman Rockefeller, et de nombreuses autres subventions de fondations américaines, abrite le Gresham College et la London School of Economics, où Harold Laski a enseigné à John F. Kennedy et David Rockefeller les principes de l'Ordre Mondial. L'Université de Londres a été financée à l'origine par Jeremy Bentham de la East India Co. et John Stuart Mill, dont l'ami, le banquier d'affaires George Grote, a donné à l'Université de Londres 6000 livres pour étudier la santé mentale, à l'origine du mouvement mondial actuel de "santé mentale". George Grote a également contribué à hauteur de 500 livres au financement de la Révolution de Juillet en France en 1830, qui a mis Louis Philippe sur le trône.

C'est Bentham qui a été le premier à inventer le slogan repris plus tard par Karl Marx, "le plus grand bien pour le plus grand nombre", qui a été si utile pour enflammer les masses, la charade marxiste qu'ils ont utilisé pour servir au mieux leurs intérêts en prétendant servir ceux des autres. Le partenaire commercial de Bentham était le fabricant Robert Owen, un athée qui enseignait l'amour libre. Comme la plupart des bienfaiteurs, les usines de coton d'Owen en Asie, associées à la Compagnie des Indes orientales, ont causé des faillites et provoqué une grande misère en Inde. En 1824, Owen achète la commune anabaptiste du père Rapp en Amérique, Harmonie on the Wabash, et la rebaptise New Harmony. L'associée d'Owen à New Harmony était Frances (Fanny) Wright, qui a initié l'Amérique à la pratique de l'amour libre. Elle a également lancé le Mouvement pour l'égalité des droits des femmes, qui visait à briser les familles en incitant à la guerre entre mari et femme. Elle voyagea dans le Sud, prêchant la fusion des races, et fonda une commune au Tennessee pour les esclaves affranchis noirs. En 1829, elle participe à la fondation du Parti des Travailleurs à New York, qui deviendra plus tard le Parti Communiste. Son petit-fils, le révérend Wm. Norman Guthrie, qui a épousé Anne Norton Stuart, est devenu le vicaire rouge de son église, St. Marks in the Bowerie, qui accueillait les Lucifériens à ses services.

L'un des principaux descendants de la East India Co. est la Fabian Society, fondée par Sidney et Beatrice Potter Webb, (dont le père, Richard Potter, était un ami proche de John Stuart Mill). La sœur de Beatrice, Georgina, a épousé Daniel Meinertzhagen, président de la banque Lazard Bros. de Londres ; une autre sœur, Theresa, a épousé Sir Alfred Cripps. Le père de John Stuart Mill, James, qui travaillait pour la East India Co. a donné à son fils le nom de John Stuart, directeur de la East India Co. John Stuart Mill a été secrétaire de la East India Co. de 1856 jusqu'à sa dissolution. L'un des disciples les plus célèbres de Mill, David Ricardo, est à l'origine de la théorie des loyers, exposée plus tard par les marxistes, et de la loi du salaire de "simple subsistance". Sa descendante, Rita Ricardo, mariée à Wesley Campbell, chef de l'institution Hoover, conseille aujourd'hui le président Reagan en matière de sécurité sociale.

Robert Owen, promoteur de la commune de New Harmony, a été l'un des principaux soutiens de la campagne présidentielle de John Quincy Adams. Adams avait refusé le soutien de Madison pendant la guerre de 1812, et avait menacé de faire sécession de l'Union. En tant que secrétaire d'État, Adams avait rédigé la Doctrine Monroe, qui donnait à la British East India Co. le contrôle de tous les marchés d'Amérique latine, tout en tenant à l'écart tous ses concurrents ! T.D. Allman, dans *The Doctrine That Never Was*, dans *Harper's,* de janvier 1984, a révélé que Monroe s'était en fait engagé à ne pas interférer avec une quelconque puissance européenne, à moins qu'elle n'établisse de "nouvelles" colonies. L'accord, qui n'a même pas été désigné comme la "Doctrine Monroe" avant de nombreuses années, garantissait à la Compagnie des Indes orientales ses marchés dans cet hémisphère. Lorsque la Grande-Bretagne a violé l'accord en 1833 en s'emparant des Malouines, les États-Unis n'ont rien fait.

Les intérêts bancaires et maritimes de la Nouvelle-Angleterre contrôlés par le groupe d'Adams ont créé la Seconde Banque des États-Unis par des campagnes répétées de spéculation boursière, marquées par des poussées typiques d'hyperinflation et de déflation soudaine, qui leur ont donné le contrôle de millions d'acres de terres agricoles dans toute la vallée du Mississippi, des Grands Lacs jusqu'au Golfe du Mexique. Cela leur a donné une énorme influence politique dans toute cette région, leur permettant d'ensemencer le sud de la vallée du Mississippi avec des sécessionnistes et des abolitionnistes fanatiques, dont les actes révolutionnaires ont rendu la guerre civile inévitable. Owen a également inventé le terme "socialisme" ; il a été l'associé d'un fabricant de coton nommé Engels, dont le fils est devenu plus tard son disciple politique, et plus tard encore l'associé de Karl Marx dans la fondation du mouvement communiste mondial.

La trace des conspirateurs est évidente tout au long de l'histoire de l'Europe depuis le Moyen Âge. En 1547, la République de Venise avait appris l'existence d'une conspiration anti-chrétienne et avait étranglé ses chefs, Julian Trevisano et Francis de Rugo. Les conspirateurs survivants, Ochinus, Laelius Socinus, Peruta, Gentilis, Jacques Chiari, Francis Lenoir, Darius Socinus, Alicas et l'abbé Léonard, répandent maintenant leurs doctrines de haine empoisonnées dans toute l'Europe. Leur message d'anarchie, d'athéisme et d'immoralité, de nivellement et de révolution a fait couler le sang lors de tous les bouleversements ultérieurs sur le continent. En Allemagne, Adam Weishaupt, professeur de droit canonique à l'université de Munich, puis à Coburg-Gotha, devint le chef nominal des Illuminati ; sa branche correspondante en Italie était l'Alta Vendita, dont le premier chef était un noble italien, B. Nubius. Son agent principal était Piccolo Tigre, un banquier et bijoutier juif qui voyageait pour l'Alta Vendita dans toute l'Europe. En 1822, ses instructions lors de la tenue des chapitres ont été confisquées et publiées, en voici un extrait :

"Nous ne cessons de vous recommander, d'affilier des personnes de toute classe et de toute sorte d'association, quelle qu'elle soit, à la seule condition que le mystère et le secret en soient la caractéristique dominante. Sous un prétexte des plus futiles, mais jamais politique ou religieux, créées par vous-mêmes, ou mieux encore, faites créer par d'autres, des associations, ayant en commun la musique, les beaux-arts pour objet. Alors, infiltrez le poison dans ces arts choisis ; distillez-le à petites doses. Un prince qui n'a pas de royaume à sa disposition, c'est une bonne fortune pour nous. Ils sont nombreux dans cette situation. Ces pauvres princes serviront nos intérêts, tout en ne pensant qu'à travailler pour les leurs. Ils forment une magnifique enseigne, et il y a toujours des imbéciles prêts à se compromettre au service d'une conspiration dont l'un ou l'autre des princes semble être le chef de file. Il y a peu de moralité, même parmi les personnes qui semblent les plus morales du monde, et on va vite dans le sens de ce progrès. Une bonne haine, bien froide, bien calculée, vaut plus que tous ces feux artificiels et toutes ces déclarations en tribune. Actuellement, nous disposons d'une imprimerie à Malte. Nous pourrons alors impunément, d'un coup sûr, et sous le drapeau britannique, disperser d'un bout à l'autre de l'Italie, des livres, des pamphlets, etc. que l'Alta Vendita jugera bon de mettre en circulation."

Karl Rothschild, le fils de Mayer Amschel, devient alors chef de l'Alta Vendita.

Le 1er mai 1776, Adam Weishaupt donne de nouvelles instructions aux Illuminati en Bavière :

"Nous nous efforçons avant tout d'attirer dans notre Association tous les bons écrivains et les savants de qualité. Nous imaginons que cela sera d'autant plus facile à obtenir qu'ils doivent en tirer un avantage évident. À côté de ces hommes, nous cherchons à gagner les maîtres et les secrétaires des bureaux de poste, afin de faciliter notre correspondance."

La famille Tasso de Bologne, plus tard Thurn und Taxis, a pris le contrôle des bureaux de poste et des services de renseignement en Europe et a conservé ce pouvoir pendant cinq siècles. Bien que ces groupes aient fait surface en tant qu'organisations caritatives ou artistiques, leurs objectifs d'anarchie étaient dissimulés dans tous leurs efforts. Au XXᵉ siècle, ils ont atteint leur apogée avec la Société des Nations, les Nations Unies, le Parti communiste, l'Institut royal des affaires internationales, le Conseil des relations étrangères, les fondations et une foule de groupes moins importants. Le mouvement paneuropéen du comte Coudenhove-Kalergi, avec son puissant soutien des aristocrates et des financiers internationaux, était représenté aux États-Unis par sa branche américaine, fondée par Herbert Hoover et le colonel House, qui s'opposaient également à la ratification de la Société des Nations par les États-Unis. Coudenhove-Kalergi mentionne dans son autobiographie qu'il a été financé par les Rothschild et les Warburg, et aux États-Unis, par Paul Warburg et Bernard Baruch. Il était lié à la famille Thurn und Taxis. Son grand-père, le comte Francis Coudenhove-Kalergi, ambassadeur d'Autriche à Paris, avait épousé Marie Kalergi en 1850. Elle était l'une des héritières les plus riches d'Europe, descendante de l'empereur byzantin Nikophor Phikas. En 1300, alors que Venise était la puissance dominante en Méditerranée, Alexios Kalergis avait signé le traité qui faisait de la Crète une domination de Venise. Un récent premier ministre de la Grèce, Emmanuel Tsouderos, était un Kalergi.

Melchior Palyi, dans *Le crépuscule de l'or*, révèle les jeux de pouvoir de l'Ordre Mondial dans la finance internationale, lorsqu'il cite le journal du gouverneur de la Banque de France, Émile Moreau. Palyi déclare :

> "En octobre 1926, le gouverneur de la Banque de France, Émile Moreau, envoie son plus proche collaborateur à Londres pour sonder les intentions de Montagu Norman, gouverneur de la Banque d'Angleterre. Pierre Quesnay, alors directeur général de la Banque de France en 1926-30 et de la Banque des règlements internationaux en 1930-37, a rapporté un rapport enregistré par Moreau : "Quesnay me donne aussi des points de vue intéressants sur les ambitions de Montagu Norman et du groupe de financiers qui l'entourent : Sir Otto Niemeyer, Sir Arthur Salter, Sir Henry Strakosch, Sir Robert Kindersley : ils s'efforcent de faire de Londres le grand centre financier international. Mais les proches de Norman affirment que ce n'est pas son objectif ; il veut plus que tout

assister à l'établissement de liens entre les différentes banques d'émission. L'organisation économique et financière du monde apparaît au gouverneur de la Banque d'Angleterre comme la tâche majeure du XXᵉ siècle. Selon lui, les hommes politiques et les institutions politiques ne sont pas en état de diriger avec la compétence et la continuité nécessaires cette tâche d'organisation qu'il voudrait voir entreprise par les banques centrales, indépendantes à la fois des gouvernements et de la finance privée. D'où sa campagne en faveur de banques centrales totalement autonomes, dominant leurs propres marchés financiers et tirant leur pouvoir d'un commun accord entre elles. Elles parviendraient à sortir du champ politique pour gérer les problèmes essentiels au développement et à la prospérité de la sécurité financière nationale, de la distribution du crédit, de la fluctuation des prix. Ils empêcheraient ainsi que les luttes politiques internes ne nuisent à la richesse et au progrès économique des nations."

En bref, Norman souhaitait voir l'Ordre Mondial s'imposer sur les affaires financières des nations. C'est cet accord entre les banques centrales, plutôt que l'organisation de façade nommée la Société des Nations, qui devint leur dernier instrument de pouvoir. L'école monétariste, l'école autrichienne d'économie, issue du mouvement paneuropéen, était essentielle à ces arrangements. Margit Herzfeld note dans sa biographie de Ludwig von Mises qu'il a participé au mouvement Pan-Europe du comte Coudenhove-Kalergi en 1943. Il avait été amené aux États-Unis en 1940 grâce à une bourse de la Fondation Rockefeller de 2500 dollars par an pour travailler au Natl Bureau of Economic Research, bourse qui a été renouvelée en 1943. Les élèves de Von Mises, Arthur Burns et Milton Friedman, défendent maintenant la théorie monétariste à travers un réseau de groupes de réflexion "conservateurs" super secrets dirigés par la Société du Mont Pèlerin. Herzfeld dit que le protégé le plus célèbre de von Mises était l'apologiste soviétique Murray Rothbard.

L'un des conspirateurs les plus influents était l'Allemand Walter Rathenau. Il a salué avec enthousiasme la Première

Guerre mondiale comme l'occasion rêvée d'instaurer le socialisme mondial. Il écrit le 31 juillet 1916 :

> "Pendant des années, j'avais prévu le crépuscule des nations que j'avais annoncé dans mes discours et mes écrits. (notamment dans *Un État populaire*, par Rathenau). L'idée s'est imposée que l'État ne doit plus être considéré comme le parent pauvre et importuné à contrecœur par la dîme, mais qu'il a le droit de disposer librement du capital et des revenus de tous ses membres."

Le dicton de Rathenau a depuis été incorporé pour faire force de loi par les programmes de droits à plusieurs milliards de la Great Society de Lyndon B. Johnson, lorsqu'il a persuadé le Congrès d'organiser un prélèvement sur l'ensemble du capital et des revenus du peuple américain, le mettant à sa disposition pour atteindre les objectifs politiques de l'Ordre Mondial, et menant finalement la nation au bord de la faillite.

Rathenau a écrit *Dans les jours à venir*, 1921 :

> "Aucune partie du monde ne nous est désormais fermée. Aucune tâche matérielle n'est hors de notre pouvoir. Tous les trésors de la terre sont à notre portée. Aucune pensée ne reste cachée. Chaque entreprise peut être mise à contribution et utilisée. La distribution fertilisante des biens du monde est notre tâche. Nous devons découvrir la force qui provoquera un mouvement des masses du haut en bas."

Dans *The New Society*, 1921, Rathenau écrit :

> "Une politique de socialisation de grande envergure est nécessaire et urgente... Le but de la révolution mondiale dans laquelle nous sommes entrés signifie dans son aspect matériel la fusion de toute la société en une seule."

C'était l'effet de "nivellement" qui était un objectif clé des conspirateurs, les Illuminati et l'Alta Vendita, entraînant l'anarchie et l'effondrement des frontières nationales et les distinctions de classe sociale. Avant qu'il ne puisse réaliser son rêve de socialisme mondial, Rathenau a été assassiné.

Ortega a noté le phénomène de nivellement dans *La révolte des masses*[37] :

"Une rafale de tromperie générale et multiple souffle sur le terroir européen. Presque toutes les positions que l'on prend ostensiblement sont intérieurement fausses. Les uniques efforts que l'on fait ont pour but de fuir notre propre destin, de nous rendre aveugles à son évidence et sourds à son appel profond, afin que chacun puisse éviter une confrontation *avec celui qu'il faut qu'il soit.* Plus le masque adopté est tragique, plus on vit en humoriste. Il y a de l'humour là où l'on adopte pour la vie des attitudes révocables que la personne ne remplit pas entièrement et sans réserves. L'homme-masse n'affermit pas son pied sur l'inébranlable fermeté de son destin. Au contraire, il végète suspendu fictivement dans l'espace. De là vient que ces vies sans poids et sans racines - *déracinées*[38] de leur destin - ne se sont jamais laissé entraîner autant que maintenant par les courants les plus insensibles. Notre époque est celle des « courants » auxquels on se « laisse entraîner ». Presque personne n'offre de résistance aux tourbillons superficiels qui se forment dans l'art, dans les idées, dans la politique, ou dans les coutumes sociales. Pour la même raison la rhétorique triomphe plus que jamais."

Ortega commentait le phénomène le plus frappant du XXe siècle, l'hégémonie du parasitisme qui a été atteinte grâce à l'Ordre Mondial. C'est le Congrès de 1815 à Vienne qui a libéré les rats de leurs nids, et ce n'est pas un hasard si l'École d'économie de Vienne est devenue le principal véhicule par lequel l'Ordre Mondial maintient son pouvoir politique et financier. Après avoir écrasé Napoléon, l'oligarchie naissante, qui ne devait d'allégeance à aucune nation ni à aucune philosophie de vie, a atteint le pouvoir parce qu'elle a su vaincre ses ennemis, les républicains et les individualistes d'Europe ; mais ses ennemis n'avaient aucune idée de la manière de combattre, ni même d'identifier son ennemi habilement

---

[37] *La révolte des masses*, José Ortega y Gasset, Omnia Veritas Ltd, www.omnia-veritas.com.

[38] En français dans le texte.

camouflé, car ces personnes sont issues d'un rebus biologique dans le développement continu de l'humanité. Il s'agissait de personnes qui ne pouvaient devenir des membres productifs d'aucune société et qui ne pouvaient exister qu'en maintenant un attachement parasitaire sur un hôte. Incroyablement, ils ont saisi cette différence frappante comme un signe qu'ils avaient été choisis pour diriger toute l'humanité ! Au départ, cette illusion inoffensive s'est transformée en une preuve de "supériorité". Leur unicité biologique, leur engagement dans un mode de vie parasitaire, sont devenus leur principal atout pour atteindre leurs objectifs. Ils ont mis en place des techniques leur permettant de se reconnaître immédiatement les uns les autres dans n'importe quelle partie du monde. Ils ont décidé d'agir toujours de manière cohérente, en tant que phalange bien entraînée et déterminée, contre leur opposition involontaire. Ils firent pleinement usage de leurs qualités de non-alliance et de non-alignement, ce qui était en fait une inimitié, une haine éternelle envers toutes les nations, races et croyances des peuples hôtes qui toléraient leur présence. Cette absence de toute loyauté et de tout code moral du type de ceux qui régissaient tous les autres groupes leur donnait un énorme avantage tactique sur ceux qu'ils prévoyaient de réduire en esclavage et de détruire.

Les conspirateurs savaient que leur mode de vie parasitaire ne serait pas longtemps supporté par un hôte. Ils devaient mettre en place un programme pour soumettre et surmonter tous les gouvernements, toutes les croyances religieuses, toutes les loyautés de groupe, et les remplacer par leur propre Ordre Mondial, qui permettrait tout type de perversion, tant que les peuples hôtes toléreraient la présence du parasite. L'ancienne moralité était basée sur les devoirs et responsabilités du citoyen d'élever une famille, de fréquenter l'église et de soutenir sa nation. La "nouvelle moralité", la "théologie de la libération", a balayé tous les devoirs du citoyen. Il n'avait plus qu'un seul devoir, celui d'obéir à l'Ordre Mondial. En retour, il était relevé de ses devoirs, et était libre de satisfaire ses "besoins", ses désirs sexuels, les gratifications perverses avec les enfants et les animaux, l'abandon de la vie monogame. La nouvelle morale réduisait le citoyen à un simple animal, ce dont l'Ordre Mondial avait besoin pour perpétuer son mode de vie parasitaire.

La société était désormais remplacée par une simple façade de la société. Un seul crime serait sévèrement puni : toute résistance à l'Ordre Mondial. Le meurtre, le viol, l'incendie criminel, le vol à main armée, l'inceste, l'abus d'enfants, l'alcoolisme, la toxicomanie, l'homosexualité - tous seront excusés en tant qu'aberrations mineures, tant que l'Ordre Mondial pourra fonctionner sans entrave. Un ancien crime, la trahison, a aujourd'hui disparu, car les loyautés nationales n'existent plus. Personne n'est censé être "loyal" envers l'Ordre Mondial, à l'exception de ses propres membres. Les peuples hôtes, les esclaves, ne seront jamais tenus à la loyauté, mais seulement à l'obéissance.

Malgré cette nouvelle "tolérance", qui était en soi une révolution contre les codes moraux innés ancestraux de tous les peuples, de nombreux citoyens ont continué à résister à l'asservissement par l'Ordre Mondial. Des famines, des émeutes, des révolutions et des guerres ont été déclenchées pour se débarrasser des fauteurs de troubles, mais une résistance plus universelle était nécessaire. C'est ce que l'on a constaté dans le domaine de la drogue. En Asie, pendant des siècles, des assassins ont été envoyés pour accomplir leur devoir après avoir reçu des quantités de drogue (assassin vient du terme *hashish*). L'Ordre Mondial a compris que la drogue fournirait les moyens au service de la "psychologie comportementale" ou du contrôle des personnes, qu'il recherchait. Les fabricants d'opium ont commencé à naviguer d'Angleterre vers l'Extrême-Orient. En faisant circuler la drogue parmi les masses asiatiques, ils les stupéfiaient et les contrôlaient, récoltant non seulement un important flux d'argent, mais aussi les matières premières nécessaires à leur Révolution industrielle. Au XXe siècle, les fondations ont commencé à empoisonner la population européenne et américaine avec la drogue, dernière étape de l'intronisation de l'Ordre Mondial. Ils avaient éradiqué la dernière résistance sérieuse à leur programme.

Depuis mille ans, toutes les sociétés conspiratrices poursuivent un seul but : l'hégémonie du parasitisme. Le *Bharati Darma* soutient que le monde est un ordre ou un cosmos — et non un chaos — c'est à dire qu'il ne saurait se perpétuer dans le désordre. La philosophie existentielle du parasitisme soutient que l'homme est jeté dans le monde sans plan ni programme. C'est le concept de base du parasitisme, qui se retrouve dans le monde avec une seule mission : trouver un hôte ou périr. De nombreux physiciens prétendent aujourd'hui que l'univers est le résultat d'une explosion accidentelle qui a jeté ses composants ici et là, sans plan ni ordre, un concept athée qui nie qu'il y ait un Logicien ou une Logique présidant à l'univers. *Dar Darma* affirme que c'est le désir de la vie de la forme qui produit l'univers, qu'il existe un Ordre Mondial par lequel l'univers est maintenu.

Le parasite nie qu'il existe un Ordre Mondial de l'univers, ou un quelconque désir de forme dans l'univers, ou qu'une forme quelconque existe. Par conséquent, le parasite est libre d'imposer son propre Ordre Mondial, qui n'a aucune relation organique avec l'univers ou avec la forme. L'hégémonie du parasitisme se consacre uniquement au maintien de sa position sur l'hôte dont il tire toute sa subsistance. L'hôte est l'univers entier du parasite ; il ne sait rien au-delà de lui et ne désire rien savoir au-delà de lui. Geoffrey LaPage écrit dans *Parasitic Animals* :

> "Certaines espèces d'animaux parasites sont parmi les plus puissants ennemis de l'homme et de sa civilisation."

Il pose une loi de la nature - que le parasite est toujours plus petit et plus faible que son hôte, et que le parasite se déguise toujours lui-même et son but afin de mener à bien sa mission parasitaire. LaPage explique :

> "La lutte entre l'hôte et le parasite s'est déroulée selon les lois de l'évolution, et cette bataille se poursuit encore aujourd'hui."

M. LaPage note que le parasite peut provoquer des changements biologiques, en citant des espèces particulières qui provoquent des changements dans les glandes reproductrices de l'hôte. Le parasite castre parfois l'hôte afin de l'affaiblir, comme le crustacé parasite Sacculina, qui détruit les organes reproducteurs de son hôte, l'araignée de mer à queue courte, Inacus Mautitanicus. Nous assistons aujourd'hui à un processus identique dans lequel l'hégémonie du parasitisme cherche à modifier le processus de reproduction de l'hôte en convertissant la jeune génération à la vision unisexuelle et à l'homosexualité, en neutralisant les caractéristiques sexuelles distinctives du mâle et de la femelle. Il s'agit d'un exemple classique de castration par le parasite.

L'Ordre Mondial naturel, qui est basé sur les lois irrévocables de l'univers, a été temporairement remplacé sur Terre par l'Ordre Mondial non naturel promu et organisé par le parasite. Tous les programmes et toutes les énergies du parasite sont consacrés à un seul but, maintenir sa position qui lui permet de se nourrir aux dépends de l'hôte. La psychologie freudienne a été développée par l'ordre parasitaire pour neutraliser les efforts incessants de l'hôte pour se débarrasser du parasite ou le déloger. Tout mouvement visant à déloger le parasite est dénoncé comme "réactionnaire" ou "antisémite". Elle est définie et interdite comme un acte d'agression, d'hostilité et d'aliénation. En fait, l'hôte essaie simplement de survivre en se débarrassant du parasite. Une autre loi de la nature est que le parasite, non seulement en aspirant les aliments de l'hôte, mais aussi en altérant son cycle de vie, finira inévitablement par tuer l'hôte. Ce processus est appelé "le déclin et la chute de la civilisation".

M. LaPage note qu'un parasite n'est pas une espèce particulière, mais une espèce qui a adopté un certain mode de vie, le mode du parasite. Qu'il soit ou non un virus, le parasite a un effet viral sur l'hôte, l'empoisonnant et le détruisant lentement. Les virus sont des parasites classiques. Le spirochète, virus de la syphilis, est un organisme parasite classique. Dans le langage biologique, une collection de spirochètes est connue sous le nom de "Congrès".

Le Congrès américain a spécifiquement donné une charte à de nombreuses fonctions parasitaires dans les fondations philanthropiques. Ces groupes dominent désormais les institutions éducatives et gouvernementales, fixant des objectifs financiers et sociaux qui visent uniquement à maintenir l'hégémonie du parasitisme par le biais de son Ordre Mondial. Les fondations américaines ne sont même pas dirigées par des Américains ; leurs politiques sont formulées à Londres par les financiers et transmises à ce pays par l'intermédiaire du Bureau de la guerre psychologique de l'armée britannique, le Tavistock Institute. Il s'agit d'une typique opération parasitaire déguisée.

La censure et le respect de ses tabous biologiques sont à la base de la règle tribale du parasitisme. Le tabou le plus strict, qui n'a jamais été violé, est celui qui interdit toute mention du parasitisme en tant que force ou pouvoir dans la société. Aucun journal, magazine, programme de radio ou de télévision, ou cours d'école ou d'université n'a jamais été autorisé à mentionner l'impact sociétal du parasitisme ! C'est le tabou le plus grand et le plus universel dans le monde d'aujourd'hui. *NOMENKLATURA, The Soviet Elite* de Michael Voslensky identifie la "nouvelle classe" communiste comme un groupe parasite. Daniel Seligman fait remarquer dans une critique de cet ouvrage dans *Fortune* le 15 octobre 1984 :

> "La description de Voslensky nous laisse penser que la Nomenklatura est une opération entièrement parasitaire. Ses intérêts ne sont manifestement pas ceux de la plupart des citoyens soviétiques."

La même observation peut être faite à propos du groupe dirigeant de l'Ordre Mondial dans n'importe quelle nation aujourd'hui, et en particulier aux États-Unis.

Malgré son hégémonie actuelle, l'Ordre Mondial du parasitisme se rend compte qu'il est toujours susceptible d'être délogé, ce qui, en fait, signifierait sa destruction. Il est donc nécessaire de contrôler non seulement les canaux de communication de l'hôte, mais aussi ses processus de pensée mêmes ; de maintenir une vigilance constante pour que l'hôte ne développe aucune conscience du danger de sa situation, ni aucun procédé lui permettant de déloger le parasite. Par conséquent, le parasite apprend soigneusement à l'hôte qu'il n'existe que grâce à la présence "bénigne" du parasite - qu'il doit tout à la présence du parasite, à sa religion, à son ordre social, à son système monétaire et à son système éducatif. Le parasite inculque délibérément à l'hôte la crainte que si le parasite est délogé, l'hôte perdra tout cela et se retrouvera sans rien.

Bien que l'Ordre Mondial exerce le contrôle du système juridique et des tribunaux, il reste vulnérable à toute application du corpus juridique préexistant que l'hôte avait formulé pour protéger sa société. Ce corps de loi interdit tout ce que le parasite fait et le force à maintenir une existence précaire en dehors de la loi. Si la loi devait être appliquée à tout moment, le parasite serait délogé. Le corpus juridique existant interdit clairement le fonctionnement des syndicats criminels, ce qui est précisément ce qu'est l'hégémonie du parasitisme et de son Ordre Mondial. Le syndicalisme criminel refuse aux citoyens une protection égale de la loi. Ce n'est qu'en agissant contre le syndicalisme criminel que l'État peut protéger ses citoyens.

Corpus Juris Secundum 16 : la loi constitutionnelle 213 (10) énonce :

> "La garantie constitutionnelle de la liberté d'expression n'inclut pas le droit de préconiser ou de conspirer pour réaliser la destruction violente ou le renversement du gouvernement ou la destruction criminelle de la propriété.

> 214 : la garantie constitutionnelle du droit de réunion n'a jamais été conçue comme une autorisation d'illégalité ou une invitation à la fraude - le droit à la liberté de réunion peut être utilisé de manière abusive en utilisant la réunion pour inciter à la violence et au crime, et les citoyens peuvent se protéger contre cet abus par le biais de leurs législatures."

L'assemblée de toute organisation de l'Ordre Mondial, telle que le Conseil des relations étrangères[39] ou toute fondation, est soumise aux lois contre la fraude (leurs chartes affirment qu'ils sont engagés dans la philanthropie), et l'application des lois contre le syndicalisme criminel mettrait fin aux institutions par lesquelles l'Ordre Mondial gouverne illégalement le peuple des États-Unis, aux conspirations illégales et à l'introduction de lois sur les étrangers dans notre système par les instructions données au Congrès par les fondations.

Nous avons déjà démontré que la Fondation Rockefeller et d'autres organisations clés de l'Ordre Mondial sont des "syndicats", qui se livrent à la pratique du syndicalisme criminel. Mais qu'est-ce qu'un "syndicat" ? L'Oxford English Dictionary

---

[39] CFR, Ndt.

note que le mot provient de "syndic". Un syndic est défini comme "un officier du gouvernement, un magistrat en chef, un député". En 1601, R. Johnson écrit dans *King and common* "especiall men, called Syndiques, who haue the managing of the whole commonwealth."[40] Ainsi, la Fondation Rockefeller et ses groupes associés remplissent leur fonction de gestion de l'ensemble du Commonwealth, mais pas au profit du peuple ou d'un gouvernement quelconque, à l'exception du super-gouvernement secret, l'Ordre Mondial, qu'ils servent. L'OED définit en outre un syndic comme "un censeur des actions d'autrui. Accusateur." Ici aussi, le syndicat fonctionne selon sa définition - le syndicat censure toute pensée et tout média, principalement pour protéger son propre pouvoir. Il porte également des accusations - comme l'ont constaté avec tristesse de nombreux citoyens américains. Même Sir Walter Raleigh n'était pas à l'abri. Lorsqu'il s'est immiscé dans le commerce international de l'argent, il a été accusé de "trahison" et décapité.

L'OED définit un "syndicat" comme suit :

> "3. Combinaison de capitalistes et de financiers engagée dans le but de poursuivre un projet nécessitant d'importantes sources de capitaux, en particulier un projet ayant pour objet d'obtenir le contrôle du marché d'une marchandise particulière. Contrôler, gérer ou effectuer par un syndicat."

Notez les mots clés de cette définition - une combinaison - poursuivre - obtenir le contrôle. Le régime n'exige pas de "grands capitaux" - il exige de "grandes sources de capitaux", la Banque d'Angleterre ou le Système de Réserve Fédérale.

Le Corpus Juris Secundum 22 A déclare au sujet du syndicalisme criminel :

> "Dans le cadre d'une poursuite pour appartenance à une organisation qui enseigne et encourage le syndicalisme criminel, les preuves de crimes commis par des membres passés ou présents de l'organisation en leur qualité de

---

[40] "Des hommes à part, réunis en syndic, qui aspirent à gérer entièrement la richesse commune", Ndt.

membres sont admissibles pour en démontrer le caractère." People c. LaRue 216 P 627 C.A. 276.

Ainsi, le témoignage sur le financement par John Foster Dulles du gouvernement nazi d'Allemagne, son télégramme de déclenchement de la guerre de Corée et d'autres preuves peuvent être utilisés pour inculper tout membre de la Fondation Rockefeller dans tout État ou localité dans lequel la Fondation Rockefeller a été active de quelque manière que ce soit. Étant donné que ces organisations sont toutes étroitement imbriquées et qu'il existe de nombreuses preuves de leurs activités illégales, il sera relativement simple d'obtenir des condamnations pénales à leur encontre pour leurs activités syndicales criminelles.

Corpus Juris Secundum 22, Criminal Law 185 (10) ; Conspiracy and Monopolies :

> "Lorsque la loi fait de la simple adhésion à une organisation formée pour promouvoir le syndicalisme un crime, sans acte manifeste, ce délit est passible de poursuites dans tout comté où un membre peut se rendre pendant la durée de son adhésion, et ce bien que ce membre se rende dans un comté contre son gré. People v. Johansen, 226 P 634, 66 C.A.343."

Corpus Juris Secundum 22, Droit pénal sec. 182 (3) :

> "Une poursuite pour conspiration en vue de commettre une infraction contre les États-Unis peut également être jugée dans tout district où un acte manifeste est accompli en vue de la réalisation de la conspiration. U.S. v. Cohen C. A.N.J. 197 F 2d 26."

Ainsi, une publication du Council on Foreign Relations promouvant le démantèlement de la souveraineté des États-Unis d'Amérique, postée dans n'importe quel comté des États-Unis ; permet aux autorités du comté de traduire le Council on Foreign Relations, ou tout membre de celui-ci, en justice dans ce comté, et toute action d'un membre du Council on Foreign Relations dans le passé est admissible comme preuve, comme le fait d'avoir déclenché la Seconde Guerre mondiale, d'avoir subventionné le gouvernement nazi ou d'avoir subventionné l'URSS.

Le syndicalisme criminel peut également être poursuivi selon le Corpus Juris Secundum 46, Insurrection et sédition : sec. 461c.

"Tout sabotage et syndicalisme visant à abolir le système politique et social actuel, y compris l'action directe ou le sabotage."

Ainsi, tout programme d'une fondation qui cherche à abolir le système politique ou social actuel des États-Unis peut être poursuivi. Bien entendu, tout programme d'une fondation qui cherche à accomplir précisément cela est passible de poursuites.

Selon le Corpus Juris Secundum 46 462b, sur le Syndicalisme criminel, non seulement les particuliers, mais aussi toute société soutenant le syndicalisme criminel peuvent être poursuivis :

"Les lois contre le syndicalisme criminel s'appliquent aux sociétés ainsi qu'aux individus qui organisent une société syndicale criminelle ou y appartiennent ; la preuve du caractère et des activités d'autres organisations auxquelles l'organisation dont l'accusé est membre est affiliée est recevable."

Non seulement les membres de l'Ordre Mondial peuvent être arrêtés et jugés n'importe où, puisqu'ils opèrent dans le monde entier dans leurs activités de conspiration visant à saper et à renverser tous les gouvernements et nations, mais parce que leurs organisations sont si étroitement imbriquées, toute preuve concernant l'un d'entre eux peut être introduite dans le cadre de poursuites engagées contre tout membre d'autres organisations dans n'importe quelle partie des États-Unis ou du monde. Leurs tentatives de saper l'ordre politique et social de tous les peuples les soumettent à des représailles légales. Le peuple des États-Unis doit commencer immédiatement à appliquer les lois interdisant les activités syndicales criminelles et à traduire les criminels en justice.

Bien conscient de leur danger, l'Ordre Mondial travaille frénétiquement à l'obtention de pouvoirs dictatoriaux encore plus importants sur les nations du monde. Ils intensifient constamment tous les problèmes par le biais des fondations, de sorte que les crises politiques et économiques empêchent les peuples du monde de s'organiser contre elles. L'Ordre Mondial doit paralyser ses opposants. Ils terrorisent le monde avec une propagande sur l'approche d'une guerre nucléaire internationale, bien que les bombes atomiques n'aient été utilisées qu'une seule fois, en 1945, lorsque le directeur de la Fondation Rockefeller, Karl T. Compton, a ordonné à Truman de larguer la bombe atomique sur le Japon.

En raison des milliards de vies qui ont été gâchées et détruites par les conspirations de l'Ordre Mondial par son hégémonie du parasitisme, la vengeance pour ces atrocités exige la plus grande rigueur et une rétribution implacable contre les syndicalistes criminels. Leur bilan est clair.

En 1984, au moment où ces mots sont écrits, une remarque sur *1984,* le livre de George Orwell écrit en 1949, s'impose. Ce dernier n'était considéré que comme un avertissement contre ce qui allait suivre. Ce n'était pas un avertissement. *1984,* est en fait le programme ! Orwell, socialiste de longue date, s'est battu pendant de nombreux jours en première ligne pour les communistes en Espagne. Il a été blessé, mais cela n'a pas diminué son dévouement aux objectifs du socialisme mondial. La manière la plus pratique d'atteindre ces objectifs était de formuler le programme, comme l'avait fait le colonel House dans *Philip Dru, administrateur.* Orwell a établi le dicton selon lequel les slogans doivent être rédigés dans la *Novlangue* : "La guerre c'est la paix, la liberté c'est l'esclavage, l'ignorance c'est la force". C'est le programme de l'hégémonie du parasitisme par le biais de l'Ordre Mondial. Orwell postule que trois super-États, l'Eurasie, l'Océanie et l'Eustasie, sont "en guerre permanente dans une combinaison ou une autre". Il poursuit :

> "La guerre, cependant, n'est plus la lutte désespérée et annihilante qu'elle était dans les premières décennies du XXIe siècle. C'est une guerre aux objectifs limités, entre des combattants qui ne sont pas capables de se détruire mutuellement, qui n'ont aucune cause matérielle de combat et qui ne sont divisés par aucune véritable différence idéologique... Il n'y a plus, matériellement, de raison de se battre, l'équilibre des forces restera toujours à peu près égal, et le territoire qui constitue le cœur de chaque super-État reste toujours inviolé (NOTE : Le présent auteur a souligné que la

CIA ne commet pas de sabotage en Russie, et le KGB ne commet pas de sabotage aux États-Unis)... Le but premier de la guerre moderne (selon le principe de la double pensée, le but est simultanément reconnu et non reconnu par les cerveaux directeurs du Parti) est d'épuiser les produits de la machine sans élever le niveau de vie général... l'acte essentiel de la guerre est la destruction, pas nécessairement de vies humaines, mais des produits du travail humain. Les deux objectifs du parti sont de conquérir toute la surface de la terre et d'éteindre une fois pour toutes la possibilité de pensée indépendante."

Orwell conclut *1984* en niant que les victimes de l'Ordre Mondial aient un quelconque espoir d'y échapper. Il affirme que l'Ordre Mondial triomphera toujours, ce qui est un grand succès de propagande pour l'hégémonie du parasitisme. Il écrit :

"Si vous voulez une image de l'avenir, imaginez une empreinte de botte sur un visage humain - pour toujours."

Il se débarrasse de son "héros", un citoyen qui avait vainement tenté de s'opposer au Parti, en terminant le livre par le "héros" qui gémit en disant qu'"il aime Big Brother".

Non seulement les peuples du monde n'aimeront jamais Big Brother, mais ils s'en débarrasseront bientôt pour toujours.

Le programme de l'Ordre Mondial reste le même : diviser pour mieux régner.

"Je monterai les Égyptiens contre les Égyptiens ; ils combattront chacun contre son frère, et chacun contre son voisin ; ville contre ville, et royaume contre royaume." Isaïe XIX : 2.

En même temps que les fonctionnaires du gouvernement encouragent furtivement la discorde dans toutes les régions du pays, ils mettent en place des programmes gouvernementaux qui vont intervenir pour instaurer une dictature totale sur les factions en guerre. La Federal Emergency Management Agency, FEMA, contrôle désormais le FBI, les services de police des États et les services de police locaux, et dispose de plans étendus pour l'instauration de camps de concentration nationaux dans tous les États-Unis. En 1984, George Bush et le colonel North ont organisé l'exercice de préparation Rex 84, une simulation pour la mise en place d'une dictature nationale. William Pabst, chercheur à Houston, a publié en 1983 une brochure intitulée *Concentration Camp Plans for U.S. Citizens*, formulée dans le cadre d'un plan d'opérations appelé GARDEN PLOT and Cable Splicer, appelant à la loi martiale. Bush dispose maintenant d'une cachette secrète, le Mt Weather, près de Berryville, en Virginie, qui se trouve à 300 pieds sous terre, comme quartier général du Nouvel Ordre Mondial. Elle compte déjà 240 travailleurs. Le bunker de la Réserve Fédérale à Culpeper, Va. a été construit il y a vingt-deux ans comme centre de communication et d'enregistrement. Il contenait autrefois d'énormes quantités d'argent liquide, qui ont été discrètement retirées.

Ce sont les manifestations physiques des préparatifs d'une dictature mondiale, que le rapport de la Commission Trilatérale, rédigé lors d'une réunion de la Commission à Washington le 22 avril 1990, désigne comme : "Au-delà de l'interdépendance, le maillage de l'économie mondiale et de l'écologie de la terre". David Rockefeller, dans sa préface à ce rapport, déclare :

> "Les auteurs démontrent que le monde est maintenant passé de l'interdépendance économique à l'interdépendance écologique - une imbrication des deux. Jim McNeill (auteur du rapport) me conseille maintenant alors que nous sommes en route vers Rio. Rio sera la plus grande conférence au sommet jamais organisée, et elle aura la capacité politique de produire les changements fondamentaux nécessaires dans nos programmes économiques nationaux et internationaux et dans nos institutions de gouvernance pour assurer un avenir sûr et durable à la communauté mondiale. D'ici 2012, ces changements devront être pleinement intégrés dans notre vie économique et politique."

Ce que Rockefeller demande, c'est que nous changions nos institutions gouvernementales d'ici 2012 pour intégrer tous les objectifs de l'Ordre Mondial. La Commission trilatérale : Questions et réponses (1990. disponible auprès du bureau nord-américain, 345 E.46th st. NY 10017, tél. 2 12 66 11180) demande :

"Quels sont les objectifs de la Commission trilatérale ? L'interdépendance croissante est une réalité du monde contemporain. Elle transcende et influence les systèmes nationaux. Elle exige de nouvelles formes de coopération internationale plus intensives pour en tirer profit et pour contrecarrer le nationalisme économique et politique."

Une nouvelle constitution pour les États-Unis est également proposée. Art. VIII Sec 12. Nul ne doit porter d'armes ou posséder des armes mortelles, sauf la police, les membres des forces armées ou les personnes autorisées par la loi.

C'est la loi dans tous les pays communistes depuis de nombreuses années. Les dictateurs espèrent confisquer les 200 000 000 d'armes qui se trouvent actuellement entre des mains privées aux États-Unis. L'article 8 de la nouvelle Constitution le prévoit :

"L'utilisation des terres publiques, de l'air ou des eaux est un privilège accordé uniquement dans l'intérêt national et avec les restrictions imposées par les organismes autorisés."

L'article II, le Conseil électoral, prévoit qu'un Superviseur supervise tous les partis politiques et les candidats. C'est le même superviseur qui avait le pouvoir absolu sur les plantations d'avant la guerre civile. L'histoire se répète.

Malheureusement pour les plans mégalomanes des sous-fifres de l'Ordre Mondial, ils mènent une bataille perdue d'avance. Le temps leur est compté. Leur Ordre Mondial, qu'ils ont tenté de faire revivre en le qualifiant à la hâte de "Nouvel Ordre Mondial", s'effondre lentement, accéléré dans sa chute par l'essor des communications, de l'ordinateur, de la télévision et d'autres facteurs de la vie moderne. L'Ordre Mondial, qui a toujours été basé sur la force pure, a mieux fonctionné à l'époque préindustrielle. Parce qu'il dépend de la planification et du contrôle total de l'économie, les programmes de l'Ordre Mondial sont trop rigides pour survivre dans le monde actuel, qui évolue rapidement. Dans les prochaines années, voire dans les prochains mois, nous verrons un public exaspéré et excité achever ce qui a déjà eu lieu dans les satellites communistes et en Russie soviétique, le démantèlement final du système communiste de l'Ordre Mondial aux États-Unis mêmes. Ce n'est pas du romantisme ou de l'optimisme, c'est le résultat de nombreuses années d'étude des développements actuels et d'une évaluation réaliste de la perspective qui s'offre à nous. Elle sera très enrichissante, sauf pour les parasites dont la malédiction sur l'humanité sera enfin levée. C'est le XXIe siècle tel que je le vois.

AUTRES TITRES

www.ingramcontent.com/pod-product-compliance
Lightning Source LLC
Chambersburg PA
CBHW071630270326
41928CB00010B/1856